Heiko Temp

RHYME | REIM FINDER

Alfred

Folgende Kürzel (*in Kursivschrift*) werden in diesem Buch verwendet:

Abk: = Abkürzung für ...
Am: = Verwendet in Amerika
Anat: = Begriff der Anatomie
Arch: = Begriff der Architektur
Astrol: = Begriff der Astrologie
Astron: = Begriff der Astronomie
Bibl: = Begriff der Bibel
Bot: = Begriff der Botanik
Chem: = Begriff der Chemie
Comp: = Begriff der Computertechnik
Engl: = Verwendet in England
Elek: = Begriff der Elektrik, Elektronik
E-Tech: = Begriff der Elektrotechnik
Fauna: = Begriff der Tierwelt
Foto: = Begriff der Fotografie
Golf: = Begriff des Golfsports
Hist: = Begriff der Geschichte
Kirch: = Kirchlicher Begriff
Landw: = Begriff der Landwirtschaft
Math: = Begriff der Mathematik
Milit: = Begriff des Militärs
Musik: = Begriff der Musik
P.P. = Partizip Perfekt
Phys: = Begriff der Physik
Physiol: = Begriff der Physiologie
Poet: = Begriff der Poetik
Prät: = Abkürzung für Präteritum
Recht: = Begriff der Rechtsprechung
Schiff: = Begriff der Seefahrt
SL: = Slang
Tech: = Begriff der Technik
Theat: = Begriff des Theaters
übertr: = im übertragenen Sinn
Zool: = Begriff der Zoologie

Covergestaltung: Heiko Temp/Thomas Petzold
Produktionsleitung: Thomas Petzold

Printed in Germany

Best.-Nr. 20127G
ISBN-10: 3-933136-50-4
ISBN-13: 978-3-933136-50-3

Vorwort

Geschätzte Texter, Dichter und Poeten,

bevor Ihr mit diesem Buch zu arbeiten beginnt, möchte ich noch einige wichtige Hinweise dazu loswerden, die das Finden der gesuchten Begriffe erleichtern werden:

Zunächst möchte ich betonen, dass, obwohl bereits mehr als 10.000 englische Begriffe in dem vorliegenden Werk zu finden sind, längst nicht alle möglichen Reime der englischen Sprache in diesem bescheidenen Werk aufgeführt sind. Das war auch nicht mein Ziel. Ich habe die gebräuchlichsten gewählt und zu den meisten gibt es fast immer auch sprachliche Erweiterungen zu jedem Wort und/oder Idiome (Redewendungen). Teilweise sind die einzelnen Worte in ihrer Bedeutung aber so umfangreich, dass es den Rahmen sprengen würde, jedes Detail in das Buch zu übernehmen! Ihr werdet also weiterhin nicht umhinkommen, Euch zusätzlich eines regulären Dictionarys zu bedienen.

Wie funktioniert die Arbeit mit diesem Buch denn nun? — Ganz einfach:

ENTWEDER suchst Du direkt im INDEX (*S. 264ff.*) nach dem Wort, zu dem Dir der passende Reim fehlt. Dort findest Du den Hinweis auf die Seite(n), auf der/denen dann weitere reimbare Begriffe zu finden sind.

ODER Du schaust unter der/den ENDSILBE/N des Wortes (wie sie gesprochen! klingt), auf die Du einen Reim suchst.

BEISPIEL: **love-letter** (Liebesbrief)
Im INDEX findest Du unter dem Buchstaben „L" den Seitenhinweis ☛ *S. 195* zum Begriff „**letter**". Auf der entsprechenden *Seite 195* findest Du weitere Begriffe mit der Endsilbe „*~etter*", wie z.B. „**better**", „**get her**", „**setter**" u.a.

Du kannst aber auch direkt unter der ENDSILBE nachschlagen, wie sie gesprochen klingt. Um bei unserem Beispiel „**love-letter**" zu bleiben, also unter „***~ättöR***" oder „***~ettöR***". Das „*ö*" zeigt an, dass das „*e*" als „*ö*" gesprochen wird, und das „*r*" nicht wie im deutschen Wort „Rasen", sondern als englisches „Kaugummi-***R***" (die Zunge wird nach hinten gezogen).

Im INDEX findest Du alle Endsilben mit der genauen Seitenangabe. Du schlägst also unter der Lautschrift- Silbe „***~ättöR***" oder „***~ettöR***" nach und findest dort weitere englische Begriffe, die sich auf diese Silbe reimen, wie z.B. „**sweater**", „**wetter**", „**wet her**" u.a.

Die dazugehörige DEUTSCHE ÜBERSETZUNG zu jedem Begriff, versetzt Dich in die Lage, nicht nur den passenden Reim zu finden, sondern auch die Bedeutung zu erfassen und ggf. nach einem geeigneteren Wort zu suchen.

Lass Dich einfach inspirieren und blättere erst einmal in meinem Buch herum. Du wirst schnell einen Eindruck bekommen, wie und wo Du die Silben nachschlagen kannst.

Hier nun noch einige Endungen, wie ich sie eingeordnet habe:

-er *unter* ***~öR***	***-et*** *unter* ***~it***
-en *unter* ***~in***	***-ous*** *unter* ***~es***
-us *unter* ***~es***	***-ing*** *unter* ***~in*** *(außer Einsilbige)*

Das wäre es nun von meiner Seite zu diesem Buch. Jetzt seid Ihr am Zug. Ich wünsche euch viel Vergnügen und Inspiration bei der Verwendung meines **RHYME I REIM FINDERS**.

In Dankbarkeit von Herzen für Karl und Ulla.

Heiko Temp im März 2008

Inhalt

Endungen auf: ~a und ~a (erweitert)

~ab, ~ap *von beelzebub bis wake-up*

beelzebub (Teufel)
breakup (auf-, er-, zer-, brechen, bersten, Bruch, Zerfall, Auflösung, verschrotten)
chirrup (zwitschern, schnalzen)
club, -together (Verein, Gesellschaft; Keule, Knüppel, Schlagholz, Schläger, mit einer Keule oder einem Kolben schlagen; *meistens-* Geld zusammenlegen)
cub, unlicked - (*Zool:* das Junge, Anfänger, „Küken"; noch „grüner" Junge)
cup, butter- (Tasse, Schale, Kelch, Becher; Butterblume)
fed-up (*SL*: mit jmd. brechen; - fertig sein)
grub (um-, graben, jäten, roden, auf-, wühlen; *SL*: stöbern, kramen, schuften, Futter, -n)
grub up (ausgraben, -jäten, *SL*:auftreiben)
hard-up (knapp bei Kasse sein)
hub (Nabe, *übertr:* Zentrum, Angel, - Mittelpunkt)
hub of the universe (*übertr:* Mittelpunkt der Welt)
hubcup (Radkappe)
hubbub (Lärm, Tumult, Stimmengewirr, Klamauk)
light up (anzünden, be-, erleuchten, aufleuchten *Augen*)
make-up (Aufmachung, Ausstattung, Kostümierung, Maske, Schminke(n), Puder(n), Körperbau, Veranlagung, *scherzh*: erfundene Geschichte)
pub, in - (*Engl:* Kneipe; Welpe; trächtig)
pick-up (Ansteigen, *Wirtsch:* Erholung, Anzug der Preise, *Auto:* Beschleunigung, Kleinlaster, *E-Tech:*Tonabnehmer, Abtaster, Empfänger, *SL*: Zufalls-Bekanntschaft, Flittchen, Anhalter, Fund, verhaften)
rub (polieren, sich abtrocknen, -reiben, *übertr:* Schwierigkeit, Haken)
rub-a-dub (Taramtatam, Trommelwirbel)
scrub (Gestrüpp, Busch, -werk, schrubben, scheuern, *übertr:* streichen, ausfallen lassen)
shrub (Strauch, Busch, punschähnliches Getränk)
snub, -nose (Stumpf, Stupsnase; brüskieren, jmd. abfertigen, vor den Kopf stoßen)
stirrup (Steigbügel, *Tech:* Bügel)
stub (Stumpf, Stummel, Kerzen-, Bleistift-, Zigaretten-, Kippe, Kontrollabschnitt)
sub (*Abk:* subway, submarine, etc; Aushilfs…, Not…, einspringen, vertreten; in Zusammenhang mit Unter…, Neben…, Grund…, Sub…, untergeordnet)
sell s.o. a pup (jmd. reinlegen, - etwas andrehen)
sup, -off, -out (zu Abend essen; nippen, löffeln; aus-, löffeln, schlürfen) *a bite and a* **sup** (etwas zu essen und trinken), *neither bite nor* **sup** (nichts zu beißen haben)
shake-up (Aufrüttelung, drast. person. Veränderung, umkrempeln, -gruppieren)
syrup (Sirup, Kitsch, süßl. Zeug)
take-up (aufnehmen, -r)
tub (*Engl:* Wannenbad, sich baden, Wanne, Bottich, Kübel, Tonne, Fass, Becher, *SL:* Kahn, Kasten, Kanzel)
up (hinauf, auf, darauf)
wake-up; -order, -call (aufwachen, -wecken; Weckauftrag; -anruf)

~abt, ~apt — von abrupt bis upped

abrupt (plötzlich, jäh, zusammenhanglos, steil, schroff)
corrupt (verdorben, -derben, -kommen, schlecht, unlauter, käuflich, bestechlich)
cupped (geschröpft, hohl; *to drink out of cupped hands*)
disrupt (unter-, zerbrechen, -stören, -trümmern, -reißen, spalten)
erupt (aus-, durch-, -hervorbrechen, plötzliches „losbrechen, explodieren")
erupt into the room (ins Zimmer platzen)
interrupt (unterbrechen, -ung; aufhalten, stören, hindern)
upped (schob hinauf)

~ad, ~at — von bud bis uncut

bud (Knospe, knospen, etwas sich entwickelndes)
cotton bud (Wattestäbchen)
but (aber, jedoch, sondern)
butt (Zielscheibe, Tonne, Kugelfang, stoßen)
blood, heart´s - (Blut; Herzblut)
cud (Klumpen, wiedergekäutes Futter)
chew the cud (wiederkäuen, überlegen, nachdenken, grübeln)
cut, short -(schneiden, Schnitt, Rückgang; Abkürzung)
dud (nutzlos, Blindgänger, Niete, Versager, Reinfall)
dud check, -note (ungedeckter Scheck, „Blüte")
flood (Flut, Überschwemmung)
glut (Über-, Angebot, -sättigen, -füllen, Schwemme, den Hunger stillen, satt essen)
gut (Eingeweide, Darm, ausweiden, *übertr:* „Mumm", Schneid)
halibut (Heilbutt)
hut (Hütte, Baracke, in Hütten oder Baracken unterbringen)
mud (Schlamm, Matsch, Schmutz)
mutt (Trottel, Köter)
nut (Nuss, *Tech:* Nuss, Mutter)
rut (Brunft, -en; Brunst, -en; Spur, Furche, furchen)
scud (eilen, flitzen, jagen, Windbö)
scuttlebutt (*Schiff:* Trinkwassertonne, Tw.-anlage, Gerücht)
shut (sich schließen, zumachen, -gehen)
slut (Schlampe, Hure, kleines Luder)
smut (Zote, Ruß-, Schmutzflocke, -fleck, beschmutzen)
spud (Jätmesser, Stoßeisen, Reutspaten, Kartoffel, Spachtel)
spud up, -out (ausgraben, jäten)
strut (stolzieren, stolzer Gang, großspuriges Auftreten, sich spreizen, *Tech:* Strebe, Stütze, Spreize)
stud (Gestüt, Zucht, Stall, Beschlagnagel, Knauf, Buckel, Manschetten-, Kragenknopf)
thud (Plumps, stampfen, dumpfer Schlag, Bums, bumsen)
uncut (unzer-, ungeschnitten, -gemäht, -kürzt)

~adsch, ~atsch — von budge bis touch

budge (nachgeben, bewegen, -einflussen, abweichen)
budge from (sich vom Fleck bewegen, etwas abrücken)
clutch (Kupplung, er-, greifen, fest packen, drücken, kuppeln; Gelege, Brut, *übertr:* Schwarm, -von Leuten)
crutch (Krücke, Stütze)

drudge (*übertr:* Packesel, Kuli, Arbeitstier, schuften, sich placken, -abschinden)
dutch, - man (niederländisch, holländisch; Holländer)
double dutch (Kauderwelsch)
fudge („frisieren“, fälschen, e. Problem ausweichen, blöd daher reden, Quatsch, Unsinn)
grudge (Groll, missgönnen, neiden)
grudge doing something (etwas ungern, -widerwillig tun)
hutch (Kiste, Kasten, Verschlag, Stall, Käfig, Trog, Bergbauhund)
inasmuch (Konjunktion, **inasmuch as** – da, weil)
judge (Richter, Kampf-, Sport-, schließen aus, meinen, halten, be-, urteilen, einschätzen, richten)
misjudge (verkennen, falsch urteilen, -schätzen, unterschätzen)
much (viel, sehr, weit, mehr, Menge, gr. Sache, etwas Besonderes)
nothing much (nichts Besonderes)
as much as (ebenso viel wie)
nudge (leichter oder heimlicher Rippenstoß)
retouch (Retusche, retuschieren, etwas überarbeiten)
sludge (Klär-, Schlamm, Matsch, Bodensatz, Treibeis)
smudge (Fleck, Klecks, be-verschmieren, -wischen, beklecksen, -sudeln, qualmendes Feuer)
such (so, solch, -e, -r, derartig)
touch (Berührung, berühren, anfassen; Verbindung, Kontakt, *Künstler*: Strich, Anschlag, Stil)

~adsches, ~atsches *☛ ~adsch, ~tsch (S. 6) und bilde den Plural* *von clutches bis touches*

clutches (Klauen, Gewalt, Macht, Bande, ☛ *clutch, S. 6*)
in (out of) s. os. clutches (in-, aus jmdes. Gewalt, Klauen)
crutches (Krücken, Stützen)
go on crutches (auf oder an Krücken gehen)
fudges (letzte Meldungen einer Zeitung)
touches (Berührungen, Verbindungen)

~adschn *von bludgeon bis dudgeon*

bludgeon (Knüppel, Keule, m. e. Knüppel schlagen, zwingen)
dudgeon, in high - (aufgebracht; sehr aufgebracht)

~af *von above bis rove*

above (oben, darüber, über, oberhalb)
the powers above (himmlische Mächte)
cove (kl. Bucht, Schlupfwinkel; *SL:* Bursche, Kerl; *Archit:* Wölbung, -en)
dove (Taube; Täubchen, Schatz)
ladylove (Geliebte)
love (Liebe, lieben, Schatz, Liebschaft)
love affair, -child, -game, -letter, -life, -match, -nest, -potion, -seat, -song,
-story, love-hate relationship, -making
-affäre, Kind d. Liebe, -sspiel, -sbrief, -sheirat, -skunst, -sleben, -snest, -strank, Plaudersofa, -slied,
-sgeschichte, -Hass-Liebe, -sspiele, machen)
calf-, cupboard-, free-love (erste, junge Liebe, berechnende-, freie-)
falling-, being in (sich verlieben, verliebt sein)
shove (beiseite schieben, schubsen, Stoß, stoßen)
turtledove (Turteltaube)
rove (*Wolle etc.* ausfasern, *gestricktes:* aufribbeln, -trennen, Strähne)
rove about (durch-, herum wandern, -schweifen, Wanderschaft)

~aff von bluff bis tough

bluff (bluffen, vortäuschen, überrumpeln, erschleichen, abbringen; schroff, steil, -ufer, Klippe; rau aber herzlich, gutmütig, derb)
buff (gelbbraun, Lederfarbe-n, starkes Ochsen- u.Büffelleder, Kenner, bloße Haut, polier-en, -scheibe)
in the buff (Eva- u. Adamskostüm)
blind-man's-buff (Blindekuh)
cuff (Manschette, Stulpe, Ärmelaufschlag, Handschellen)
cuff (Schlag, -en, Ohrfeige-n, Klaps, knuffen)
off the cuff (aus dem Handgelenk, Stegreif)
enough (genug, ausreichend)
fluff (Fussel, Staubflocke, flockig, Flaum, „Patzer, verpatzen, leichte Kost")
fluff out, -up (aufschütteln, aufplustern)
gruff (schroff, barsch, ruppig, rau)
huff (Ärger, Verstimmung, ärgern, kränken, piesacken, verstimmen)
huff and puff (schnauben u. pusten)
muff (Muff, Patzer, „Flasche, Stümper"; *Tech:* Stutzen, Muffe)
powder-puff (Puderquast)
rough (rau, -beinig, holprig, uneben, unwirtlich, zerklüftet, stürmisch, grob, roh)
rough handle (grob, rau, brutale Behandlung)
scruff (Genick)
snuff (Schnuppe einer Kerze, Kerze putzen)
snuff out (auslöschen, *übertr:* ersticken, vernichten)
snuff (be-, schnüffeln, schnupfen, Schnupftabak, Prise)
snuff up (durch d. Nase einziehen, Atemzug, einziehen)
stuff (Stoff, Material, Thema, Zeug, aus-, voll-, stopfen, Angestellte)
tough (widerstandsfähig, robust, stark, hart, -näckig, zäh; *übertr:* schwierig, unangenehm, bös, eklig, grob)

~aft von craft bis witchcraft

craft (Handwerk, Geschicklichkeit, Fertigkeit, Kunst)
draft (Entwurf, entwerfen, Skizze, Zeichnung, skizzieren, beauftragen, abkommandieren, einziehen, -berufen)
draught, - animal (Fisch-, Durchzug, ziehen, Zug, -luft; Zugtier)
easily huffed (leicht eingeschnappt, verstimmt, sich ärgern)
sleeping draught (Schlaftrunk, -mittel)
feel the draught (den Wind im Gesicht spüren, in finanzieller Bedrängnis sein)
graft (Pfropfen, übertragen, verpflanzen; Transplantat, -ieren, -ation)
overdraft (Überziehung, überzogener Betrag)
witchcraft (Hexerei, Zauberei, Zauber)

~ag, ~ak von buck bis unplug

buck (*Am: SL:* Dollar, Bock, bocken, widersetzen, abwerfen, sich sträuben, meutern)
buck up (Mut machen, Kopf hoch! sich zs-reißen, ranhalten)
bug (Insekt, Käfer, Wanze, „Wanze", abhören, Programmfehler, Defekt, „Mucken", Bazillus; *übertr:* Fan)
big bug (*SL:* hohes oder großes Tier)
Croton-, lithning-, May-, potato bug (Küchenschabe, Leucht-, Mai-, Kartoffelkäfer)
drug (Droge, Arznei, Medikament, Rauschgift, betäuben)

drug addiction, -dependence, -peddler, -scene, -taking, wonder - (Medikamenten- und Drogensucht, -abhängigkeit, -dealer,"Pusher", -scene, -konsum, Wunderdroge)
dug (Zitze, Euter, Brust, -warze, gegraben, geschürft, grub, *P. P.* von dig)
fuck (*SL:* ficken, vögeln, bumsen)
hug, bear - (umarmen, Umarmung, an sich drücken; feste Umarmung)
hug oneself (sich beglückwünschen, zäh festhalten an..., dicht halten)
lug (Schlaufe, Öse, Henkel, Vorsprung, schleppen, zerren)
jug (Krug, Kanne, Kännchen, schmoren, dämpfen, Nachtigallen-, Schlag, *SL:* Kittchen, Knast, einlochen)
cream jug (Sahnekännchen)
lug in (a. d. Haaren herbeiziehen, Thema einbringen)
mug (Becher, Krug, Gesicht, Visage, Fresse, *Engl. SL*: Trottel, Büffler, Streber, büffeln; *Am:* Boxer, Ganove)
pluck (pflücken, reißen, rupfen, zerren ☛ *plucked, S. 17*)
plug (Pflock, Dübel, Stöpsel, Stecker, stecken, ver-, stopfen, Zündkerze, Hydrant, Spülung, Plombe)
plug in (einstecken, -stöpseln, kontakten)
pug (Mops, mischen, kneten, schlagen, m. Lehmschlag ausfüllen, abdichten, *SL*: Boxer)
rug (Teppich, Brücke, Vorleger)
pull the rug (jmd. den Boden unter den Füßen wegziehen)
shrug (m. d. Achsel-, zucken)
shrug s.-th. off (etwas mit einem Schulterzucken abtun)
slug (Schluck, „Gläschen", Rohmetall, Nacktschnecke, Faulpelz, faulenzen, harter Schlag, jmd. ein Ding verpassen, falsche Münze)
smug (geschniegelt, gebügelt, selbstgefällig, blasiert)
snug (Nebenzimmer, gemütlich, behaglich, geborgen, gut versorgt)
as snug as a rug in a bug (wie die Made im Speck)
snug down (gemütlich-, bequem machen)
keep s.th. snug (etwas geheim halten)
lie snug (sich verborgen halten)
thug (Verbrecher, Raubmörder, Rowdy, Schlägertyp, *übertr:* Gangster, Halsabschneider)
tug (Schlepper, schleppen, ziehen, zerren)
tug at (ziehen-, zerren an, sich abplacken)
steam tug (Schleppdampfer)
truck (Hand-, Gepäck-, Förder-, Güter-, Rollwagen, Lore)
truck (LKW, spedieren, Lastzug)
unplug (entfernen, ausstecken, herausziehen ☛ *unplugged, S. 18*)

~aib, ~aip — *von archetype bis wipe*

archetype (Urform, -bild)
bribe (bestechen, -ung, Bestechungsgeld, *übertr:* verlocken)
circumscribe (umschreiben, definieren, begrenzen, einschränken)
describe (bezeichnen, -schreiben, schildern, nennen)
gripe (Meckerei, kritteln, Kolik, Bauchweh, zwicken; Boot sichern)
hype (hochjubeln, *SL*: Trick, Beschiss, austricksen, bescheißen; Reklamerummel, Fixer, Schuss, Spritze)
jibe (*Am:* übereinstimmen, sich entsprechen)
pipe (Rohr, Röhre, Leitung, Tabaks-, Orgel-, pfeife-n, Flöte-n, piepsen, röhren, quieken, flöten, verzieren, -rohren, pumpen)
pipe dream (Luftschloss, Hirngespinst)
prescribe (ver-, vorschreiben, ver-, anordnen)

prototype (Prototyp-isch, Urbild, -form, -muster, -modell)
ripe (reif, ausgereift, vollendet, -entwickelt, bereit, fertig)
scribe (schreiben, Schreiber, Kopist, an-, vorreißen; *SL*: Schriftsteller, Journalist)
stereotype (Klischee-, Schablonenhaft, Stereotypie, Druckplatte)
stripe (Streifen, Strich, streifen, m. Streifen versehen; Peitschenhieb, striemen)
subscribe (unterzeichnen, anerkennen, billigen, abonnieren, vorbestellen)
swipe (drein-, schlagen, hauen, Schlag, Hieb, *SL*: klauen, stehlen, Dünnbier)
tribe (Stamm, *SL*: Sippschaft, Verein)
type (Typ, Sorte, Art, Maschine schreiben, ab-, tippen, eingeben)
wipe (ab-, sauber-, trockenwischen, abreiben, reinigen, *übertr:* Seitenhieb, Schlag)

~aid, ~ait — *von appetite bis yuletide*

appetite (Appetit, Hunger, Verlangen, Gelüst, Lust, Trieb)
despite (Verachtung, trotz, -dem, ungeachtet)
beside (neben, dicht bei, *übertr:* außen, außerhalb, nicht gehörend zu)
sit beside me (Setz dich neben mich)
beside the point, - oneself (nicht zur Sache gehörig, außer sich sein)
bite (Biss, bissig, an-, beißen, Bissen, Happen, *übertr:* Bissigkeit, Biss, Antrieb, Schneid, Würze; beißend, verletzend, brennend, stechend, scharf sein, *Tech:* Greifer, Fasser)
blight (Mehltau, Fäule, Brand, *übertr:* Gift-, Pesthauch, Fluch, Vernichtung, Verwahrlosung eines Viertels, im Keim ersticken, zunichte machen, vereiteln)
bonafide (ehrlich, aufrichtig, gutgläubig, in gutem Glauben)
bright (hell, glänzend, blank, leuchtend, strahlend, *übertr:* klug, hell, munter, fröhlich; *Wetter*: klar, heiter, durchsichtig)
bride, -groom (Braut, Bräutigam)
byte (*Comp:* Byte)
collide (kollidieren, zusammenstoßen; *übertr:* im Widerspruch stehen zu, aneinander geraten)
confide (sich anvertrauen, trauen, vertraulich mitteilen, jmd. betrauen mit)
contrite (reuig, reuevoll, zerknirscht)
countryside (Land, -schaft, -bevölkerung, ländliche Gegend)
copyright (Urheberrecht)
daylight, by, in - (bei Tag, Tageslicht)
decide (entscheiden, beschließen, bestimmen, veranlassen, festsetzen, z. d. Schluss, Überzeugung gelangen)
defied (trotzte, getrotzt, verachtet, herausgefordert)
delight (Vergnügen, Freude, Wonne, Entzücken, erfreuen)
despite (trotz, ungeachtet, Trotz, Tücke, Bosheit, Verachtung)
dignified (ehr-, würdig, -fürchtig, würdevoll, gediegen)
divide (ver-, teilen, trennen, sich teilen, spalten, dividieren, scheiden, scheiteln)
dynamite (Dynamit, m. D. sprengen, *übertr:* Zündstoff, hochbrisante, gefährliche oder tolle Sache oder Person, eine „Wucht")
excite (jmd. auf-, erregen, auf-, anstacheln, -reizen, erwecken, hervorrufen)
over -, get excited (überreizt, sich erregen)
eyed; almond-, blear-, cross-, dewy-, dove-, -green, lynx-, one-, saucer-, wild- (-äugig; Mandel-, Kurz-, schielend, „blauäugig", sanft-, „eifersüchtig", Lux-, ein-, glotz-, mit wildem Blick)
Fahrenheit (Wärmeeinheit)
fight (Kampf, be-, kämpfen, -kriegen, Gefecht)
fight down, -back (Tränen, Enttäuschung unterdrücken)

pillow-, free fight (Kissenschlacht, Schlägerei)
fireside, -chat (Kamin, Plauderei am K.)
flight, put to-, take- (Flug, fliegen, Schwarm, Schar, Flucht, in die Flucht schlagen, die Flucht ergreifen)
fright, stage- (Schreck, -en, Entsetzen, Lampenfieber)
guide (Handbuch, Führer, ge-, an-, leiten, lenken, führen)
headlight, -flasher (Scheinwerfer, -Lichthupe; Mast-, Toplicht)
height (Höhe, Größe, Anhebung, Erhebung, *übertr:* Höhepunkt, Gipfel)
hide (verstecken, -bergen, -heimlichen, -hüllen; Haut, Fell, häuten; Hufe)
hide-and-seek (Versteckspiel)
save one's hide (eigene Haut retten)
hillside (Ab-, Hang)
homicide (Tötung, Mord, Totschlag, Mörder, Totschläger)
ignite (an-, ent-, zünden, sich entzünden)
inside (Innen, -seite, -fläche, inneres, in, inwendig, hinein, innerhalb)
invite (einladen, auffordern, er-, bitten, -suchen, -mutigen, herausfordern)
kite, -flying (Drachen; - steigen lassen, *übertr:* Testballon losschicken)
knight (*a. übertr:* Ritter, Edelmann, zum R. schlagen)
lied (gelogen, *P. P.* von lie)
light (Licht, hell, leuchten; leicht)
limelight (Rampenlicht, Kalk-, *übertr:* i. d. Öffentlichkeit stehen)
midnight, -blue, -sun (Mitternacht, -nächtlich, -sblau, -ssonne)
burn the midnight oil (bis spät in die Nacht arbeiten, -aufbleiben)
might (Macht, Gewalt, Stärke, Kraft; *Prät.* von may)
might-have-been (etwas, das hätte sein können, zu etwas bringen können)
moonlight (Mondlicht, -schein, -hell)
night, -long (Nacht, eine oder die ganze Nacht dauernd)
outright (völlig, gänzlich, total, vorbehaltlos, gerade raus , direkt, auf der Stelle, sofort)
outside (Außen, -seite, -rhalb, Äußere, äußer, herein, heraus)
override (überreiten, -steuern, -steuerung, den Vorrang haben; *übertr:* sich über etwas hinwegsetzen, umstoßen, aufheben, nichtig machen)
parasite (Parasit, Schmarotzer)
plight (Not-, Zwangs-, Lage, Elend; Wort, Ehre verpfänden, Treue geloben, verloben)
plight of faith (Verlobung)
polite (höflich, artig, fein, verfeinert)
pride (Stolz, rühmen, Pracht, Rudel)
provide (zur Verfügung stellen, ver-, sorgen, -sehen, -schaffen, ausstatten, beliefern, vorsorgen, -kehren, sich sichern, -schützen)
quite (ganz, völlig, wirklich, ziemlich, tatsächlich, durchaus)
quiet (ruhig, still, laut-, Geräusch-, Bewegungs-, regungslos, friedlich)
recite (her-, aufsagen, rezitieren, vortragen, zitieren, anführen)
reside (wohnen, wohnhaft, ansässig sein, ruhen, liegen)
reunite (wieder vereinigen)
ride (Ritt, Fahrt, reiten, fahren)
right (Recht, -er, -s, richtig, gut, aufrichten, wieder, gut machen)
all right (ganz richtig, in Ordnung, schön, na gut)
satellite (Satellit, Trabant)
site (Standort, Lage, Stelle, Örtlichkeit, legen, platzieren, unterbringen)
sleight (Geschicklichkeit, Fertigkeit, Trick)
slight (leicht, schwach, gering, flüchtig, oberflächlich, beleidigen, kränken, Kränkung)

slide (gleiten, aus-, rutschen, Rutsch, Dia)
let things slide (die Dinge laufen lassen)
snide (abfällig, höhnisch)
spite (boshaft, gehässig, -keit, Groll, grollen)
from pure spite (aus reiner Bosheit)
starlight (Sternenlicht)
stride (langer, großer, Schritt, aus-, entlang-, ab-, über-, durch-, schreiten, mit gespreizten Beinen gehen oder stehen, rittlings sitzen auf)
subdivide (unterteilen)
subside (sich senken, legen, sinken)
suicide (Selbstmord, Freitod)
sunlight (Sonnenlicht, -schein)
tight (straff, dicht, fest, stramm, eng, knapp)
tide (Gezeiten, Ebbe, Flut, Strom, Strömung, m. d. Strom schwimmen, sich treiben lassen, *übertr:* günstige Zeit, rechter Augenblick)
tide (it) over (sich über Wasser halten, über etwas hinwegkommen, jmd. über etwas hinweghelfen)
trite (abgedroschen, platt, banal)
tried (ausprobiert, erprobt, -e, versucht)
twilight (Dämmerung, Zwielicht, Halbdunkel, dämmerig, schattenhaft, D.-zustand)
unite (sich-, verbinden, -einigen, -heiraten)
white (weiß, blass, bleich)
white snow, white-snow (Schneewittchen, schneeweiß)
white ant, -bear, -coal, -house, -elefant, -lie, -man, -sheeds, -livered (Termite, Eisbär,Wasserkraft, Weißes Haus, Elefant- lästiger Besitz, Notlüge, „feiner Kerl“, Büßerhemd, feige)
wide (weit, -gehend, -läufig, -herzig, -ab, -entfernt, breit, offen, Umfang -, reich)
wide-open (weit geöffnet, „großzügig“)
write (auf-, nieder-, schreiben, schriftlich, notieren, abspeichern)
yuletide (Weihnachtszeit)

~aif — *von afterlife bis wife*

afterlife (Leben n. d. Tod, künftiges Leben)
alive, dead- (lebend, am Leben, -todlangweilig)
dive (tauchen, unter-, Tauchfahrt, fallen, stürzen, Wassersprung)
drive (Fahrt, Antrieb, an-, treiben, steuern, rotieren, fahren, machen, bringen)
five (fünf)
hive (Bienenkorb, -stock, -schwarm, *übertr:* sich zusammendrängen, sammeln, an die Seite legen)
I´ve (*Abk:* I have, ich habe)
jive (Jive oder Swing tanzen oder spielen)
knife, jack- (Messer, erstechen, -Klappmesser)
life, -boat, -less, -like, -time (Leben; -Rettungsboot, -leblos, -lebensnah, -Lebenszeit)
live (leben, -dig, lebhaft, *TV, Radio:* Direkt..., Original..., Live...)
rive (sich-, spalten, *übertr:* Herz brechen)
strive (sich- be-, mühen, an-, streben, bestrebt sein, kämpfen gegen, ringen mit)
wife, -swapping (Ehe, -Frau, Weib; Partnertausch)

~aifn — *von hyphen bis siphon*

hyphen (Bindestrich)
siphon (Heber, Sifon, ab-, weiter-, leiten, -laufen)

~aik — *von alike bis tyke*

alike, look - (ebenso, gleich, gleicherweise, ähnlich, ohne Unterschied, auf die-, in der gleichen Weise; Doppelgänger)
bike (Fahrrad, radeln, Motorrad, m. d. Motorrad fahren)
hike (Wanderung, wandern, marschieren, ersteigen)
hike up (hochziehen, -rutschen, drast. Preisanstieg)
like (gleich, so wie, der die das Gleiche, gern haben, mögen, wollen)
feel like (Lust haben zu)
like that (so)
what is he like (wie sieht er aus?, wie ist er?)
mike (*Abk:* Mikrofon, Michael, *SL*: herumlungern, Ire, Katholik)
spike (Ähre; Spikes, Stift, Spitze, Dorn, Stachel, Nagel, Bolzen, Spieß, Eisenspitze, nageln, aufspießen)
strike (Streik, Arbeit niederlegen, Schlag, Hieb, Stoß, treffen, an-, schlagen, jmd. auf-, einfallen, in den Sinn kommen, Feuer machen, Funken schlagen, an-, stoßen, *SL*: Treffer, Glücksfall)
tyke (Lausbub, Lümmel, Kerl, Köter)

~ail — *von agile bis wothwhile*

agile (flink, behende)
aisle (Seitenschiff, -chor, Abteilung; Mittel-, Gang, Schneise)
a while (ein Weilchen)
beguile (täuschen, betrügen, -tören, -zaubern, verleiten, -treiben, -führen)
bile (Galle, -saft, *übertr:* Ärger, Galle)
compile (zs-stellen, zs-tragen, kompilieren)
crocodile, -tears (Krokodil, -leder; -tränen)
defile (Engpass, Hohlweg, vorbeimarschieren, defilieren)
defile (beschmutzen, entweihen, besudeln, beflecken)
denial (Ablehnung, -sage, -sagung, Verweigerung, Leugnung, Dementi)
self-denial (Selbstverleugnung)
take no denial (sich nicht abwimmeln lassen)
dial, -plate (Wählscheibe, wählen; -Skala, Zahlen-, Ziffernscheibe, -blatt)
fertile (fruchtbar, produktiv, reich, *übertr:* schöpferisch)
file (Aufreihdraht, -faden, Reihe, Personen oder Sachen hintereinander; Kartei, Ordner, Datei, Akte, einordnen, abheften; Feile, feilen)
fragile (zer-, gebrechlich, brüchig, zart, schwach)
isle (Insel, Eiland)
juvenile (Jugend, -lich, -e, jung, *Theat:* jugendlicher Liebhaber)
meanwhile (inzwischen)
mile (Meile) **miles and miles** (meilenweit)
miles apart (meilenweit entfernt, himmelweiter Unterschied)
Nile (NIL)
pile (Haufen, Stoß, Stapel, stapeln, über-, an-, aufhäufen, *SL*: Haufen, Masse, jede Menge Geld usw.)
retrial (Wiederaufnahmeverfahren, nochmalige Prüfung)
rile (ärgern)
style (Stil, Art, Typ, Manier, Art u. Weise, Ausführung)
smile (an-, lächeln)
tile (Fliese, Kachel, Ziegel, fliesen, kacheln, auslegen, decken)

trial (Prozess; Probe, Erprobung, Prüfung, Versuch; Versuchs…, Probe…, *übertr:* Schicksal, -sprüfung, Last, Plage, Heimsuchung)
vile (abscheulich, scheußlich, miserabel, abstoßend, schmutzig)
viol (Viole, -a, Gambe)
while (Weile, Zeit, während, solange, wenn auch, zwar)
while away (sich die Zeit vertreiben)
wile (List, Trick, Kniffe, verlocken, jmd. wohin locken)
worthwhile (der Mühe wert)

~aild — *von child bis wild*

child, -prodigy (Kind, Wunderkind)
dialed (gewählt; *P. P.* von dial)
mild, -attempt (mild, gelind, sanft, leicht; -schüchterner Versuch)
piled (gestapelt, -häuft, *P. P.* von pile)
primed (zündfertig, scharf; *SL*: sich voll laufen lassen, besoffen)
smiled (gelächelt; *P. P.* von smile)
wild (wild, ungezähmt, in Freiheit lebend)

~aim — *von chime bis time*

chime (Kimme, Glockenspiel, läuten, er-, tönen, schlagen, Einklang, Harmonie, übereinstimmen, harmonieren)
climb (Aufstieg, Besteigung, be-, er-, steigen, Steigflug, Kletterpartie, klettern)
crime (Verbrechen, Frevel, Übeltat, Sünde, „Schande, Jammer“)
dime, -story (*Am:* Zehncentstück; *übertr:* Groschen; -roman)
I´m (*Abk:* I am, ich bin)
lime (Kalk, Limette, Linde)
mime (Mime, nachahmen, mimen, als M. auftreten, Possenreißer)
pantomime (Pantomime)
prime (erst, wichtigst, wesentlichst, Ur-, Haupt, das Beste, Anfang, Prim; Bomben, Munition scharf machen)
rhyme, nursery- (Reim, reimen, Gedicht, Lied; Kinderlied, -reim)
without rhyme or reason (ohne Sinn und Zweck)
slime (Schleim, Glibber, Schlamm; *übertr:* Schmutz)
sublime (das Erhabene, erhaben, hehr, sublim, großartig; sich läutern, Gipfel)
summertime (Sommer, -zeit)
thyme (Thymian)
time, all-time (Zeit; -bisher unerreichte, der Beste aller Zeiten)
kill time (Zeit totschlagen)

~aimn — *von Simon bis diamond*

Simon (Name)
diamond (Diamant)

~ain — *von align bis wine*

align (ausfluchten, in eine Linie bringen, in Reih und Glied aufstellen, ausrichten; *übertr:* sich zu einer Gruppe zusammenschließen)
asinine (Esels…, eselartig, -haft, dumm, idiotisch)
assign (an-, zuweisen, -teilen, -ordnen, festsetzen, übertragen, jmd. bestimmen,beauftragen, zuteilen)
beeline („schnurgerade“)

benign (gütig, günstig, mild, zuträglich, gutartig)
breadline (Schlange-, Reihe von Bedürftigen)
live on the breadline (an der Armutsgrenze leben)
coalmine (Kohlenmine)
combine (Kombinat, Verbindung, -einigung, -band, Konzern, vereinigen, -binden, kombinieren, zusammen-, -schließen, -wirken)
concubine (Konkubine)
confine (beschränken, einsperren)
consign (übersenden, -liefern, -geben, anvertrauen, versenden, -frachten, bestimmen)
deadline (letzter oder äußerster Termin, Stichtag, Frist; *Am:* Todesstreifen)
decline (Rückgang, Neige, Ende, Neigung, Senkung, sich neigen, sich senken, sinken, abnehmen, -lehnen, abfallen, verfallen, ausschlagen, deklinieren, beugen, Rück-, Niedergang, Verminderung, -schlechterung, -kommen, -fall)
define (erklären, definieren)
design (Bauform, Zeichnung, Plan, Skizze, planen, entwerfen, skizzieren)
designed to do s.th. (bestimmt sein für etw.)
dine (speisen, essen, jmd. bewirten, - bei sich zum essen haben)
divine (Gottes..., göttlich, heilig, himmlisch, erahnen, weissagen, prophezeien, Geistliche)
entwine (ineinander-, umschlingen, -winden, flechten)
examine (untersuchen, prüfen, examinieren, besichtigen, Straftäter vernehmen, -hören)
cross-examine (Kreuzverhör)
examine one‘s conscience (das Gewissen prüfen)
famine (Hunger, -snot, Mangel, Knappheit)
feline (Katzen…, *übertr:* falsch, tückisch, hinterlistig)
feline grace (katzenartig, -haft)
fine (gut, fein, zart)
headline (Schlagzeile, Überschrift, *übertr:* groß herausstellen)
incline (Gefälle, Abhang, Neigung, sich -, neigen, biegen, lehnen, *übertr:* sich geneigt, hingezogen fühlen)
line (Linie, Strich, Falte, Zeile; Kleid ausfüttern; *Tech:* ausfüttern, -kleiden, -schlagen, -gießen, überziehen)
in line (in einer Reihe, hintereinander)
malign (verleumden, boshaft, böswillig, übel, unheilvoll, hämisch)
mine (mein, -s, -e, -er, meins; Mine)
nine (neun)
outshine (Überstrahlen, in den Schatten stellen)
pine, -away (Kiefer, -nholz, Föhre, Pinie, Ananas; sich sehnen, schmachten; verschmachten, Gram vor Gram vergehen)
porcupine (Stachelschwein)
recline (an-, zurücklehnen, sich -, neigen, ruhen, liegen)
reclining chair (verstellbare Ruheliege)
refine (verfeinern, -edeln, -bessern, raffinieren, läutern, gattieren, feinbrennen, vergeistigen, tüfteln)
resign (zurück-, austreten, kündigen, abfinden, -danken, aufgeben, verzichten, niederlegen, überlassen)
Rhine (Rhein)
shine (Schein, scheinen, leuchten, strahlen, glänzen, Glanz, polieren)
shrine (Schrein, Altar, Heiligengrab)
sign (Vor-, An-, Zeichen, Symbol, Wink, Schild, unterzeichnen, signieren)
spine (Berg-, Rückgrat, Wirbelsäule, Buchrücken; *Bot:* Stachel)
stein (Bier-, Maßkrug)

swine (Schwein)
twine (Zwirn, Garn, Schnur, sich um-, winden, schlingen, schlängeln, ranken)
underline (unterstreichen)
undermine (unterminieren, -spülen, -graben, auswaschen)
vine (Rebe, Rebstock, Wein-, Wein)
whine (Gewinsel, etc. winseln, wimmern, jammern, jaulen, kreischen, quengeln)
wine (Wein)

~aind — *von blind bis wined*

blind (blind, -werden, blenden, jmd. die Augen verbinden, - blind machen, Jalousie, Markise, Scheuklappen)
behind (hinter, hinten, dahinter, hinterher, Rückseite, *SL*: Hintern, Gesäß)
bind (an-, um-, ver-, fest-, sich-, binden, Band, hart oder fest werden, zusammenfügen, -halten)
find (Fund, Entdeckung, be-, finden, -merken, feststellen)
grind (Schinderei, Schufterei, schärfen, schleifen, wetzen, zer-, mahlen, -kleinern, -reiben, -stampfen, -schroten, quietschen, *SL*: pauken, büffeln, Streber, Büffler)
hind (hinter, hinter..., Hischkuh)
humankind (Menschheit, Menschengeschlecht)
kind (Art, Gattung, Sorte, liebenswürdig, freundlich, gütig, nett, lieb, gut)
mastermind (überragender Geist, Genie, geschickt leiten, „ der Kopf sein“)
mind (Sinn, Gemüt, Herz, Seele, Verstand, Geist, Meinung, Ansicht, Neigung, Lust, Absicht, Erinnerung, Gedächtnis, stören, kümmern, beachten, aufpassen)
remind (jmd. erinnern, -an)
signed (unterzeichnet, signiert)
unkind (unfreundlich, herz-, rücksichtslos)
unwind (abspulen, -wickeln, auflösen, liquidieren, auseinander wickeln)
wind (sich-, winden, wickeln, schlängeln; erschöpfen, Windung, Biegung)
wined (umwunden, -wickelt, -schlängelt)

~ais, ~aiß — *von advice bis wise*

advice (Rat, -schlag, Nachricht, Anzeige, Bericht, Mitteilung)
apologize (sich -, entschuldigen, um Verzeihung bitten)
concise (präzise, pregnant, kurz, knapp, gedrängt)
devise (Devise, ersinnen, -finden, ausdenken; *Recht*: Vermächtnis, vermachen, hinterlassen)
disguise (verkleiden, verstellen, ausdenken)
dice (Würfel, -spiel, würfeln, knobeln, in Würfel schneiden)
entice (weg-, locken, verleiten, -führen, -locken, abwerben, abspenstig machen)
guys (Typen, Leute, Kerle)
ice (Eis)
lice (Läuse, ☛ *louse, S. 33*)
lies (Lügen, ☛ *lie, S. 125*)
likewise (gleich-, ebenfalls)
mice (Mäuse, ☛ *mouse, S. 33*)
nice (fein, schön, hübsch, nett, freundlich, niedlich, lecker; heikel, wählerisch, peinlich genau, gewissenhaft, nicht-, anständig, schwierig)
a nice mess („eine schöne Bescherung“)
paradise, live in a fool‘s - (Paradies, sich Illusionen hingeben)
precise (präzis, klar, peinlich genau, exakt, richtig, *übertr:* pedantisch)
price (Preis, Kosten, auszeichnen, -preisen, verdrängen)

rice (Reis)
sacrifice (Opfer, -bringen, auf-, opfern, verzichten, Verzicht, Aufopferung)
size (Größe, Maß, Format, Umfang, Nummer, messen, nach Größe ordnen, *übertr:* Größe, Ausmaß, persönl. Format; Leim, -en, Kleister, -n, Appretur, -ieren, Steife, -n)
size up (ein-, abschätzen, taxieren)
spice (Gewürz, Würze, würzen, *übertr:* Beigeschmack, Anflug, Würze)
splice (spleißen, falzen, verbinden, zusammenfügen, Klebestelle v. Filmen u. Tonbändern)
slice (Scheibe, Schnitte, Stück, schneiden, Kelle, Spachtel; *Tennis, Golf:* Schlag und Ball)
a slice of luck (eine Portion Glück)
suffice (genug, genügen, reichen)
thrice (dreimal; *übertr:* sehr, überaus, höchst)
twice, -told (zweimal, *übertr:* alt, abgedroschen)
vice (Vize..., stellvertretend, an Stelle von, Schraubstock, Laster, Untugend, schlechte Gewohnheit, Verderbtheit, körperlicher Mangel, Fehler)
wise (weise, klug, erfahren, einsichtig, gescheit, verständig; Art, Weise)
wise (in Zusammenhang mit…artig, nach Art von, …mäßig,…weise)

~aist ☛ *~ais, ~aiß (S. 16)* *von diced bis sliced*

diced (gewürfelt, *P. P.* von dice)
christ (Jesus Christus, Christ; *SL*: verdammt noch mal!)
heist (*Am. SL*: Ding, Beute, überfallen, klauen, erbeuten)
iced (vereist)
priced (ausgezeichnet, bewertete, mit Preisangabe)
prized (geschätzt, schätzte)
sized (ausgemessen, maß aus, groß, größer eingestellt)
sliced (auf-, geschnitten, schnitt, scheibchenweise, in Scheiben geschnitten)

~aiten *von brighten bis tighten*

brighten (er-, aufheitern, -hellen, -klären, -polieren, glätten, schärfen)
enlighten (erleuchten, aufklären)
frighten (beängstigen, einschüchtern, erschrecken, ver-, ängstigen, scheu machen)
lighten (sich auf-, erhellen, -leuchten, -leichtern, blitzen, leichter machen oder werden)
righten (bessern)
tighten (abdichten, zs.-,anziehen, festigen, straffen, verschärfen, spannen)

~ak ☛ *~ag, ~ak (S. 8)*

~akt ☛ *~ag, ~ak (S. 8)* *von abduct bis viaduct*

abduct (entführen)
conduct (leiten, durch-, führen, Lebenswandel, sich benehmen; Führung, Leitung, Verwaltung, dirigieren)
construct (bauen, errichten, konstruieren, Konstrukt; *übertr:* aufbauen, gestalten, ausarbeiten, entwerfen, formen, ersinnen)
deduct (abziehen, -setzen, einbehalten)
instruct (lehren, unterrichten, -weisen, schulen, ausbilden, instruieren)
obstruct (versperren, -stopfen, behindern, hemmen, lahm legen, blockieren)
plucked (gepflückt, -rissen, -rupft, -zerrt ☛ *pluck, S. 9*)
plugged (angeschlossen, ver-, gestopft, -stöpselt, eingesteckt ☛ *plug, S. 9*)
tucked, - up (verstaut, streifte zurück; zurückgestreift)

unplugged (entfernt, ausgesteckt, herausgezogen ☛ *unplug, S. 9*)
viaduct (Viadukt, Überführung, Brücke)

~alb, ~alp *von pulp bis gulp*

gulp (Schluck, schlucken, hinunterstürzen, -schlingen, würgen, Tränen unterdrücken)
pulp (Brei, Mus, in Brei verwandeln, einstampfen, Fruchtfleisch, -mark, Maische)

~alch *von gulch bis mulch*

gulch (Schlucht)
mulch (Mulch, mulchen)

~all *von annul bis skull*

annul (aufheben, für ungültig erklären, annullieren)
cull (pflücken, aus-, lesen, -suchen, sortieren)
dull (dumm, schwer von Begriff, langsam, schwerfällig, dumpf, teilnahmslos, trüben, taub werden, mattieren, betäuben, abstumpfen, -schwächen, -mildern)
gull (Möwe; Trottel, Gimpel, übertölpeln)
hull (Rumpf, Schiffskörper, *Bot:* Schale, Hülle, Hülse, schälen)
lull (Flaute, wiegen, beruhigen, -schwichtigen, einlullen)
mull (Getränk heiß machen und würzen; verpfuschen, -patzen; Mull)
scull (Skull, rudern, wriggen)
skull (Schädel, Hirnschale, Totenschädel, -kopf)
skull and crossbones (Totenkopf-, Piratenflagge)

~alsch *von bulge bis indulge*

bulge (Bauchung, Bauch, Wulst, Schwellung, schwellen, ausbeulen, -bauchen, blähen)
divulge (Geheimnis etc. verraten, enthüllen, preisgeben)
indulge (e. Neigung nachgeben, fröhnen, gönnen, gewähren, sich hingeben, - etwas gönnen, nachgeben, jmd. nachgeben, gefällig sein, verwöhnen)

~am *von album bis yum-yum*

album (Album, Stammbuch, LP, Gedichtsammlung)
aquarium (Aquarium)
auditorium (Hörerschaft, Hörraum)
awesome (schrecklich, Furcht einflößend, ehrfurcht gebietend)
become (werden, zu jmd. stehen, -passen, jmd. kleiden)
blossom (Blüte, er-, blühen, Blüten treiben, gedeihen, werden)
bum (Hintern, Arsch, Niete, Flasche, Stromer, Gammler, Herumtreiber, Schnorrer, schnorren, mies, schlecht, kaputt)
burdensome (lästig, drückend)
Christendom (Christentum)
come (gekommen, komm, eingekehrt)
cranium (*Anatom*: Schädel)
crematorium (Krematorium)
crumb (Krümel, Brösel, Krumen, zer-, bröseln, panieren; *SL*: Blödmann, ein bisschen)
curriculum (Lehr-, Studienplan)
drum (Trommel, -fell, Walze, Zylinder, trommeln, einhämmern, im weitesten Sinne trommeln)
dump (Mülldeponie, Kippe, Auszug, abladen, -schieben, dumpen, verhöckern, plumpsen, hin-, fallen lassen, -werfen; *SL:* Bruchbude, Dreckloch, Kaff)

emporium (Markt, Warenhaus, Handelszentrum)
glum (bedrückt, niedergeschlagen, verdrossen)
gum (Zahnfleisch; Gummi; Klebstoff, kleben)
gymnasium (Turnhalle, Gymnasium)
hoodlum (Strolch, Rowdy)
hum (summen, brummen, stinken, „muffeln")
make things hum (e. Sache in Schwung bringen)
hum and haw (herumdrucksen, schwanken)
kettledrum (Kessel-, Pauke)
kingdom, -of heaven (Königreich; Himmelreich, *übertr:* -reich, z. B.: Pflanzen-, Tier-)
send s.o. to kingdom come (jmd. ins Jenseits befördern)
till kingdom com (bis in alle Ewigkeit)
martyrdom (Martyrium)
maximum (größt…, höchst…, maximal)
meddlesome (aufdringlich, sich ständig einmischen)
medium (Hilfs-, Werbe-, ein-, das Medium, Mitte, mittel..., durchschnitts..., mittelweg; *übertr:* Milieu, Umgebung)
millennium (Millennium, Jahrtausend, tausend Jahre)
minimum (minimal, mindest-, kleinst-)
mum (sich vermummen, Mummenschanz betreiben; Mutti, Mamma; pst!, still!, stumm, still; *mum's the word* Mund halten)
museum (Museum)
numb (starr, taub, erstarren, empfindungslos; *übertr:* betäuben, abstumpfen, wie-, betäubt, starr vor Angst)
opium (Opium)
overcome (bezwingen, überwältigen, -winden, -mannen, wider-, bestehen, siegen, triumphieren, einer Sache Herr werden)
pendulum (Pendel, Perpendikel, Schwunggewicht; *übertr:* wechselnde Stimmung oder Haltung, Pendelbewegung)
petroleum (Petroleum, Erd-, Mineralöl)
platinum, -blonde (Platin, -blond)
plum (Pflaume, Zwetschge, Rosine im Pudding oder Kuchen)
possum (*Abk:* Beutelratte, Opossum)
to play possum (sich nicht rühren, -krank, tot oder dumm stellen)
premium (Prämie, Bonus, Preis, Belohnung, Zugabe)
quarrelsome (streitsüchtig)
radium (Radium)
random (Zufall, zufällig, aufs Geratewohl, ziel-, wahllos)
random sample, -shot, talk at- (Stichprobe, Schuss ins Blaue, wild drauflos reden)
at random (auf gut Glück, blindlinks, zufällig, aufs Geratewohl)
rum (Rum)
sanitarium (Sanatorium, Heilanstalt)
scum (Ab-, Schaum, abschäumen, Abschaum bilden)
slum (Elendsviertel, schmutzige Gasse, in primitiven Verhältnissen leben)
strum (herum.-, klimpern, Geklimper)
succumb (sterben, unter-, erliegen, zusammenbrechen)
sum (Summe, Rechenaufgabe; *übertr:* Kern, Substanz, Inbegriff, Ergebnis; Gesamtheit, insgesamt, mit einem Wort)
sum up (summieren, zusammen, -zählen, -fassen, ein-, abschätzen, resümieren, -kapitulieren)

swum (geschwommen, *P. P.* von swim)
some (ungefähr, einige, ein paar, manche, etwas, ziemlich, enorm, toll, mehrere)
tedium (Langeweile, Langweiligkeit)
Tom (Eigenname)
be as Tweedledum and Tweedledee (Jacke wie Hose sein; ein Ei dem anderen gleichen)
uranium (Uran)
worrisome (lästig, quälend, unruhig, beunruhigend)
yum-yum (mmh!, lecker!)

~ama *von Bahama bis Yokohama*

Bahama (Bahama-Inseln)
comma (Komma)
Dalai Lama (Tibetisches- geistliches Oberhaupt)
llama (Lama)
mamma (Mutti, Mamma; Brust, -drüse, Euter, Zitze)
melodrama (Melodram)
pyjama (Schlafanzug)
Yokohama (Jap. Stadt)

~amb, ~amp ☛ *~am (S. 18)* *von bump bis trump*

bump (zusammen-, stoßen, anprallen, Bö, Stoß, Bums, Beule, Höcker, rütteln, holpern)
chump (Holzklotz, dickes Ende, *SL:* Trottel, Dummkopf, Birne, Kürbis)
clump (Klumpen, Klotz, Gruppe, schwerer Schritt, stampfen, trampeln, *SL*: hauen)
hump (Buckel, Höcker)
jump (Sprung, über-, springen, -fallen, verfallen, hüpfen, hopsen, aufsitzen, zu früh starten, sich stürzen auf)
lump (Klumpen, Kloß, Stück, Schwellung, Beule, Geschwulst; *SL*: Klotz)
plump (drall, mollig, pummelig; plump, plumpsen, schwer fallen, herausplatzen, unverblümt sagen, eindeutig, glatt)
rump (*Zool:* Bürzel, Steiß, Hinterteil; *übertr:* Rumpf, kümmerl. Rest)
slump (Sturz, stürzen, plumpsen, zusammensacken, sinken, zurückgehen)
stump (Stumpf, Stummel, Strunk, daherstampfen, stapfen, überfordern, -fragen)
thumb (Daumen, durchblättern, anhalten, pfeifen, abgreifen, beschmutzen)
thumb, -sucker (Daumen, -lutscher)
trump (Trumpf, über-, trumpfen, ausspielen; *Poet:* Trompete; *verächtl:* erfinden, -denken, aus den Fingern saugen)

~amd, ~amt *von bumped bis thumbed*

bumped (aufgefahren, gestoßen, abgeknallt)
chomped (kaute)
chummed, - up (freundete an, angebiedert)
clumped (gruppierte)
dumped, to get - (warf weg, ausgegeben, -gekippt, -rangiert, verklappt, gedumt; einen Korb bekommen)
humped (gebuckelt, -krümmt, bucklig, holprig, höckerig)
lumped (konzentriert)
thumbed (gebumst, abgegriffen, zerlesen *Buch*)

~ams ☛ *~am (S. 18)* *von drums bis slums*

drums (Schlagzeug)

slums (Elendsviertel)

~an *von anyone bis won*

anyone (irgendjemand)
begun (begonnen, etc. ☛ *begin, S. 153*)
bun (Dutt, Knoten; Kaninchen; süßes Brötchen)
comparison, by -, in - with (Vergleich, Ähnlichkeit, Gleichnis; vergleichsweise; im Vergleich zu, mit)
done (getan, *P. P.* von do)
everyone (jeder)
fun (Spaß, Scherz, Ulk, lustig, komisch)
Galveston (Eigenname)
gun (Pistole, Revolver, Kanone, Geschütz, Jäger, Schütze, verfolgen, losrasen, Vollgas, abschießen)
hun (Hunne; *SL*: Barbar, Vandale, -n; *verächtl:* Deutsche)
jettison (entledigen, ab-, weg-, über Bord werfen, absprengen)
London (Eigenname)
none (kein, -er, niemand)
nun (Nonne)
oblivion (Vergessenheit, Vergessen, Vergesslichkeit)
fall into oblivion, Act of- (in Vergessenheit geraten; Straferlass, Amnestie)
one (Eins, ein, -s, -e, -r; man)
outdone (übertroffen, -boten, ausgestochen)
outrun (überholen, entlaufen, schneller laufen als, besiegen, Auslauf)
overdone (übertreiben, übergar, vergaren, -kochen)
overrun (überfluten, -schwemmen, -schreiten, -rollen, einfallen in, überlaufen sein, wimmeln von)
phenomenon (Phänomen, Erscheinung)
pun (Wortspiel, ein Wortspiel machen)
run (Lauf, laufen, rennen, eilen, stürzen, Ansturm, Durchlauf, Fahrt)
shun (ver-, meiden, ausweichen, fernhalten von)
simpleton (Einfallspinsel)
skeleton, -key (Skelett, Knochengerüst, Gerippe, Gestell, Rahmen; *übertr:* Dietrich, Nachschlüssel)
family skeleton (streng gehütetes Familiengeheimnis, dunkler Punkt)
son, son-in-law; -of a bitch, - of a gun (Sohn, Schwiegersohn; Scheiß-, Prachtkerl)
stun (betäuben; *übertr:* verblüffen, niederschmettern, überwältigen)
ton (*Engl:* Tonne; herrschende Mode, Eleganz)
undone (ungetan, unerledigt, ruiniert, erledigt)
unison (Unisono, Ein-, Gleichklang, *übertr:* Gleichklang, Übereinstimmung)
venison (Reh, Wildbret)
won (gewonnen, *P. P.* von win)

~and, ~ant *von affront bis transplant*

affront (Beleidigung, beleidigen, -schimpfen, Affront; trotzen)
ant (Ameise)
aunt, great-, -Sally (Tante, Groß-; *übertr:* Hassobjekt, Zielscheibe)
blunt (stumpf, -machen, abgestumpft, -stumpfen, mildern, schwächen, *übertr:* ungehobelt, -empfindlich, -geschliffen, offen, schlicht, schonungslos)
brunt (Hauptstoß, -last, volle Wucht)
bear the brunt (die Hauptlast tragen)
bunt (bauchige Wölbung, -Ausweitung, sich auf-, blähen; schlagen, stoßen, schieben)
can't (*Abk:* can not- kann nicht)

cant (Zunft-, Fach-, Gaunersprache, Jargon, Gewäsch, Frömmelei, scheinheiliges Gerede, schräge Lage, Schrägung, plötzliche Wendung, Ruck, Stoß, verkanten, kippen)
cant over (sich neigen, -a. d. Seite legen, kippen)
chant (*Kirchl:*Gesang, be-, singen; eintön. Gesang oder Tonfall, Singsang, runterleiern)
confront (gegenübertreten, -stehen, mutig begegnen, konfrontieren)
forefront (vorderste Reihe, Vorderseite)
cummerbund (*Mode*: Kummerbund)
decant (dekantieren, ab-, umfüllen)
enchant (ver-, bezaubern, entzücken)
enchanted wood (Zauberwald)
fund (Schatz, Kapital, Gelder, Geldmittel, Fonds, finanzieren, Vorrat)
grant (subventionieren, bewilligen, gewähren, zugeben, erweisen, -füllen, Unterstützung, Zuschuss, Subvention, Bewilligung, Gewährung)
grunt (grunzen, ächzen, stöhnen, *übertr:* knurren, murren)
hunt (Jagd, jagen, verfolgen, hetzen, aufstöbern, -spüren)
implant (Implantat, implantieren, einpflanzen, -nisten, -impfen)
plant (Pflanze, be-, ein-, aus-, um-, ver-, anpflanzen, Gewächs)
punt (Stakkahn, im Punt fahren, i. e. P. befördern, staken; *Rugby:* aus der Hand schlagen; *Glücksspiel:* wetten, setzen)
refund, tax - (Geld zurückzahlen, -erstatten, Rückvergütung; Steuerrückzahlung)
rotund (rund, -lich, kreisförmig, bombastisch, pompös, hochtrabend, blumig)
runt (Zwergrind, -ochse, Haustaubenrasse, *übertr:* Ochse)
scant (knapp, spärlich, dürftig, gering)
shan´t (sollte nicht)
shunt (rangieren, ab-, ver-, beiseite schieben, abzweigen, *übertr:* etwas aufschieben, jmd. kaltstellen, -ab-, beiseite schieben, vom Thema oder Vorhaben, Abkommen)
shunned (gemieden, wich aus, ausgestoßen sein, *P. P.* von shunt)
slant (Schräge, schräg, - sein, -stellen, neigen, kippen, tendieren, färben, ausrichten)
take a slant at (e. Seiten-, Blick wagen)
slant-eyed (schlitzäugig)
stunt (Kunst-, Glanzstück, Kraftakt, Sensation, Schaunummer, Trick, tolles Ding; hemmen, verkümmern, -krüppeln)
stunned (benommen, -stürzt, -täubt, verblüfft, -dutzt, sprachlos, wie betäubt oder gelähmt)
transplant (transplantieren, ver-, umpflanzen, -siedeln)

~ang — *von among bis young*

among (mitten -, unter, inmitten, zwischen, bei)
fall-, from-, who – you? (unter…fallen oder geraten; aus…heraus, wer von euch?)
tongue, mother-, -twister (Land-, Zunge, Muttersprache, Zungenbrecher; Klöppel, Zeiger, Dorn, Deichsel)
flung (geschleudert, schleuderte, geworfen, *P. P.* von fling)
hung (ab-, gehangen, gehängt, er-, hängte, hing, *P. P.* von hang)
rung (geklingelt, -läutet, Leiter-, Sprosse, Stufe, *P. P.* von ring)
sprung (gesprungen, *Am:* verliebt, *P. P.* von spring)
slung, low - (geschleudert, -schlungen, *P. P.* von sling; tiefliegend, niedrig)
sung, - about (gesungen, *P. P.* von sing; besungen)
young (jung)

~angschn — *von conjunction bis junction*

conjunction (Verbindung, Zusammentreffen, Konjunktion)
function (Funktion, Aufgabe, Zweck arbeiten, tätig sein, funktionieren, fungieren)
injunction (Anordnung, Verfügung, Unterlassungs-, ausdrücklicher Befehl)
junction (Z.s.-fügung, -führung, -treffen, Treffpunkt, Anschluss, Verbindung, -einigung, Straßen-, Kreuzung, Berührung)

~ank — *von bunk bis trunk*

bunk (Koje, „Falle, Pofe", Schlafstelle, i. e. Koje schlafen; türmen ausreißen)
chunk (Klotz, Klumpen, dickes Stück, *SL:* dicker Mensch, stämmiges Pferd)
drunk (betrunken, Säufer, Trinker, *übertr:* trunken, berauscht)
dunk (eintunken, -tauchen)
flunk (durchfallen, *SL:* durchrasseln, -rauschen, -lassen)
funk (Funk; Angst, Schiss, Bammel, Drückeberger, kneifen, Schiss haben, sich drücken)
hunk (großes Stück, Brocken)
junk (Dschunke; Ramsch, Trödel, alter Kram, *SL:* Schund, Mist, Kram, „Stoff", wegwerfen, verschrotten, *übertr:* über Bord werfen, verschrotten)
monk (Mönch, -saffe)
plunk (zupfen, Bums)
punk (Zunder, Punker, *SL:* miserabel, Flasche, Mist, Blödmann)
shrunk (geschrumpft, eingelaufen, *P. P.* von shrink)
skunk (Stinktier, Skunk, *SL:* Scheißkerl, Schwein, vermöbeln, bescheißen)
slunk (geschlichen, *P. P.* von slink)
spunk (Mumm, Mut, Schwung, Feuer, Zunder, -holz, Lunte)
stunk (gestunken, *P. P.* von stink)
sunk (gesunken, *P. P.* von sink)
trunk (Stamm, Strang, Rüssel, Rumpf, Leib, Torso, Truhe, Koffer, -raum, Bade-, Sport-, Unterhose, *Comp:* Anschlussstelle)

~anken — *von drunken bis sunken*

drunken, -party (betrunken, Saufgelage)
shrunken (schrumpfen, abgemagert, -gezehrt, eingefallen)
sunken (ein-, versinken, gesunken, tiefliegend, *übertr:* vertieft, hohl, eingefallen)

~ans — *von advance bis trance*

advance (Vorschuss, Fortschritt, -schaltung, zunehmen, -kommen, vorbringen, -rücken, -stellen, -verlegen, voraus zahlen, voran kommen, - bringen, geben, befördern, ansteigen)
in advance (im -, voraus, im vorher)
bunts (stößt)
chance (Glück, Schicksal, Risiko, Wahrscheinlichkeit, Gelegenheit, Chance, zufällig, Zufall, zufalls..., riskieren, versuchen)
dance (Tanz, tanzen, hüpfen, flattern, schaukeln)
dunce (Dummkopf, schlechter Schüler)
enhance (erhöhen, steigern, vergrößern, heben, zur Geltung bringen)
extravagance (Verschwendung, Zügellosigkeit, Ausschweifung, Übermut, -maß)
France (Frankreich)
side glance (Seitenblick; einen Blick werfen, flüchtiger Blick, blicken, überfliegen, streifen, kaum berühren, abprallen, auf-, blitzen, -leuchten)

glance, copper-, silver- (*Mineral:* Blende, Glanz; Kupferglanz, Schwefelsilber)
lance (Lanze, Speer, m. e. Lanze durchbohren, *Med:* m. e. Lanzette öffnen)
once, -over (einmal, sobald; kurz, rasch, mal eben)
prance (sich bäumen, -brüsten, stolzieren, paradieren, tänzeln, herumtollen)
trance (Trance, Verzückung, Ekstase)

~ansch *von brunch bis scrunch*

brunch (Brunch, spätes oder Gabelfrühstück)
bunch (Bund, Bündel, Büschel, Haufen, „Verein", bündeln, zusammen, -fassen, -binden, -falten, sich zusammen -legen, -schließen)
crunch (knirschen, -d zerkauen, zermahlen, *übertr:* Krise, kritischer Moment, -Situation)
when it comes to the crunch (wenn es hart auf hart kommt)
hunch (Klumpen, kauern ☛ *hump, S. 20*)
have a hunch (das oder so ein Gefühl oder Verdacht haben)
play a hunch (seiner Intuition folgen)
lunch (Gabelfrühstück, zu Mittag essen)
munch (schmatzend-, kauen, mampfen)
punch (Schlag, -kraft, Wucht, Schmiss, Schwung, schlagen, boxen, knuffen, einhämmern, Prägestempel, Lochzange, Locher, Dorn, Durchschlag, stanzen, lochen, stempeln, knipsen, *Engl:* kurzbeiniges, schweres Zugpferd, Stöpsel; Punsch; Kasperle, Hanswurst)
Punch and Judy show (Kasperletheater)
scrunch (zusammenknüllen, ☛ *crunch, S. 24*)

~ap ☛ *~ab (S. 5)*

~apt ☛ *~abt (S. 6)*

~aR *von R bis tar*

R (R)
are (bist, von be –sein)
bar (Bar, Buffet, Schankraum, Imbiss, ein Takt, Stange, Stab, Riegel, Schranke, Sperre, Leiste, Sandbank, hindern, hemmen, verriegeln, -bieten, ausschließen, ab-, aus-, versperren; außer, abgesehen von)
bazaar (Wohltätigkeits-, Basar, Warenhaus)
bizarre (bizarr, phantastisch, absonderlich)
car (Auto, Wagen, Wagon, Karren, Gondel)
caviar (Kaviar)
cigar (Zigarre)
disbar (*Recht:* a. d. Anwaltschaft ausschließen)
far (fern, entfernt, weit)
guitar (Gitarre)
jar (Gefäß, Topf, Einmach-, Glas; quietschen, kreischen, kratzen, disharmonieren, irritieren, beißen, Ruck, Stoß, Erschütterung, stoßen)
par (Nennwert)
scar (Narbe, Schramme, Kratzer, *übertr:* Makel, verunstalten, entstellen, Narben, Trauma, hinterlassen; *Engl:* steiler Abhang, Klippe)
sitar (Sitar, Indisches Saiteninstrument)
spar (Spat; Rundholz, Spiere; Sparrings-, Hahnenkampf, Wortgefecht, sparren, streiten)
spar for time (Zeit schinden)
star (Star, Berühmtheit; Stern..., Haupt..., mit Sternen schmücken, d. Hauptrolle spielen)
tar (Teer, Öljacke, teeren)

~aRd, ~aRt ☛ ~aR (S. 24) *von art bis yard*

art, -up (Kunst; *SL:* künstlerisch aufmöbeln)
apart (einzeln, für sich, gesondert, getrennt, abseits, beiseite)
avant-garde (Kunstform, Avant-Garde, avantgardistisch)
blizzard (Schnee-, Sturm)
card (Karte, kardieren, ausweisen; *Tech:*Wollkratze, Krempel, Wolle kämmen, krempeln)
cart (Karren, Liefer-, Handwagen, karren, fördern, schleppen, fahren)
chard (*Bot:* Mangold)
chart (Karte, Tabelle, Skala, Kurve, Diagramm, Grafik, Schaubild, auf einer See-, Karte einzeichnen, darstellen, skizzieren, *übertr:* planen, entwerfen)
counterpart (Gegen-, Seitenstück, genaue Ergänzung, Ebenbild, Dublikat, *übertr:* Gegenüber, Kollege)
dart (Wurfspeer, -Pfeil, -Spieß, schleudern, schießen, Blicke zuwerfen, blitzschnell bewegen, schnellen, flitzen, sausen, zucken, huschen)
depart (abreisen, -fahren, weg-, fortgehen; hinscheiden, entschlafen, sterben; abweichen, ändern, brechen, aufgeben)
heart (Herz)
discard (Ausschuss, ausrangieren, Karten, Gewohnheiten, Vorurteile verwerfen, abgeben, -legen, -werfen, aufgeben)
disregard (Missachtung, missachten, ignorieren)
hard (schwerlich, schwierig, schwer, hart, fest, kaum)
lard (Schweinefett, -schmalz, spicken)
lizard, lounge- (Eidechse, -nleder, Echse; Salonlöwe)
mart (Markt, Handelszentrum, Auktionsraum)
part (Stück, Teil, Teils, teilen, öffnen, trennen, scheiteln, auseinander gehen, aus-, aufgeben, ausziehen)
part-done, -exchange, -finished, -opened (zum Teil erledigt, Anzahlung, Halbfertig, zum Teil geöffnet)
regard (ansehen, betrachten, -achten, Hin-, Rücksicht, Gruß, schätzen, respektieren)
retard (verlangsamen, -zögern, aufhalten, hemmen)
smart (klug, intelligent, witzig, geistreich, leiden, brennen, Schmerz, *verächtl:* Superklug, klugscheißerisch)
starred (mit Sternen übersäht, mit Sternzeichen versehen, spielte die Hauptrolle)
start (Start, -en, Beginn, -en, Anfang, -en, in Gang setzen , anlassen, aufrufen)
sweetheart (Schatz, Liebste, -r)
tarred (geteert, ☛ *tar, S. 24*)
tart (sauer, herb, scharf, beißend; Torte, *SL:* Nutte)
upstart (Emporkömmling, emporgekommen, Neureich)
yard (Hof, Platz, Garten, Yard)

~aRden *von garden bis warden*

garden (Garten, gärtnern, im G. arbeiten)
harden (ver-, er-, härten, härter machen oder werden, *übertr:* hart oder gefühllos werden)
pardon (Entschuldigung, verzeihen, entschuldigen, Straferlass, Vergebung, begnadigen)
general pardon (Amnestie)
warden (Aufseher, Heimleiter, Gefängnisdirektor, Herbergsvater, Wächter, Vormund)

~aRdsch *von barge bis march*

barge (Kahn, ungeschicktes gehen, fahren oder bewegen, stürzen, zusammenstoßen, torkeln)
barge in (herein platzen, sich einmischen)
charge (Verantwortung, Ladung, Gebühr, in Rechnung stellen, berechnen, Belastung, -en, Anklage, -n, vorwerfen, losgehen)
discharge (Entlastung, -ladung, erfüllen, bezahlen, entlassen, -laden)
enlarge (sich-, vergrößern, erweitern, ausdehnen, verbreiten)
large (groß)
march (März; Marsch, marschieren; Grenzgebiet, -land, Grenze, grenzen)

~aRf *von carve bis starve*

carve (tranchieren, schnitzen, meißeln)
carve out, -up (gestalten, machen, aufbauen; aufteilen, zerstückeln, übel zurichten)
starve (aus-, ver-, hungern, darben, fasten, verkümmern, Not leiden, *auch übertr.*)

~aRk *von aardvark bis stark*

aardvark (Erdferkel)
arc (Bogen, Licht-, e. Bogen bilden)
arch (Erz..., Oberst..., Haupt..., erst, schlimmst, Riesen...; schalkhaft, schelmisch; Bogen, Wölbung, Gewölbe, sich-, wölben, krümmen)
ark (Arche, Schrein)
bark (Rinde, Borke, abrinden, -schürfen; Gebell, an-, bellen, kläffen, *übertr:* jmd. anschnauzen; Bark)
clerk (Büroangestellter, Buchhalter, Schreiber, Schriftführer, Vorsteher, Leiter)
dark (Dunkel, -heit, Finster, -nis, böse, schwarz, düster, ungewiss, geheim)
embark (etwas anfangen, an Bord gehen, einschiffen, ver-, einladen, einlassen)
lark (Lerche; Jux, Ulk, Spaß, Quatsch)
hark, -back (*Poet:* horchen; auf der Fährte zurückgehen, *übertr:* zurückgreifen, -kommen)
mark (Eigenname; Münze, Goldgewicht; Zeichen, Mal, Fleck, Mark, -ierung, -ieren, kenn-, auszeichnen, bewerten, -schriften)
nark (Lockvogel, Spitze, bespitzeln, ärgern, *nark it!* Hör auf)
parch (rösten, aus-, trocknen, dörren, sengen)
park (Fuhr-, Stadt-, Park, parken, auf-, abstellen, etwas wo lassen)
patriarch (Patriarch, Herrscher)
remark (Bemerkung, Äußerung, sich-, äußern, be-, merken, beobachten, Bemerkung machen)
shark (Haifisch, *übertr:* Gauner, Betrüger, Schmarotzer)
spark, vital - (*a. übertr:* Funke, entzünden, Funken sprühen, wecken; Lebensfunke)
spark, bright - (Flotter Kerl, jmd. den Hof machen; Intelligenzbolzen)
starch (Wäsche-, Speise-, Stärke, stärken, *übertr:* Steifheit, Frömmigkeit)
stark (steif, starr, öde, kahl, rein, ganz, völlig, krass, grell)

~aRl *von Carl bis snarl*

Carl (Eigenname)
gnarl (Knoten, Knorren)
snarl, -up (an-, knurren, anfauchen; Knoten, *übertr:* Durcheinander, Verwicklung, Gewirr, Verkehrschaos; sich-, verheddern, durcheinander kommen)

~aRm *von alarm bis truckfarm*

alarm (Alarm, Warnung, Wecker, Lärm, Aufruhr, Bestürzung, alarmieren, beunruhigen, erschrecken)
arm (Fluss-, Seiten-, Arm, -lehne, Ärmel, Ast, Zweig, Ausleger; Waffe, bewaffnen)
charm, -s (Charme, charmant, Bann, Zauber, -formel, Talismann, Reiz, Anmut, Amulett, bezaubern, reizen, entzücken; weibl. Reize)
disarm (entwaffnen, -schärfen, unschädlich machen, besänftigen, abrüsten)
farm (Bauernhof, Gut, bebauen, -wirtschaften, züchten, pachten, Bauer sein)
funny-, dry-out-farm (*SL:* Irrenanstalt, Klappsmühle; Entziehungsanstalt)
forearm, -oneself (Unterarm; sich wappnen)
harm (Schaden, schaden, schädlich, schädigen, jmd. verletzen, *a. übertr.*)
truckfarm, - garden, -farmer (*Am:* Gemüsehof, -gärtnerei, -bauer)

~aRn *von barn bis yarn*

barn (Scheune, Stall)
darn (stopfen, ausbessern, das Gestopfte, *SL:* für ***damn*** verdammt)
yarn, darning- (Kabel-, Seemanns-,Garn, klönen, Geschichten ersinnen; Stopfgarn)

~aRp *von bluesharp bis sharp*

bluesharp (Mundharmonika)
carp (Karpfen; nörgeln, kritteln)
harp (Harfe, -spielen, *übertr:* herumreiten auf, dauernd reden von)
sharp (*a. übertr:* scharf, genau, deutlich, *Musik*: Kreuzchen, herb, schneidend, schrill, hart, spitz, schnell, scharfsinnig, aufgeweckt, gescheit, -rissen, raffiniert)

~aRs *von farce bis sparse*

farce (Posse, Schwank, *übertr:* Theater)
parse (analysieren)
sparse (spärlich, dünn)

~aRsch *von harsh bis marsh*

harsh (hart, rau, scharf, grell, barsch, schroff, herb, sauer, streng)
marsh (Marsch, Sumpf, Morast)

~aasch *von barrage bis mirage*

barrage (Sperrfeuer, Hagel, *übertr:* überwältigende Menge; Talsperre, Staudamm)
blamage (blamieren, sich zum Narren machen)
camouflage (Tarnung, tarnen, *übertr:* verschleiern)
entourage (Gefolge, Umgebung)
garage (Garage, Tankstelle, Reparatur, -Werkstatt, in einer Garage unterstellen)
mirage (Fata Morgana, Luftspiegelung, Trugbild)

~as *von buzz bis fuzz*

buzz (summen, brummen, surren, schwirren, knapp überfliegen, Gerücht, an-, klingeln, flüstern, Stimmengewirr, Gerücht)
does (☛ *do, S. 248*)
fuss (Getue, Wirbel, Theater, Aufregung, Hektik, fuhrwerken, jmd. nervös machen)
fuzz (Flaum, Fusseln, zerfasern, Wuschelhaar, Zottelbart, *SL:* Bulle)

~asch — *von blush bis thrush*

blush (erröten, rot werden, in Verwirrung geraten, Scham-, Röte)
brush (Pinsel, Bürste, Besen, bürsten, fegen)
crush (Gedränge, Druck, Gewühl, zerstampfen, -quetschen, -malmen, -drücken, -knittern, *SL:* verknallt sein)
flush (auffliegen, -scheuchen; Schwall, spülen, Röte, versenkbar, bündig, eben, Blüte, blühend, frisch, Glanz)
gush (hervor-, überströmen, -schießen, sich ergießen, Schwall, Strom, Erguss, schwärmen, Schwärmerei, Überschwenglichkeit)
lush (saftig, üppig, Säufer, *SL:* Stoff)
mush (Brei, Mus, Knister-, Störgeräusch, Gefühlsduselei, sentiment. Zeug; durch den Schnee stapfen, mit dem Hundeschlitten fahren)
plush (Plüsch, elegant, *SL:* vornehm, feudal)
rush (rasen, stürzen, jagen, stürmen, treiben, drängen, hetzen, Jagt, Flut, Eile; Binsen)
slush (Schnee-, Matsch, Schlamm, Schmiere, *übertr:* Kitsch, Schund, Gefühlsduselei)
thrush, whistling-, song- (Drossel, Sing-; Soor, Strahlfäule)

~ask — *von ask bis tusk*

ask, - for (fragen, bitten, verlangen; bitten um)
ask s.o. to dinner (jmd. zum Essen einladen)
dusk, at- (Dämmerung, bei Einbruch der Dunkelheit)
husk (Schale, schälen, Hülse, Schote, *übertr:* Hülle, Schale)
musk (Moschus, -pflanze, Bisam)
tusk (Stoß-, Fangzahn, Hauer)

~asn ☛ *~in (S. 153)* — *von buzzin' bis musin'*

buzzin´ (summend, schnarrend, surrend, Gebrumm, Brummen, Geschwirr)
cousin, country - (Cousin, -e, -vom Lande, Unschuld vom Lande)
cussin´ (verfluchend)
dozen (Dutzend)
fusin´ (*Tech:* schmelzen)
musin´ (sinnen, grübeln, nachdenken, in Gedanken, Träumereien)

~aß — *von bus bis us*

bus (Bus, Sammelleitung)
cuss (Fluch, ver-, fluchen, Schimpfwort)
discuss (diskutieren, besprechen, erörtern)
Guss (Eigen-, Name)
muss (durcheinander, Unordnung)
plus (plus, zuzüglich, extra, mehr)
pus (Eiter)
truss (Gebinde, Bündel, Bund, bündeln, fesseln, zusammenschnüren, Fach-, Gitter-, Hängewerk, ab-, stützen, dressieren)
thus (so, folgendermaßen, so-, damit, also, folglich, demgemäß)
us, all of -, both of - (uns, wir alle, wir beide)

~ast — *von adjust bis unjust*

adjust (regulieren, einstellen, abstimmen, in Ordnung bringen, ordnen, sich-, anpassen, - einstellen lassen, angleichen)

Vorsilben: con~, de~, in~, pre~, re~, mis~

angeldust (Engelsstaub, *übertr. SL:* Stoff, Heroin)
August (Monats-, Name)
bust (Büste, Busen; kaputt, -machen, schlagen, Pleite, Bankrott, Razzia, *SL:* platzen, auffliegen lassen, zerschlagen, sprengen, ruinieren; Sauftour)
crust (Kruste, Rinde, Schorf, Harsch, eine Kruste bilden, mit einer Kruste überziehen, *SL:* Frechheit)
disgust (Ekel, -n, -haft, anwidern, entrüsten, empören)
distrust, self - (Misstrauen, -isch, Argwohn; Selbstvertrauen)
dust, -cab, -trap, -cover (Staub, abstauben; Staubkappe, -fänger, Schutzumschlag)
encrust (über-, verkrusten, e. K. bilden, reich verzieren)
entrust (anvertrauen, jmd. betrauen)
gust (Windstoß, Bö, scharf wehen, Ausbruch, Sturm d. Leidenschaft etc.)
just (zeitl. u. örtl.. gerade, so-, eben, gerecht, richtig, angemessen, berechtigt)
lust (Begierde, Gier, Sinnes-, Wollust, Gelüste, Sucht, gieren)
mistrust (Misstrauen, Argwohn, Zweifel)
must (Most; Moder, Schimmel; unerlässlich, absolut notwendig, muss, müssen, musste, musstest, *verneinend:* darf, dürfen)
robust (stark, kräftig, stabil, widerstandsfähig, derb, kernig, hart, schwer)
rust (Rost, ver-, ein-, festrosten, Rost-, Moderfleck, rosten lassen, -ig werden)
stardust (Sternenstaub)
thrust (Stoß, Hieb, Schub, stecken, schieben, stoßen, drängen, treiben, werfen)
trust (an-, zu-, ver-, trauen, vertrauenswürdig, -voll, hoffen, glauben, erwarten)
unjust (ungerecht, -er Weise)

~at ☛ *~ad, ~at (S. 6)*

~atsch ☛ *~adsch (S. 6)*

~atten ☛ *~in (S. 153)* *von begotten bis rotten*

begotten (gezeugt, hervorgebracht, in die Welt gesetzt, *P. P.* von beget)
button, belly - (Knopf, zu-, knöpfen, sich zuknöpfen lassen, Schaltfläche; Bauchnabel)
cotton, -with, -on to (Baumwolle; sich anfreunden, gut auskommen mit; etwas kapieren)
cuttin´ (zu-, schneiden, Schneid, schneidend, Ausschnitt, scharf)
forgotten (vergessen, *P. P.* von forget)
glutton (Vielfraß, Liebhaber, *übertr:* Unersättlich, -er, z. B. Bücherwurm, Workaholic)
gotten, - ill (*veraltet o. Am: P. P.* von get; unrechtmäßig)
guttin´ (ausnehmen, -weiden, -rauben, von Innen heraus, instinktiv, leidenschaftlich)
mutton, leg of - (Hammel, -fleisch; -keule)
rotten, -luck, -weather (faul, verfault, morsch, mürbe, brandig, stockig, *übertr:* korrupt, verderbt, niederträchtig, miserabel; Saupech; Sauwetter)

~au *von allow bis wow*

allow (erlauben, -möglichen, gestatten, zugeben, -lassen, gewähren, gönnen, bewilligen)
avow (be- anerkennen, ein-, gestehen, rechtfertigen)
bough (Ast, Zweig)
brow (Braue, Stirn, Vorsprung, Abhang, Berg-, Kuppe)
chow (Proviant, *SL:* Futter, Essen; Chow-Chow)
cow (Kuh, Weibchen; einschüchtern)
disavow (ableugnen, -rücken, sich lossagen, nicht anerkennen, in Abrede stellen)
endow (stiften, ausstatten, dotieren, e. Stiftung machen)
how, know- (wie; Sach-, Kenntnis, Fach-, Wissen, Erfahrung)

kowtow (unterwerfen)
now (nun, jetzt)
by now (nunmehr, inzwischen, schon)
owe (schulden, -sein, -haben, verdanken, dank schulden)
plough (Pflug, um-, pflügen, stürzen, *übertr:* sich einen, Weg bahnen, durchackern)
plow (*Am:* wie plough)
slough (Sumpf-, Schmutzloch, Morast; Haut abstreifen, -legen, Schorf)
somehow (irgendwie, auf irgendeine Weise)
sow (Sau, Schwein; be-, säen, aus-, verstreuen)
thou (*Poet:, Regional, Bibl:* für du)
vow (Versprechen, Gelübte, Schwur, schwören geloben, versprechen, erklären)
wow (Toll, Super, Mann! jmd. hinreißen, *SL:* toller Kerl, -Ding, Sache; jaulen)

~aud, ~aut — *von about bis worn-out*

about (ungefähr, über, um, umher)
allowed (erlaubt, -e, bewilligte, frei, genehmigt, -währt, statthaft, zulässig, -gesagt)
aloud (laut, mit lauter Stimme)
boy-scout (Pfadfinder)
blow-out (heraus-, ausblasen, -löschen, platzen, durchbrennen, zertrümmern, sprengen)
bout, drinking - (Arbeitsgang, Runde, Anfall, Attacke, Kampf, Zeitspanne; Zecherei)
clout (Schlag, -kraft, schlagen, hauen, *übertr:* Macht, Einfluss, Wucht)
cloud, -burst (Wolke, bewölken, *übertr:* Schwarm, Haufen, Fleck, Fehlstelle, trüben, verdunkeln, Schatten; Wolkenbruch)
crowd (Menge, Gedränge, zusammen, -drängen, -strömen, vollstopfen, überfüllen)
devout (fromm, innig, herzlich, andächtig, eifrig, sehnlich)
doubt, self- (Zweifel, be-, zweifeln, schwanken, Bedenken, misstrauen; Selbstzweifel)
eke-out (strecken, aufbessern)
enshroud (ein-, verhüllen)
fade out (aus-, abblenden, schwächer werden)
flout (verspotten, -höhnen, missachten, ausschlagen)
gout (Gicht)
loud, -hailer (*a. übertr:* laut, schreiend, grell, auffallend; Megaphon)
lout (Flegel, Rüpel)
proud, house-, purse- (stolz, hochmütig, eingebildet; penibel, sehr ordentlich; protzig, Geldstolz)
pout (Schellfisch, schmollen, Schnute ziehen, Lippen schürzen, -aufwerfen)
roundabout (ungefähr, etwa)
scout (Kundschafter, Späher, erkunden, auskundschaften, umsehen)
shout (zu-, rufen, schreien, brüllen, Geschrei, -brüll, Schrei, Ruf)
shroud (Leichentuch, Totenhemd, hüllen, in ein Leichemtuch oder Totenhemd hüllen, Schleier, Hülle, *übertr:* etwas verschleiern, -nebeln, -hüllen, Geheimnis)
snout (*a. SL:* Schnauze, Schnabel, Vorderteil, Tülle)
spout (Tülle, Rinne, Strahl, Fontäne, heraus-, spritzen, -sprudeln, speien, ausstoßen)
sprout (Spross, sprießen, hervorschießen, keimen, aufgehen, treiben, schnell wachsen)
stout (dick, beleibt, kräftig, stämmig, zäh, ausdauernd, tapfer; Starkbier)
tout (Schwarzhändler sein, schwarz anbieten, suchen, Kundenschlepper, -werber)
trout, sea- (Forelle, Meer-, Lachs-)
thundercloud (Gewitterwolke)
wash-out (Auswaschung, Unterspülung, *SL:* Niete, Versager, Reinfall, Pleite)
work-out (Sport, Training, Versuch, Erprobung)

worn-out (abgetragen, -genutzt, völlig erschöpft, todmüde, zermürbt)

~audsch — *von couch bis vouch*

couch (Sofa, Bett, Lager, in Worte fassen, kleiden, ausdrücken, liegen, lagern, sich kauern, ducken)
crouch (hocken, ducken, sich zusammenkauern, *übertr:* kriechen, sich ducken)
grouch (nörgeln, meckern, miese Laune, Miesepeter, Meckerfritze)
ouch (Autsch! Au!)
pouch (Beutel, Tasche, Sack, in einen ... tun, einstecken, sich beuteln, -bauschen)
slouch (krumme, nachlässige Sitz-, Stehhaltung, latschen, hängende Hutkrempe, - Schultern, *SL:* Flasche, Niete)
vouch (sich ver-, bürgen, bezeugen, -stätigen, belegen)

~aul — *von cowl bis waterfowl*

cowl (Mönchskutte, Kaputze, Schornsteinkappe, Motorhaube)
foul (stinkend, widerlich, verpestet, -dorben, schlecht, faul, Foul, foulen, auf gemeine Art, gemein, beschmutzen, -sudeln)
growl (an-, knurren, brummen, grollen)
howl (Geheul, heulen, weinen, brüllen, schreien, pfeifen)
jowl (Kiefer, feiste oder Hängebacke, Wamme)
owl (Eule, *übertr:* alte Eule)
prowl, -car (umherschleichen, -streichen, duchstreifen, Streife, -nwagen)
scowl (finster Blicken, finsterer Blick oder Ausdruck)
waterfowl (Wasservogel, -vögel)

~aun — *von brown bis uptown*

brown, -nose (braun, bräunen, braun werden, Arschkriecher)
do so. brown, browned off (jmd. anschmieren, reinlegen; restlos Bedient sein)
clown (Clown, Hanswurst, Kasper, Grobian, Bauernlümmel)
crown (Krone, Krönung, bekrönen, *übertr:* glücklich beenden, d. Krone aufsetzen)
down (unten, hinunter; Daune)
let your hair down (entspann dich, komm runter!)
downtown (Innenstadt, Geschäftsviertel)
drown (ertrinken, -tränken, -säufen, überschwemmen, -strömen)
frown (Stirnrunzeln, mit Missfallen blicken, finster dreinschauen)
gown, bathing-, dressing- (Kleid, Talar, Robe; Bademantel; Morgen-, Schlafrock)
hand-me-down (fertig, von der Stange, abgelegt, getragen, Konfektions…)
cash down (gegen Bar)
down-town (im unteren oder tiefergelegenen Stadtteil, zum - oder im Geschäftsviertel)
noun, proper (Hauptwort, Eigenname)
renown (Ansehen, Ruhm, Ruf, Berühmtheit)
town (Stadt, städtisch, Städte...)
tumble-down (baufällig)
upside-down (auf den Kopf gestellt, umgekehrt)
uptown (in den oberen Stadtvierteln, -teilen)

~aund, ~aunt — *von abound bis wound*

abound (im Überfluss haben oder reichlich vorhanden sein, voll sein, wimmeln)
account (Konto, Bericht, Ab-, Be-, Rechnung, begründen, erklären, -achten)

amount (Menge, Summe, Be-, Ertrag, sich belaufen, -tragen, -deuten, hinauslaufen, *übertr:* Inhalt, Wert, Bedeutung, Ergebnis)
around (rund-, rings-, herum, um, -her, überall, nach oder auf allen Seiten)
astound (verblüffen, in Erstaunen versetzen, äußerst überraschen)
background (Hintergrund, -gründe, Vorgeschichte Umstände, Herkunft, Milieu, Werdegang, Bildung, Erfahrung)
battleground, -field (Schlachtfeld)
bloodhound (Blut-, Schweißhund, *übertr:* Schnüffler)
bound (Grenze, Schranke, Bereich, be-, abgrenzen; verpflichten, binden, abhängig, Sprung, Satz, Schwung, hüpfen, springen; fahren, reisen, Reise, Heim-, Hin-, Ab-, Aus-)
compound (Lager, Gefängnishof, Gehege; Mischung, Zs.-setzung, Präparat, ver-, mischen, mengen, ver-, einigen, -binden, zusammensetzen)
confound (vermengen, -wechseln, -wirren, -blüffen, -nichten, -eiteln, in Unordnung bringen)
confound him, -it (zum Teufel mit ihm, verdammt)
count (Graf; Zählung, zählen, gelten, schätzen, ansehen, ab-, aufzählen, berechnen)
dismount (absteigen, -sitzen, -werfen, a. d. Sattel heben; abmontieren, ausbauen, -einander nehmen)
dumbfound (verblüffen)
found (gefunden; schmelzen, gießen; sich -, be-, gründen, er-, einrichten, stützen, beruhen auf)
fount (Quelle, Schriftsatz)
ground (Boden, Erde, Gebiet, Grund, -lage, Masse, gründen, ein-, sperren, erden, auflaufen, stranden, ☛ *grind* ge-, zermahlen, matt, *S. 16*)
hound (Jagd-, Hund, *SL:* Schurke, Hund, Fanatiker, Fan, *übertr:* auf-, hetzen, drängen, verfolgen, jagen; Mastbracke)
impound (einpferchen, -sperren, stauen, sammeln, beschlagnahmen, sicherstellen)
merry-go-round (Karussell, *übertr:* wirbel)
mound (Erdwall, -hügel, Damm)
mount (Berg, Hügel, auf-, empor-, hoch-, besteigen, hinaufgehen, -fahren, erklimmen, errichten, auf-, stellen, montieren, zusammenbauen, Halterung, Ständer, Gestell, Objekt-, Träger; *übertr:* an-, wachsen, steigen)
paramount (höher stehend, oberst..., höchst..., größt..., *übertr:* a. d. Spitze stehend, überragend, ausschlaggebend)
pound (Pfund; Stoß, Schlag, ein-, stampfen, hämmern, schlagen, trommeln, pochen, kneten; Tierasyl, Pferch, einpferchen, Stellplatz f. abgeschleppte Autos)
profound (tief, -schürfend, inhaltsschwer, profund, gründlich, *übertr:* unergründlich, dunkel, tief, groß, stark, vollkommen)
renowned (berühmt, -wundert, gefeiert, alt-, bekannt, angesehen, renommiert, respektiert)
resound (widerhallen, erschallen, -tönen, -lassen)
round (*a. örtl. zeitl. u. übertr:* rund, -e, um, -fahren, -her, Kreis, Ring)
sound (gesund, fest, tief schlafen; Sund, Meerenge, Fischblase; loten, peilen, Sonde, sondieren; Ton, Klang, Laut, Schall, sich anhören, klingen, tönen)
spellbound (gebannt, fasziniert)
surround (umgeben, -ringen, -zingeln, -kreisen, einschließen, Treibjagd)
tantamount (gleichbedeutend, -kommen)
underground (U-Bahn, Untergrund, -irdisch, in, unter der Erde, -Tage, Tiefbau, *übertr:* geheim, verborgen, untergründig)
wound (*a. übertr:* Wunde, Verletzung, -wundung, Kränkung; gewunden ☛ *wind, S. 16*)

~aunß — *von announce bis trounce*

announce (ankündigen, durch-, ansagen, melden, bekannt geben, verkünden)

bounce (Schwung, -kraft, Stoß, Elan, Unverfrorenheit, springen, hüpfen, stürzen, stürmen, an-, aufprallen, *SL:* Rausschmiss, jmd.-)
clowns (Clowns)
counts (Grafen, zählen)
denounce (anprangern, brandmarken, verurteilen, denunzieren, Vertrag kündigen)
mounts (Berge)
ounce (Unze, *übertr:* ein bisschen, -Körnchen; *Zool:* Ibis, *Poet:* Luchs)
pounce (Bimstein-, Glätt-, Pauspulver, glatt abreiben, bimsen, durchpausen; herab-, stoßen, Satz, Sprung, sich stürzen, -auf, auf jmd. losgehen, „zuschlagen")
pronounce (aussprechen, erklären für, bezeichnen als, Stellung nehmen, meinen)
renounce (verzichten, entsagen, etwas aufgeben, verleugnen, abschwören, ablehnen, von sich weisen, verstoßen, Farbe nicht bedienen können, passen)
sounds (Klänge, sich anhören wie)
trounce (verprügeln, *übertr:* herunter machen, *Sport:* überfahren, abfuhr erteilen)

~aus — *von blouse bis spouse*

blouse, middy - (Bluse, Uniformjacke; Matrosenuniform)
douse (tränken, aus-, löschen, begießen, ins Wasser tauchen)
grouse (Nörgelei, Meckerei, meckern, murren, nörgeln, Wald-, Moorhuhn)
house (Haus, beherbergen)
lighthouse (Leuchtturm)
louse (Laus, lausen, *SL:* Fiesling, Scheißkerl, versauen, -masseln)
madhouse (*a. übertr*: Irren-, Tollhaus)
mouse, - trap (*a. Comp*: Maus, mausen, *SL:* blaues Auge, Feilchen, Feigling; Mausefalle)
outhouse (Nebengebäude, Schuppen, Außenklosett)
penthouse (Dachterrassenwohnung, Wetter-, Vor-, Schirmdach, Anbau, Nebengebäude, angebauter Schuppen)
slaughterhouse (Schlachthaus, *übertr:* Schlachtbank)
souse (Pökelfleisch, -lake, pökeln, eintauchen, -weichen, durchtränken, Sturz ins Wasser, Dusche, Guss, *SL:* Sauferei, Suff)
spouse (Ehe-, Gatte, -in, Gemahl, -in)

~aut ☛ *~aud, ~aut (S. 30)*

Endungen auf: ~ä und ~ä (erweitert)

~äb, ~äp von blab bis wrap

blab (ausplaudern, schwätzen, Schwätzer, Klatschbase, -weib)
cab (Taxi, Droschke, Führerstand, -haus, m. e. Taxi fahren)
cap (Mütze, Kappe, Haube, Deckel, ab-, decken, m. e. Deckel versehen, übertreffen, -trumpfen, *Abk:* capital)
chap (Bursche, Kerl, Junge, Knabe; Kinnbacken, Maul; Riss, Sprung, aufrauen, -springen, rissig machen oder werden)
clap (klatschen, applaudieren, zu-, schlagen, klopfen, auferlegen; Tripper)
crab (Krabbe, Taschen-, Krebs, *Tech:* Winde, Hebezug, Laufkatze)
crap (Scheiße, scheißen, Mist; Fehlwurf b. crabs)
dab (Klaps, Tupfer, Klecks, Spritzer, leicht klopfen, antippen, ab-, be-, tupfen, bestreichen, auftragen, *SL:* Fingerabdruck; Könner, „Künstler", Experte)
deb (*Abk:* **deb**utante, Debütant-in)
drab (gelbgrün, graubraun, *übertr:* düster, finster; freudlos, langweilig; Hure, Dirne)
ebb, -away (Ebbe, Tiefstand, zurückgehen; verebben, abnehmen)
ebb and flow (Ebbe und Flut, *übertr:* hin u. her, auf u. nieder, kommen u. gehen)
flap, -eared (Flügel-, Schlag, Klaps, Klappe, schlagen, hin u. herbewegen, flattern, *SL:* quasseln; schlappohrig)
footstep (Tritt, Schritt, Fußstapfe)
gab (Gequassel, Geschwätz, quasseln, schwätzen)
gap (Lücke, Spalt, Öffnung, Bresche, Schlucht, *übertr:* Zwischenraum, -zeit, Unterbrechung, Kluft)
grab (Greifer, er-, greifen, zu-, schnappen, packen, fassen, *übertr:* Griff)
handicap (Gebrechen, behindern, -einträchtigen, *Sport:* Vorgabe, *übertr:* Behinderung, Hindernis, Nachteil)
jab (Stich, Stoß, stechen, stoßen, *Boxen:* kurze gerade, *med:* Spritze)
lab (Labor)
lap (*a. übertr:* Schoß, Zipfel; falten, ein-, wickeln, -hüllen, -schlagen überlappen, -runden, *a. übertr:* Runde, Etappe; lecken, schlecken, schlürfen, plätschern)
map, -out, off the - (Karte, Stadtplan, vermessen, abbilden, -ung; *übertr:* voraus-, planen, ausarbeiten, Zeit einteilen; abgelegen, hinter dem Mond, bedeutungslos)
mishap (Unglück, Unfall, *Auto:* Panne)
nab (sich etwas -, schnappen, erwischen)
nap (Nickerchen, Schläfchen; Haar eines Gewebes, Noppe, Flor, noppen, rauen; *Abk:* Napoleon, *übertr: go nap-* ,alles auf eine Karte setzen)
pep, -up (*SL:* Elan, Schwung, Schmiss; aufmöbeln, in Schwung bringen, anfeuern)
rap (an o. auf ...klopfen, pochen, schlagen; *übertr:* Deut, Heller, jmd. verdonnern, scharf kritisieren)
rep (*SL:* Wüstling, Ruf; Rips)
sap (*Bot:* Saft, *übertr:* Saft, Kraft, Mark, entsaften; *Milit:* Sappe, untergraben, -minieren, erschöpfen, schwächen; *SL:* Trottel; Todschläger, jmd. bewusstlos schlagen)

scab (Grind, Schorf, Krätze, Räude, verschorfen, -krusten, *SL:* Halunke, Streikbrecher)
scrap (Streit, Auseinandersetzung, Keilerei, Kampf, streiten, prügeln; Stück, Brocken, Fetzen, Schnitzel, Schrott, verschrotten, wegwerfen, fallen)
slab (Platte, Tafel, Fliese, dicke Scheibe, Schalbrett, Bramme)
slap (Schlag, Klaps, schlagen, klatschen, jmd. e. Ohrfeige geben, scharf tadeln)
snap (Schnappen, -er, Schnapp..., Biss, schnipsen, knipsen, klappen, zer-, brechen, knicken, knacken, reißen, spontan, schnell)
stab (*a. übertr:* Stoß, Stich, stoßen, er-, stechen, -dolchen, bohren, Versuch)
step, -child (Schritt, treten, steigen, Stufe, Grad, gehen, abstufen; Stiefkind)
a false step (e. Dummheit, e. Fehler)
strap (Riemen, Gurt, Lasche, Band, fest-, anschnallen, m. e. Riemen schlagen)
tab (Tabulator, Rechnung, tabulieren; Schlaufe, An-, Aufhänger, Lasche, Streifen, Schildchen, Etikett, Trimmruder, *Tech:* Nase)
tap, -dance (Hahn, Zapfen, Spund, an-, abzapfen, -stechen, *SL:* jmd. anpumpen; Stepptanz)
trap (Falle, verlocken, -führen, ab-, ein-, fangen, Fallen stellen, einlassen, -klemmen; *SL:* Klamotten, Siebensachen, Gepäck, „Klappe")
speed -, dust trap (Radarfalle, Staubfänger)
zap (löschen, jmd. abknallen, -fertigmachen, -ein Ding verpassen)
web (Gewebe, Netz, Gespinst, Gurt-, Band, Schwimm-, Flughaut, Rolle, Bahn)
web-footed, spider-web (schwimmfüßig, Spinnennetz)
wrap (Überwurf, Umbruch, sich-, ein-, um-, hüllen, schlingen, wickeln, packen, legen)

~äbs, ~äps ☛ *~äb, ~äp (S. 34)* *von caps bis wraps*

caps (Mützen, Kappen)
craps (Krabben, Krebse)
collapse (Zs.-bruch, -brechen, -klappen, einfallen, -stürzen, kollabieren, Kollaps)
elapse (vergehen, -streichen, ablaufen)
flaps (Schläge, Klapse, Klappen)
lapse (Versäumnis, Fehler, verstreichen, -fallen, ablaufen, -fallen, -gleiten)
maps (Land-, Karten)
naps (Nickerchen)
perhaps (vielleicht)
saps (Säfte, Kräfte)
trabs, wraps, etc. ☛ ***~äb, ~äp*** *(S. 34)*

~äbt, ~äpt *von accept bis wept*

accept (akzeptieren, an-, entgegen-, hin-, auf-, übernehmen, zusagen, einverstanden sein, auffassen, verstehen)
adept (Meister, Experte, Anhänger, geschickt, erfahren)
crept (gekrochen, -schlichen, *P. P.* von creep)
except (es sei denn, außer, ausschließen, -genommen, m. Ausnahme von)
intercept (auf-, abfangen, mit-, abhören, unterbrechen, abschneiden, versperren)
kept, -woman (ge-, be-, unterhalten; Mätresse, *P. P.* von keep)
overslept (verschlafen)
slept (geschlafen, *P. P.* von sleep)
stepped (gestiegen, -treten, *P. P.* von step)
swept, -wing, -volume (gekehrt; Pfeilflügel, Hubraum; *P. P.* von sweep)
wept (ge-, beweint, *P. P.* von weep)

~äbschen, ~äpschen *von conception bis reception*

conception (Vorstellung, Verstand, Auffassung, Idee, Gedanke, Plan, Konzept, Entwurf; *Biol:* Empfängnis)
no conception of (keine Ahnung von)
contraception (Empfängnisverhütung)
deception (Täuschung, Irreführung, Betrug, Trugbild)
exception (Ausnahme, Einwand, -wendung, -spruch)
inception (Beginn, Anfang)
perception (Wahrnehmung, Vorstellung, -skraft, Auffassung, Begriff, Erkenntnis)
self-deception (Selbsttäuschung, -betrug)
preconception (Vorurteil, vorgefasste Meinung)
reception, - room, -cool (Empfang, Auf-, Annahme, Zulassung; - szimmer, kühler Empfang)

~äd, ~ät ☛ *~ed, ~et (S. 81), ~id (S. 137), ~it (S. 155)* *von ad bis yet*

ad, small-, want- (*Abk:* advertisement - Anzeige, Kleinanz., Stellengesuch, -angebot)
add (hinzufügen, -rechnen, zusammenzählen, beitragen, addieren)
at (an, in, bei, auf, zu, nach, gegen, durch, dabei, dran, damit)
acrobat (Akrobat, Artist)
ahead (nach-, vorn, voraus, -wärts, -an, an der Spitze, Vorsprung habend)
alphabet (Alphabet, ABC)
aristocrat (Aristokrat, Adeliger)
autocrat (unumschränkter Herrscher)
bayonet (Bajonett…, Seitengewehr, mit einem Bajonett niederstechen)
bad, -tempered (schlecht, schlimm, böse, ungezogen, heftig, arg; übel-, schlechtlaunig)
bat (Schlagholz, Schläger, schlagen; Fledermaus)
ballad, - monger (Ballade, Bänkelsänger, Dichterling)
bed (Bett, betten, ins Bett legen, Beet, pflanzen, mit Streu versorgen)
bet (Wette, wetten, ein-, setzen)
bedspread (Tages-, Bettdecke)
Brad (Eigenname)
brat (Balg, Göhr, Racker)
bread (Brot, panieren, *SL:* Geld, Kies, Kohle)
bred, well-, ill-, half-, clean-, country- (ge-, erzeugt, -zogen, -gezüchtet, *P. P.* von breed; gut erzogen, ungezogen, Halbblut, Reinrassig, aufgewachsen a. d. Lande)
brunette (brünett, dunkelbraun, Brünette)
bureaucrat (Bürokrat)
cabinet (Kabinett, Schrank, Schränkchen, Vitrine, Gehäuse)
cad (Schuft, gemeiner, ordinärer Kerl)
cadet (Kadette, Schüler, jüngerer Sohn oder Bruder, Nachwuchs...,)
carat (Juwelen-, Perlengewicht, Goldfeingehalt, Karat)
cat, scaredy-, -footed, -eyed (Katze, Angsthase, -füßig, schleichend, -näugig)
chat, -so. (Plauderei, plaudern, schwatzen, jmd. anquatschen)
cigarette, -end, -case, -holder (Zigarette, -nstummel, -etui, -spitze oder -halter)
clad, steel - (ver-, kleiden, ge-, verkleidet; gepanzert)
clarinet (Klarinette)
coed (Studentin oder Schülerin einer gemischten Schule)
cornet (*Musik:* Kornett, spitze Tüte, Schwesternhaube, *Engl:* Cremerolle, Eistüte)
Corvette (Automarke)

dad (Paps, Vati)
dead, -body (tot, Toter, leblos, restlos, völlig, gänzlich, absolut, total; stillste Zeit, tiefst..., mitten... - Leiche, Leichnam)
debt (Schuld, Verpflichtung, Forderung)
diet, crash- (Diät, auf Diät sein, Ernährung, Nahrung, Kost, - radikale Abmagerungskur)
duet (Duett, Duo, *übertr:* Paar, Pärchen)
democrat (Demokrat)
diplomat (Diplomat, *a. übertr.*)
drat, -it (zum Teufel damit, -mit Dir)
dread (Furcht, fürchten, Grauen, große Angst)
egad („Oh, Gott!")
epithet (Beiname, -wort, Attribut)
etiquette (Anstandsregeln, Umgangsformen, Zeremoniell)
fad (Mode, „Fimmel, Marotte")
fat, -head, -headed (Fett, *a. übertr:* fett, dick, fettig, -Blödmann, -dämlich, doof)
fed, well- (gefüttert, ☛ *feed, S. 112, -wohlgenährt*)
ferret (Frettchen, mit e. F. jagen, *übertr:* Spürhund, aufspüren, -treiben, herausfinden)
figurehead (Gallionsfigur, Strohmann, *übertr:* Aushängeschild)
flat (Fläche, Ebene, flach, -land, platt, eben; Wohnung)
fled (geflüchtet, *P. P.* von flee)
flowerbed (Blumenbeet)
fountain-head (Quelle, *übertr:* Urquell)
forget (vergessen, -lernen, unterlassen, nicht denken an)
Fred (Eigenname)
fret (*Musik:* Bund, Griffleiste; *Archit:* durchbrochen oder gitterförmig, verziert; *Chem:* an-, zerfressen, angreifen; Ärger, Verärgerung, jmd. ärgern, reizen)
gingerbread (Ingwer-, Lebkuchen, *übertr. abfäll:* kitschig, überladen)
gazette (Zeitung, Amtsblatt, Staatsanzeiger)
get (be-, kommen, -sorgen, erhalten, kriegen, werden, steigen, vertiefen, gelangen, bringen, überwinden, herausfinden, herankommen)
glad (gern, froh, fröhlich, erfreut)
gnat (Mücke)
grad (Student)
had (hatte, -t, -en, -est, gehabt, *P. P.* von have)
hat (Hut)
head (Ton-, Kopf, köpfen, an-, führen, fahren, zu-, steuern, umgehen, betiteln)
inbred (angeboren, ererbt, Inzucht, durch Inzucht erzeugt)
idiot (Schwachsinniger, Dummkopf)
jet (Düsenflieger, Strahl, Strom, Düse, fliegen, ausspritzen, -strahlen, -strömen, hervorstoßen, -schießen)
jet, -black (Pechkohle, Jet, aus Gagat, tief-, pech-, kohlschwarz)
Joliet, Juliet (Eigennamen)
lad (Bursche, Kerl, Junge)
led, easily - (an-, geführt, geleitet, führte, leitete, *P. P.* von lead; leicht beeinflussbar)
let (lassen, erlauben; vermieten, -ung, Mietshaus; Netz, -aufschlag)
leopard (Leopard)
luncheonette (Imbissstube)
mad, -about (verrückt, irre, -wütend, böse, *Tiere:* toll-, wütig, wild-, geworden)
drive s.o. mad (jmd. verrückt machen)

be hopping mad (Stinkwut haben)
like mad (wie verrückt, toll)
mad after, -about, -of, -on (verrückt nach, versessen auf, vernarrt in)
mad with (außer sich vor Freude, Wut, Schmerz, etc.)
marionette (Marionette, Hand-, Fadenpuppe)
merit (Verdienst, verdienen, Wert, Vorzug)
met (begegnet, -e, getroffen, erfüllt, traf, *P. P.* von meet)
hail-fellow-well-met (umgänglicher Mensch, *verächtl:* plump-vertraulich)
misled (verleitet, -e, -führt, -e, beirrte, getäuscht, irre geleitet, *P. P.* von mislead)
misread (missdeuten, falsch oder nicht richtig gelesen)
net (Netz, m. e. Netz fangen; Netto, Rein..., Roh..., einbringen, abwerfen)
nomad (Nomade, Nichtsesshafter)
omelet (Eier-, Pfannkuchen, Omelette)
orchard (Obstgarten)
overfed (überfüttert)
pad (Polster, Kissen, Wulst, polstern, wattieren, Ballen, Pfote; *SL:* trotten, latschen)
parrot (Papagei)
pat *(Engl:* Schlag, Klaps, klopfen, tätscheln, parat, bereit, passend, treffend; Ire)
pit-a-pat (tick-tack, klick-klack, Getrippel, -klapper)
peppered (gepfeffert, ☛ *pepper,* Pfeffer, *S. 193*)
pet (Hund, Hündchen)
plaid (schottischer Plaid, bunt kariert)
quartet (Quartett)
regret (Bedauern, Reue, Schmerz, Trauer, bereuen, -dauern, trauern)
riot (Aufruhr, -anzetteln, Unruhe, Zs.-rottung, Kravall, Tumult, randalieren, *übertr:* schwelgen, Orgie, Ausschweifung)
roulette (Roulette, Glücksspiel)
rat, -race (Ratte, -Hetzjagd, Teufelskreis, harter Konkurrenzkampf)
rat-a-tat-tat (rattern, Geknatter)
read, well-(gelesen, *P. P.* von read, -belesen sein)
red, -skin, -blooded (rot, -haarig, -äugig-; Rothaut, lebenssprühend, feurig, vital)
riverbed (Flussbett)
sad, - bread (traurig, bekümmert, niedergeschlagen, *Farbe:* dunkel, matt; teigig, klitschig)
a sadder and wiser man (durch Schaden klug geworden)
said (gesagt, *P. P.* von say)
salad (Salat)
sat (gesessen, *P. P.* von sit)
scat (*Jazz:* Scat; *SL:* Hau ab, verdufte, -n, Tempo, flitzen)
shed (Schuppen, Stall, Hütte, kl. Flugzeughalle; verschütten, -gießen, -strömen, -breiten, abstoßen, -werfen, verlieren, sich häuten, abstoßen, *übertr:* ablegen)
shred (Fetzen, Lappe, zerreißen, -pflücken, Schnitzel, schnetzeln)
sled (Schlitten, rodeln)
sheppard (Schaf-, Hirte)
set (Serie, Menge, Gruppe, ein-, entgegen-, gegenüber-, stellen, setzen, halten, härten, fest werden, einnehmen, untergehen, ansetzen)
silhouette (Schattenbild, Silhouette)
Somerset (Eigenname)
sunset, - of life (Sonnenuntergang, Lebensabend)
sweat, cold- (Schweiß, schwitzen, kalter-, Angstschweiß)

spat (gespuckt, Klaps, Kabbelei, Austern- Muschellaich, laichen; Gamasche)
sped (gejagd, *P. P.* von speed)
spread (ver-, ausbreiten, spreizen, ver-, bestreichen, Streich..., Streuung, Verbreitung)
thermostat (Thermostat, Temperaturwähler)
thread (Gewinde; Faden, Zwirn, Garn, *a. übertr:* einfädeln, durchziehen, Zs.-hang)
threat (Be-, Drohung, Gefahr)
Ted (Eigenname)
Tibet (Tibet, Eigenname)
toilette (Toilette, Klosett, Frisier-, Toilettentisch, Abend-, Kleid, Gesellschafts-, Anzug)
tortured (gequält, Torturen erleiden, *P. P.* von torture)
Trinidad (Eigenname)
underfed (unterernährt, -nähren)
unthread (unaufgefädelt, zusammenhangslos, *P. P.* von thread)
upset (außer Fassung, aufgeregt)
vat (Fass, Bottich, Bütte, Küfe)
vet (Tierarzt, Tier behandeln oder verarzten, *scherzh:* jmd. verarzten, auf Herz und Niere prüfen)
violet, shrinking- (Feilchen, -blau, lila, violett, scheues Wesen)
wed (Ehe, heiraten, vermählen, *übertr:* eng verbunden, -kettet, e. Sache verschrieben)
wet (nass, durchnässt, benetzen, -feuchten, Flüssig-, Feuchtigkeit, *übertr:* begießen)
yet (denn-, noch, aber, schon, je-, doch)

~ädsch *von attach bis wedge*

attach (befestigen, anbringen, -haften, -schließen, -gliedern, -heften, hängen, verbinden)
batch (Stapel, Charge, Füllung, Serie, Schub, Satz, Posten, Ladung, abzählen)
catch (Fang, ver-, fangen, -stehen, ein-, greifen, nehmen, ertappen, -reichen, brennen für)
detach (sich-, ab-, loslösen, losmachen, abtrennen, -sondern, -kommandieren, befreien)
dispatch (Versand, Abfertigung, -schicken, ver-, senden, rasche Erledigung, Tötung, ins Jenseits befördern, Eile, Schnelligkeit)
dredge (bestreuen; Bagger, ausbaggern, Schleppnetz, mit dem Schleppnetz fischen)
dredge up, -for (ausgraben, herauf holen, -suchen nach)
edge (Schärfe, Schneide, schärfen, Ecke, Zacke, Saum, Rand, Kante, vordrängen, nach-, schieben, rücken, umsäumen, -randen, begrenzen, einfassen)
etch (ätzen, radieren, schneiden, kratzen, *übertr:* zeichnen, herausarbeiten, einprägen)
fetch (Abruf, her, ab-, -holen, ein, -bringen, erzielen, fesseln, vereinnahmen, anziehen)
fledge, -d (befiedern, m. Federn versehen, Flügge werden, -flügge)
hatch (Luke, Klappe, Deckel; Brut, aus-, schlüpfen, brüten; Schraffur, -ieren)
hedge (Schutz-, Hecke, ausweichen, absichern, *übertr:* Kette, Ab-, Sicherung, drittklassig, schlecht, ausweichen, sich winden, -n. festlegen wollen, „kneifen“)
latch (Klinke, Riegel, sich-, ein-, zuklinken, zuschnappen, an-, schließen, verriegeln)
ledge (Leiste, Sims, Riff)
match (Streichholz, Zündschnur, Lunte; Spiel; Heirat, gute Partie; Überein-, Abstimmung, vergleichen, erreichen, passen, Paar, Gespann)
patch (Flicken, Fleck, Lappen, flicken, ausbessern, m. Fl. Versehen)
privilege (Sonder-, Vorrecht, Vergünstigung, privilegieren, ausnehmen)
retch (würgen)
sacrilege (Sakrileg, Kirchenschändung, - raub, Entweihung, Frevel)
sketch (Sketch, Witz; Schema, Entwurf, Skizze, Studie, skizzieren)
scratch (Schramme, Riss, Kratzer, zer-, kratzen, kraulen, scharren, *übertr:* zusammenkratzen)
sledge (Schmiedehammer, Schlitten, -fahren)

snatch (auf-, schnappen, packen, haschen, fangen, er-, greifen, *SL:* Brocken, Fetzen)
stretch (Strecke, aus-, hin-, nieder-, strecken, aus-, dehnen, weiten, Spanne, -n)
wretch, poor- (Wesen, - armes Wesen, armer Kerl, -Wicht, -Tropf, Schuft, Teufel)
wedge (Keil, ver-, ein-, keilen, festklemmen, -zwängen, keilförmig, ab-, spalten)

~äf *von calf bis telegraph*

calf (Wade; Kalb, treibende Eisscholle)
calve (kalben, Eisscholle abstoßen)
carafe (Karaffe)
chef (Küchenchef)
clef, roman a´- (Notenschlüssel, Schlüsselroman)
deaf, -and dumb (schwerhörig, taub, -taubstumm, *a. übertr.*)
epitaph (Grabschrift, Totengedicht)
giraffe (Giraffe)
graph (Diagramm, Schaubild, graph. Darstellung)
laugh, -off (lachen, Gelächter, lustig machen; etwas lachend oder mit einem Scherz abtun)
have (haben, besitzen, würde, täte)
might-have- been (hätte sein können, hätte was werden können)
paragraph (Paragraph, Absatz, Abschnitt, kurz. Artikel)
phonograph (Sprechmaschine, Plattenspieler, Grammophon)
photograph (Fotografie, Aufnahme, Bild, fotografieren, „knipsen“)
polygraph (Lügendetektor)
riffraff (Pöbel, Gesindel, Pack)
staff (Stock, Stecken, Stab, Stabs...; Personal, mit Personal besetzen, Lehr-, Beamtenkörper, Baustoff aus Gips und Fasern)
telegraph (Telegraph, Telegramm, telegrafieren)

~äft *von deft bis theft*

deft (geschickt, gewandt)
left (links, Linke; verlassen- ☛ *leave, S. 115*)
shaft (Schacht, *escape-*, Säulen, -, Schaft, Säule, Licht-, Strahl, Stamm, Stiel, Stange, Deichsel, Welle, Spindel, *Poet:* Pfeil, -des Spottes, Speer)
theft (Diebstahl)

~äg, ~äk *von almanac bis zodiac*

almanac (Almanach, Kalender, Jahrbuch)
attack (Angriff, Überfall, angreifen, überfallen, attakieren)
back (zurück, -setzen, Hinter-, Rückseite, Rücken, wetten, unterstützen, rück..., letzt..., hinter..., nach...; Färbe-, Brauereibottich)
bag (Tasche, Sack, Beutel, Tüte, einsacken)
beg (an-, flehen, er-, bitten, um Erlaubnis-, betteln)
brag (Prahlerei, prahlen, sich rühmen)
black, -and blue (schwarz, -machen; -grün u. blau schlagen)
brick-a-brack (*Pl:* Nippes)
Cadillac (Eigenname, Automarke)
cardiac, -arrest (*med:* Herz, -mittel, -patient, -stillstand)
check (Überprüfung, -prüfen, nachgehen, kontrollieren; Scheck, Bon, Gutschein; Schach, -brettmuster, Karo-; Hindernis, Hemmnis, aufhalten, eindämmen)
clickety-clack (Klickediklack)

Czech (Tscheche, tschechisch)
deck (Trag-, Ober-, Deck, -Fläche, Waggondach, Siel, -Karten)
drag (ziehen, schleppen, schleifen, zerren, geschleppt usw. werden, Hemmschuh)
drag show, - queen (Transvestitenshow, Transvestit)
egomaniac (Egomane, Egoist)
feedback (Rückwirkung, -meldung, -kopplung)
flag (Flagge, Fahne; gelbe oder blaue Schwertlilie; Stein-, Platte oder Fliese, fliesen; schlaff herab hängen, *übertr:* nachlassen, erlahmen, -matten)
fleck (Licht-, Farb-, Fleck, Sommersprosse, Sprenkel, Flocke, Schwebeteilchen)
gag (Knebel, -ung, knebeln, würgen, *übertr:* Mundtod machen; Witz, Jux, witzeln)
hack (Reit-, Miet-, Kutschpferd, Gaul, Klepper; zer-, los-, aufhacken, Hieb, Kerbe)
hag (Hexe, alte Vettel)
haystack (Heumiete, Feimen)
heck, a – of row (Hölle, Höllenlärm)
jack (Hebebock, hochwinden, Winde, Heber; Mann, Bursche; Fahne, Flagge)
keg, - powder (kleines Fass, Fässchen, -Pulverfass)
kleptomaniac (Kleptomane, -manisch)
knack, knick- (Trick, Kniff, Kunst, Geschick, Talent, Dreh, -Schnickschnack, Tand)
lack (Mangel, Fehlen, nicht vorhanden sein)
lag (Verzögerung, Rückstand, Nacheilung, zurückbleiben, nach-, hinterherhinken, Zeitabstand, -unterschied; Daube, Schalbrett, umwickeln isolieren; *SL:* Knacki)
leg (Bein, Keule, Schenkel, Stütze)
lilac (Lila, Flieder)
mag (*Abk:* magazin und magneto, Magnetdynamo)
maniac (Verrückter, Wahnsinniger)
nag (Gaul, kl. Pferd, Pony; zusetzen, nörgeln, keifen, *übertr:* nagen, bohren)
neck (Hals, Nacken, Genick, den Kopf abschlagen, - Hals umdrehen, *SL:* knutschen)
pack (Stapel, Packen, Packung, Umschlag, packen, Rudel)
peck, pecking order (Viertelscheffel, *übertr:* Menge, Haufen; Küsschen, küssen, picken, knabbern, hacken; Hackordnung)
peg (Zapfen, Pflock, Klammer, Hering, anpflocken, -klemmen, abstempeln, -stecken)
plaque (Plakette, Namens-, Schild, Gedenktafel, Ordens-, Spange, Schnalle)
Pontiac (Eigenname, Automarke)
quack (quacken, quäken, *übertr:* schnattern, schwatzen; Quacksalber, Kurpfuscher)
Quebec (Eigenname)
rack (Gestell, Regal, Gerüst, Ständer, aus-, recken, strecken, Rahmen, ziehende Wolken, fliegendes Gewölk; Passgang; *übertr:* kaputt gehen, foltern)
rag (Lappen, Lumpen, Fetzen; *SL:* jmd. anschnautzen, aufziehen, piesacken, Radau, -machen, Jux, Ulk)
rag-and-bone-man, -bag, -fair (Lumpensammler, Sammelsurium, Lumpensack, Trödelmarkt)
sack (Sack, Beutel, einsacken; heller Südwein; Plünderung, plündern; Laufpass, Abfuhr, fliegen, feuern; *SL:* Pove, Falle)
sag (ab-, durchsacken, -hängen, sich senken, *übertr:* sinken, nachlassen, abfallen)
shack, -up (Hütte, Baracke, *SL:* zusammenwohnen)
shag (Zotte, zottiges Haar, zottig machen, aufrauen, Shagtabak, *SL:* bumsen)
slack (schlaff, locker, lose, lustlos, flau, Flaute, nachlassen, trödeln, langsam werden)
slag (Schlacke, verschlacken, *Engl. SL:* Schlampe)
smack (Bei-, Geschmack, Prise, schmecken, riechen; Klaps, Klatsch, Schlag, Knall, schmatzen, klatschen, knallen)
snack, go snacks (Imbiss, Happen, Bissen, Anteil; teilen)

snag (Zahn-, Ast-, Baumstumpf, *übertr:* Haken, Raffzahn)
speck (Fleck, -chen, faule Stelle, Pünktchen, Sprenkel, sprenkeln)
stack (Schober, Feim; Stoß, Stapel, auf-, stapeln, -schichten; Kamin, Schornstein, Esse, Auspuffrohr)
stag (Rot-, Hirsch, kastr. männl. Tier, Herr ohne Damenbegleitung, unbeweibt)
stag film, -dinner, go - (Sexfilm, Herrenabend, Solo sein, Allein ausgehen)
swag (Girlande, *SL:* Beute, Raub)
tack (Nahrung, „Fraß"; Reißzwecke, -nagel, Stift, heften, festmachen)
tag (Fangen, er-, Haschen; Ende, Schlusswort, Moral, Pointe, Anhängsel, Schildchen, Abzeichen, Plakette, Identifizierungskennzeichen, Etikett, kennzeichnen, versehen, anhängen, etikettieren, *Milit:* 'Hundemarke')
track (Spur, Gleis, Bahn, Fährte, Überblick, verfolgen, nachspüren)
trek (Trek, ziehen, wandern, latschen)
wag (wackeln, wedeln, wippen, Kopf schütteln oder wiegen, hin- u. herbewegen, schwenken, Witzbold, Spaßvogel)
whack, -ed (Schlag, schlagen, -„fertig, geschafft")
wreck (Wrack, Ruine, Ruin, Trümmerhaufen, zerstören, vernichten, -unglücken, scheitern, Untergang, abwracken)
yak (Yak, Grunzochse, *SL:* quasseln)
zodiac (Tierkreiszeichen)

~ägd, ~äkt — *von abstract bis wrecked*

abstract (theoretisch, rein begrifflich, abstrahieren; ablenken, -sondern, trennen, entwenden, destillieren, Zusammenfassung, -fassen)
act (Akt, richten, Gesetz, handeln, einwirken, schauspielern, aufführen)
affect (eine Vorliebe haben zu, neigen zu, bevorzugen, künsteln, nachahmen, vortäuschen, affektiert; betreffen, -wegen, -einflussen, -fallen, rühren, ergreifen)
architect (Architekt, bauen, entwerfen, *übertr:* Glücksschmied, Schöpfer, Urheber)
attract (*a. übertr:* anziehen, -locken, fesseln, reizen, auf sich ziehen, -lenken)
backed, straight - (mit Rücken, Lehne etc., gefüttert, -m. geradem Rücken, geradlehnig)
bisect (spalten, halbieren, in zwei Teile trennen)
checked (überprüft, kontrolliert, *P. P.* von check)
collect, re- (Ver-, ein-, auf-, an-, zusammen-, -sammeln, -stellen, auflesen, -fangen, Kollekte, sich wieder sammeln, - fangen)
compact (Pakt, Vertrag, -einbarung; fest, dicht, gedrängt, massiv, zusammenpressen)
contact (Kontakt, -haben oderknüpfen, Berührung, Verbindung, -aufnehmen)
contract (Kontrakt, Vertrag, zu-, zusammenziehen, runzeln, eingehen, -engen, annehmen)
connect (verbinden, -knüpfen, Verbindung aufnehmen, anschließen, koppeln, zusammenfügen)
correct (korrigieren, verbessern, berichtigen, richtig, genau, ordentlich, korrekt, regulieren, regeln, ausgleichen, zurechtweisen, tadeln)
defect (Fehler, Defekt, Mangel, Schwäche, Unvollkommenheit abtrünnig werden, zum Feind überlaufen)
deflect (ablenken, -weichen, Schuss abfälschen)
dialect (Dialekt, Mundart)
direct (direkt, gerade, unmittelbar, steuern, lenken, regeln, leiten, Regie-, führen, dirigieren, den Weg weisen, auslassen, richten, verweisen, anordnen, befehlen, -stimmen)
disinfect (desinfizieren, Keimfrei machen)
dissect (zerlegen, -gliedern, sezieren, präparieren, *übertr:* analysieren)
distract (ablenken, zerstreuen, aufwühlen, erregen, beunruhigen, rasend machen, stören)
effect (Wirkung, be-, er-, wirken, verursachen, Einfluss, Folge, leisten)

side effect, after-, stage- (Nebenwirkung, Nachwirkung, Folge, Bühnenwirkung)
eject (hinaus-, auswerfen, - stoßen, vertreiben, entlassen, ausweisen)
erect (er-, aufrichten, -stellen, aufgerichtet, aufrecht, erigieren, Haare zu Berge stehen)
exact (genau, richtig, sorgfältig; erzwingen, ein-, fordern, -treiben, verlangen)
expect (erwarten, hoffen, rechnen mit, schwanger sein, annehmen, vermuten, -langen)
fact, - and fancy (Tatsache, Wirklichkeit, Wahrheit, -Dichtung u. Wahrheit)
genuflect (knien, d. Knie beugen, *verächtl:* einen Kniefall machen)
impact (An, Zusammenprall, Auftreffen, Auf-, Ein-, Schlag, Stoß, Wucht, Aus-, Wirkung, ein-, auswirken, -klemmen, zusammenpressen, einkeilen)
incorrect (falsch, unrichtig, -genau, -gehörig, irrig)
inject (ein-, ausspritzen, *übertr:* einimpfen, -flößen, -werfen)
intact (heil, unversehrt, -berührt, -angetastet)
jacked (an-, hoch-, gehoben, *P. P.* von jack)
neglect (vernachlässigen)
object (Objekt, Gegenstand, Ziel, Zweck, protestieren, beanstanden, einwenden)
packed (gepackt, gestapelt, *P. P.* von pack)
pact (Pakt, Vertrag)
pecked (gepickt, -hackt, -küsst, *P. P.* von peck)
perfect (perfekt, genau richtig, Fehler-, Makellos, vollkommen, -enden, vervollkommnen)
project (Projekt, planen, ent-, werfen, projizieren, übertragen, verstehen, -ragen)
prospect (in Aus-, Sicht, Blick, schürfen, bohren, unter-, suchen, durchforschen)
protect (schützen, abschirmen, decken, sichern, schonen)
protract (in die Länge ziehen, verschleppen, -zögern, hinhalten)
racked (gestellt, -streckt, -reckt, *P. P.* von rack)
react, re-act (reagieren, *Theat:* wieder aufführen)
recollect (sich erinnern, ins Gedächtnis rufen)
re-collect, - oneself (wieder sammeln, -sich fassen)
reflect (reflektieren, überlegen, nachdenken, ab-, zurückstrahlen, -werfen, wieder-, spiegeln, sich abfällig äußern, etwas runter machen)
reject (Verschnitt, Abfallstück, Fertigungsausschuss, zurück-, abweisen, -lehnen, -stoßen, verwerfen, -weigern, ausscheiden, ausmustern)
respect (Achtung, Rücksicht, respektieren, hoch-, be-, achten, ehren)
select (aus-, erlesen, -suchen, -wählen)
slacked (nachgelassen, getrödelt, *P. P.*von slack)
smacked (geschmeckt, -knallt, -schnauzt, -klatscht, *P. P.* von smack)
snacked (gegessen, -teilt, *P. P.* von snack)
subject (Thema, Gegenstand, Subjekt, Ich, abhängig, unterwerfen, -tan, -geben)
suspect (Verdächtiger, verdächtig, -muten, -dächtigen, fragwürdig, argwöhnen, suspekt)
tact (Takt, Zart-, Feingefühl)
tracked (verfolgt, nachgespürt, *P. P.*von track)
tract (Fläche, Strecke, Land-, Strich, Gebiet, Gegend, Zeitraum; Trakt, Traktat)
wrecked (abgewrackt, zerstört, *P. P.* von wreck)

~äib, ~äip *von ape bis tape*

ape, go - (Affe, nachäffen; überschnappen)
cape (Umhang, Schulterkragen, Cape; Kap, Landesvorsprung)
drape (Vorhang, drapieren, etwas be-, hängen, ein-, hüllen, schön fallen)
escape (Flucht, flüchten, ent-, fliehen, -weichen, -gehen, -fallen, -kommen, -rinne, Abbruchtaste, Austritt, *übertr:* Entspannung, Zerstreuung, Unterhaltung)

grape (Wein-, Traube, -Beere, der Saft der Traube, *Tiermed:* Mauke, Rindertuberkulose)
landscape (Landschaft, -smalerei, landsch.oder gärtner. Gestalten, anlegen)
rape (Vergewaltigung, -en, Entführung, Raub; Raps; Trester)
seascape (Blick aufs Meer, *Malerei:* Seestück)
shape (Gestalt, Form, Figur, formen, gestalten, bilden)
tape (Video-, Ton-, Mess-, Band, Papier-, Klebstreifen, zukleben, auf Band aufnehmen, mit Band umwickeln, ver-, binden, messen, mitschneiden)

~äid, ~äit *von abbreviate bis weight*

abbreviate (ab-, kürzen)
abdicate (abdanken, entsagen, niederlegen, verzichten)
accelerate (etw.-, beschleunigen, schneller werden)
accentuate (akzentuieren, betonen, hervorheben)
accommodate (anpassen, jmd. versorgen, schlichten, beilegen, unterbringen, sich einstellen auf)
accumulate (anhäufen, -sammeln, -wachsen, aufstauen, -speichern)
advocate (Verfechter, -n, Befürworter, -n, Verteidiger, -en, eintreten für)
affiliate (Vaterschaft zuschreiben, als Mitglied aufnehmen, verknüpfen, -binden, angliedern, - schließen, Tochtergesellschaft)
afraid (furchtsam, fürchten, Angst haben)
aggravate (erschweren, verschärfen, -schlimmern, -stärken, verbittern, ärgern)
agitate (hin u. her bewegen, er-, aufregen, agitieren, auf-, hetzen, -wiegeln)
aid (Hilfe, helfen, Helfer, Hilfsmittel, Beistand, unterstützen, fördern, begünstigen)
deaf -, first -, interim aid (Hörgerät; Erste Hilfe; Starthilfe)
alienate (entfremden, abspenstig machen, veräußern, übertragen)
alleviate (erleichtern, lindern, mildern, mindern)
amputate (amputieren, abnehmen, stutzen)
animate (lebend, belebt, -leben, -seelen, anregen, aufmuntern, animieren)
annihilate (vernichten, zunichte machen, aufheben)
annotate (kommentieren, Anmerkungen machen)
appreciate (würdigen, ein-, schätzen, erkennen, einsehen, *Am:* aufwerten)
appropriate (geeignet, passend, entsprechend, angemessen, bereitstellen, verwenden)
arbitrate (entscheiden, schlichten, beilegen, Schiedsrichter sein)
arcade (Säulen-, Bogen-, Laubengang, Arkade, Passage)
articulate (artikulieren, deutlich-, klar-, verständlich sprechen, ausdrücken, gliedern)
assassinate (er-, morden)
assimilate (anpassen, -gleichen, aufgenommen -, gleich oder ähnlich werden)
associate (assoziieren, vereinigen, -binden, -knüpfen, angliedern, -schließen, hinzufügen, Genosse, Teilhaber, Kollege, Gefährte, Mitarbeiter)
ate (gegessen, *P. P.* von eat)
await (etwas oder jmd. erwarten, entgegensehen)
bait (Köder, Lockung, Reiz, ködern, anlocken, *übertr:* jmd. reizen, quälen, peinigen)
barricade (Barrikade, Hindernis, verbarrikadieren, -sperren)
berate (heftig ausschelten, -zanken)
blade, shoulder - (*Bot:* Blatt, Halm; Klinge, Rotor, Dreh-, Flügel; Schulterblatt)
blockade (Blockade, -ieren, Sperre, versperren)
braid (mit-, Borte, Litze, Tresse, besetzen, schmücken; Flechte, flechten)
brayed (geflochten, m. Borte etc, besetzt, *P. P.* von braid)
brigade, fire- (Brigade, Vereinigung, - Feuerwehr, *abfällig:* Verein)
calculate (aus-, er-, berechnen, kalkulieren, rechnen mit, glauben, vermuten, überlegen)

candidate (Kandidat, Bewerber, Anwärter)
captivate (*übertr:* bezaubern, fesseln, gefangen nehmen)
celebrate (feiern, zelebrieren, begehen)
centigrade (hundertgradig, -teilig, Celsius)
charade (Scharade, *übertr:* Farce)
circulate (zirkulieren, umlaufen, kreisen, kursieren, herumlaufen, -reisen)
collaborate (zusammen-, mitarbeiten, behilflich sein, kollaborieren)
communicate (mitteilen, übertragen, kommunizieren, zusammenhängen, in Verbindung stehen)
compensate (entschädigen, ersetzen, vergüten, aufwiegen, ausgleichen)
complicate (komplizieren)
concentrate (sich-, konzentrieren, Konzentrat, zusammen-, -ziehen, -fassen, -ballen)
conciliate (aus-, versöhnen, beschwichtigen, ausgleichen, in Einklang bringen)
confiscate (beschlagnahmen, einziehen, konfiszieren)
congratulate (gratulieren, be-, Glück wünschen)
consecrate (weihen, heiligen, widmen, geheiligt)
consolidate (stärken, festigen, konsolidieren, zusammen-, -schließen, -legen)
constipate (*Med:* verstopfen)
consummate (vollenden, -et, -kommen, völlig, Ehe vollziehen)
contaminate (verunreinigen, *übertr:* infizieren, vergiften, -seuchen)
contemplate (nach-, über-, denken, nachsinnen, erwägen, -warten, beabsichtigen)
cooperate (zusammenarbeiten, mitwirken, beitragen, kooperieren)
coordinate (Koordinate, koordinieren, -nativ, anordnen, -passen, abstimmen)
correlate (in -, Wechselbeziehung, -bringen, -stehen, Gegenstück, aufeinander beziehen)
corroborate (bekräftigen, -stätigen, erhärten)
crate (Lattenkiste, Kasten, großer Packkorb, *SL:* Kiste)
crusade (Kreuzzug, *übertr:* zu Felde ziehen, kämpfen)
culminate (kulminieren, *übertr:* gipfeln, den Höhepunkt erreichen)
cultivate (kultivieren, an-, bebauen, zivilisieren, pflegen, betreiben, fort-, ausbilden)
date (Datum, Zeitangabe, Tag, stammen, datieren, ausgehen; Dattel)
blind-, closing-, double-, key-, pull date (Verabredung m. Unbekannten; letzter Termin; Doppelrendezvous; Stichtag; Verfallsdatum)
debate (Debatte, -ieren, diskutieren, erörtern, -wägen, Überlegungen anstellen)
decapitate (enthaupten, köpfen, *übertr:* entlassen, „absägen“)
decimate (dezimieren, vermindern, stark schwächen)
dedicate (weihen, widmen, sich zuwenden, -zuwenden, übergeben, -antworten)
degrade (degradieren, erniedrigen, verschlechtern, -mindern, herabsetzen, abbauen)
deliberate (überlegt, -legen, bewusst, absichtlich, vorsetzlich, erwägen, beraten, beratschlagen)
demonstrate (demonstrieren, vorführen, nach-, beweisen, darlegen)
depreciate (geringschätzen, herabsetzen, -würdigen, abwerten, im Preis/Wert sinken)
desecrate (entweihen, -heiligen, schänden)
designate (bezeichnen, er-, nennen, kennzeichnen, berufen, -stimmen, designieren)
deteriorate (sich-, verschlechtern, -schlimmern, -derben, beeinträchtigen)
detonate (explodieren, -lassen, detonieren)
devastate (verwüsten, -nichten)
deviate (abweichen, -kommen, -gehen, -lenken)
dictate (Diktat, Gebot, Befehl, gebieten, diktieren, vorschreiben, auferlegen)
discriminate (unterscheiden, abheben, -sondern, e. Unterschied machen, diskriminieren)
dislocate (aus-, verrenken, -rücken, -lagern)
dismayed (bestürzt, entsetzt, erschreckt)

dissipate (zerstreuen, zer-, verteilen, -geuden, -schwenden, -prassen, -zetteln, *übertr:* verscheuchen, -treiben)
dissuade (jmd, abraten, -bringen)
dominate (be-, vor-, herrschen, dominieren)
donate (schenken, stiften, spenden)
downgrade, on the - (Gefälle, Niedergang, herabsetzen, degradieren; im Niedergang begriffen)
duplicate (Duplikat, ver-, doppeln, kopieren, *übertr:* nachvollziehen, wiederholen)
educate, re - (erziehen, unterrichten, ausbilden; Umschulen)
eight (Acht)
elaborate (sorgfältig aus-, herausarbeiten, -ausführen, vervollkommnen, komplizieren)
elevate (er-, hoch-, empor-, heben, aufrichten, erhöhen, *übertr:* erbauen, -heitern)
eliminate (beseitigen, entfernen, ausmerzen, *übertr:* etwas ignorieren, ausklammern)
emancipate (unabhängig machen, befreien, Sklaven freilassen, emanzipieren)
emulate (nach-, wetteifern, es gleichtun wollen)
enunciate (ausdrücken, -sprechen, behaupten, erklären, formulieren)
equate (ausgleichen, gleichstellen, -setzen, gleichwertig, gleichen, entsprechen)
eradicate (ausrotten)
estate (Stand, Klasse, Rang, Grund-, Besitz, Anwesen, Vermögen, Gut, Siedlung)
estimate (Ein-, Ab-, schätzen, -ung, taxieren, veranschlagen, -ung, bewerten, -urteilen)
evacuate (ent-, ausleeren, evakuieren)
evade (ausweichen, entkommen, -ziehen, vermeiden)
evaluate (aus-, bewerten, beurteilen, abschätzen, berechnen)
evaporate (verdampfen, -dunsten, -flüchtigen, -fliegen)
excavate (ausgraben, -schlachten, -höhlen)
excommunicate (exkommunizieren)
exonerate (jmd. entlasten, -binden, befreien)
extenuate (abschwächen, mildern, beschönigen, -mänteln)
exterminate (ausrotten, vertilgen)
fabricate (fabrizieren, herstellen, fertigen, *übertr:* erfinden, fälschen)
facilitate (erleichtern, fördern)
fade (verwelken, -blassen, ausbleichen, schwinden, nachlassen, abbauen)
fascinate (faszinieren, bezaubern, bannen, fesseln, packen)
fluctuate (schwanken, sich ständig verändern, fluktuieren)
formulate (formulieren)
frustrate (jmd. entmutigen, -täuschen, hemmen, be-, hindern, einengen, etwas vereiteln, durchkreuzen, zunichte machen)
generate (er-, zeugen, entwickeln, bilden, *übertr:* bewirken, hervorrufen, verursachen)
grade (Dienst-, Grad, Stufe, Klasse, Art, Gattung, Qualität, Steigung, Gefälle, Neigung, benoten, zensieren, sortieren, einteilen, -reihen, -stufen, staffeln)
great (groß, -artig, beträchtlich, toll, gut, bedeutend, erhaben, berühmt, Haupt)
graduate (Hochschulabsolvent, Abiturient, Akademiker, graduieren, geprüft, Diplom..., Messgefäß, mit einer Maßeinheit versehen)
gravitate (sich fortbewegen, hin-, streben, sinken, fallen, *übertr:* tendieren, neigen zu)
grenade (Gewehr-, Handgranate, Tränengaspatrone)
gyrate (kreisen, sich drehen, wirbeln, gewunden)
habituate (gewöhnen, *Am:* frequentieren, häufig besuchen)
hate (Hass, hassen, verabscheuen)
hayed (Heu, Stroh gemacht, *P. P.* von hay)
hesitate (zögern, zaudern, unschlüssig sein, zurückschrecken, stocken)

hibernate (überwintern, Winterschlaf halten, den Winter verbringen)
humiliate (erniedrigen, demütigen)
illuminate (be-, erleuchten, -hellen, illuminieren, festl. beleuchten, sich er-, aufhellen, *übertr:* erklären, -läutern)
illustrate (illustrieren, bebildern, veranschaulichen, erklären, -läutern)
imitate (nachmachen, -ahmen, imitieren, kopieren, ähneln, a. fälschen)
impersonate (personifizieren, verkörpern, imitieren, nachahmen, sich ausgeben als)
implicate (verwickeln, hineinziehen, in Zusammenhang oderVerbindung bringen)
incubate (aus-, brüten, Bakterien züchten, *übertr:* ausbrüten, -hecken)
incapacitate (unfähig, -tauglich machen, hindern, außer Gefecht setzen)
incarcerate (einsperren, -kerkern, *Med:* Bruch einklemmen)
incorporate (vereinigen, -binden, zusammenschließen, eintragen, aufnehmen, integrieren)
incriminate (beschuldigen, -lasten)
inculcate (einprägen, -schärfen, -impfen)
infatuate (betören, verblenden)
innovate (erneuern, Neuerungen einführen, -vornehmen)
inordinate (übermäßig, -trieben, maßlos, ungeordnet, -beherrscht)
insinuate (andeuten, -spielen auf, zu verstehen geben, sagen, einschmeicheln)
insulate (*Tech:* isolieren)
irate (zornig, wütend)
isolate (absondern, -schließen, isolieren, *übertr:* genau bestimmen)
intimidate (einschüchtern, abschrecken, Bange machen)
intoxicate (berauschen, be-, trunken machen)
invade (be-, über-, einfallen, -dringen, -brechen, *übertr:* er-, überfüllen, -laufen, -schwemmen, er-, -greifen, verletzen, -stoßen gegen, antasten, eingreifen in)
invigorate (stärken, kräftigen, beleben, *übertr:* erfrischen)
lacerate (aufschlitzen, -reißen, zerkratzen, -reißen, -fetzen, -fleischen, *übertr:* jmds. Gefühle zutiefst verletzen)
laid, deep-, cream- (gelegt, *P. P.* von lay; schlau; cremefarben u. gerippt)
late (zu-, spät, verspätet, letzt, jüngst, neu, früher, ehemalig, verstorben)
legislate, -away (Gesetze erlassen, durch Ges. bewirken oder schaffen; durch Gesetze abschaffen)
lemonade (Zitronensaft, -sprudel)
levitate (schweben, -lassen)
liberate (*a. übertr:* befreien, freisetzen)
liquidate (tilgen, abrechnen, saldieren, auflösen, liquidieren)
locate (lokalisieren, ausfindig machen, ermitteln, errichten, ein-, sich niederlassen)
lubricate (*a. übertr:* schmieren, ölen)
made (gemacht, hergestellt, *P. P.* von make)
magistrate (Magistrat, Richter, Verwaltungsbeamte)
maid (Magd, Zofe, Dienst-, Mädchen, Maid, *Poet:* Jungfrau)
manipulate (manipulieren, beeinflussen, *SL:* deichseln, schaukeln, frisieren)
marinate (marinieren)
masquerade (Maskerade, -ierung, sich verkleiden, -maskieren, *übertr:* sich verstellen)
mate (Maat, Freund, Kamerad, Lebens-, Gefährte, paarweise verbinden, heiraten, sich paaren)
meditate (nachdenken, -sinnen, grübeln, planen, erwägen, meditieren)
moderate (gemäßigt, mäßig, -en, beruhigen, mildern, einschränken, nachlassen)
modulate (abstimmen, regulieren, anpassen, modulieren)
motivate (motivieren, anregen, -spornen, hervorrufen)
narrate (erzählen)

necessitate (notwendig, nötig machen, erfordern, verlangen, jmd. nötigen, zwingen)
negotiate (unter-, verhandeln, abschließen, etwas überwinden, Kurve nehmen)
nominate (berufen, ernennen, einsetzen, aufstellen, nominieren)
obliterate (auslöschen, -streichen, tilgen, weg radieren, veröden, entwerten)
operate (Funktion, -ieren, arbeiten, in Betrieb sein, bewirken, m. sich bringen, operieren, verursachen, -wenden, bedienen, -treiben, -tätigen, steuern, ansprechen)
orchestrate (orchestrieren, instrumentieren, *Am:* ordnen, aufbauen)
originate (entstehen, hervorbringen, -rühren, verursachen, erzeugen, schaffen)
ornate (reich verziert, überladen, blumig-*Sprache*)
oscillate (oszillieren, schwingen, pendeln, vibrieren, in Schwingungen versetzen)
overrate (überschätzen, -bewerten, *Wirtsch:* zu hoch veranschlagen)
overstate, -one´s case (übertreiben; in einen Behauptungen zu weit gehen)
paid (bezahlt, *P. P.* von pay)
parade (Parade, festl. Umzug, zur Schau stellen)
participate (teilhaben, -nehmen, sich beteiligen, mitmachen)
penetrate (durch-, vor-, eindringen, durchbohren, -schauen, ergründen)
perpetrate (begehen, verüben)
persuade (überreden, -zeugen, bereden, sich einbilden, -reden, - überzeugen von)
placate (beschwichtigen, -sänftigen, versöhnlich stimmen)
plaid (buntkarierte, schottische -, Decke)
plate (Teller, Platte, Schild, Tafel, mit Metall überziehen, beplanken, -platten)
played (spielte, gespielt, *P. P.* von play)
pontificate (Pontifikat, sich päbstlich gebärden, -dogmatisch auslassen)
populate (bevölkern, -siedeln)
precipitate (hinab-, hineinstürzen, Niederschlag, -en, verflüssigen, überstürzt, -eilt, vor-, eilig, hastig, hinabstürzend, stark abfallend)
procrastinate (zaudern, zögern, hinausziehen, verschleppen)
promenade (Promenade, -ieren, spazieren gehen, -fahren, Wandelhalle, Spazierweg)
punctuate (interpunktieren, Satzzeichen setzen, unterbrechen, -streichen)
radiate (*a. übertr:* aus-, strahlen, -strömen, leuchten, senden, Strahl..., ...strahler)
raid (Überfall, Angriff, überfallen, Razzia, stürmen, plündern)
rate (Tempo, Satz, Rate, Kurs, Quote, gelten, bewerten, steuerpflichtig, Gemeindesteuer)
rate (aus-, schelten, -schimpfen)
reciprocate (revanchieren, erwidern, vergelten, erkenntlich zeigen, hin- und herbewegen)
regulate (regeln, regulieren, ordnen, lenken, ein-, stellen, anpassen)
regurgitate (zurückfließen, erbrechen, wieder ausströmen, -speien)
rehabilitate (rehabilitieren, -sozialisieren, wieder einsetzen, -gliedern)
reinstate (jmd. wieder einsetzen, etwas instand setzen, wiederherstellen, - aufleben lassen)
reiterate (wiederholen)
rejuvenate (verjüngen)
relate (berichten, erzählen, in Zs.-hang bringen, verbinden, sich beziehen, Bezug haben)
renegade (Abtrünniger, Überläufer)
renovate (erneuern, wiederherstellen, renovieren)
resuscitate (wieder beleben, -erwecken, -aufleben lassen, Bewusstsein wiedererlangen)
retaliate (Vergeltung üben, sich rächen, heimzahlen)
reverberate (zurückstrahlen, -werfen, wieder-, hallen)
rotate (rotieren, kreisen, sich drehen, turnus gemäß wechseln; *Zool:* radförmig)
ruminate (wiederkäuen, *übertr:* grübeln)
saturate (*Chem. u. übertr:* sättigen, saturieren, durch-, tränken, -setzen)

second-rate (zweitrangig, -klassig, mittelmäßig)
sedate (ruhig, gelassen, gesetzt, ernst)
separate (ab-, trennen, -sondern, -schneiden, einzeln, separiert, isoliert, Sonder...,)
serenade (Serenade, Ständchen, Nachtmusik, jmd. ein Ständchen bringen)
shade (be-, Schatten, Schattierung, Farbton, abtönen, - dunkeln, allmählich übergehen)
window shade (Jalousie, Rolleau)
simulate (vortäuschen, heucheln, fingieren, nachahmen, simulieren)
situate (aufstellen, einen Platz geben, -festlegen, i. e. Lage bringen)
skate, ice -, roller - (Kufe, Schlittschuh, Roll-; meist Plural Rochen)
spade (Spaten, um-, graben; *Karten:* Pik, Schippe, Grün)
speculate (nachsinnen, -denken, theoretisieren, Vermutungen anstellen, spekulieren)
slate (Schiefer, -platte, -tafel, -artig, -farbig)
slate (*SL:* vermöbeln, -reißen, jmd. abkanzeln)
state (Staat, Zustand, auf-, stellen, aus-, sagen, festsetzen, erklären, darlegen, behaupten)
stimulate (stimulieren, beleben, ankurbeln, -regen, -spornen, -stacheln)
stipulate (Vereinbarungen treffen, Bedingungen machen, festsetzen, -stellen)
stockade (Staket, Einpfählung, einpfählen, *Am:* Militärgefängnis)
straight (*a. übertr:* gerade, -aus, direkt, offen, ehrlich, reell, richtig, *SL:* Spießer)
strait, -laced (Straße, Meerenge; Not, -lage, Verlegenheit, Engpass, streng, hart; Sittenstreng, puritanisch, prüde)
in dire straits (in einer ernsten Notlage)
subordinate (Untergebener, untergeordnet, -stellt, zurückstellen, unterordnen)
suede (Wildleder, Velours)
suffocate (ersticken, fast umkommen)
tabulate (tabellarisieren, tabellarisch ordnen)
terminate (be-, enden, aufhören, -heben, kündigen, abschließen, räuml.begrenzen)
tirade (Tirade, Wortschwall, Schimpfkanonade)
titillate (kitzeln)
tolerate (tolerieren, dulden, ertragen, zulassen, hinnehmen)
trade (Handel, -treiben, Gewerbe, wechseln, ver-, aus-, tauschen, handeln)
trait (Zug, Merkmal, *Am:* Gesichtszug)
translate (übersetzen, -tragen, *übertr:* auslegen, -drücken, *Engl:* umarbeiten, *Kirchl:* Reliquie, etc. überführen, verlegen, -setzen)
ultimate (aller-, letzt, äußerst, höchst, endgültig, das Letzte, das Äußerste, *übertr:* der Gipfel)
underrate (unterschätzen, -bewerten, zu niedrig ansetzen)
understate (zurückhaltend darstellen, untertreiben, mildern, abschwächen)
vacate (räumen, freimachen, aufgeben, -heben, evakuieren)
vacillate (*meist übertr:* schwanken)
validate (f. gültig erklären, bestätigen, rechtswirksam machen)
vegetate (wachsen, vegetieren, *verächtl:* dahinvegetieren)
ventilate (ventilieren, lüften, Sauerstoff zuführen, *übertr:* zur Sprache bringen, erörtern)
vindicate (in Schutz-, in Anspruch nehmen, verteidigen, rechtfertigen, bestätigen)
violate (etwas verletzen, übertreten, brechen, stören, schänden, vergewaltigen, entweihen)
wait (er-, ab-, warten, -auf, Wartezeit, bedienen)
weight (Gewicht)
light-, heavy-, over-, under- weight (Leicht-, Schwer-; Übergewicht, Untergewicht, -ig)

~äidsch — von age bis wage

age (Zeit-, Alter, -sstufe, altern, alt, -werden, -machend, reifen)
cage (Käfig, Bauer, einsperren, Gefängnis, Kabine, Förderkorb, Stahlgerüst, Tor, Korb)
gage (Druck-, Windmesser, Messlehre, messen; *Hist. u. übertr:* Fehdehandschuh, Pfand)
H (H, Heroin)
narrow-, broad gage (*Eisenbahn:* Schmal-, Breitspur)
page (Seite, Kolumne, Blatt, paginieren; Edelknabe, Page, Boy; jmd. ausrufen lassen, -anpiepsen, Funkkontakt aufnehmen)
rampage (toben, wüten, *übertr:* um sich greifen, grassieren)
sage (Weise, klug, verständig; Salbei)
stage (Bühne, Gerüst, Landungsbrücke, Punkt, inszenieren, Stadium, Stufe, Phase, Abschnitt, Teilstrecke, Etappe)
wage (Krieg führen, Feldzug unternehmen; Lohn, Sold)

~äif — von brave bis wave

brave (tapfer, mutig, unerschrocken, trotzen, herausfordern, d. Stirn bieten)
behave (sich-, benehmen, -verhalten, *Maschine etc:* funktionieren)
cave, -in (Höhle; zusammenbrechen, nachgeben, einstürzen, -drücken, -sinken, klein beigeben)
concave (konkav, Höhlung, Wölbung, hohl, -geschliffen, ausgehöhlt)
crave (flehen, inständig bitten, sich sehnen)
engrave (gravieren, ein-, meißeln, -schnitzen, -schneiden)
forgave (vergeben, *P. P.* von forgive)
gave (gegeben, *P. P.* von give)
grave (Grab, eingraben, -prägen; feierlich, ernst, bedenklich, würdevoll, schwer, tief, *grave thoughts*, schwere Gedanken; Schiffsboden reinigen und teeren)
knave (Schurke, Schuft, Spitzbube, *Karten:* Bube)
pave, -the way (Straße pflastern, Fußboden aus-, legen; den Weg ebnen)
rave (Pracht, phantasieren, schwärmen, -erei, toben, wüten, *übertr:* wettern, *SL:* Mode)
safe (Safe, Tresor, Geldschrank, sicher, -heit, unversehrt, -gefährlich, heil, vorsichtig)
save (retten, er-, sparen, gewinnen, be-, schützen, -wahren, abspeichern, Ballabwehr)
save, -for, -that (außer, m. Ausnahme von, ausgenommen; bis auf; abgesehen davon, -dass, - nur)
shave (Rasur, sich-, rasieren, nachschneiden, Schabeisen, Span, ab-, schaben, scheren, hobeln, *shave trough*-streifen oder knapp vorbeikommen, gerade noch durchrutschen)
slave (Sklave, schuften, *übertr:* Sklave, Kuli, Arbeitstier)
waif (Heimatloser, verlassenes oder verwahrlostes Kind oder Tier, Herrenloses, Strandgut, weggeworfenes Diebesgut, *übertr:* Überrest)
waive (verzichten auf, Frage zurückstellen)
wave (Welle, Woge, wogen, wellen, schwingen, zu-, winken, schwenken, wehen, flattern, wallen, hin- u. herbewegen)

~äig, ~äik — von ache bis wake

ache (Schmerz, schmerzen, -haben, schmerzhaft, sich sehnen, darauf brennen, wünschen)
bake (backen, braten, dörren, austrocknen, härten, *Am:* gesellschaftl. Zs.-kunft)
break (Unterbrechung, Ab-, Bruch, Pause, Lücke, an-, auf-, durch-, zer-, ein-, losbrechen, einwerfen, zähmen, abrichten)
cake (Kuchen, Stück, Schmutz-, Kruste, zusammenbacken, -ballen, verkrusten)
earthquake (Erdbeben)
fake (Fälschung, -en, vor-, an-, täuschen, betrügen, nachmachen, Schwindel, „frisieren")

flake (Flocke, Schuppe, Blättchen, Fetzen, Splitter, flockig machen, in Flocken fallen)
flake off (abblättern, sich ab-, schälen)
forsake (jmd. verlassen, im Stich lassen, etwas aufgeben)
headache, sick- (Kopfschmerz, Kopfzerbrechen oder Sorgen machen, Sorge; Migräne)
heartache (Kummer, Herzschmerz)
keepsake (zum-, Andenken)
lake (See, großer Teich; Pigmente, Farblack, Beizenfarbstoff)
make (machen, zu-, halten, verarbeiten, treffen, schließen, losgehen, herstellen, drehen, bereiten, aufstellen, abgeben, Mach-, Bauart, Fabrikat)
mistake (Fehler, Irrtum, Missverständnis, verwechseln, -sehen, irren, falsch verstehen)
opaque, - colour (undurchsichtig, -lässig, glanzlos, trüb, opak; Deckfarbe)
plague, -spot (*a. übertr:* Seuche, Pest, Plage, Horde, plagen, quälen, peinigen, belästigen; Pestbeule)
quake (Beben, Erschütterung, zittern, er-, beben)
rake (Rechen, Harke, Rührstange, Schürhaken, rechen, harken, durch-, herumstöbern; Lebemann; Neigung haben, neigen, überhängen)
for the sake of, for heaven´s - (um…Willen, zuliebe, halber, wegen; um Himmels willen)
for his-, peace‘ sake (ihm zuliebe, seinetwillen; um des lieben Friedens willen)
shake (Riss, Spalt, Shake, sch-, wanken, schütteln, auf-, rütteln, wackeln, erschüttern, *Stimme:* erheben, beben, zittern, *Musik:* trillern)
snake (Schlange, schlängeln)
stake (Marter-, Pfahl, Pfosten, Pflock, anpflocken, abstecken, stützen, mit einem Pfahl durchbohren oder aufspießen, *übertr:* Scheiterhaufen; Einsatz, setzen auf, riskieren)
steak (Steak, Fisch-, Kotelett, Filet)
take (an-, über-, vor-, zu-, mit-, nehmen, tragen, treffen, wider-, stehen, setzen, machen, schöpfen, messen, kosten, fassen, ergreifen, einstehen, dauern, bringen, brauchen, beziehen, -folgen, -kommen, ablegen, ausführen)
vague (vage, undeutlich, nebulös, nebelhaft, verschwommen, unbestimmt, dunkel, unklar)
wake (er-, aufwecken, auf-, wachen, wach sein, -werden, -bleiben, Toten-, Wache; Kielwasser, Luftschraubenstrahl, Sog)

~äiken ☛ -in (S. 153) *von achin‘ bis waken*

achin‘ (schmerzend, -es, -er, ☛ *ache, S. 50*)
bacon, save one´s - (Schinken; seine Haut retten, mit heiler Haut davonkommen)
forsaken (verlassen, ☛ *forsake, S. 51*)
jamaican (Jamaikaner-in, jamaikanisch)
makin‘ (machend, ☛ *make, S. 51*)
mistaken (falsch, fälschlicher Weise, im Irrtum, sich irren, täuschen, verfehlt)
overtaken (überrascht werden)
shaken (geschüttelt, -rüttelt, ☛ *shake, S. 51*)
taken (Past Perfect von *take, S. 51*)
undertaken (unter-, übernehmen)
unshaken (ungeschüttelt, -vermischt, ☛ *shake, S. 51*)
waken (aufgeweckt, ☛ *wake, S. 51*)

~äiks ☛ ~äik Singular (S. 50)

~äil *von ale bis whale*

ale, ginger - (*Engl:* helles Bier, Ingwerlimonade)
bail (Bürge, Kaution; Bügel, Henkel)

bail out (Wasser ausschöpfen, m. d. Fallschirm abspringen, aussteigen, nicht mehr mitmachen, Freilassung gegen Kaution, - erwirken)
bale, -goods (Ballen, in Ballen verpacken; Ballenware, -güter)
blackmail (Erpressung, -sgeld, jmd. erpressen)
braille (Blindenschrift)
cocktail (alkoholischer-, Longdrink, Cocktail)
curtail (kürzen, be-, einschränken, beschneiden)
E-mail (E-Nachricht, -Post)
exhale (ausatmen)
fail (scheitern, versagen, -säumen, -nachlässigen, missraten, jmd. fehlen, im Stich lassen, enttäuschen, durchfallen, Störung)
fail-safe, - proof (pannensicher)
female (weiblich, Frau)
flail, -one´s arms (Dreschflegel, dreschen, auf jmd. einschlagen; mit den Armen rumfuchteln)
frail (ge-, zerbrechlich, schwach, zart, seicht)
hail (Hagel, hageln; Gruß, Zuruf, freudig oder mit Beifall begrüßen, zujubeln, herbeirufen, - winken, etwas begrüßen, begeistert aufnehmen)
impale (aufspießen, durchbohren, pfählen)
inhale (einatmen, inhalieren)
jail (Gefängnis, Strafanstalt, inhaftieren, einsperren)
mail (Brief-, Packet-, Post, -dienst, -versand, ver-, ab-, zu-, schicken, aufgeben, mailen)
mail, coat of - (Kettenpanzer, Rüstung, *Zool:* Panzer, panzern; Kettenhemd)
male (männlich, Mann)
nail (Finger-, Nagel, Stift, Klaue, Kralle, an-, fest-, nageln)
pale (Pfahl, fahl, blass, bleich, farblos)
prevail (die Oberhand oder das Übergewicht gewinnen oder haben, vorherrschen, sich durchsetzen, - behaupten, ausschlag-, maßgebend sein, jmd. überreden)
rail (Schiene, Riegel, Reling, Geländer; schimpfen, lästern, fluchen; *Orn:* Ralle)
regale (erfreuen, ergötzen, festl. bewirten, schwelgen, sich gütlich tun an)
sail (Segel, segeln, Schiff steuern, befahren, durchsegeln)
scale (Skala, skalieren, Waage, wiegen, maßstab getreu, erklettern, -kalten, ausglühen)
shale (Schiefer)
snail, -shell (Schnecke, Schneckenhaus)
at a snail´s space (im Schneckentempo)
stale (Harn, stallen, harnen; alt, fad, schal, abgestanden, schlecht, verdorben, -derben, -braucht, abgedroschen, überanstrengt, eingerostet, aus der Übung)
tail (Schwanz, Schweif, Zopf, Hinterteil, Heck, Ende, mit einem Schwanz versehen, beschatten, sich hinziehen)
tale, fairytale (Erzählung, Geschichte, Märchen)
they´ll (*Abk:* they will - sie werden)
veil (Schleier, sich-, verschleiern, -hüllen, *übertr:* Maske, Deckmantel)
whale, a whale of - (Wal, -fang betreiben; Riesen..., Mords...)

~äim *von acclaim bis tame*

acclaim (jmd. oder etwas mit Beifall oder Jubel begrüßen, zujubeln, jauchzend empfangen, Beifall, hochloben)
aim (Ziel, zielen, Richtung, Zweck, Absicht, an-, erstreben, beabsichtigen, -zwecken)
became (wurde, *P. P.* von become)

blame (Tadel, Vorwurf, Rüge, Schuld, Verantwortung, tadeln, rügen, Vorwürfe-, verantwortlich machen)
came (gekommen, *P. P.* von come)
claim (Anspruch erheben, verlangen, behaupten, -antragen, halten, fordern, reklamieren)
exclaim (ausrufen, schreien, wettern, eifern)
fame, ill -, house of fame (Ruhm, Ruf, Berühmtheit; berüchtigt; Freudenhaus)
flame (Flamme, flammen, feurig, leuchten, Glanz, auf-, lodern, glühen, *übertr:* Feuer, Flamme, Glut, Heftigkeit, Leidenschaft, aufbrausen)
frame, - of mind (Rahmen, Umrandung, ein-, rahmen, Einfassung, entwickeln, -werfen, ersinnen, formen, zusammenfügen, -setzen; Stimmung, Verfassung, Zustand)
frame up (Komplott, Intrige, abgekartetes Spiel, Falle)
game (Spiel, spielen; Jagd..., Wild, mutig, bereit; lahm, *a - leg*)
inflame (sich-, entzünden, Feuer fangen, *übertr:* entbrennen, -flammen, reizen, erregen)
lame (*a. übertr:* lahm, - machend, lähmen, hinkend, müde verse)
maim (*a. übertr:* verstümmeln, zum Krüppel machen, lähmen)
name, by -, middle - (Name, Bezeichnung, -nennung, vorschlagen, nennen, erwähnen, anführen; mit Namen, namens, namentlich, 2.Vorname, hervorstechende Eigenschaft)
proclaim (verkünden, -hängen, ausrufen, erklären, kundgeben, -tun, proklamieren)
same (der, die, das, selbe, gleich, -e, nämlich)
shame, - faced (Scham, Schande, Schmach, be-, sich -, schämen, zwingen; schüchtern, verschämt, schamhaft, -rot)
tame (zahm, gezähmt, zähmen, friedlich, folgsam, harmlos, lahm, fade, *a – affair*)

~äin *von abstain bis wane*

abstain (sich enthalten)
again (wieder, erneut, aber-, nochmals, - einmal)
again and - , now and (immer wieder; hin und wieder)
airplane (Flugzeug)
arraign (beschuldigen, rügen, v. Gericht stellen, zur Anklage vernehmen, *übertr:* anfechten)
ascertain (feststellen, ermitteln, in Erfahrung bringen)
attain (erreichen, -langen, -zielen, gelangen zu)
brain (Gehirn, *übertr:* Köpfchen, Grips, Verstand, Kopf, Drahtzieher)
brain twister, scatter - , - wave, - child („Nuss", schwierige Aufgabe; Wirrkopf; Geistesblitz, tolle Idee; Geistesprodukt)
Cain (Eigenname)
campaign, smear - (Kampagne, Wahlpropaganda, propagieren; Schmierkampagne)
cane, sugar-, -sugar, -chair (Rohr, Spazier-, -stock, mit dem Stock züchtigen oder prügeln; Zuckerrohr, Rohrzucker, Rohrstuhl)
chain, daisy - (Kette *a. übertr*, an-, ver-, ketten, Fessel, Reihe; Gänseblumenkette, *übertr:* Reigen, Kette)
champagne (Champagner)
cocain (Kokain)
complain (sich beklagen, -beschweren, reklamieren, klagen, Anzeige erstatten)
contain (sicher, gewiss, bestimmt, zuverlässig)
crane, -truck, -fly, -one´s neck (Kranich, Kran; -wagen; Schnake; s.d. Hals verrenken)
detain (jmd, auf-, ab-, zurück-, vorent-, einbehalten, hindern, in Haft behalten)
disdain (verachten, -schmähen, für unwürdig erachten, Hochmut, Verachtung)
domain (Domäne, Staats-, Herrengut, Landbesitz, *übertr:* Gebiet, Be-, Reich, Sphäre)
drain (Abfluss, -rohr, Ableitung, Kannüle, Aderlass, entwässern, abfließen, trockenlegen)

entertain (unterhalten, amüsieren, hegen, in Erwägung ziehen, eingehen auf, jmd. gastlich aufnehmen, einladen, bewirten, empfangen)
explain (erklären, -läutern, auseinander setzen, begründen, rechtfertigen)
feign, - death (etwas vortäuschen, simulieren, sich verstellen, so tun als ob; sich totstellen)
gain (Zu-, Einnahme, Verstärkung, Gewinn, Vorteil, Nutzen, Steigerung, verdienen, sammeln, profitieren, erwerben, -reichen, -langen, -ringen, ab-, gewinnen)
grain (Samen-, Korn, Getreide, *fig.* Spur)
humane (human, menschlich)
hurricane (Hurrikan)
insane (wahn-, irrsinnig, Geisteskrank, *übertr:* verrückt, toll)
lane (Weg, Pfad, Gasse, Gässchen, Strässchen, Fahr-, Spur, Schneise, Durchgang)
main (Haupt, -sächlich, Haupt..., größt, wichtigst, vorwiegend)
Maine (US-Staat)
maintain (warten, be-, wahren, instand-, aufrecht-, er-, beibe-, unter-, halten, nicht aufgeben, unterstützen)
mane, hog - (Mähne, gestutzte Pferdemähne)
migraine (Migräne)
obtain (erlangen, -halten, -werben, -reichen, -zielen, durchsetzen, bekommen, herrschen, Geltung haben, bestehen)
ordain (weihen, ordinieren, ver-, fügen, bestimmen, anordnen)
pain (Schmerz, -en, -bereiten, quälen, Pein, Wehen, Mühe, Strafe, Kummer, Sorgen)
pane, window- (Scheibe, Türfüllung, Kassette, Feld, Tafel, Platte, Fach; Fensterscheibe)
pertain (gehören, - zu, betreffen, sich beziehen auf, betreffend, *pertaining to*)
plain, -spoken (Ebene, Fläche, Flachland, Prärie, glatt, flach, klar, - und deutlich, pur, unverdünnt, einfach, schlicht, schmucklos, kahl; offen, freimütig)
plane, hydro- (Flugzeug, Wasser-)
profane (profan, weltlich, un-, ein-, geweiht, gottlos, lästerlich)
propane (Propangas)
rain (Regen)
refrain (Refrain, Abstand nehmen oder absehen von, unterlassen, sich ent-, zurückhalten)
reign (Regierung, -szeit, Herrschaft, regieren, vor-, herrschen)
rein (Zügel, aufzäumen, lenken, *übertr:* zügeln, im Zaum halten)
remain (bestehen-, ver-, bleiben, noch übrig sein, *übertr:Pl:* Über-, Reste, -bleibsel)
sane (geistig gesund, normal, vernünftig, gescheit)
slain (ermordet, getötet)
Spain (Spanien)
sprain (Verstauchung, verstauchen)
stain (*a. übertr:* Fleck, Makel, Schand-, beflecken, -schmutzen, -sudeln, Flecken machen, Farbe, Färbung, Färbemittel, Beize, färben, bemalen, -drucken)
strain (Über-, Beanspruchung, -Anstrengung, Zerrung, zerren, spannen, anstrengen)
strain (Abstammung, Linie, Geschlecht, Rasse, Erb-, Anlage, -merkmal, Charakterzug)
sustain (unter-, stützen, er-, tragen, -leiden, davontragen, aus-, aufrecht-, unter-, in Gang-, stand-, wach halten, ununterbrochen)
train (Zug, Folge, Kette, Kolonne, Reihe, Gefolge, Schleppe, Schweif, auf-, erziehen, trainieren, schulen, ausbilden, dressieren, vorbereiten)
vain (eitel, eingebildet, leer, nichtig, vergeblich, fruchtlos, - *efforts*)
in vain (vergeblich, -gebens, umsonst, unnütz)
vane (Wetterfahne, -hahn, Windmühlen-, Turbinenflügel, -schaufel)

vein (Vene, Blut-, Wasser-, Erz-, etc. Ader, ädern, *übertr:* Ader, Veranlagung, Hang, Ton-, Art, in Stimmung sein zu)
wane (schwinden, abnehmen, nachlassen, verblassen, schwächer werden, zu Ende gehen, abnehmen, Abnahme, Schwinden)

~äind, ~äint — *von acquaint bis taint*

acquaint (bekannt-, vertraut machen, jmd. mitteilen, dass)
ain´t, **´t ain´t** (*Abk:* am-, are-, is-, has-, have not; it ain´t)
complaint (Klage, Strafanzeige, Reklamation, Beanstandung, -schwerde, *Med:* Beschwerden, Leiden)
faint, -hearted (schwach, matt, kraftlos, -werden, *feel-*, sich fühlen, in Ohnmacht fallen, *dead -*, tiefe Ohnmacht, *faint hope*, schwache, wenig Hoffnung; feige, furchtsam)
paint (an-, be-, über-, malen, *übertr:* ausmalen, schildern; streichen, aus-, pinseln, lackieren, auftragen, schminken, Lack, Farbe, Tünche, Schminke, Tinktur, randalieren)
quaint (wunderlich, drollig, kurios, merkwürdig, seltsam, malerisch, anheimelnd)
restraint, self-, head-, without- (Freiheits-, Ein-, Beschränkung, Haft, Zwang, Zucht, Hemmnis, Zurückhaltung, Beherrschtheit; Selbstbeherrschung; Kopfstütze; Frei, ungehemmt, offen)
saint, patron –, -it (heilig sprechen, Heiliger, Schutz-; wie e. H. leben, d. H. spielen)
taint (Makel, Fleck, krankh. Zug, Spur, *a – of suspicion*, e. Anflug von Misstrauen, beflecken, -sudeln, verderben, -giften, anstecken, schlecht werden)

~äinsch — *von arrange bis strange*

arrange (arrangieren, an-, ordnen, aufstellen, einteilen, ein-, ausrichten, bearbeiten, sorgen, sich einigen, - verständigen, veranstalten, -einbaren, -anlassen)
change (Wechsel, Ver-, Änderung, Wandlung, Umschwung, umsteigen, Kleingeld, um-, ver-, ändern, -tauschen, verwandeln, wechseln, umziehen)
derange (durcheinander-, Unordnung, in Unordnug bringen, stören, verrückt machen, zerrütten)
estrange, become (jmd. entfremden; sich entfremden, auseinander leben)
exchange, re -, -blows (Austausch, -wechslung, Tauschhandel, aus-, um-, ver-, ein-, tauschen; Rücktausch, sich prügeln)
range (Reihe, Kette, Herd, Entfernung, Abstand, Reichweite, Bereich, schwanken, einordnen, aufstellen, durchstreifen, -wandern, entlang-, fahren)
short-, long-, close-, free-, cattle- range (Kurzstrecken..., -fristig, nah ; Fern, Langstrecken..., auf lange Sicht, langfristig; aus nächster Nähe, nah...; Freiland; Viehweide)
strange, -to say, stranger (fremd, neu, unbekannt, -gewohnt, seltsam, sonderbar, merkwürdig; seltsamer Weise; Fremder)

~äip ☛ *~äib, ~äip (S. 43)*

~äiß ☛ *~äi (S. 128)* *und bilde den Plural* — *von ablaze bis ways*

ablaze, set –, all- (in Flammen, lodernd; entflammt, -en, glänzend; Feuer u. Flamme)
ace, - in the hole (*a. übertr:* As, Würfeleins, hervorragend, Spitzen..., Star..., As im Ärmel)
always (immer, -hin, stets, jederzeit, auf jeden Fall)
amaze (erstaunen, verblüffen, in Staunen versetzen)
appraise (abschätzen, bewerten, taxieren, den Wert ermitteln)
base (Basis, Bezugsgröße, -wert, Fundament, Gefäßboden, Grund, -fläche, lage, -linie, -platte, -wert, -zahl, Sockel, Trägermaterial, Unterlage, Zahlenbasis, falsch, gemein, nieder, -trächtig, niedrig, schlecht, unecht, -edel, *Chem:* Base, *übertr:* Fuß, *Milit:* Stützpunkt, Basis, Etappe)
bays, to carry of the -, -laurels (*PL:* Buchten; die Lorbeeren ernten)

blaze (Flamme, Feuer, Glut, Leuchten, Glanz, *a. übertr:* strahlen, leuchte, glühen, ent-,brennen, auf-, lodern, -flackern)
blaze out, -away, -up (verkünden, ausposaunen; drauflos schießen, herziehen über, loslegen; in Wut geraten, aufbrausen)
brace, -up, a pair of braces (Stütze, Strebung, Klammer, Versteifung, Stütz-, Bruch-, Band, Trage-, Gurt, versteifen, -streben, stützen, verankern, befestigen, klammern, erfrischen, stärken; seine Kräfte, -Mut zusammennehmen; ein Paar, zwei)
braze (löten)
case (Rechts-, Krankheits-,Vor-, Fall, Kasus, Umstand, Sache, Frage)
case (Kiste, Kasten, Koffer, Kästchen, Schachtel, Behälter, in ein Futteral oder Gehäuse stecken, ver-, umkleiden, umgeben, Verkleidung, Einfassung, Ummantelung)
chaise, - longue (Chaise, Halbkutsche, Einspänner; Liegesofa)
commonplace (Gemeinplatz, Plattitüde, Alltäglichkeit, uninteressant, abgedroschen)
craze, the latest -, bet he - (verrückt machen, Manie, fixe Idee, Verrücktheit, Fimmel; der letzte Schrei; hoch in Mode)
days (Tage)
daze, in a- (Betäubung, Benommenheit, betäuben, blenden, lähmen, verwirren; benommen, -täubt)
debase (verderben, -schlechtern, -fälschen, sich-, erniedrigen, entwürdigen, -werten, im-, Wert mindern)
disgrace, -oneself (Schande, -bringen, -bereiten, Ungnade, Schmach, Schandfleck; sich blamieren, -schändlich benehmen)
displace (versetzen, -rücken, -lagern, -schieben, -drängen, -schleppen, jmd. ablösen, ersetzen, entlassen; *displaced Person-* Verschleppter)
embrace (Umarmung sich-, umarmen, -schließen, -geben, -klammern, erfassen, -greifen, an-, aufnehmen, *a. übertr:* einschließen, umfassen)
encase (ein-, umschließen, -hüllen, *Tech:* verkleiden, ummanteln)
erase (ab-, auskratzen, ausstreichen, weg radieren, aus-, löschen, *-one's memory*, aus dem Gedächtnis löschen, tilgen, vernichten, *Am:* töten, kaltmachen)
face, face to - (An-, Gesicht, Antlitz, Stirnseite, ins Gesicht -, entgegen-, an-, sehen, Oberfläche, Plan drehen, hinausgehen, darstellen; persönlich, direkt)
faith, in bad-, in good- (Glaube, -n, Vertrauen, -schenken, -haben, Treue, Redlichkeit, Versprechen, *keep one's -*, Wort halten; in böser Absicht; in gutem -, gutgläubig)
faze, not to – so. (jmd. durcheinander bringen; jmd. kaltlassen)
gaze, -at, -on (fester oder starrer Blick; anstarren; ansichtig werden)
glaze (Glasur, Politur, Glätte, Glanz, verglasen, lasieren, glasig-, blank werden, -machend, Eisschicht, *Am:* Glatteis)
grace, coup de - (Euer Gnaden, Gnade, Grazie, Anmut, Liebreiz, Charme, Anstand, Takt, Schicklichkeit, zieren, schmücken, beehren, auszeichnen; Gnadenstoß)
haze (*a. übertr:* Dunst, Schleier, feiner Nebel; piesacken, schikanieren, beschimpfen)
the mind is in a haze (wie betäubt, -benebelt, nicht mehr durchblicken)
lace, -up (Spitze, Litze, Borte, Tresse, Schnur, Schnür-, Band; zu-, zs.-, Taille-, schnüren; m. Spitze besetzen, Schnürsenkel einziehen, *laced with,* durchzogen, -setzt)
mace (Muskat, -nuss; Streitkolben, Amtsstab, chemische Keule)
malaise (Unpässlichkeit, -behagen)
mayonnaise, -of Lobster (Mayonaise, Hummer-)
maze, in a-, mazed (Irrgarten, Labyrinth, Gewirr, Verwirrung)
misplace, -d (verlegen, an e. falsche Stelle legen oder setzen, falsch oder übel anbringen; unangebracht, deplaziert)
nowadays (Heutzutage, jetzt, das Heute)

pace, -out o. off (Schritt, Pass-, Gang, -art, Tempo, -bestimmen, -machen, Schritt halten; durchschreiten, -messen, ab-, schreiten)
place (Platz, Stelle, Ort, Wohnung, -sitz, Stätte, Raum, -für, stellen, setzen, legen, bringen, zu-, er-, einteilen, -ordnen, unterbringen, deponieren, aufgeben, abschließen)
jumping-off-place (Sprungbrett, Ausgangspunkt, *Am:* das Ende der Welt)
polonaise (Polonaise)
praise (Lob, loben, rühmen, lob-, preisen)
race (Rennen, -fahren, -laufen, Wettlauf, -kampf, rennen, dahin-, rasen, -schießen; Art, Rasse, Gattung, Geschlecht, Familie, Volk, *übertr:* Kaste, Schlag)
replace (wieder hinstellen, hin-, auflegen, ersetzen, austauschen, Stelle einnehmen)
steeplechase (Hindernisrennen, -lauf)
trace, without a - (Zugriemen, Strang, *a. übertr: in the traces, kick over the -,* angespannt; über die Stränge schlagen; Hauch, Spur, -verfolgen, nach-, aufspüren, zurückführen, nachgehen; spurlos)
space (All, Welt-, Zwischen-, Raum, Platz, Stelle, Lücke, Abstand, Speicherplatz, Leerzeichen, räumlich oder zeitlich einteilen)
raise (auf-, wachsen)
unlace (aufschnüren)
vase (Vase)
ways (Arten, Strecken,Wege, ☛ *way, S. 130*)

~äischen *gebildet aus: Grundform und -ation oder –asion: (abrase & –asion = abrasion; create & –ation = creation)*

abrasion (abreiben, -schleifen, *Med:* Abschürfung, Schramme, *Tech:* Verschleiß, Abrieb)
contemplation (Betrachtung, Nachdenken, -sinnen, Meditation, innere Einkehr, Erwägung, Absicht)
creation, the -, the whole- (Schaffung, Erzeugung, -richtung, Gründung, Bildung, Kreirung, Geschöpf, Kreatur; Die Schöpfung; alle Geschöpfe, die ganze Welt)
equation (Ausgleich, Gleichheit, Gleichung)
dissuasion (abraten, -bringen)
education, re- (Aus-, Bildung, Erziehung, Bildungs-, Schulwesen; Umschulung)
evasion, tax - (entkommen, -rinnen, ausweichen, Umgehung, Vermeidung, Ausflucht, -rede; Steuerhinterziehung)
invasion (Invasion, eindringen, Einbruch, Ansturm, -drang, *übertr:* Eingriff, Verletzung, Über-, Einfall, *Med:* Anfall)
inspiration (göttliche-, Erleuchtung, Eingebung, -fall, Inspiration, Begeisterung, Anregung, *at the – of,* auf jmd. Veranlassung)
nation (Nation, Volk, Staat, Stamm)
occasion (Gelegenheit, Grund, Möglichkeit, Ereignis, Anstoß, Grund, Ursache, Veranlassung, verursachen, -anlassen, hervorrufen, bewirken)
organisation (Organisation)
persuasion, powers of- (Überredung, -zeugung; fester-, Glaube; Überredungskünste)
recreation, -area, -ground (Erholung, -frischung, Entspannung, Unterhaltung, Belustigung; Erholungsgebiet; Spiel-, Sportplatz)
sensation, make o. create a -, (Sensation, Ereignis, Aufsehen; Aufsehen erregen)
sensation, pleasant -, -of thirst (Wahrnehmung, Empfindung; Gefühl; Durstgefühl)

~äist *von aftertaste bis waste*

aftertaste (Nachgeschmack)
baste (Braten etc. mit Fett begießen, Kerzendocht mit Wachs begießen; lose heften)
braced (gestützt, *P. P.* von brace)
chaste, -style (keusch, rein, unschuldig; von edler Schlichtheit, rein)

distaste (Widerwille, Abneigung, Ekel, Abscheu)
embraced (umarmte, *P. P.* von embrace)
haste, in -, make-, - makes waste, more - less speed (Hast, Eile, Schnelligkeit; in Eile, hastig; sich beeilen; in der Eile geht alles schief; Eile mit Weile)
lambaste (*SL:* vermöbeln, herunterputzen, zusammenstauchen)
paste, -up, -so. one, puff- (Teig, Paste, Brei, Klebstoff, Kleister, Papp, be-, kleben, kleistern, pappen; auf-, ankleben; jmd. eine kleben, hauen; Blätterteig)
taste (Geschmack, Vorliebe, Neigung, Sinn, Gefallen, kosten, schmecken, probieren, versuchen, *übertr:* Bei-, Vorgeschmack, Kostprobe, erleben, kennen lernen)
waist (Taille, Mieder, Mittelstück, -deck, schmalste Stelle, Schweifung einer Glocke)
waste, lie-, lay-, (Verschwend-en, -ung, -et, Vergeud, -en, -ung, -et, Wüste, Ver-, Abfall, unbrauchbar, öde, wüst, unfruchtbar, unbebaut; brachligen; verwüsten)

~äk ☛ *~äg, ~äk (S. 40)*

~äks *von ax bis wax*

ax, axe, battle-, ice- (Axt, Beil, drastische Sparmaßnahmen, zusammenstreichen, entlassen, feuern; Streit-, *SL:* alter Drache; Eispickel)
backs (die Rücken, Rückseiten, ☛ *back, S. 40*)
climax (Höhepunkt, Gipfel, Steigerung, Orgasmus, auf einen Höhepunkt bringen, krönen)
complex (zusammengesetzt, kompliziert, verwickelt, Komplex, Gesamtheit, das Ganze)
decks (Decks, Dächer, ☛ *deck, S. 41*)
duplex (Doppel..., doppelt)
ex (X; Ex..., Alt..., ehemalig)
fax (Fax, -kopie, -gerät)
flex, - the muscles (*Anat:* beugen, biegen, Verlängerungs-, Kabel; die Muskeln anspannen, -spielen lassen)
jacks (☛ *jack, S. 41*)
lax, -bowels, -morals (lax, locker, lässig, lose, schlaff, unklar, verschwommen; offener Leib, Durchfall; lockere Sitten)
Max (Eigenname)
necks (☛ *neck, S. 41*)
packs (☛ *pack, S. 41*)
pecks (☛ *peck, S. 41*)
reflex, -action (Reflex, -handlung; Widerschein, Spiegelbild, *-camera,* Spiegelreflexkamera, zurück gebogen, Reflex..., Rück...)
relax, -ing, - climate (sich-, aus-, entspannen, erholen, lockern, nachlassen; entspannend, erholsam, Erholungs...; Schonklima)
sax (*Abk:* Saxophon)
sex, -up, sex-, gentle, weaker, softer - (Geschlecht, -bestimmen, Sexual..., Geschlechts...; sexy aufmachen, jmd. anmachen; in Verbindung mit sechs-; das zarte/schwache Geschlecht)
slacks (☛ *slack, S. 41*)
specs (*Pl:* Brille)
Tex (Eigenname)
tax (Steuern, Abgabe, Gebühr, taxieren, besteuern, *übertr:* bezichtigen, -anspruchen, -lasten, anstrengen, zurechtweisen, auf eine harte Probe stellen)
unisex (Unisex, Mode, Kleidungsstücke f. Männer und Frauen)
wax, cobbler´s - (Wachs, Siegellack, Ohrenschmalz, ein-, wachsen, bohnern, verpichen; Schusterpech)

Vorsilben: con~, de~, in~, pre~, re~, mis~

wax, be in -, -and wane (wachsen, zunehmen, alt, frech, laut, etc...werden; Stinkwut haben; zu- und abnehmen)

~äkschen *von abstraction bis vivisection*

abstraction (Abstraktion, Versunken-, Verstreutheit, *Recht:* Entwendung, Wegnahme)
action (Tat, Aktion, Handlung, handeln, tun, machen)
affection (Liebe, Neigung, Gemütsbewegung, Stimmung, Einfluss, -wirkung, *Med:* Erkrankung, Leiden)
attraction (Attraktion, Reiz, Zugnummer, *a. Phys:* Erd- Anziehungskraft, -punkt)
bisection (*Math:* Halbierung)
circumspection (Um-, Vorsicht, Behutsamkeit)
collection (An-, Sammlung, sammeln, Kollekte, Abholung, Leerung, Einziehung)
complexion (Gesichtsfarbe, Teint, *übertr:* Coleur, Aussehen, Anstrich, Charakter)
contraction (Zu-, Zs.-ziehung, Verkleinerung, Einschränkung, *Ling:* Ver-, Abkürzung)
connection (Verbindung, Zs.-hang, Beziehung, Bekannte, Verwandte)
correction (Ver-, Besserung, Richtigstellung, Berichtigung, Korrektur, Zurechtweisung, Bestrafung, Bereinigung, Regulierung, Abstellung)
defection (Abfall, Lossagung, Treuebruch, Übertritt)
deflection (Ablenkung, -weichung *a. übertr:* Ausschlag *Zeiger etc.*)
detection (Ent-, Aufdeckung, Gleichrichtung, Kriminalromane)
direction (Richtung, Leitung, Führung, Direktion, Regie, Anschrift, Adresse, An-, Weisung, -leitung, -ordnung, Belehrung, Vorschrift)
disaffection (Unzufriedenheit, Verdrossenheit)
dissection (Zer-, Aufgliederung, Analyse, Sezieren, Präparat, -ion)
distraction (Ablenkung, Zerstreuung, Unterhaltung, Verwirrtheit, Wahnsinn, Raserei)
drive so. to distraction, love so. to - (jmd. zur Raserei bringen; bis zum Wahnsinn lieben)
ejection (Vertreibung, Entfernung, -lassung, Ausstoßung, -werfen, *-seat*, Schleudersitz)
election, re-, by - (Wahl, Wieder-, Ersatz-, Nachwahl)
erection (Erektion, Auf-, Errichtung, Aufführung, Bau, Gebäude, Montage, Gründung)
extraction (Her-, Ausziehen, Gewinnung, Ausscheidung, Herkunft, *übertr:* Entlockung)
faction (Faktion, Zwietracht, Splittergruppe)
fraction (*Math:* Bruch, -teil, Fragment, Stückchen, Fraktion, *Kirche:* Brechen des Brotes)
imperfection (Unvollkommenheit, Mangel, -haftigkeit, Fehler)
infection (Infektion, Entzündung)
inflection, -xion (Biegung, Krümmung, Beugung, Abwandlung, Ton-, Veränderung)
injection, -of money (Injektion, Spritze, ein-, spritzen, Einspritzung, Einlauf; Geld-)
inspection (Über-, Prüfung, Besichtigung, Auf-, An-, Ein-, Durchsicht, Kontrolle)
intersection, point of -, line of - (Durchschneiden, Kreuzung, Schnittpunkt, -linie)
introspection (Selbstbeobachtung, Innenschau, in sich schauen)
objection (Einwand, -wändung, -spruch, -wurf, Bedenken, Beanstandung, Reklamation)
perfection (Vervollkommnung, Vollkommenheit, -endung, Fehler-, Makellosigkeit)
projection (Vorsprung, vorspr. Teil oder Gegenstand, Fortsatz, werfen, schleudern, treiben, Wurf, Stoß, Vorführung, Widerspiegelung, Hochrechnung)
protection, -money (Schutz, Beschützung, Gönnerschaft, Förderung; Protektion, *Am:* Schutzgeld)
reaction (Gegen-, Ein-, Rückschlag, -schlag, -wirkung, -kopplung)
reflection, self- (Betrachtung, Spiegelung, Zurückstrahlung, Widerschein, Spiegelbild, Nachwirkung, Einfluss, Urteil, Überlegung, Erwägung, Selbstbetrachtung)
rejection (Ablehnung, Zurückweisung, Verwerfung, -weigerung, Ausscheidung)
resurrection (Auferstehung, Leichenraub, *übertr:* Wiederaufleben, -erwachen)

retrospection (Erinnerung, Zurückblicken, Rückblende)
satisfaction (Zufriedenheit, Befriedigung, Genugtuung, Erfüllung, Bezahlung)
section (Ab-, Aus-, Schnitt, Durchschneidung, ein-, ab-, unter-, teilen, Abteilung, -teil, -satz, Teil, Untergruppe)
selection (Aus-, Wahl, -lese)
subtraction (*Math:* Subtraktion, abziehen, *übertr:* Abzug)
traction (Ziehen, Zug, -leistung, Transport, Fortbewegung, *Auto:* Griffigkeit, *-of the road-* Bodenhaftung, *Physiol:* Zusammenziehung)
transaction (Durchführung, Abwicklung, Erledigung, Ver-, Unterhandlung, Protokoll)
vivisection (operativer Eingriff am lebenden Tier)

~äkst *von context bis text*

context (Zusammenhang, Kontext, Umgebung, Milieu)
flexed (gebeugt, -bogen, ☛ *flex, S. 58*)
next, -to nothing, - to last, -but one (d. Nächste, zu-, als -, nächst, -e, -er, -es, nächstfolgend, -stehend, neben, nach; fast gar nichts; zweitletzt; übernächste)
pretext, under the - of (Vorwand, Ausrede; unter dem Vorwand von...)
text, stick to the- (Bibel-, Lied-, Text, Wortlaut, Bibelstelle; bleib bei der Sache)

~äkt ☛ *~ägd, ~äkt (S. 42)*

~älla *von Béla bis umbrella*

Béla (Eigenname)
Stella (Eigenname)
umbrella, -stand, get o. put under one - (Regen-, Schirm; -ständer; unter einen Hut bringen)

~älb, ~älp *von help bis yelp*

help (Hilfe, helfen, bei Tisch geben, reichen)
kelp (Kelp, Seetang, -asche)
skalp (Kopfhaut, Skalp, skalpieren)
yelp (Aufschrei, Jaulen, jaulen, aufschreien, kreischen, kläffen)

~äld, ~ält *von belt bis welt*

belt (Gurt, Riemen, Gürtel, Gebiet, Zone, schlagen, durchprügeln, gurten, zusammenzurren)
kelt (Kelte, -in)
dealt (gehandelt, *Prät.* u. *P. P.* von deal)
felt, -tip pen, -tip (verfilzen, Filz, -schreiber, -stift; *Prät.* u. P.P von feel)
heartfelt, deep - (herzlich, aufrichtig; tief empfunden, innig)
melt (Schmelze, schmelzen, sich auflösen, *übertr:* rühren, erweichen, *- so.'s heart*)
pelt (Fell, Pelz, rohe Haut; Schlag, Wurf, be-, werfen, bombardieren, nieder-, prasseln, *pelting rain*, Platzregen, verhauen, prügeln)
welt (Einfassung, Rand, Striemen, -e, „verdreschen“, einfassen, falzen, randgenäht, *Schneiderei:* Borte, Rollsaum, Stoßkante)

~älf *von by myself bis twelve*

by myself (aus eigener Kraft, selbst, allein)
elf (Elfe, Kobold, *übertr:* Knirps, kleiner Racker)
shelf, be put o. laid on the -, off-the - (Regal, Bort, Brett, Riff, Sandbank, Festplatte; ausrangiert-, auf die lange Bank geschoben werden; Standard..., von der Stange)

self, her-, him-, it-, my-, your- (selbst, ihr-, ihm-, sich-, mir-, dir)
shelve (abfallen; Bücher etc. auf oder in ein Regal/Brett stellen, mit Regalen oder Fächern versehen, *übertr:* aufschieben, bei Seite legen, ad acta-, jmd. ausrangieren)
delve, -among (sich vertiefen, erforschen, -gründen, graben; stöbern in)
twelve, -tone (Z-, zwölf; Zwölftonmusik)

~äljen — *von alien bis scallion*

alien (fremd, ausländisch, außerirdisch, Fremder, Ausländer, *übertr:* Fremdling, andersartig, fern liegend, fremd, zuwider, unsympatisch)
battailon (Bataillon)
Italian (Italiener, italienisch)
medallion (Gedenk-, Schaumünze, Medaille, Medallion)
scallion (Schalotte, Zwiebel)

~älS(th) — *von commonwealth bis whealth*

commonwealth (Gemeinwesen, Staat)
health (Gesundheit, Wohl)
stealth, by - (Heimlichkeit, Schläue; heimlich)
wealth, -tax, personal - (Reichtum, -tümer, Besitz, Vermögen; Vermögenssteuer, Wohlstand)

~älm — *von elm bis whelm*

elm (Ulme, Rüster)
helm, at the -, take the - (Ruder, -pinne, Steuer, *übertr:* Führung; an der Macht, am Ruder; das Ruder oder die Führung übernehmen)
realm, Peer of the Realm (Be-, Reich, König-, Gebiet, Sphäre; Mitglied des Oberhauses)
overwhelm (überwältigen, -mannen, *übertr:* überschütten, -häufen, -lastet, erdrücken)
whelm (*Poet:* über-, verschütten, -schlingen, -senken, *übertr:* -häufen, -wältigen)

~älsch — *von belch bis welch*

belch (rülpsen, aufstoßen, Rauch ausstoßen, *übertr:* Ausbruch)
squelch (Matsch, zermalmen, patschen, glucksen, *übertr:* jmd. kurz fertigmachen, - vom Tisch fegen, - das Maul stopfen, abwürgen)
welch, -sh, - on (Waliser, walisisch; m. d. Gewinnen duchbrennen; jmd. um seinen Gewinn betrügen, jmd. verschaukeln, sich drücken)

~äm — *von am bis yam*

am; I am (bin, Sing.Präs. von be; Ich bin)
Amsterdam, Bethlehem, Birmingham, Sam (Eigennamen)
anagram (Anagram, Umstellung von Buchstaben)
cam, -controlled (Nocken, Mitnehmer; Nockengesteuert)
clam, hard o. round (essbare Muschel, *Am:* zugeknöpfter Mensch; Venusmuschel)
condemn, -building, -cell (verdammen, -urteilen, -werfen, missbilligen, tadeln, aufgeben; abbruchreifes Gebäude; Todeszelle)
cram, -full (überfüllen, voll-, essen, -stopfen, -packen, mästen, hinein zwängen, Gedränge, büffeln, pauken; zum Bersten voll)
dam, -up (Damm, Talsperre; stauen, ab-, ein-, zurückdämmen, ab-, sperren, hemmen)
damn (Fluch, verdammen, -wünschen, -fluchen)
diaphragm (Diaphragma)
gem, -role (Edelstein, Gemme, m. Edelst. schmücken, *übertr:* Juwel, Glanz-, Prachtstück; Glanzrolle)

gram (Gramm)
ham, -fisted, -handed, -actor (Schinken, hinterer Oberschenkel, Gesäß; tollpatschig, ungeschickt; miserabler Schauspieler, Schmierenkomödiant, Stümper)
hem, -stitch, – and haw (Saum, Rand, Einfassung, säumen; Hohlsaum; Hm! sich-, räuspern, stocken; stottern, rumdrucksen)
jam, -jar, -in (Marmelade, -glas; Verstopfung, *traffic* -, Stau, Stauung, Gedränge, etwas zwängen, ver-, stopfen, -sperren, blockieren, zs.-, zer-, quetschen, -pressen, -drücken, einklemmen, -pferchen, -keilen)
be in a jam, get so. out of a - (in der Klemme oder Patsche sitzen; jmd. aus der Klemme helfen)
lamb, like a - (Lamm, lammen; wie e. Lamm, lammfromm)
ma´am (*Abk:* madam, *gesprochen:* mäm)
phlegm (Schleim, Phlegma, stumpfer Gleichmut, Trägheit)
ram, -down o. in, -up (Widder, Ramme, -bock, Presse-, Stößel, nieder-, ein-, rein-, rammen, -stopfen, gewaltsam stoßen, drücken; voll-, verstopfen, -rammeln)
requiem (Requiem, Seelen-, Totenmesse)
stem (eindämmen, stillen, gegen die Strömung ankämpfen, aufhalten, Einhalt gebieten; Stamm, Geschlecht, stammen, Stengel, Stil, Halm, entstielen)
scram, scram! (*SL:* abhauen, verduften; Hau ab, Raus!)
sham, -ill (Täuschung, Betrug, Heuchelei, Heuchler, Schwindler, vorgetäuscht, -spiegeln, fingiert, simuliert, unecht, falsch, Schein...; krank spielen)
slam, -to, -down (jmd. schlagen, Knall, peng! zuschlagen, -knallen; hinknallen)
swam (schwamm, geschwommen, *Prät.* von swim)
TRANSAM (Eigenname)
telegram (Telegram)
them, -as (sie, ihnen, sich; diejenigen, die...)
yam (Süßkartoffel)

~ämb, ~ämp — *von amp bis vamp*

amp (*Abk: ampere*-Ampere, *amplifier*-Verstärker)
camp, -out, break/strike the - (Lager, -platz; kampen, lagern kampieren; das Lager abbrechen / aufbrechen, *übertr:* Lager, Partei, Anhänger)
camp, - it up (schwul, tuntenhaft, überzogen, -trieben, irr, verkitscht; etwas aufmotzen)
champ, -at the bit (*Abk:* champion, kauen; etwas vor Ungeduld nicht mehr aushalten, mit den Zähnen knirschen)
clamp (Haufen, Miete; Klammer, Klemme, Zwinge, Krampe, Erdungsschelle; fest-, klemmen, -klammern, befestigen)
cramp (Krampf, an-, verkrampfen, *cramp up* -eng, ein-, beengen, wenig Platz haben)
damp (Feuchtigkeit, feucht, dunstig, an-, befeuchten, dämpfen, *übertr:* Dämfer)
lamp (Lampe, Laterne, Leuchte, Licht, Glühbirne)
ramp (*Engl. SL:* Betrug; Lade-, Rampe, Auffahrt, toben, wüten, *Bot:* wuchern, sich drohend aufrichten, zum Sprung ansetzen)
stamp (Briefmarke, Banderole, stanzen, stampfen, stempeln, frankieren)
vamp, -up (Oberleder, aufgesetzter Flicken, Flickwerk, *Musik:* improvisierte Begleitung; flicken, reparieren, „aufpolieren, -motzen")

~ämbt, ~ämpt — *von attempt bis unkempt*

attempt, - so.´s life (Versuch, Bemühung, Angriff, Attentat, versuchen, probieren, in Angriff nehmen, sich wagen, sich machen an; Mordanschlag)

contempt, feel – for so., fall into - (Ver-, Missachtung, Geringschätzung, Schande, Schmach; Verachtung empfinden; in Schande fallen)
dreamt (geträumt, *Prät.* u. *P. P.* von dream)
exempt, tax - (befreien von, ausnehmen; Steuerfrei)
tempt (ver-, locken, reizen, in Versuchung führen, Schicksal herausfordern)
unkempt (unordentlich, -gepflegt, verwahrlost, zerzaust)

~ämschn — *von exemption bis redemption*

exemption, - from taxes (Befreiung, Frei sein, Sonderstellung; Steuerfreiheit, Vorrechte)
pre-emption, - price (Vorkauf; Vorkaufspreis)
redemption, beyond - (Er-, Ab-, Einlösung, -zahlung, Tilgung, Amortisation, Ausgleich; hoffnungs-, rettungslos, verloren)

~än — *von again bis Zen*

again, then -, now and - (schon-, wieder, von neuem, aber-, nochmals, außerdem, ferner; andererseits, dagegen, aber; hin und wieder)
amen (Amen)
an (ein, eine)
artisan (Handwerker)
ban, travel -, lift a -, - so. from speaking (Verbot, Sperre, Bann, verbieten, sperren, verbannen; Reiseverbot; ein Verbot aufheben; Redeverbot erteilen)
can, tin -, no - do (Kanne, Dose, Kanister, können, dürfen, eindosen; Blechdose; *SL:* das geht nicht; *can do:* wird gemacht; „Knast, Kitchen, Klo, „Arsch")
can-can (Französischer Tanz)
citizen, -of the world (Bürger, Städter, Einwohner, Staatsangehöriger; Weltbürger)
den, lion´s -, robber´s -, - of vice (Höhle, Lager, Bau, *SL:* Arbeits-, Zimmer, Bude, Loch; Höhle des Löwen, Räuberhöhle, Lasterhöhle)
fan, - the flame (Fan; Fächer, Lüfter, zu-, fächeln; anfachen, *übertr:* Öl ins Feuer gießen)
fen, the fens, - fire (Fenn, Marsch-, Sumpfland, Moor; die Niederungen; Irrlicht)
gran (*Abk:* Großmutter, Grandma)
hen (Henne, Huhn, Weibchen, „Wachtel, Klatschbase")
hydrogen, -bomb, - cylinder (Wasserstoff, -bombe, -flasche)
Dan, Iran, Ken, Koran, Teheran (Eigennamen)
man (Mann, bemannen, der Mensch)
men (Männer, die Menschen, Menschheit)
nan (Kindermädchen)
orangutan (Orangutan)
oxygen, - tent, - apparatus (Sauerstoff; -zelt; Atemgerät)
partisan (Partisane)
pen, poisen-pen-letter (Feder, -halter, Füller, Kugelschreiber, nieder-, schreiben, ab-,verfassen; obszöner oder verleumderischer Brief)
pen, -in, -up (Hürde, Pferch, Verschlag, kl. Raum oder Behälter, *Am:*„Kitchen, Knast"; U-Boot-, Bunker, einpferchen, -sperren, -schließen)
plan, - ahead (Plan, Entwurf, Projekt, planen, entwerfen, beabsichtigen; vorausplanen)
ran, also (gerannt, *Prät.* von run; Niete, Versager, Sportteilnehmer, der sich nicht platzieren kann, *he was an also-ran;* Docke, Bindfaden)
regimen (Lebensweise, Diät)
specimen (Muster, Probe, -stück, -exemplar; Typ, Kerl, Bursche)
ten (Zehn)

then, then and there (dann, damals, *long before then*, damalig, *the then president*, denn, also, folglich; an der Stelle, sofort**)**
by then, from -, till –, well -, but - (inzwischen; von da an; bis dahin; nun gut; aber, andererseits)
yen (*Chinesische Währung:* Yen)
Zen (Zen-Buddhismus)

~äna *von Americana bis hosanna*

Americana, Anna, Diana, Indiana, Hannah, Havanna, Johanna, Lousiana, Pollyana, Savannah, Suzanna, Texacana (Eigennamen)
banana, go bananas (Banane; *SL:* überschnappen)
bandanna (buntes Hals-, oder Taschentuch)
hosanna (Hosianna!)

~änd, ~änt *von abandonment bis wonderment*

abandonment, self - (Auf-, Preisgabe, Verzicht, Überlassung, Abtretung, Verlassen, Aussetzung; Aufopferung, Hingabe)
adherent (Anhänger, haftend, an-, klebend, *übertr:* festhalten, verbunden, anhänglich)
accent (Akzent, Aussprache, Ton, -fall, Betonung, betonen)
accident, by -, -free, -prone (Un-, Unglücks-, Zufall, zufällige Eigenschaft, Missgeschick; zufällig; unfallfrei, -gefährdet)
achievement, - oriented (Vollbringung, Schaffung, Zustande bringen, Erringung, Tat, Erreichung Errungenschaft, große Leistung; -sorientiert)
acknowledgement (Anerkennung, Ein-, Zugeständnis, Dank, Empfangs-, Bestätigung)
advertisement (Inserat, Annonce, Anzeige, Ankündigung, Reklame, Werbung)
affluent, -society (reich, -lich, wohlhabend, Nebenfluss; Wohlstandsgesellschaft)
aliment (Nahrung, etwas Lebensnotwendiges)
and (und)
apparent (offen-, schein-, sichtbar, augenscheinlich, ersichtlich, klar, Schein...)
apprehend, - a thief (er-, begreifen, verhaften, festnehmen, *übertr:* fürchten, ahnen, wittern, erfassen, -kennen, wahrnehmen; einen Dieb festnehmen)
argument (Argument, Grund, Einwand, Behauptung, Erörterung, Wort-, Streit, Thema)
ascend (be-, an-, auf-, steigen, hinauffahren)
ascendant (aufgehend, -steigend, überlegen, vor-, herrschend, Vorfahr, Verwandte in aufsteigender Linie, *Astron:* Aufgangspunkt, Aufstieg)
aspirant (Aspirant, Kandidat, Bewerber, Anwärter)
assistant (Gehilfe, Mitarbeiter, Angestellte, behilflich, Hilfs., Unter., zweiter, Stellvertreter)
assent (zustimmen, beipflichten, billigen, genehmigen, Zustimmung)
attend, - by, - with (sich widmen, aufwarten, teilnehmen, pflegen, behandeln, bedienen, -suchen, achten; begleitet von, verbunden mit)
attendant, flight - (Begleiter, Gefährte, Aufseher, begleitend, Dienst tuend, anwesend, dazugehörig, zusammenhängend; Flugbegleiter)
band, - together (Schar, Gruppe, Bande, Band, Kapelle; vereinigen, zusammentun)
band (Band, Heft-, Schnur, Gurt, Bund, Binde, Banderole, mit einem Band versehen, zusammenbinden)
bandstand (Podium, Musikpavillon)
brand (Feuerbrand, Brenn-, Brandeisen, -mal, Handels-, Schutzmarke, brandmarken, mit einer Schutzmarke versehen, *übertr:* brandmarken, einprägen, Fackel, Schandfleck, -mal)
befriend (befreunden, jmd. Freundschaft erweisen, - behilflich sein, sich jmdes annehmen)
bend, double -, knee - (Biegung, Windung, Kurve, Knoten, biegen, beugen, krümmen, spannen, neigen, *übertr:* sich unterwerfen; S-Kurve, Kniebeuge)

bent (*Prät.* u. *P. P.* von bend)
benevolent (wohlwollend, wohl-, mildtätig, gütig)
bereavement (schmerzlicher Verlust, Trauerfall)
bewilderment (Verwirrung, Bestürzung)
blatant (brüllend, marktschreierisch, lärmend, aufdringlich, offenkundig, eklatant)
blend (Mischung, Zs.-stellung, Verschnitt, vermischen, -mengen, -schmelzen, -binden)
brilliant (brilliant, leuchtend, glänzend, hervorragend)
canned (konserviert, Dosen..., Büchsen..., stereotyp, schablonenhaft, *SL:* blau, betrunken)
cement (Zement, Mörtel, Klebstoff, Bindemittel, Kitt, zementieren, festigen)
cent, per - (Cent, Hundert; Prozent, vom Hundert,...prozentig)
client (Klient, Mandant, Kunde, Patient)
confident (überzeugt, gewiss, sicher, vertrauensvoll, zuversichtlich, getrost)
self-, over -confident (selbstsicher; allzu sehr vertrauend, zu optimistisch)
coherent (zusammenhängend, -haftend, -passend, übereinstimmend, einheit-, verständlich, klar)
coincident (zusammenfallend, -treffend, übereinstimmend, sich deckend)
command (Befehl, *self* -, Selbst-, Beherrschung, Herrschaft, befehligen, kommandieren, befehlen, fordern, verlangen, überragen, gebieten)
commend, - me to (empfehlen, loben, anvertrauen; da lobe ich mir...)
comment (bemerken, Be-, Anmerkung, sich äußern, kommentieren)
compliant (willfährig)
compliment, pay so. a - (Kompliment, -machen; Lob, Gruß, beglückwünschen)
comprehend (umfassen, einschließen, verstehen, begreifen)
condescend (sich herablassen, geruhen, sich soweit erniedrigen, leutselig sein)
consistent (konsequent, konstant, folgerichtig, logisch, gleichmäßig, unbeirrbar, stetig)
content, to one´s heart´s - (Inhalt, Fassungsvermögen, Umfang, Gehalt; Zufriedenheit, Befriedigung, zufrieden, -stellen, befriedigen, bereit, willens; nach Herzenslust)
consent (Genehmigung, Einverständnis, zustimmen, einwilligen, bereit erklären)
contraband (Konterbande, Bann-, Schmuggelware, Schleichhandel, Schmuggel...)
convent (Konvent, Klosterschule)
curtailment (Kürzung, Beschneidung, -schränkung)
decent (anständig, sittsam, ehrbar, schicklich, unaufdringlich, annehmbar, nett)
defend (verteidigen, schützen, wahren, rechtfertigen)
defiant (trotzig, herausfordernd)
demand (Verlangen, Er-, An-, Forderung, Verbrauch, Nachfrage, Anspruch, verlangen, er-, fordern, begehren, -dürfen, anspruchsvoll, fragen nach, wissen wollen)
dent, make a – in, - so.´s image (Beule, Einbeulung, ver-, einbeulen, -drücken; ein Loch reißen, jmdes. Stolz verletzen; jmdes. Image schaden)
dependent, depend (abhängig von, angewiesen auf, bedingt, vertrauend, sich verlassend auf, ankommen auf, herabhängend)
descendent (Nachkomme, Abkömmling, *Astron:* Deszendent)
descent (Abstammung, Herkunft, Geburt, Senkung, Gefälle, Heruntersteigen, Abstieg, -hang, -fall, -sprung, Tal-, Ab, Einfahrt, Landung)
detergent (Reinigungs-, Wasch-, Geschirrspülmittel, reinigend)
development, -area (Entwicklung, -s, Notstandsgebiet; Entfaltung, Erschließung)
disarmament (Entwaffnung, Abrüstung)
divergent (auseinandergehend, -laufend, abweichend)
distant, - dream (entfernt, weit, fern, zurückhaltend, kühl, distanziert; vager Traum)
dividend (Dividend, -e, Gewinnanteil, Quote, Rate; *pay dividends* – sich bezahlt machen)
embarrassment (Geld-, Verlegenheit, *Med:* Behinderung, Störung)

embellishment (Verschönerung, Schmuck, Ausschmückung, Beschönigung)
embezzlement (Veruntreuung, Unterschlagung)
embodiment (Verkörperung, Darstellung, Einverleibung)
emergent (auftauchend, *übertr:* jung u. aufstrebend)
encouragement (Ermutigung, -munterung, Ansporn, Förderung, Unterstützung)
end, dead - (Ende, Schluss, Spitze, Kopf, be-, enden, aufhören; Sackgasse)
enjoyment, quiet - (Genuss, Gefallen, Freude; ruhiger Besitz)
enlightenment (Aufklärung, Erleuchtung)
environment (Umgebung, Umwelt, Milieu)
establishment, the - (Er-, Einrichtung, -setzung, -führung, Gründung, Schaffung, Haushalt, Unternehmen, Firma, Anstalt, Institut, festes Personal, Staatskirche; herrschende Schicht, etablierte Macht)
event, after the -, before the - (Ereignis, Vorfall, Begebenheit, Fall, Umstand, *in either-* auf jeden Fall; hinterher, im nachhinein; vorher, im voraus)
existent, non - (existent, bestehen, vorhanden, lebend, gegenwärtig; nicht bestehend)
expand (ausbreiten, -spannen, entfalten, *übertr:* ausdehnen, -weiten, erweitern, sich entwickeln, aufblühen, *the heart expanded with joy-* das Herz schwoll vor Freude)
expend (ausgeben, auf-, verwenden, verbrauchen)
experiment (Versuch, Versuche anstellen, experimentieren)
extend (erweitern, ausdehnen, -breiten, -fahren, -sprechen, verlängern, hinausgehen, aus-, strecken, spannen, ziehen, übermitteln)
fanned (ent-, angefacht)
fend, - for, oneself (sich wehren, *-off,* abwehren, sorgen für, für sich selbst sorgen)
ferment (Ferment, Gärstoff, in Gärung bringen, gären, *übertr:* in Wallung bringen, erregen, innere-, Unruhe, Aufruhr)
figment, - of imagination (Fantasieprodukt, reine Einbildung, Märchen, Erfindung)
fluent (fließend, geläufig, elegant, flüssig, gewandt)
frequent, be - (häufig oder oft be-, aufsuchen, erhöter Puls; häufig vorkommen)
friend, pen -, - at court (Freund, Bekannter; Brief-, „Vetter",einflussreicher Freund)
gent (*Abk:* gentlemen, Herrenklo, Knabe, Kerl)
giant (Riese, Gigant, Koloss, riesenhaft, riesig, Riesen…)
grand (groß, -artig, gewaltig, grandios, eindrucksvoll, prächtig, bedeutend, überragend, *Musik:* Flügel, *Baby* -, Stutzflügel; *SL:* Tausender)
grandstand (Haupttribühne; *Am. SL:* sich in Scene setzen, eine Schau abziehen)
grandparent (Großvater, -mutter, -eltern)
hand (Hand, Vorderfuß, Schere, Arbeiter, Mann, Helfer, Applaus, Bündel, Büschel, *second* -, Sekunden-, Zeiger, reichen; *second* -, aus zweiter Hand, zweit...)
handstand (Handstand)
impalement (Durchbohrung, Pfählung, *übertr:* Erstarrung, Lähmung, Quälung)
implement (Werkzeug, Gerät, aus-, durchführen, In Kraft setzen, ergänzen)
imprisonment (Haft, Gefangenschaft, Einkerkerung)
incoherent (zusammenhanglos, wirr)
incompetent (unfähig, -tauglich, -geeignet, -zulänglich, mangelhaft, *Recht:* unbefugt, unzuständig, *Am:* -zurechnungsfähig, geschäftsunfähig)
inconsistent (unvereinbar, widersprechend, gegensätzlich, folgewidrig, inkonsequent)
indecent (unanständig, -gebührlich, anstößig, *Recht:* unsittlich, -züchtig)
independent (unabhängig, selbstständig, -sicher, -bewusst, eigenmächtig, Einzel..., eigen)
ingredient (Bestandteil, Zutat, Merkmal)
inherent (innewohnend, eigen, anhaftend, eingewurzelt)

innocent, - air (unschuldig, -er, schuldlos; keusch, rein, harm-, arglos, naiv, einfältig)
insistent (beharrlich, hartnäckig, dauernd, drängend, ein-, aufdringlich, dringend)
intelligent (klug, gescheit, vernünftig, -ständig, einsichtsvoll)
intend (beabsichtigen, vorhaben, planen, im Sinn haben, sagen wollen, meinen, bedeuten, sein sollen, wollen, wünschen, bestimmen für, -zu)
intent (Absicht, Vorsatz, Zweck, aufmerksam, gespannt, eifrig, erpicht, versessen auf)
invent (erfinden, -sinnen, -dichten)
irreverent (respekt-, erfurchts-, pietätlos)
island, traffic –, coral - (Insel; Verkehrs-, Korallen-)
land, soft-, Holy-, no-man´s - (Land, landen; weich landen, Heiliges -, Niemandsland)
highland (Hoch-, Bergland)
latent (verborgen, latent)
lend, - oneself to (ver-, leihen, leisten, gewähren, seinen Namen geben; sich hergeben)
lent, - lily, - term (Fasten, -zeit; Narzisse, Frühjahrstrimester; *Prät.* u. *P. P.* von lend)
malevolent (missgünstig, widrig, feindselig, böswillig, übelwollend)
meant, well (*Prät.* u. *P. P.* von mean; gut gemeint)
mend, - a friendship, be mending (Besserung, sich-, aus-, bessern, flicken, reparieren, genesen, ausgebesserte Stelle, Flicken; e. Freundschaft kitten; auf dem Wege der Besserung)
misrepresent (falsch oder ungenau darstellen, verdrehen, entstellen)
offend, it -s the eye (verletzen, beleidigen, kränken, Anstoß erregen, verstoßen gegen, sich vergehen an, sündigen; es beleidigt das Auge)
omnipresent (allgegenwärtig, überall)
panned (gebraten, i. d. Pfanne erwärmt, -gebraten)
parent (Stamm, Elternteil, Eltern, Vorfahr, Stamm..., Mutter..., Ur...,
übertr: Ursache, *the parent of vice-* aller Laster Anfang)
patent (Patent, -ieren, Gesetzlich geschützt, Privileg, Freibrief, offensichtlich, glanz, *-leather, -shoe,* Lack-, Glanzleder, Lackschuh)
peasant (Bauer, „Bauer", bäuerlich, Bauern...)
pheasant, Golden (Fasan, Gold-)
pendant (Pedant, Kleinigkeitskrämer)
penned (eingeschlossen, -pfercht, -sperrt; handschriftlich)
percent (Prozent, vom Hundert)
perseverent (beharrlich, aus-, festhaltend, fortfahrend)
persistent (beharrlich, ausdauernd, hartnäckig, ständig, nachhaltig, anhaltend)
pleasant (angenehm, wohltuend, erfreulich, vergnüglich, freundlich; *please look -*)
predicament (Kategorie, Zwangs-, Lage)
present (Geschenk, schenken, bieten, ein-, überreichen, -bringen, Gegenwart, -wärtig, momentan, vorstellen, -legen, präsentieren, anwesend, vorhanden)
present-day (heute, gegenwärtig, modern)
president, vice - (Präsident, Vorsitzender, Direktor; Vize-)
prevent (ab-, zurückhalten, verhindern, -hüten, -meiden, vorbeugen, zuvorkommen)
prominent (prominent, hervorstehend, -springend, -stechend, markant, auffallend)
pigment (Pigment, Farbe, Farbstoff, pigmentieren, färben)
planned (geplant, ☛ *plan, S. 63*)
pretend, - to be sick, only pretending (vorgeben, -täuschen, -schützen, so tun als ob, sich verstellen, heucheln; sich krank stellen; nur so tun)
punishment (Bestrafung, Strafe, grobe Behandlung)
rant (toben, lärmen, pathetisch vortragen, Wortschwall, leeres Gerede, Schwulst)
recent, - events (unlängst, vor kurzem, neu, jung, frisch, modern; jüngsten Ereignisse)

recommend (empfehlen, anvertrauen, ab-, anraten)
regiment (Regiment, *übertr:* Schar, reglementieren, bevormunden, organisieren)
relent (nachgeben, weicher oder mitleidig werden, sich erweichen lassen)
reliant, self - (vertrauensvoll, zuversichtlich, anweisen; Selbstbewusst, -sicher)
rent, rack - (Miete, Mietzins, Pachtgeld, ver-, mieten, -pachten, *Am:* aus-, leihen; Wuchermiete; Riss, Spalt, *Prät.* u. *P. P.* von rend)
repent (etwas bereuen)
replenishment (Auffüllung, Ersatz, Ergänzung)
represent (repräsentieren, vor-, hin-, darstellen, vertreten, abbilden, behaupten, vorbringen, verkörpern)
resent (übel nehmen, verübeln, sich ärgern über)
resident (Einwohner, Ortsansässiger, wohnhaft, ansässig, *übertr:* innewohnen)
resilient (elastisch, federnd, spannkräftig, unverwüstlich)
resistant, crease -, wear - (widerstehend, widerstandsfähig, beständig; knitterfrei; strapazierfähig)
resurgent (wiederauflebend, -erwachend)
reprimand (Verweis, Rüge, Maßregelung, rügen, zurechtweisen, maßregeln)
reverent (ehrfürchtig, ehrerbietend, ehrfurchtsvoll)
Rio Grand (Eigenname)
sacrament (Sakrament)
sand, build on - (Sand, ab-, schmirgeln, m. Sand bestreuen; auf Sand gebaut)
sediment (Bodensatz, Niederschlag)
send, - to (senden, schicken, *SL:* in Ekstase versetzen, hinreißen; nach jmd. schicken, -holen oder rufen, jmd. oder etwas kommen lassen)
send forth (jmd. oder etwas aussenden, -strahlen, laut von sich geben, hervorbringen, *übertr:* veröffentlichen, verbreiten)
sent, heaven-, it was a heaven-sent opportunity (*Prät.* u. *P. P.* von send; vom Himmel gesandt; es kam wie gerufen)
sentiment, noble - (Empfindung, Regung, Fein-, Gefühl, Innigkeit, Gedanken, Meinung, Geisteshaltung, *verächtl:* Sentimentalität; Edle Gesinnung)
settlement, wage-, peace-, marriage - (An-, Be-, Siedlung, Unterbringung, Regelung, Festsetzung, Schlichtung; Lohnvereinbarung; Friedensregelung; Ehevertrag)
spend (erschöpft, verbraucht, ausgeben, verbrauchen, -schwenden, -bringen, -wenden)
spent, well-spent (*Prät.* u. *P. P.* von spend; gut genützt, sinnvoll ausgegeben)
stand (Still-, Stand, -Punkt, -Ort, Ständer, Gestell, Halt, Platz, stellen, bei-, aus-, stehen, haben, aushalten, achten, überwachen)
subsequent (folgend, später, nachträglich, Nach…)
subsistent (Lebenser-, unterhaltend, existenziell)
succulent (saftig, fleischig, kraftvoll, Fettpflanze)
superintendent (Kommissar, Polizeichef, Leiter, Vorsteher, Aufsicht führend, leitend)
supplement (Ergänzung, Zusatz, Nachtrag, Beilage, ergänzen)
suspend (suspendieren, Fehde etc. zeitweilig einstellen, auf-, verschieben, aufhängen, -heben, zeitweise außer Kraft stellen, in der Schwebe oder unentschieden lassen)
temperament (temperament, Lebhaftigkeit, *Musik:* Temperatur)
tend, tenement, -house (Wohn-, Miethaus; Mietkaserne)
tent, pitch one´s - (Zelt; seine Zelte aufschlagen; Tampon, d. e. Tampon offenhalten)
testament (Testament, letzter Wille, *übertr:* Zeugnis, Beweis)
torment, be in -, tormented with (Marter, Qual, Pein, Plage, Quälgeist, quälen, foltern, plagen, peinigen; Qualen ausstehen; gequält oder gepeinigt von...)
tournament (Turnier)

transcend (hinausgehen über, überschreiten, -treffen, -steigen)
transcendent (übersinnlich, -weltlich, hervorragend)
transparent (durchsichtig, lichtdurchlässig, *übertr:* klar, offen, ehrlich)
transplant (Verpflanzung, um-, verpflanzen, -setzen)
trend (Richtung, Tendenz, Entwicklung,Ver-, Lauf, *trend of events*; sich neigen, streben, tendieren, erstrecken, laufen)
tyrant (Tyrann)
unbend (sich-, entspannen, lösen, geradebiegen, glätten, *Schiff:* Tau lösen, Segel abschlagen, *übertr:* auftauen, locker werden, Förmlichkeit ablegen)
unbent (ungebeugt, -entschlossen, *Prät.* u. *P. P.* ☛ *bent, S. 65*)
urgent, the matter is - (dringend, eilig, drängend, zu-, auf-, dringlich; die Sache eilt)
vent (Abzugs-, Öffnung, Finger-, Loch, Schlitz, Schlot, Schießscharte, *übertr:* Auslass, *find a vent*, sich entladen, *give vent to...*, einem Gefühl Luft machen, Wut ablassen)
violent, - death, non- (heftig, gewaltig, stark, gewaltsam, -tätig, Gewalt..., grell, laut, *übertr:* heftig, ungestüm, hitzig; gewaltsamer Tod; gewaltlos)
well-meant (wohl-, gut gemeint)
went (ging, -en, ☛ *go, S. 237*)
wonderland (Wunderland)
wonderment (Verwunderung, Staunen)

~äng — *von bang bis sprang*

bang (Bums, „bumsen“, Schlag, Knall, zu-, schlagen, knallen)
bang (Pony, Ponyfrisur)
boomerang (Bumerang)
clang (schallen, klingen, klirren, klappern, schlagen, -lassen)
fang, poison - (Beute-, Fang, Hauer, Beisser, Zähne, Zahnwurzel, *Tech:* Dorn; Giftzahn)
gang, - up (Gruppe, Bande, Horde, Clique; Kolonne, Trupp; sich zusammentun, -rotten)
rang (Rank, Grad, Status, klingelte, leutete, *P. P.* von ring)
sang (sang, *Prät.* u. *P. P.* von sing)
slang (Jargon, Umgangs-, Sonder-, Berufssprache, jmd. beschimpfen)
sprang (sprang, *Prät.* von spring)

~ängS(th) — *von length bis strength*

length (Länge, Dauer, Umfang)
strength (Kraft, Kräfte, Stärke, Wirkungsgrad, Intensität, Festigkeit)

~änk — *von bank bis yank*

bank (Ruderbank, Ruderer, Reihe, -nanordnung, Gruppe; Bank, -haus; Wall, Damm, Ufer, Böschung, Sandbank, Untiefe, eindämmen, mit einem Wall umgeben)
blank, leave -, - look (Leerzeichen, Leere, Formular, unbeschrieben, nicht ausgefüllt, Blanko..., auslöschen, -druckslos, im Dunkel tasten; Frei lassen; verlegen, -dutzt, -blüfft)
clank (Klirren, Gerassel, harter Klang, klirren, rasseln)
crank, - up (Kurbel, kurbeln, Marotte, fixe Idee, Grille, Wortspiel, Spinner, Verrückter, wackelig, schwankend; ankurbeln, -lassen)
dank (feucht, nasskalt, sumpfig)
drank (*Prät.* von drink)
flank (Flanke, Seite,Weiche, flankieren, be-, angrenzen, -stoßen, seitlich liegen, säumen)
frank (offen, aufrichtig, frei, -geben, frankieren, freien Zutritt verschaffen; *Abk:* Frankfurter Würstchen; *Histor:* Franke)

hank (Strang, Strähne, Docke, *Schiff:* Legel)
Frank, Hank (Eigennamen)
outrank (im Rang höher stehen, *übertr:* wichtiger sein)
plank, - bed (Planke, Bohle, Diele, Brett, beplanken, -dielen, verschalen; Pritsche)
prank, -out (Streich, Jux, Ulk, Faxen machen, prunken, prangen; herausputzen, schmücken)
rank (Reihe, Linie, Glied, Rang, einreihen, -ordnen, klassifizieren, formieren, zählen, aufstellen, gelten; üppig, verwildert, fruchtbar, fett, stinkend, widerlich, ranzig, übel, derb, krass, scharf, ekelhaft, unanständig; *- beginner, -nonsense, cab o. Taxi* – blutiger Anfänger, blühender Unsinn, Taxistand)
sank (sank, gesunken, *Prät.* von sink)
spank, -along (Schlag, Klaps, jmd. verhauen, den Hintern versohlen, antreiben, dahinflitzen)
shrank (geschrumpft, zusammengezogen, *Prät.* von shrink)
stank (stank, gestunken, *Prät.* von stink)
tank, - up (Panzer, *-buster*, Panzerknacker; Tank, Becken, Zisterne, Bad, tanken; volltanken, sich voll laufen lassen, *tanked* –besoffen, „Kitchen")
thank (Dank, be-, danken)
yank (Ruck, heftig-, ziehen, hoch-, reißen, *Abk:* yankee)

~äns — *von abstinence bis violence*

abstinence (Enthaltsamkeit, Enthaltung)
adherence (An-, Fest-, Haften, Anhänglichkeit, Festhalten, Befolgung)
adolescence (jugendliches Alter, Adoleszenz)
affluence (Fülle, Überfluss, Reichtum, Wohlstand)
ants (Ameisen)
alliance (Bündnis, Bund, Verbindung, -knüpfung, Übereinkunft, Heirat, Verwandtschaft)
appearance (Erscheinen, -ung, Auftreten, Aussehen, Anschein, das Äußere)
appliance (Gerät, Vorrichtung, Apparat)
assistance (Hilfe, Unterstützung, Beistand)
assurance (Zu-, Versicherung, Bürgschaft, Garantie, Selbst-, Sicherheit, -vertrauen, Zuversicht, sicheres Auftreten)
bad cense (Stolz, Hochmut)
bends, the - (Biegungen, beugt, biegt; *the river -*, der Fluss biegt sich; Taucherkrankheit)
benevolence (Güte, Wohlwollen, -tätigkeit, -tat)
blends (vermengt, verblendet)
cense, bad (be-, weihräuchern, Weihrauch streuen; Stolz, Hochmut)
circumstance (Umstand, Tatsache, Ereignis, Einzelheit, Förmlich-, Umständlichkeit)
cleanse (reinigen, säubern)
clearance (Beseitigung, Räumung, Leerung, Freilegung, Zoll-, Abfertigung, Rodung, Lichtung, Spiel-, lichter-, Zwischenraum)
coherence (*Phys:* Kohäsion; *übertr:* Zs.-hang, Klarheit, Übereinstimmung)
coincidence, mere - (zufälliges-, Zs.-treffen, Übereinstimmung; bloßer Zufall)
commence (beginnen, anfangen)
competence (Befähigung, Tauglich-, Zuständig-, Zurechnungsfähigkeit, Befugnis)
compliance, in - with (Einwilligung, Erfüllung, Befolgung, Willfährigkeit; gemäß)
condense (Verdichten, kondensieren, zusammendrängen, kürzen)
conference (Tagung, Sitzung, Zs.-kunft, Besprechung, -ratung, Verhandlung)
confidence (Selbst-, Zu-, Vertrauen, Zuversicht, Überzeugung)
consequence (Folge, Resultat, Aus-, Wirkung, Schluss-, Folgerung, Bedeutung)
consistence (Konsistenz, Beschaffenheit, Zusammensetzung)

convalescence (Rekonvaleszenz, Genesung)
convenience (Annehmlich-, Bequemlichkeit, Vorteil, Nutzen, Eignung, *Engl:* Klosett)
defense, self - (Verteidigung, Abwehr, Schutz, Rechtfertigung; Selbst-)
defiance, in - of (Trotz, Hohn, Verachtung, offener Widerstand, Herausforderung; ungeachtet, trotz)
dense (dicht, dick, Nebel etc.)
difference (Unterschied, Verschiedenheit, Differenz, Besonderheit, *holidays with a -,* Ferien mal ganz anders)
disappearance (Verschwinden)
dispense (aus-, verteilen, -zichten, spenden, entheben, -binden, befreien von)
dissidence (Meinungsverschiedenheit, Dissidententum)
distance (Entfernung, Ferne, fernhalten, Zwischenraum, Abstand, Zurückhaltung)
eloquence (Beredsamkeit, Redegewandtheit, -kunst)
endurance, beyond - (Aus-, Dauer, -haftigkeit, -halten Ertragen, -dulden; unerträglich)
essence (Essenz, Extrakt, Wesen, Substanz, absolutes Sein, das Wesentliche)
evidence (Beweis, Ergebnis, Aussage, Zeugnis, Spur, nach-, beweisen, zeigen, dartun)
excellence (Vortrefflichkeit, vorzügliche Leistung)
existence, call into -, a wretched -, remain in - (Leben, Dasein, Bestand, Vorhanden sein, -kommen, bestehen; ins Leben rufen; kümmerliches Dasein; weiterbestehen)
expense, spare no - (Un-, Kosten, Spesen; keine Kosten scheuen)
experience (Erfahrung, Praxis, Erfahrenheit, Erlebnis, Geschehnis, erfahren, -leben, -leiden, kennen lernen, durchmachen, empfinden)
fence (Zaun, Einzäunung, Gehege, einzäunen, -frieden, Fechten, Hehler, -ei)
finance (Finanz..., finanzieren, Vermögenslage)
flagrance (Schändlichkeit, öffentliches Ärgernis)
fluorescence (Fluoreszenz)
fragrance (Wohlgeruch, Duft, Aroma)
France (Frankreich)
frankincense (Weihrauch)
frequence, -y (Häufigkeit, Frequenz)
friends (Freunde, Bekannte)
immense (immens, ungeheuer, -ermesslich, riesig, gewaltig, enorm)
impotence (Unvermögen, -fähigkeit, Hilf-, Machtlosigkeit, Ohnmacht, Schwäche, Kraftlosigkeit, *Med:* Impotenz)
incandescence (Er-, Weissglühen, -glut)
incense (zornig, erzürnen, Weihrauch, durch räuchern, jmd. beweihräuchern)
incidence (Ein-, Auftreten, Vorkommen, Häufigkeit, Verbreitung, Quote, Rate)
incoherence (Zs.-hangslosigkeit, Wirr-, Verwirrtheit)
incompetence (Unfähigkeit, -tüchtigkeit, -zulänglichkeit, -befugtheit)
indigence (Armut, Mittellosigkeit)
influence (Einfluss, Wirkung, Macht, beeinflussen, be-, wirken, -wegen, -stimmen)
innocence (Unschuld, -wissenheit, Schuldlosigkeit, Arglosigkeit, Naivität, Einfalt)
insistence (Bestehen, -teuerung, -tonung, -harren, -harrlichkeit, Hartnäckigkeit)
insurance (Versicherung, Versicherungs…)
intense (stark, heftig, tief, satt, leidenschaftlich, gefühlsbetont, angespannt, sehnlich)
interference (Intervention, -ferenz)
lens (Linse, Optik, Objektiv)
magnificence (Großartigkeit, Herrlichkeit)
mends (repariert, verbessert)
negligence (Nachlässigkeit, Unachtsamkeit, Fahrlässigkeit)

obedience, in - to (Gehorsam, *übertr:* Abhängigkeit; gemäß)
obsolescence, planned - (veralten; künstliches Veralten)
pants, fancy - (lange-, Hose, *Engl:* Herrenunterhose, *Am. SL:* feiner Pinkel, Waschlappen)
permanence (Permanenz, Be-, Ständigkeit, Fort-, Dauer, -haftigkeit)
perseverance (Beharrlichkeit, Ausdauer)
persistence (Beharren, Beharrlichkeit, Fortdauer, Ausdauer, Hartnäckigkeit)
preference, by - (Präferenz, Bevorzugung, Vorzug, -liebe; mit besonderer Vorliebe)
pretence (Anspruch, Anschein, Vorspiegelung, -täuschung, Schein, -grund, Verstellung)
reference, cross - (Ver-, Hinweis, Bezug, beziehen, Rücksicht; Keuz-, Querverweis)
reliance, self- (Vertrauen; Selbstsicherheit, -vertrauen)
repentance (Reue)
resistance (Resistenz, Widerstand, -skraft, Beständigkeit, Festigkeit)
reverence (Verehrung, Ehrfurcht, -erbietung, Referenz, ver-, ehren)
romance (Roman, Romanze, Märchen, Phantasterei, Romantik, Zauber, dichten, fabulieren, phantasieren, Romanen, romanisch)
sense, horse -, time - (Sinn, -esorgan, Gefühl, Empfindung, -svermögen, Verstand, -nunft, fühlen, spüren, ab-, fühlen -tasten; gesunder Menschenverstand, Zeitgefühl)
sequence (Sequenz, Ab-, Reihen-, Folge, Reihe, Serie, Szene, *übertr:* Vorgang)
sentence (Satz, Urteil, Strafe, verurteilen)
stance (Haltung, Stellung)
subsistence (Dasein, Unterhalt, Auskommen, Existenz, -möglichkeit, Versorgung)
suspense, anxious - (Spannung, Ungewissheit, Schwebe; Hangen u. Bangen)
tense (straffen, an-, gespannt, an-, spannen, *a tense moment,* spannungsgeladen; *Ling:* Zeit, Tempus)
vagrants (Wanderburschen, Landstreicher, Vagabunden)
violence, by - (Gewalt, -tätlichkeit, Verletzung, Schändung, Unrecht, *übertr:* heftig, -keit, ungestüm; gewaltsam)

~änsch — *von avalanche bis wrench*

avalanche (Lawine, *übertr:* Unmenge)
avenge, -oneself (etwas-, rächen, ahnden, sich rächen)
branch, root and - (*Bot:* Zweig, Filiale, Abteilung, Verzweigung, springen, gabeln, Zweig..., Tochter..., Filial..., Neben...; radikal, restlos)
bench (Sitz-, Bank)
clench (sich-, zusammenpressen, -beißen, *clench the fist*-ballen, fest anpacken, spannen)
drench, -ed in tears (durchnässen, Regen-, Guss, *Tiermed:* einflößen; in Tränen gebadet)
french (französisch)
ranch, cattle - (Ranch, Farm, Viehzucht betreiben; Viehweide)
monkey-wrench (verstellbarer Universalschlüssel, „Engländer“)
quench (löschen, abkühlen, stillen, zunichte machen)
revenge (Rache, Revanche, *take one´s -*, sich revanchieren, vergelten, Rachsucht, -gier)
stench (Gestank)
Stonehenge (Eigenname)
trench, - coat (m. Gräben durchziehen, -ausheben, umpflügen, durchfurchen, zerschneiden, Furche, Rinne, Schützen-, Graben; Regenmantel)
wench (Maid, Frauenzimmer, Weibsbild, *veralt:* Mädchen, Dirne, Hure, huren)
wrench, - open, - away (Schraubenschlüssel; Ruck, heftige Drehung, reißen, zerren, ziehen, *Med:* Verdrehung, -stauchung, -renkung, -zerrung, *übertr:* Trennungs-, Schmerz; Tür etc. aufreißen; entreißen, -winden)
wrench, it was a great (der Abschied tat sehr weh)

~änscht ☛ *~änsch (S. 72) und bilde das P. P.* *drenched etc.*

drenched (getränkt)
etc.

~änschn *von abstention bis tension*

abstention (Enthaltung)
apprehension (Festnahme, Verhaftung, Begriff, Ahnung, Sorge, *übertr:* Begreifen, Erfassen, Verstand, Fassungskraft)
ascension, - day (Aufsteigen, Besteigung; Himmelfahrtstag)
attention, call - (Aufmerksamkeit, Be-, Achtung, Berücksichtigung, Erledigung, Freundlichkeit, Bedienung, Wartung; Aufmerksamkeit lenken auf)
comprehension, quick of- (Begriffsvermögen, Verstand, Verständnis, Einsicht, Umfang, Einbeziehung; schnell von Begriff)
condescension (Herablassung, gönnerhaftes Wesen)
convention (Zs.-kunft, Versammlung, Kongress, Tagung, Vertrag, Abkommen, Konvention, Sitte, Anstandsregel)
dissension (Meinungsverschiedenheit, Differenz, -en)
detention (Haft, Arrest)
dimension, of vast - (Dimension, Aus-, Maß, -dehnung, Größe, Umfang, bemessen, dimensionieren; riesengroß)
extension (Aus-, Dehnung, -breitung, Streckung, Verlängerung, Nebenstelle, *übertr:* Vergrößerung, Erweiterung, An-, Ausbau)
intension (Verstärkung, Inhalt)
intervention (Eingreifen, -mischen, -schreiten, Einspruch, dazwischen liegen, -kommen)
invention (Erfindung, -sgabe, *übertr:* Märchen)
mention, don´t - it (Erwähnung, nennen, erwähnen, anführen; nicht der Rede wert)
retention (Ver-, Fest-, Zurückhalten, Halt, Ein-, Beibehaltung, Merken, -fähigkeit)
suspension, -bridge, -railway (Aufhängung, Federung, Einstellung, Aufschub, Sperre, Aussetzung, Verschiebung, Suspendierung, Suspension; Hängebrücke; Schwebebahn)
tension (*a. übertr:* Spannung, Druck, Zug-, Spannkraft, Dehnung)

~änßa ☛ *~änßöR (S. 192)* *von bonanza bis stanza*

bonanza (*Mineral*: reiche Erzader, Gold-, Fundgrube, Glücksquelle, Fülle, Reichtum, Boom, lukrativ, einträglich)
extravaganza (phantastisches Stück, Ausstattungsstück)
stanza, *pl:* **stanzas** (Strophe, Stanze)

~änst ☛ *~äns (S. 70)* *von against bis sensed*

against, bear -, as - (ent-, gegen, -über, wider; drücken gegen, widerstand leisten; verglichen mit)
condensed (kondensiert, ☛ *condense, S. 70*)
fenced (eingezäunt, ☛ *fence, S. 71*)
sensed (empfunden, ☛ *sense, S. 72*)

~änt ☛ *~änd, ~änt (S. 64)*

~äp ☛ *~äb, ~äp (S. 34)*

~äR *von affair bis where*

affair, love –, bugging - (Angelegenheit, Sache, Ding, „Apparat“, Verhältnis, Ereignis, Affäre; Liebes-, Abhöraffäre)
air (Arie, Lied, Melodie, Weise)
air, -seal (Luft, lüften; luftdicht)
anywhere, not –, from - (irgendwo, überall; nirgendwo, von überall)
aware (bewusst, merken, wissen, er-, kennen, gewahr werden, aufmerksam, hellwach)
bare, - faced, -one´s heart (nackt, bloß, unbekleidet, enthüllen, -blößen, -kleiden; frech, schamlos; sein Herz öffnen)
bear, I cannot - (Bär; er-, tragen, befördern, überbringen; nicht ausstehen, -halten)
billionaire (Billionär)
blare (brüllen, schmettern, plärren)
care (Sorge, Kummer, Sorgfalt, Aufmerksamkeit, Vorsicht, Schutz, Obhut, sorgen für, betreuen, pflegen, kümmern, sich aus etwas was machen, mögen, gern haben)
chair, - so. off (Stuhl, Sessel, Sänfte, einsetzen, -berufen; jmd. auf den Schultern tragen)
compare, beyond - (vergleichen, gleichstellen, -setzen; unvergleichlich)
dare (Mutprobe, wagen, trauen, riskieren, erdreisten, unterstehen, trotzen, herausfordern)
debonair (höflich, gefällig, heiter, fröhlich, lässig-elegant)
declare, -off (erklären, behaupten, aussagen, deklarieren, etwas angeben; ab-, lossagen)
despair, self- (Verzweiflung, verzweifeln, Selbstzweifel)
disrepair (Verfall, Baufälligkeit, schlechter Zustand, Zersetzung, Vermoderung)
elsewhere (sonst-, anderswo, -hin)
everywhere (überall, allenthalben)
fair, - minded, the - sex (schön, hübsch, lieblich, hell, -häutig, blond, zart, rein, sauber, tadel-, makellos; aufrichtig, gerecht; das schöne Geschlecht)
fair-weather, - friends, -words, fair and square (Gutwetter..., Freunde nur in guten Zeiten, schöne Worte, offen und ehrlich, anständig)
fair (Jahr-, Markt, Basar, Volksfest, Messe, Ausstellung)
fare (Fahrpreis, -geld, -gast, sich befinden, er-, gehen, *a. übertr:* Kost, Verpflegung, Nahrung, *Poet:* reisen, sich aufmachen, *fare well*-Leb wohl)
flare, - up (flackern, flattern, lodern, leuchten, Licht-, Feuersignal, *Mode:* Schlag, ausstellen, bauschen; aufflackern, aufbrausen, etc. Wutausbruch, plötzlicher Streit, Krach)
flair (Talent, Begabung, feines Gespür)
glare (*Am:* spiegelglatt, -e Fläche, *glare eis*; grell, grelles oder blendendes Licht oder leuchten oder Schein, schreiende Farben, wütend starren)
hair, it turned on a - (Haar, Härchen, Fäserchen; es hing am seidenen Faden)
hare, start a -, - and hounds (Hase; vom Thema ablenken; Schnitzeljagd)
heir, - of the body (Erbe; leiblicher Erbe)
impair (verschlechtern, beeinträchtigen, schwächen, mindern, schmälern)
legionair (Legionär)
mare, mare´s nest (Stute; „Windei, Ente, Saustall“)
millionaire (Millionär)
nightmare (Nachtmar, Alptraum, Spuk)
pair (Paar, Pärchen, Partner, paarig, paarweise, paaren, zusammenpassen)
pare, - down, -off (etwas schälen, -schneiden; beschneiden, einschränken, abschälen)
pear, -tree, alligator-, -shaped (Birne, -nbaum, Avocado, birnenförmig)
Pierre (Eigenname)
prepare (vor-, zubereiten, zurecht-, fertig machen, her-, richten, aus-, rüsten, präparieren)

rare, - fun (selten, rar, dünn, Mordspaß; halbgar, nicht durchgebraten, „Englisch")
ready-to-wear (Konfektions..., von der Stange)
repair, in good -, in need of - (Reparatur, reparieren, instandsetzen, ausbessern, flicken, wiederherstellen, -gutmachen, in gutem Zustand, reparaturbedürftig; Zufluchts-, beliebter Aufenthaltsort, sich begeben)
scare, -away, -up (Panik, Angst, Schreck, erschrecken, sich ängstigen, fürchten; verscheuchen, -jagen; aufscheuchen, -treiben, organisieren)
snare, set a - (*Musik:* Schnarrsaite, *snare drum*- Konzerttrommel; Schlinge, Fallstrick, Fußangel, fangen; eine Falle stellen, *übertr:* sich etwas angeln oder unter den Nagel reißen)
solitaire (Patience, Solitär)
somewhere, - else, - about (irgendwo, -hin; sonstwohin; etwa um)
spare (ver-, schonen, ersparen, Ersatz..., Reserve..., übrig haben, hager, dürr, kärglich)
square (Quadrat, Viereck, quadr. Stück, Karo, Feld, Platz, Karree, quadratisch, rechtwinkelig, quadrieren, in Einklang bringen, übereinstimmen)
stair, below - (Treppe, -nhaus, Stufe, Stiege; unten)
stare (an-, starren, stieren, starrer oder erstaunter Blick, große Augen machen)
swear, -wort, -by all that´s holy (schwören, e. Eid leisten, fluchen, beschimpfen; Fluch; Stein und Bein schwören)
their (ihr, ihre)
there, down - (da, dort; -unten, oben drüben, drinnen)
he´s not all there (er ist nicht ganz bei trost, er hat sie nicht alle)
thoroughfare, no - (Hauptverkehrs-, Durchgangs-, Wasserstraße; keine Durchfahrt)
unaware, be - of (unbewusst, nicht gewahr, nicht ahnen; sich einer Sache nicht bewusst sein)
underware (Unterwäsche)
unfair, - competition (unfair, -billig, -ehrlich, -gerecht; unlauterer Wettbewerb)
ware, peddle one´s wares (Ware, Artikel, Erzeugnis, Geschirr, Porzellan, Töpferware; mit seinem Kram hausieren gehen)
wear, -on (Be-, Kleidung, Mode, Verschleiß, Abnutzung, halten, haltbar, *wear resistent* strapazierfähig, zur Schau -, tragen, zeigen, an-, aufhaben, *Schiff:* halsen, vor d. Wind fahren; dahinschleppen)
where (wo, wohin, worin, da, dort)

~äRa — *von Clara bis Sahara*

Clara, Sara, Sahara (Eigennamen)

~äRd ☛ *~äR (S. 74)* — *von bared bis wared*

bared (entkleidet, fletschte, gefletscht)
cared (ge-, umsorgt, behütet, gepflegt, sorgte)
chared (verkohlte)
claret (bordeaux-, weinrot, rotweinfarben)
compared (verglich, -en)
blared (gebrüllt, schmetterte)
flared (flackerte, geflackert, aufgeweitet, ausgestellt - *Hose, Rock*)
glared (angeblitzt, funkelte, glänzte)
haired (behaart, ...haarig)
impaired (beeinträchtigt, behindert, gemindert, gestört, verschlimmert)
paired (gepaart, paarig, paarte sich)
pared, - down (geschält, schälte; abgespeckt)
prepared (bereit, fertig, gefasst, gerüstet, vorbereitet)
repaired (ausgebessert, erneuert, behob, repariert, -e, instandgesetzt)

scared (aufge-, er-, verschreckt, -scheuchte, eingeschüchtert, bange, verstört, -ängstigt)
spared (geschont, schonte)
stared (geglotzt, gestarrt, starrte)
snared (fing, gefangen)
squared (kariert, quitt, *Math:* im Quadrat, hoch zwei)
sweared (geschwört)
unbarred (riegelte auf, entriegelte)
wared (gestritten)

~äß *von alas bis various*

alas (ach! leider!)
amass (auf-, anhäufen, -sammeln)
Aquarius (*Astron:* Wassermann)
Alice (Eigenname)
as, - much as (so, genauso, wie, als; genauso viel wie)
whereas (wohingegen, während, wo…doch)
ass, jenny - (Esel, -in, *übertr:* Dummkopf; Arsch, *don't make yourself an ass*)
bass (*Musik: double-* Bass, Kontrabass; Barsch; Bast, -matte; *-wood*, Linde, -nholz)
brass (*Musik:* Blechinstrumente, Messing, vermessingt, Unverschämtheit, Frechheit, *Engl. SL:* Moos, Kies)
Chalice (Eigenname)
class (Klasse, Kursus, Sorte, Gruppe, Güte, Qualität, klassifizieren, einordnen, -stufen)
crass (krass, grob)
Dallas (Eigenname)
gas (Gas, vergasen)
glass, broken -, a pair of - (Glas, verglasen, Scherben; Brille)
grass, -blade (Gras, -halm)
harass, -ed (belästigen, schickanieren, quälen, aufreiben, zermürben; gequält, -plagt)
has, - been (3. Sing. Präs. von have; etwas überholtes, ausrangierte Person, jmd. der seine Glanzzeit hinter sich hat)
hourglass (Sanduhr, Stundenglas)
jazz, all that - (Jazz, jazzen, *SL:* vögeln, Gequatsche, blödes Zeug; der ganze Mist)
lass (*meist. Engl:* Mädchen, Schatz)
looking-glass (Spiegel)
malice, with - (Bosheit, Böswilligkeit, Arglist, Tücke, Groll; *bear s.o.* - jmd. grollen; boshaft, maliziös, *Recht:* Absicht, Vorsätzlich, - *prepense*, vorsätzlich)
Mardi-gras (Fastnacht, -sdienstag)
mass (*Kirch:* Messe, Masse, Massen..., ansammeln, -häufen, zusammenballen, konzentrieren)
morass (Morast, Sumpf, *übertr:* Klemme, schwierige Lage, Wirrnis)
overpass, under - (Über-, Unterführung)
pass (Pass, Ausweis, Über-, Zugang, weiter-, über-, geben, vorüber kommen, vorbei-, hinaus-, durch-, gehen, führen, fällen, ein-, ausströmen, bestehen, gelten, passieren)
phallus (Phallus)
precarious (prekär, unsicher, bedenklich, gefährlich, anfechtbar, widerruflich)
razz (durch d. Kakao ziehen, aufziehen, witzeln, spotten, verächtliche Mundbewegung, Rüffel)
razzmatazz (Affentheater, Rummel, große Schau, marktschreierische Werbung)
Sagitarious (*Astron:* Schütze)
sass, -y (Frechheit, frech antworten; frech)
sassafras (Sassafras; -wurzel, -lorbeer)

surpass, - oneself (jmd. oder etwas übertreffen, -kräftemäßig übersteigen; sich selbst -)
various (verschieden, -e, mehrere)

~äS(th) *von aftermath bis wrath*

aftermath (Aus-, Nachwirkung, *Landw:* Spätheu)
bath (Bad, baden, Badewanne, -zimmer)
breath, take the – away, bad -, save your - (Atem, atmen, Hauch, Lüftchen, Duft, den Atem verschlagen; schlechter -; spar dir die Worte)
death (Tod, ab-, sterben, Ende, Vernichtung)
homepath (Heimweg)
Macbeth (Eigenname)
math (*Abk:* mathematics- Mathematik)
path, cross s.o.´s - (Pfad, Weg, Bahn; jmd. Weg kreuzen)
psychopath (Psychopath)
sociopath (Soziopath)
wrath, the – of god (Zorn, Wut; der Zorn Gottes)

~äsch *von ash bis trash*

ash; -bin, -can, -tree, weeping-, mountain- (Asche, sterbliche Überreste, Trümmer, Staub; *Engl:* Mülleimer, *Am:* Esche, Trauer-, Eber-)
balderdash (Quatsch, Unsinn)
bash, - in, -up, have a - (heftiger Schlag, Beule, heftig schlagen, dreinhauen; einschlagen, verbeulen, jmd. zusammenchlagen, Auto zu Schrott fahren; etwas probieren mit)
brash (brüchig, brökelig, *übertr:* forsch, laut, unverfroren, -gestüm, grell, aufdringlich; *Geol:* Trümmergestein; Eistrümmer)
clash (Geklirr, -töse, Krach, Kollision, Konflikt, Widerstreit, klirren, rasseln, zusammenstoßen, -prallen, *zeitl.* –fallen, *feindl.* –stoßen)
crash (Unfall, Absturz, Krach, Schnell..., Sofort..., zusammenkrachen, ein-, abstürzen, hereinplatzen, - poltern, zertrümmern, -schmettern)
cash (einlösen, -kassieren, Bar-, Geld, Kasse)
dash (Sprung, Vor-, Stoß, Anlauf, -sturm, schleudern, stoßen, schlagen, schmettern, be-, spritzen, über-, schütten, -gießen, sausen, flitzen, stürmen, spurten, aufschlagen, -prallen, -klatschen; Gedanken-, Feder-, Strich)
enmesh (in einem Netz fangen, *übertr:* verstricken)
fresh (Frische, Kühle, frisch, neu, frech; *don´t get - with me!* werd mir ja nicht pampig)
flesh, goose -, my own –and blood (Frucht-, Fleisch; Gänsehaut; m. eigen Fleisch und Blut)
flash (Blitz, kurze Meldung)
gnash (knirschend zerbeißen, mit den Zähnen knirschen)
hash (´Hasch´, hacken, Haschee, Kuddelmuddel, Durcheinander, *übertr:* vermasseln, -patzen, *rehash,* Wiederholung, etwas Aufgewärmtes, Aufguss, *old hash*, ein alter Hut)
lash, lashing sea, -tail (festbinden, -zurren, Wimper, Peitsche, jmd. aus-, peitschen, schlagen, Peitschenschlag; peitschende See, wedelnder Schwanz)
mash (Brei, Matsch, Mischmasch, zerdrücken, -quetschen, Maische, Mengfutter)
mesh (Masche, Netz, Schlingen, ein-, ineinander greifen, miteinander verzahnen)
mustache (Schnurrbart)
rash (hastig, übereilt, -stürzt, vorschnell, unbesonnen, *a rash decision*; *Med:* Ausschlag)
refresh (auf-, erfrischen, -quicken, -neuern, frische Vorräte fassen)
slash (Schrägstrich, Hieb, Streich, Schnitt, Schlitz, schlitzen, zerfetzen, peitschen, dreschen, scharf kritisieren, zusammenstreichen, drastische Kürzung, -Preisnachlass)

smash, -hit (Krach, Zs.-bruch, Ruin, zer-, schlagen, -trümmern, -brechen, -splittern, in Stücke brechen; Schlager, voller Erfolg)
splash (Spritzer, Farb-, Licht-, Fleck, Aufsehen, -macher, Sensation, be-, spritzen, platschen, planschen, plumpsen, Plakate ankleben)
stash, -away (verschwinden; verstecken, beiseite tun, aufhören mit)
thrash, -about (verprügeln, -dreschen, -möbeln; sich im Bett hin- u. herwerfen, zappeln)
trash, white - (Abfall, Müll, Plunder, Schund, Kitsch, Blech, Unsinn; arme weiße Bevölkerung, *auch Einzelperson*)

~äschen ☛ *~in (S. 153)* *von aggression bis transgression*

aggression (Aggression, Angriff, Überfall)
ashen (Eschen, aus Eschenholz; Aschen..., *Übertr:* Kreidebleich, aschgrau, -pfahl)
bashin´ (schlagen, verbeulen, ☛ *bash, S. 77*)
compassion (Mitleid, Erbarmen)
compression (Zs.-pressen, -drücken, -drängen, Verdichtung, Kompression, Druck)
concession (Zugeständnis, Entgegenkommen, Erlaubnis, Genehmigung, Konzession)
confession (Konfession, Glaubensrichtung)
depression (Depression, Wirtschafts-, Flaute, Niedergeschlagenheit, Melancholie, Tief, -druckgebiet, -stand, Senkung, Vertiefung, *Med:* Schwäche, Entkäftung)
digression (Abschweifung)
discretion (Diskretion, Verschwiegenheit, Takt, Um-, Vorsicht, Besonnenheit, Klugheit)
expression, beyond - (Gesichts-, Ausdruck, Äußerung, Redensart; unsagbar)
impassion (Leidenschaft, Aufregung, Aufwühlung)
impression (Ein-, Ab-, Aufdruck, Prägung, Vermutung, Ahnung)
indiscretion (Taktlosigkeit, Unüberlegtheit)
obsession (Besessenheit, fixe Idee, Zwangsvorstellung)
oppression (Unterdrückung, Tyrannisierung, Schikane, Missbrauch, *Med:* Beklemmung)
passion, fly into a - (Leidenschaft, heftige Gemütsregung, Zorn, Vorliebe, Passion; einen Wutanfall bekommen)
possession, self - (Besitz, Habe, beherrscht-, besessen sein, Besessenheit; Selbstbeherrschung, Fassung)
procession (Prozession, Auf-, Um-, Zug, Reihe, -nfolge)
profession (Beruf, Stand, Bekundung, Erklärung, Bekenntnis, Behauptung, Gelübde)
progression (Vorwärts-, Fortbewegung, Weiterentwicklung, Verlauf, Folge, *Musik:* Sequenz, Fortschreitung, *Math:* Reihe, Staffelung)
recession (Rezession, Wirtschaftsabschwung, zurücktreten, *Kirch:* Auszug)
regression (Regression, *Biol:* Rückentwicklung, *Math:* Beziehung)
repression (Unterdrückung, *Psych:* Verdrängung)
secession (Sezession, Ab-, Spaltung, -fall, Lossagung, Übertritt)
session, jam- (Sitzung, Konferenz; *Musik:* Jam-session)
succession, in - (Serie, Nach-, Folge, Übernahme; nach-, auf-, hintereinander)
suppression, noise - (Unterdrückung, Aufhebung, Abschaffung, Verheimlichung, -tuschung, *Med:* Blut- Stillung, *Psych:* Verdrängung; *E.-tech:* Entstörung, Störschutz)
transgression (Überschreitung, -tretung, Vergehen, Missetat)

~äsdschen *von congestion bis suggestion*

congestion, traffic - (Anhäufung, -drang, Stauung, Überfüllung; Verkehrsstauung)
digestion, easy of - (Verdauung, *übertr:* Verarbeitung; leicht verdaulich)
indigestion (Magenverstimmung, verdorbener Magen)

ingestion (Nahrungs-, Aufnahme)
question, - mark, catch - (Frage, be-, fragen, vernehmen, prüfen, in Frage stellen, erkundigen, bezweifeln; Fragezeichen, Fangfrage)
suggestion, self- (Anregung, Vorschlag, Wink, Hinweis, Spur, Idee, Vermutung; Erinnerung, Eingebung, -flüsterung, Anspielung, Autosuggestion)

~äsk — *von bask bis task*

bask (sich aalen, -sonnen)
burlesque (Burleske, Posse, possenhaft, *Am:* Variété)
cask, a - of wine (Fass, Tonne; ein Fass Wein)
desk (Schreibtisch, Pult, Kasse, Kanzel, Auskunftsschalter, Empfang, Rezeption)
flask, hip - (Flasche, *Tech:* Kolben; Taschenflasche, „Flachmann")
grotesque (grotesk, das Groteske)
mask; fencing-, death-, gas-, oxygene-, stocking- (Maske, maskieren, verbergen; Fecht-, Toten-, Gas-, Sauerstoff-, Strumpf-)
picturesque (malerisch)
task (Prüfungs-, Aufgabe, Pflicht)
task (jmd. Arbeit zuweisen, aufbürden, beschäftigen)

~äsket ☛ *~it (S. 155)* — *von basket bis gasket*

basket, -case, -dinner (Korb, Gondel, Tastenfeld; Arm- u. Beinamputierte, totales Wrack; Picknick)
casket (Schatulle, Kästchen, *Am:* Urne, Sarg)
gasket, blow a - (*Tech:* Flach-, Dichtung; „durchdrehen")

~äsm — *von bioplasm bis spasm*

bioplasm (Proto-, Bio-, Plasma)
chasm (Kluft, Abgrund, Schlucht, Riss, Spalte, Lücke)
enthusiasm (Enthusiasmus, Begeisterung, Schwärmerei)
sarcasm (Sarkasmus, beißender Spot, sarkastische Bemerkung)
spasm (Spasmus, Krampf, Zuckung, Anfall)

~äsp — *von asp bis grasp*

asp (*Zool:* Natter)
clasp, - knife (Spange, Klammer, Haken, Schnalle, Schloss, Umklammerung, -armung, Händedruck, ein-, zuhaken, -schnallen, fest ergreifen, -umfassen, umklammern, -ranken, sich die Hände reichen; Klapp-, Taschenmesser)
gasp, -for breath, -for s.th., -one´s life out (keuchen, lechzen, nach Luft schnappen; nach etwas lechzen, das Leben aushauchen)
grasp, -at (Griff, Reichweite, er-, be-, greifen, zu-, packen, fassen, *übertr:* Macht, Gewalt, Zugriff, Verständnis, Auffassungsgabe, *it´s within his -*, das kann er verstehen, begreifen, er-, fassen; greifen-, streben nach)

~äst — *von aghast bis zest*

aghast (entgeistert, -setzt, bestürzt)
arrest (an-, aufhalten, Hemmung, Stockung, Haft, Verhaftung, Festnahme, Arrettierung, hemmen, hindern, verhaften, einbehalten, konfiszieren)
attest (beglaubigen, -scheinigen, -zeugen, -weisen, -stätigen, attestieren)
best (Superlativ von good u. well, der-, die-, das Beste, best, gröst, höchst, meist)
blast (Wind-, Stoß, Heißwind, blasen, verfluchen, sprengen)

blessed (gesegnet, selig, heilig, gepriesen, ☛ *bless, S. 100*)
breast (Brust, Busen, Wölbung, *übertr:* Herz, *make a clean -*, etwas gestehen; mutig auf etwas losgehen, -ankämpfen, - *the waves*, gegen die Wellen ankämpfen)
Bucharest, Budapest (Eigennamen)
cast, -off, -up, -out, -back (Ab-, Guss, -form, formen, Aufrechnung, Addition, Mitwirkende, Besetzung, Aus-, Wurf, aus-, werfen, abgeben, entscheiden; abgelegt, ausrangiert; die Augen aufschlagen, anspülen; vertreiben, ausstoßen; zurückdenken)
Celeste (Eigenname)
chest, -trouble (Brust-, Korb; Lungenleiden; Kiste, Kasten, Truhe, Kommode, *medicine -*, Arzneischrank, Hausapotheke, Kasse, -nverwaltung)
congest (sich-, zusammendrängen, überfüllen, -schwemmen, stauen, verstopfen)
contest (Kampf, Streit, Wettstreit, -bewerb, -kampf, wetteifern, kämpfen, kandidieren)
classed (klassifiziert, eingeordnet, ☛ *class, S. 76*)
contrast (Kontrast, Gegensatz, gegenüberstellen, entgegensetzen, kontrastieren, scharf unterscheiden, absetzen, -heben, vergleichen)
crest, -fallen (Berg-, Wellen-, Kamm, Haube, Schopf, Mähne, Gipfel, Krone, Scheitelpunkt, erklimmen, hoch aufwogen; geknickt, niedergeschlagen)
detest (verabscheuen, hassen)
digest (- *well*, leicht verdaulich, verdauen, -arbeiten, -winden, auflösen, ordnen, einteilen, Auslese, Auswahl, Abriss, Überblick)
divest, - oneself of (entkleiden, -blößen, -ledigen, berauben; etwas ablegen, aufgeben)
dressed (gekleidet, ☛ *dress, S. 100*)
fast (schnell, geschwind, rasch; fest, befestigt, unbeweglich, zusammenhaltend, *fast friend*, treuer Freund; Fasten, *break one's fast*, Fastenbrechen, Frühstücken)
flabbergast, I was (verblüffen; Ich war platt!)
forecast, weather - (voraus-, vorhersagen, –sehen; Wettervorhersage, -bericht)
gassed (vergast, gasvergiftet, ☛ *gas, S. 76*)
guessed (geraten, vermutet, ☛ *guess, S. 101*)
guest (Gast, *Am:* gastieren, als Gast mitwirken)
infest (heimsuchen, plagen, verseuchen, *übertr:* überlaufen, -schwemmen, -fallen)
ingest (Nahrung aufnehmen)
interest, self- (Interesse, -ieren, An-, Teilnahme, Reiz, Bedeutung, Zins; Eigennutz)
jest, in - (Scherz, Spaß, Witz, scherzen, ulken; im Spaß)
last (letzt, neuest, äußerst; dauern, währen, bestehen, aus-, durchhalten, ausreichen, genügen; *Schuster:* Leisten, *stick to your -*, bleib bei deinen -)
manifest (offenbar, -kundig, augenscheinlich, offenbaren, be-, erweisen, - scheinen)
mast (*Landw:* Mast; *Schiff:* Mast, *three masted,* Dreimaster, *half-mast*, Halbmast)
messed (beschmutzt, gemanscht, ☛ *mess, S. 101*)
molest (belästigen)
nest, -of vice (Nest, ver-, schachteln, ein-, nisten, ineinanderstellen, -setzen; Lasterhöhle)
outlast (überdauern, -leben)
overcast (sich m. Wolken überziehen, verdunkeln, bedecken, -wölkt, trübe, düster)
passed (vergangen, vorbei, ☛ *past, S. 80*)
past (Vergangenheit, vergangen, -flossen, vorig, früher, ehemalig, letzt, -e, -es, -er, vorbei, -über)
pest (Pest, -beule, Plage, Schädling, *übertr:* Ekel, Nevensäge, lästige Sache)
protest (Ein-, Widerspruch, protestieren, reklamieren, beteuern)
quest, in - of (Suche, Streben, Trachten, Nachforschungen, suchen; auf der Suche nach)
request, be in - (Bitte, Wunsch, Ersuchen, Antrag, -frage, abrufen, verlangen, bitten; sehr gefragt oder begehrt sein)

rest (Ruhe, Rast, Pause, schlafen, aus-, ruhen, ab-, legen, lagern, schonen, Auf-, Ablage, Stütze, Lehne, Raste, Gabel; Der Rest, das Übrige, die-, im Übrigen, *in einem Zustand* bleiben, weiterhin sein)
second-best, come off - (zweitbest; den kürzeren ziehen)
suggest (vorschlagen, unterbreiten, andeuten, -spielen auf, behaupten, meinen, eingeben, -flüstern, suggerieren, hindeuten, -weisen)
test, -tube-baby, -case (Test, Probe, Untersuchung, Prüfung, abfragen, testen, untersuchen; Reagenzglas, Retortenbaby; Präzidenzfall, Musterbeispiel)
unrest (Unruhe, -n)
vast (weit, -e, ausgedehnt, unermesslich, *übertr:* ungeheuer, riesig, groß, gewaltig)
vest, life-, -pocket (ausstatten, übertragen, *Kirch:* bekleiden; Weste, Rettungs-, -tasche)
zest, - for life (*a. übertr:* Würze, würzen, Reiz, *add zest to*, e. Sache den Reiz verleihen, Begeisterung, Freude, Genuss, Lust, Schwung; Lebenshunger, -lust)

~ät *☛ ~äd, ~ät (S. 36)*

~ätsch *☛ ~ädsch (S. 39)*

~ätten *☛ ~in (S. 153)* *von battin' bis pattin'*

battin´ (schlagen, -d, Schlägerspiel, Watte, besonders Rohbaumwolle zu Watte verarbeiten und beim Krickett oder Baseball)
fatten, -ing (sich-, fett oder dick machen oder werden, mästen, -d, düngen; dickmachend)
flatten (flach-, eben-, glatt machen oder werden, ebnen, planieren, flachhämmern, ausbeulen, abflachen, jmd. flachlegen, fertigmachen, *Musik:*Ton erniedrigen)
latin, dog-, pig - (Latein, -amerikanisch, Latino; Küchenlatein, Kindergeheimsprache)
Manhattan (Eigenname)
mattin´(mattierend; Material für Matten)
paten (*Kirch:* Patene, Hostienteller)
pattin´ (tätschelnd)

~ättik *☛ ~ik (S. 144, S. 148)*

~äwn *von eleven bis seven*

eleven (elf)
heaven, - sent (Himmel; vom Himmel gesendet, -geschickt)
leaven (Sauerteig, Hefe, an-, säuern, auf-, gehen lassen, *übertr:* durchsetzen, -dringen)
seven, - league boots (sieben; Siebenmeilenstiefel)

~eb *☛ ~äb, ~äp (S. 34)*

~ed, ~et *☛ ~äd, ~ät (S. 36), ~it (S. 155) oder ~öRd (S. 209)*

~ef *☛ ~äf (S. 40)*

~eg *☛ ~äg, ~äk (S. 40)*

~eid, ~eit *☛ ~äid, ~äit (S. 44)*

~ekd, ~ekt *☛ ~ägd (S. 42)*

~ekl *☛ ~äkkel (S. 86)*

~eks *☛ ~äks (S. 58)*

Endungen auf: klingend ~äl, ~el

~abbel — *von babble bis wobble*

babble (Gestammel, -schwätz, stammeln, plappern, schwatzen, plätschern, murmeln)
bubble, prick the - (Blase, *übertr:* Seifenblase, Schwindel, -geschäft, -firma, - *company* sprudeln, brodeln, auf-, wallen, perlen; den Schwindel aufdecken)
cobble, -stone (m. K.-st. pflastern, runder Pflaster-, Kopfstein; flicken, *übertr:* zusammenflicken, -schustern)
dabble (bespritzen, -sprengen, planschen, plätschern)
double (doppel..., doppelt, zweifach, gepaart, verdoppeln, dazuverdienen, für zwei...)
gobble, -up (gierig-, ver-, schlingen, -essen; kollern)
hobble (humpeln, hoppeln, hinken, holpern, einem Pferd die Vorderläufe zusammenbinden, hindern)
rabble, -rousing (Mob, Pöbel, -haufen; aufwiegelerisch, demagogisch; Rührstange, Kratze, umrühren)
rubble (Bruchstein, -mauerwerk, Schotter, Schutt, Geröll, loses Packeis)
scrabble, -about (kratzen, scharren, -nach, krabbeln, be-, kritzeln; suchen nach, abplagen)
squabble (Zank, Kabbelei, zanken, kabbeln)
stubble, -field (Stoppel, -n; Stoppelfeld)
trouble, -d waters (Schwierigkeit, Problem, Leiden, Störung, Mühe, Plage, Belästigung, Last, beunruhigen, -lästigen, -mühen, bitten, plagen, stören; schwierige o. unangenehme Situation, -Lage)
wobble (wackeln, schwanken, schlottern, „eiern", *Tech:* flattern)

~addel — *von cuddle bis puddle*

cuddle, -up, -together (enge -, Umarmung, Liebkosung, hätscheln, knuddeln, schmusen; zusammenkuscheln, anschmiegen; aneinander kuscheln)
fuddle, -oneself (Verwirrung, sich-, berauschen, -voll laufen lassen, saufen, verwirren)
huddle, - together, -up (Haufen, Wirrwarr; zs.-, auf einen Haufen werfen; sich zusammenkauern)
muddle, -up, -headed (Durcheinander, Verwirrung, Wirrwarr, in Unordnung-, durcheinander bringen; verwechseln, durcheinander bringen; ver-, pfuschen, -derben, stümpern, wursteln; wirr, konfus)
puddle (Pfütze, Lache, m. Pf. bedecken, in Matsch verwandeln, rumplantschen, -waten)

~affel — *von muffle bis truffle*

muffle („Muffel", einwickeln, -hüllen, abschwächen, Ton dämpfen, Flaschenzug)
ruffle (Rüsche, Krause, runzeln, kräuseln, sträuben, stören, verderben, aufregen)
shuffle (Umstellung, -bilden, -besetzen, mischen, scharren, schlurfen, schleifen)
truffle (Trüffel)

~aggel — *von bugle bis struggle*

bugle, key- (Signal-,Wald-, Jagdhorn, Trompete, *SL:* Nase; Klappenhorn)
frugal (sparsam, haushälterisch, genügsam, bescheiden, bedürfnislos, einfach, spärlich)
struggle (Streit, Ring-, Kampf, Balgerei, Anstrengung, Bemühung)

~aibel *von bible bis tribal*

bible, -thumper (Bibel; Moralprediger)
libel (Verleumdung, -unglimpfung, üble Nachrede, Beleidigung, verleumden, beleidigen)
tribal (Stamm, Stammes...)

~aidel *von bridal bis tidal*

bridal (bräutlich, Braut..., Hochzeits...)
bridle, -rein (Zaum, -zeug, zäumen, zügeln, im Zaum halten, beherrschen; Zügel)
homicidal (mörderisch, mordlustig, Mord..., Totschlags...)
idle, -hours, -fellow, -away, -talk (untätig, müßig, faulenzen, herumtrödeln, unbeschäfigt, -genutzt, leer, -laufend, still stehen, faul, träge; Mußestunden; Faulpelz; vertrödeln, -bummeln, müßig zubringen; faules oder müßiges Gerede)
idol (Idol, Abgott, Götze, -nbild)
infidel (*Kirch:* Ungläubige, ungläubig)
suicidal (selbstmörderisch, Selbstmord...)
tidal, -wave (Gezeiten, den Gezeiten unterworfen, Flut; -welle)

~aifel *von Eiffel bis trifle*

Eiffel, -tower (Eigenname, Eiffelturm)
rifle (Gewehr, Büchse; plündern, durchwühlen)
stifle, –joint, -bone (jmd. oder etwas ersticken, unterdrücken, abwürgen; Kniegelenk, -scheibe)
trifle, -away (Kleinigkeit, Bagatelle, Lapalie, Kinderspiel, tändeln, trödeln, scherzen, daher reden, spielen mit..., sein Spiel treiben; vertändeln, -trödeln, -plempern)

~ainel *von final bis vinyl*

final (Finale, letzt, schließlich, endlich, -gültig, End..., Schluss..., Spätausgabe)
spinal, -column (Wirbel, Rücken, -marks..., -grat...; Wirbelsäule)
vinyl (Vinyl, Vinyl…)

~aitel *von entitle bis vital*

entitle (betiteln, jmd. anreden, titulieren, berechtigen, ein Anrecht, -spruch geben, -haben)
recital, -of facts, lieder - (Vortrag, -lesung, Konzert, Bericht, Schilderung, Aufzählung; Darstellung von Tatsachen; Liederabend)
title (Ehren-, Amts-,Titel, Überschrift, betiteln, Rechtstitel, -anspruch, Berechtigung)
vital, -power, -problems, -wound („edle Teile", lebenswichtige Organe, Lebens...; -kraft; hochwichtig, entscheidend; lebensbedrohlich)

~aiwel *von arrival bis survival*

arrival, new - (Ankunft, Erscheinen, Auftreten, Eintreffen; Neuankömmling)
revival (Wiederbelebung, -aufnahme, -aufblühen, Erneuerung, Wiedererweckung)
rival, -firm, without a - (Rivale, Nebenbuhler, Konkurrent, rivalisieren, wetteifern, konkurrieren; Konkurrenzfirma; ohne gleichen, unerreicht)
survival, -kit (Weiter-, Überleben, -bleibsel, Fortbestand; Überlebensausrüstung)

~akel *von buckle bis suckle*

buckle, - up (Delle, Schnalle, Spange, zu-, schnallen, wölben; Beeil Dich!)
bra-buckle (BH-Schnalle)

buckle, -on, -up (Schnalle, Spange, Koppelschloss, *Tech:* ver-, biegen, -ziehen, wölben, krümmen; an-, um-, zuschnallen)
chuckle (glucksen, in sich hinein lachen, sich freuen, Hennen glucken)
honeysuckle (*Bot:* Geißblatt)
knuckle, -joint (Fingerknöchel; -gelenk, Kardan-, Kreuz-)
suckle (säugen, stillen, nähren, pflegen)

~ambel *von bumble bis tumble*

bumble, -bee (zaudern, straucheln; Hummel)
crumble (zerkrümeln, -bröckeln, -fallen, *übertr:* zu Grunde gehen, zusammenbrechen)
fumble, -for, -out (herum-, fummeln, tappen, ungeschickt umgehen, -anstellen, *übertr:* Patzen, ver-, patzen; tappen, suchen nach; mühsam hervorstammeln)
grumble (murren, knurren, donner-, grollen, brummen, schimpfen)
humble, my - self (bescheiden, demütig, demütigen, erniedrigen; meine Wenigkeit)
jumble, -up, together, -shop (Durcheinander, Ramsch; vermischen, zusammenwerfen, durcheinanderwürfeln, -geraten, gerüttelt werden; in Unordnung bringen; Ramschladen)
mumble (Gemurmel, murmeln, mümmeln, knabbern)
rumble, -seat, -out (Straßenschlacht, Gepolter, -ratter, poltern, rattern, rumpeln, rollen, Magenknurren; Not-, Bedienstetensitz; herauspoltern, Lied gröhlen)
rumble (etwas spitzkriegen, jmd. durchschauen, - argwöhnisch machen)
stumble (stolpern, straucheln, schlittern, wanken, stottern, Fehltritt, Schnitzer, Fehler)
tumble, -drier (Fall, Sturz, Purzelbaum, Salto, ein-, um-, hin-, hinab-, fallen, -stürzen, -werfen, purzeln, stolpern, schleudern, schmeißen, zerzausen, -knüllen; Wäschetrockner)

~angel *von bungle bis jungle*

bungle (stümpern, ver-, pfuschen, Stümperei, Fehler, Schnitzer)
jungle, -fever, law of –, -gym (Dickicht, Dschungel; -Fieber; Faustrecht; Klettergerüst)

~annel *von funnel bis tunnel*

funnel (Trichter, eintrichtern, -füllen, *übertr:* schleusen, Vulkanschlot, Luftschacht)
tunnel (Tunnel, Unterführung, Gang, Stollen, untertunneln, einen Tunnel anlegen oder treiben)

~appel *von couple bis supple*

couple (Paar, Pärchen, Koppel, zs.-, verkoppeln, -binden, heiraten, sich paaren)
supple (geschmeidig, -machen, biegsam, unterwürfig, *übertr:* beweglich)

~assel *von bustle bis tussle*

bustle, -up (Geschäftigkeit, geschäftiges Treiben, Getriebe, Getue, Gewühl, Gehetze; hetzen)
corpuscle (*Phys:* Korpuskel, Elementarteilchen, *Biol:* Körperchen)
hustle (Gedränge, hasten, drängen, stoßen, rempeln, an-, treiben, sich beeilen)
muscle, -power, -in (Muskel, -fleisch; -kraft; sich rücksichtslos Eindrängen; *übertr:* Macht, Einfluss)
mussel (Muschel)
rustle (rascheln, rauschen, knistern, *SL:* rangehen, zupacken, klauen, auftreiben)
tussle (Balgerei, Rauferei, kämpfen, balgen, raufen, scharfe Kontroverse)

~auel *von bowel bis vowel*

bowel (Inneres, Gedärm)
dowel (Dübel, Holzpflock, ver-, dübeln)
trowel (Kelle, Hohlspatel, m. e. Kelle auftragen, glätten)

towel, throw in the - (Handtuch, ab-, trocknen, -reiben; das Handtuch werfen)
vowel, -mutation (Vokal, Selbstlaut; Umlaut)

~äddel *von medal bis straddle*

medal (Medaille, Gedenk-, Schaumünze, Orden, Abzeichen)
meddle (sich mischen, -abgeben, -einlassen, -befassen, herumhantieren, -spielen)
paddle, -steamer (Paddel, -n, Schaufel, rudern, *Am. SL:* verhauen; Raddampfer)
pedal (Pedal, Fußhebel, Tretkurbel, Fuß..., Pedal..., treten, rad-, fahren, ′strampeln′)
peddle (hausieren gehen, handeln mit, tändeln, sich mit Kleinigkeiten abgeben)
saddle (Sattel, -n, *übertr:* belasten, aufbürden, -halsen, Rückenstück, Bergsattel)
straddle (die Beine spreizen, -grätschen, breitbeinig gehen, -stehen, rittlings-, sitzen)

~äffel *von baffle bis snaffle*

baffle, be baffled (verblüffen, -wirren, narren, täuschen, jmd. ein Rätsel aufgeben, durchkreuzen, etwas unmöglich machen; vor einem Rätsel stehen)
raffle, -off (Tombola,Verlosung, losen um; etwas verlosen)
snaffle, -bit (Trense, -anlegen, m. d. Trense lenken, *Engl. SL:* ′klauen′)

~äibel *von able bis unstable*

able, be - to (fähig, geschickt, tüchtig, begabt, -fähigt; können, imstande sein)
cable (Elektro-, Kabel, Seil, Tau, Trosse, Ankerkette, -tau, kabeln, telegrafieren)
constable, special - (*Engl:* Polizist, Wachtmeister; Hilfspolizist)
disable (unfähig-, untauglich-, unbrauchbar-, kampfunfähig machen, außer Stand setzen)
enable (jmd. befähigen, ermöglichen, berechtigen, ermächtigen, möglich machen)
fable (*a. Plural:* Fabel, Sage, *a. übertr:* Märchen)
label, -as (Plattenfirma, -Aufschrift, -kleber, Beschriftung, Etikett, Anhänger, Schild, etikettieren, beschriften, -zeichnen; bezeichnen... als, abstempeln… als)
sable (Zobel, Marder, -fell, Schwarz, Trauer)
stable (Stall, einstallen, im Stehen, ′hausen′; stabil, standfest, -sicher, beständig, fest, dauerhaft, haltbar, unveränderlich, resistent)
table (Tisch, Tafel, Tabelle, Runde, Ausschuss, Plateau, auf den Tisch legen, in einer Tabelle zusammenstellen, *Am:* zurückstellen, *Engl:* einbringen; *turn the tables*, den Spieß umdrehen)
unable (unfähig, -tauglich, -geeignet, außerstande)
unstable (instabil, unsicher, -beständig, -stet, schwankend, nicht fest, labil)

~äipel *von maple bis staple*

maple (Ahorn, -holz, aus Ahorn)
papal (päpstlich, römisch-katholisch)
staple (Krampe, Öse, Heftdraht, -klammer, heften, klammern; Haupterzeugnis, -artikel, -gegenstand, Stapel-, Massenware)

~äisel *von appraisal bis nasal*

appraisal (Schätzung, Taxierung, Schätzwert, Bewertung, -urteilung, Würdigung)
hazel (Haselnussstrauch, -nussbraun)
nasal, -twang (nasal, Nasal..., Nasen...; näseln)

~äischel *von facial bis racial*

facial, -pack (Gesichts...; -packung)
glacial, -epoch, -man (Eis..., Gletscher..., eisig; Eiszeit, -mensch)

spatial (räumlich, Raum...)
racial, -equality, -segregation (Rassen...; -gleichheit, -trennung)

~äischenel (gebildet aus Substantiv und –al, zum Beispiel: congregation u. –al bis sensation u. –al)

congregational (*Kirch:* Gemeinde..., unabhängig)
creational (schöpferisch, Schöpfungs...)
educational (erzieherisch, pädagogisch, Erziehungs..., Unterrichts...)
inspirational (inspirativ)
recreational, -value (Freizeit..., Erholungs..., Entspannungs...; -wert)
representational, non- (gegenständlich; gegenstandslos, abstrakt)
sensational (sensationell, Sensations..., sinnlich, Sinnes...)
etc.

~äkkel *von cackle bis tackle*

cackle, cut the - (Gegacker, -schnatter, gackern, schnattern, schwatzen; quatsch nicht!)
crackle (knistern, prasseln, knattern; *Tech:* Krakelierung)
freckle (Sommersprosse, -n bekommen, Fleck, tüpfeln, sprenkeln)
hackle, his –s rose at this (Nackenfedern, Rücken-, Halshaare, d. brachte ihn in Wut; *Tech:* Hechel, hecheln)
heckle (Flachs hecheln, jmd. in die Zange nehmen, piesacken, durch Zwischenrufe stören)
ramshackle (baufällig, wacklig, klapprig)
shackle (Fesseln, Schäkel, Lasche, Kette, -nglied, fesseln, laschen, *übertr:* hemmen)
speckle (Sprenkel, Fleck, Tupfen, Punkt)
tackle (Gerät, Zeug, Ausrüstung, Geschirr, Takel, angreifen, -gehen, -packen, befassen)

~äktikel *von didactical bis tactical*

didactical (didaktisch, Lehr...)
practical (praktisch, angewandt, faktisch, geschickt, handgreiflich, grob, *- joke*)
tactical (taktisch)

~äktschuel *von actual bis factual*

actual (wirklich, tatsächlich, eigentlich, gegenwärtig, jetzt)
contractual (Vertrags..., vertraglich)
factual, -situation (tatsächlich, Tatsachen..., sachlich; Sachlage, -verhalt)

~äl *von Al bis wishing well*

Al (Eigenname)
bell (Klingel, Glocke, läuten, klingeln)
belle, -of the ball, bathing-, beauty (Schöne, Schönheit; Ballkönigin; Badeschönheit, Strandnixe)
caramel (Karamell, gebrannter Zucker)
Carmel (Eigenname)
canal, ship- (Kanal, *Zool:* Kanal, Gang, Röhre; Seekanal)
carrousel (Karussell)
cell, -division (Zelle, -teilung)
clientele (Klientel, Kundenschaft)
dell (kleines, enges Tal)
do-able (duchführbar, machbar)
dwell, -on (wohnen, leben; Ton aus, - halten, *übertr:* verweilen bei, näher eingehen auf)
excel (übertreffen, sich auszeichnen, hervorragen)

farewell, bid so. -, take -, - to (lebt/lebe wohl, Abschiedsgruß, Abschieds..., Lebewohl; jmd. Lebewohl sagen; Abschied nehmen; adieu..., nie wieder...)
fell (fällen, niederstrecken; *Poet:* grausam, wild, mörderisch, tödlich; *Engl:* Hügel, Berg, Moorland; Balg, Tierfell, Flies, struppiges Haar; *Prät.* von fall)
gal (Mädchen; *Phys:* Gal)
gel (Gel, gelieren)
hell (Hölle)
hotel (Hotel)
kiss'n'tell (*Redewendung:* sich treffen und Neuigkeiten austauschen)
knell, sound the - (Totenglocke, Grabgeläute; durch läuten zusammenrufen, -bekanntgeben; *übertr:* Vorbote, Ankündigung)
mademoiselle (*franz:* Fräulein)
Mel (Eigenname)
pal, -up (Kumpel, Spezi, Freund; sich anfreunden)
personnel, personal- (Personal, Belegschaft; persönlich, Personen..., Personal...)
shall (werden, *Futur:* ich werde, wir werden, *Befehl, Pflicht:* er, sie, es soll, du sollst, wir, ihr, sie sollen; *shall I come?* Muss ich kommen?)
shell, -out, -game, hard-shell (Shell, Schale, schälen, enthülsen, bombardieren; *SL:* blechen; Falschspielertrick; hartschalig, „eisern")
sell (Reinfall, Schwindel,Verkauf, *a übertr:* verkaufen, -raten, anschmieren, überzeugen)
smell, - round or about (Geruch, -ssinn, Gestank, Duft, be-, riechen; rumschnüffeln)
spell (buchstabieren)
tell (sagen, erzählen, mitteilen, verkünden, befehlen, unterscheiden, ver-, raten, entnehmen, anzeigen)
well (gut, also; Brunnen, hervor-, quellen, überfließen)
wishing well (jmd. Gutes wünschen)

~ämbel — *von amble bis tremble*

amble (im Passgang reiten, gemächlich gehen, schlendern)
assemble (versammeln, zs.-berufen, -ziehen, -kommen, -treten, *Tech:* zusammenbauen, -setzen)
dissemble (verhehlen, -bergen, sich –stellen, heucheln, vortäuschen, simulieren)
gamble (Glücksspiel, Wagnis, Risiko, ver-, spielen, wetten, aufs Spiel -, einsetzen)
ramble (Streifzug, Wanderung, umher wandern, -streifen, bummeln, sich winden, wuchern, üppig ranken, drauflos reden, abschweifen)
resemble (gleichen, ähneln, ähnlich sein oder sehen)
scramble (krabbeln, klettern, raufen, balgen, ′abstrampeln′, verrühren, zerhacken, durcheinander werfen, -bringen; *-up, together,* zusammenscharren, -raffen)
shamble (watscheln, -der Gang)
tremble (Zittern, Beben, - *all over*, am ganzen Leibe zittern, bangen, beben)

~ämpel — *von ample bis trample*

ample, -means (weit-, läufig, groß, geräumig, stattlich, üppig, ausführlich, umfassend, reich, -lich, mehr als genug; reichliche Mittel)
example, for -, without - (Beispiel, Vorbild; zum Beispiel, beispiellos, ohnegleichen)
sample, blood - (Stich-, Probe, Muster..., kosten, probieren, abfragen; Blutprobe)
trample, -down, -out, -under foot (zer-, trampeln; nieder-; austreten; herumtrampeln auf)

~ändel — *von candle bis vandal*

candle, -end (Kerze, Licht; Kerzenstummel, *übertr:* Krimskrams, Abfälle)

dandle (auf den Armen oder Knien schaukeln, ver-, hätscheln, -wöhnen)
handle (*door* -, Tür-, Griff, Stil, Henkel, Klinke, anfassen, berühren, handhaben, händeln, *rough -,* grob oder brutal behandeln, -dienen, -herrschen, umgehen mit)
sandal (Sandale; Sandelholz, -baum)
scandal, -sheet, talk -, cause - (Skandal, -blatt, Ärgernis; klatschen; Aufsehen erregen)
vandal, -ic (Vandale; vandalistisch, Vandalen...)

~änel — *von canal bis panel*

canal, ship - (Kanal, *Zool:* Gang, Röhre; Seekanal)
channel (Program-, Kanal, Weg, Flussbett, Fahrrinne, Wasserstraße, leiten, lenken)
flannel, -mouthed (Flannel; *Am:* glatt, *Engl:*´Schmus´, -reden)
panel (Feld, Fach, Füllung, Täfelung, täfeln, verkleiden, paneelieren, Gemälde auf Holz, Hochformat, Bauabschnitt, Einsatz am Kleid, Gremium, Kammer)

~ängel — *von angle bis wrangle*

angle (angeln; Winkel, Ecke, Vorsprung, umbiegen, *übertr:* Aspekt, Standpunkt, tendenziös darstellen, verdrehen, *SL:* Masche, Trick, Tour)
dangle (baumeln, -lassen, hängen, schlenkern, jmd. nachlaufen, - *after girls*)
jangle (klirren, bimmeln, klimpern, schimpfen, Gekreisch, laute Streiterei)
mangle (zerfleischen, –fetzen, -stückeln, *übertr:* verstümmeln; Mangel, mangeln)
spangle (Flitter, Paillette, mit Flitter besetzen, *übertr:* schmücken, übersäen mit)
strangle (erwürgen, -drosseln, -sticken, *übertr:* etwas abwürgen, unterdrücken)
tangle (Verwirrung, -wicklung, Garn, Haare, etc., verheddern, -wirren, -wickeln, in etwas verstrickt werden, Gewirr, wirres Knäuel)
triangle, eternal- (Dreieck, *Musik:* Triangel; *übertr:* Dreiecksverhältnis)
wrangle (Zank, Streit, zanken, streiten, sich in den Haaren liegen)

~änikel — *von botanical bis tyrannical*

botanical (botanisch)
manacle (*a. übertr:* Fessel, -schelle, jmd. Handfesseln, -schellen anlegen, -fesseln)
mechanical (mechanisch)
tyrannical (tyrannisch)

~änjuel — *von annual bis manual*

annual, -accounts (jährlich, Jahr..., jahres..., Jahrbuch; Jahresabschluss)
manual (manuell, mit der Hand, Hand..., -buch, Leitfaden)

~änschel — *von confidential bis torrential*

confidential, - agent (vertraulich, vertraut, geheim, intim, Vertrauens...; Geheimagent)
credential, -s (Empfehlungs-, Beglaubigunsschreiben, Zeugnisse, Ausweis, -papiere)
deferential (ehrerbietig, rücksichtsvoll)
differential (unterschiedlich, charakteristisch, Unterscheidungs..., Differential..., gestaffelt, Gefälle, different)
essential (wesentlich, Lebens-, wichtig, unentbehrlich, erforderlich, Hauptsache)
existential (Existenz..., Existenzial...)
influential (einflussreich, maßgeblich)
nonessential (unwesentlich, Nebensächlichkeit)
potential (Potenzial, potentiell, möglich, eventuell, Kraftvorrat, Leistungsfähigkeit)
preferential (bevorzugt, bevorrechtigt, Vorzugs...)

presidential (Präsidenten..., präsidial..., Präsidentschafts...)
providential (schicksalhaft, glücklich, gnädig)
prudential, for – reasons (sachverständig; aus Gründen praktischer Überlegungen)
residential (Wohn..., Wohnsitz..., wohnhaft)
sequential (aufeinander-, folgend, folgerichtig)
torrential, - rain (reißend, strömend; sintflutartig, *übertr:* wortreich, wild, ungestüm)

~änßel — *von pencil bis utensil*

pencil, -pusher, blue - (Blei-, Zeichen-, Farbstift, zeichnen, *Math: Phys:* Büschel, Bündel, - of light; Bürohengst; Blaustift, zensieren)
prehensile, -organ (Greif..., -organ)
stencil (Schablone, Matritze, Patrone, mit Schablone/Matritze zeichnen)
utensil (Gerät, Werkzeug, Gebrauchs-, Haushaltsgegenstand, Utensilien, Geschirr)

~äntel — *von accidental bis temperamental*

accidental (zufällig, unbeabsichtigt, nebensächlich, Unfall..., *Musik:* Vorzeichen)
coincidental (zufällig, *bes.Tech:* gleichzeitig)
complemental (Ergänzungs..., Komplementär..., sich-, ergänzend)
complimental (Glücks..., Glückwunsch...)
continental, -tour (kontinental, kontinental…, Festländer; Europareise)
dental, -floss (zahnärztlich, Zahn...; -seide)
departmental (Abteilungs..., Bezirks..., Fach..., Ministerial...)
detrimental (schädlich, nachträglich, abträglich)
experimental (experimentell, Versuchs..., Experimental..., Erfahrungs...)
fundamental (Grund..., fundamental, Primär..., wesentlich, Haupt..., elementar)
gentle (sanft, mild, zart, - *slope,* sanft, -er Abhang, gütig, liebenswürdig)
governmental (Regierungs..., Staat..., staatlich)
incidental (beiläufig, nebensächlich, Neben..., gehören zu, verbunden sein mit)
intercontinental (Interkontinental..., interkontinental)
lentil (*Bot:* Linse)
mental (Geistes..., geistig, intellektuell, innerlich, geisteskrank, -gestört, verrückt)
monumental (gewaltig, imposant, kolossal, ungeheuer, Denkmal..., Gedenk..., Grabmal...)
oriental (Orientale, östlich, orientalisch)
parental (elterlich, Eltern...)
regimental (Regiments...)
rental (Miet-, Pachtbetrag, -satz, Miet...)
rudimental (rudimentär, elementar, Anfangs...)
sentimental (Gefühls..., gefühlvoll, -mäßig, emotional, empfindsam, *verächtl:* rührselig)
supplemental (Ergänzungs..., Zusatz..., Nach..., ergänzend, Hilfs..., Ersatz...)
temperamental, be - (Temperaments..., reizbar, launisch, leicht erregbar, eigenwillig, temperamentvoll, veranlagungsmäßig; ‚Mucken' haben)

~äppel — *von apple bis grapple*

apple, -of discord, -of one´s eye, -polisher (Apfel; Zank-; Augapfel; Speichellecker)
chapel (Kapelle, Gotteshaus, -dienst)
dapple, -grey (tüpfeln, sprenkeln; Apfelschimmel)
grapple, - with s.th. (Griff, Handgemenge, Kampf, entern, packen, fassen, ringen, kämpfen, einen Enterhaken oder Greifer benutzen; sich mit etwas herumschlagen)

~äRel — *von apparel bis Errol*

apparel (Kleidung, Tracht, *übertr:* Gewand, Schmuck)
barrel (Fass, Tonne, in Fässer füllen, Walze, Rolle, Trommel, Zylinder, rasen, sausen)
Carol, Errol (Eigennamen)

~äRiel — *von aerial bis Ariel*

aerial, -fancies (Luft..., fliegend, hoch; Phantastereien; Antennen..., Antenne)
Ariel (Eigenname)

~äschnel — *von international bis rational*

international (zwischenstaatlich, Welt..., Völker...)
irrational (unvernünftig, vernunftslos, -widrig, unsinnig, *Math:* Irrationalzahl)
national (National..., Landes...,Volks..., Staats..., staatlich, landesweit, öffentlich)
passional (Leidenschafts..., Gemüts...)
rational (rational, vernünftig, vernunfts-, zweckmäßig, verständig)

~äßel — *von castle bis wrestle*

castle, - in the air (Burg, Schloss, *Schach:* Turm, rochieren; Luftschloss)
nestle, -down (kuscheln, anschmiegen, sich einnisten; -behaglich niederlassen)
tassel (Quaste, Troddel, mit Troddeln schmücken)
trestle, -table (Gestell, Gerüst, Bock, Schragen; Zeichentisch)
vassal (Vasall, Lehnsmann, Untertan, -gebener, Sklave)
vessel, blood- (Gefäß, Luftschiff, Wasserfahrzeug; Blutgefäß)
wrassle (säbelrasseln)
wrestle (ringen, -oder kämpfen mit, *übertr:* sich abmühen, kämpfen)

~ättel — *von battle bis tattle*

battle (Schlacht, Gefecht, *meist. übertr:* kämpfen, streiten, aus-, fechten)
cattle (Rind-, Vieh, Rinder, *verächtl. f. Menschen:* Viechzeugs)
chattel, -slave (bewegliches Eigentum, Habe; Leibeigene)
embattle, -d (in Schlachtordnung aufstellen; kampfbereit)
kettle, a pretty o. nice – of fish (Kessel; eine schöne Bescherung)
metal (Metall, metallen, mit Metall versehen oder überziehen)
mettle, try s.o.´s - (Veranlagung, Eifer, Mut, Feuer; jmd. auf die Probe stellen)
petal (*Bot:* Blumenblatt)
prattle (Geplauder, plappern)
rattle (Ge-, Ratter, Lärm, rattern, rütteln, klappern, rasseln, klirren, röcheln)
resettle (wieder be-, ansiedeln, *übertr:* sich wieder setzen, legen oder beruhigen)
Seattle (Eigenname)
settle (sich niederlassen, besiedeln, ruhen, abrechnen, regeln, beilegen, übertragen)
tattle, tittle- (Klatsch, Tratsch, ausplaudern, klatschen, tratschen; Schnickschnack)

~äwel — *von bedevil bis unravel*

bedevil (*übertr:* verhexen, -wirren, ducheinanderbringen, plagen, peinigen, belasten)
bevel (Abschrägung, Schräge, Fase, Kegel, Konus, Facette, abgeschrägt, abschrägen)
devil, -fish, -dodger (Teufel, Satan, schickanieren, piesacken, *übertr:* Laster, Übel; Seeteufel, Prediger)
dishevel (zerzausen, verwirren)

evil (Das Böse, Sünde, Verderbtheit, übel, böse, schlimm, gottlos, schlecht, boshaft)
gavel (Schlegel, Hammer des Auktionators, Vorsitzenden, etc.)
gravel (Kies, Geröll, Schotter, mit Kies bestreuen, -schottern, *übertr:* verwirren, -blüffen)
level (Ebene, -Fläche, Pegel, Höhe, Spiegel, Horizontale, Waagerechte, ein-, ebenen, planieren, nivellieren, ausgleichen, *übertr:* Niveau, Stand, Grad, Stufe)
ravel, -out (loser Faden, ausfasern, -fransen, aufribbeln, ent-, verwirren, -wickeln)
revel (feiern, ausgelassen sein, schwelgen, i. v. Zügen genießen, sich weiden, -ergötzen)
travel (Reisen, e. Reise machen, durch-, reisen, sich bewegen, -fortpflanzen, Lauf, Hub)
unravel (entwirren, -rätseln, auflösen, -trennen, ausfasern)

~ibbel — *von dribble bis sibyl*

dribble (tröpfeln, -lassen, träufeln, sabbern, geifern, dribbeln)
kibble (mahlen, Trockenfutter)
nibble, -off (kleiner Bissen, Happen, nagen, an-, knabbern, naschen; abnagen, -fressen)
quibble (Spitzfindigkeit, Wortklauberei, Ausflucht, herumreden, witzeln)
scribble, - over (Gekritzel, Geschreibsel, kritzeln; bekritzeln)
sibyl (*Myth:* Sibylle, *übertr:* Seherin, Hexe)

~iddel — *von diddle bis twiddle*

diddle (zappeln; *SL:* beschwindeln, -trügen, über´s Ohr hauen)
fiddle, -around (Fiedel, Geige, fiedeln, geigen; herumtrödeln, - pfuschen, -spielen, -fingern; *Engl:* Schwindel, Betrug, ‚frisieren', manipulieren)
griddle, -cake (Kuchen-, Backblech, *Tech:* Drahtsieb; Pfannkuchen)
middle, -name, -of-the-road (Mitte, mittlerer, Mittel..., mitten in, Medium; hervorstechende Eigenschaft, zweiter Vorname; neutral, gemäßigt)
riddle (Rätsel, enträtseln, *-me*, rate mal!; Schüttelsieb, durch-, sieben, -löchern)
twiddle, -one´s thumbs (spielen mit; Däumchen drehen, Hände in den Schoß legen)

~iduel — *von individual bis residual*

individual (Einzel..., einzeln, individuell, Individuum)
residual (*Math:* zurückbleibend, übrig, Rest, -wert, differenz; Rückstand, Rest)

~iffel — *von piffle bis whiffle*

piffle (Quatsch, -reden oder machen)
riffle (*Tech:* Rille, Riefelung, riefeln, *Karten:* mischen, stechen)
sniffle (schniefen, schnüffeln, greinen, heulen; the Sniffles, Schnupfen)
whiffle (wehen)

~iigel — *von beagle bis sea gull*

beagle (Hunderasse, *übertr:* Spion)
eagle, -eyed (Adler, goldenes Zehndollarstück; adleräugig, scharfsichtig)
illegal (illegal, ungesetzlich, -erlaubt, widerrechtlich, verboten)
legal (gesetzlich, -mäßig, zulässig, rechtlich, erlaubt)
regal (königlich, Königs...)
sea gull (Möwe)

~iggel — *von giggle bis wriggle*

giggle (Gekicher, kichern)
jiggle (rütteln, wippen, hüpfen, wackeln)

squiggle (Schnörkel, kritzeln, sich winden)
wiggle (wackeln, -mit, schwänzeln)
wriggle, -along (Windung, Krümmung, Schlängeln, Ringen, Wackeln, sich schlängeln, heraus-, winden; dahinschlängeln; *-oneself into*, sich einschleichen)

~iisel *von diesel bis weasel*

diesel (Diesel...)
easel (*Malen:* Staffelei)
measle, -s (Masern)
weasel (Wiesel, *verächtl:* Schlange, Ratte)

~ikkel *von article bis tricycle*

article (Artikel, Aufsatz, Ware, Posten, Abschnitt, Paragraph, Klausel, Geschlechtswort)
bicycle, folding (Fahrrad, Zwei-, radeln, radfahren)
empirical (empirisch, erfahrungsmäßig, Erfahrungs...)
icicle (Eiszapfen)
lyrical (lyrisch)
miracle, work –s, to a - (Wunder, -tat, -kraft; -tun, - wirken, -vollbringen; fantastisch)
particle (Teilchen, Stückchen, *übertr:* Fünkchen, Spur, *not a – of truth in it*)
satirical (satirisch)
tricycle (Dreirad, -fahren)

~ikuel *von equal bis sequel*

equal (gleichen, gleich, -stellen, -wertig, -mäßig, -berechtigt, -gestellt, Ebenbürtiger)
sequel (Folge, Fortsetzung, Konsequenz, Nachspiel, Aus-, Wirkung)

~ilebel *von fillable bis tillable*

fillable (ab-, füllbar)
syllable (Silbe, -n)
tillable (anbaufähig)

~imbel *von cymbal bis thimble*

cymbal (*Musik:* Becken, Zimbel)
nimble, -mind (flink, hurtig, gewand, behende; beweglicher Geist, rasche Auffassungsgabe)
symbol (Symbol, Sinnbild, Zeichen)
thimble (*Nähen:* Fingerhut, Nähring, *Tech:* Metallring, Zwinge)

~impel *von dimple bis simple*

dimple (Grübchen, -machen, -bekommen, *Wasser:* Kräuselung, sich-, käuseln)
pimple (Pickel, Pustel, pickelig werden)
simple (simpel, einfach, leicht, schlicht; Heilkraut, -pflanze)

~indel *von dwindle bis swindle*

dwindle, away (abnehmen, schwinden, schrumpfen; dahin schwinden)
kindle (an-, entzünden, *übertr:* -flammen, -fachen, erleuchten, -wecken, sich begeistern)
rekindle (wieder anzünden, -entfachen, -entbrennen, wiederaufleben, neu beleben)
spindle, -leged (*Tech:* Spindel, Welle, Achszapfen, *Biol:* Kernspindel, auf-, schießen von Pflanzen, in die Höhe schießen von Personen; storchbeinig)
swindle (Schwindel, Betrug, mogeln, betrügen, er-, be-, schwindeln)

~ingel *von dingle bis tingle*

dingle (Waldschlucht)
intermingle (ver-, mischen)
jingle (Geklimper, -klirre, klimpern, klirren, klingeln, läuten, bimmeln, eingängiges Werbe-, Liedchen, -slogan, -tonfolge)
Kriss Kringle (*Am:* Nikolaus, Christkind)
mingle (verschmelzen, sich-, ein-, -mischen, -binden, -mengen, *with – d feelings*, mit gemischten Gefühlen)
shingle (Schindel, m. Sch. belegen; Herrenschnitt, Damenfrisur; Haare ganz kurz schneiden; *Am:* Firmen-, Schild, sich etablieren, *hang out the -*; *Engl:* grober Strandkies, Kiesstrand; *Metall:* zängen)
single (der, die, das Einzige, Einzelne, Einzelstück, Singel, einzig, einzeln, einfach, Einzel..., Ein..., allein, einsam, für sich, einfach)
tingle (prickeln, jucken, brennen, stechen, zittern, beben, *in den Ohren* klingeln, summen)

~iniel *von congenial bis menial*

congenial (geistes-, verwandt, angenehm, zusagend, sympathisch, zuträglich, freundlich)
genial, -company (freundlich, herzlich, belebend, anregend; angenehme Gesellschaft)
menial, -s (Diener, Knecht, Lakai, knechtisch, unterwürfig, niedrig, *a. Arbeit*; Gesinde)

~inkel *von crinkle bis wrinkle*

crinkle (Fältchen, Runzel, sich kräuseln, krümmen o. biegen, Falten werfen, -machen, zer-, knittern)
periwinkle (*Bot:* Immergrün, *Zool:* Uferschnecke)
sprinkle (Prise, be-, sprenkeln, be-, ver-, streuen, -teilen, be-, sprengen, be-, netzen)
tinkle (klingeln, -mit, hell klingen; *have a -* ,'pinkeln')
twinkle (blitzen, glitzern, funkeln, zwinkern, blinzeln, Augen-, Zwinkern, Blinzeln)
wrinkle (Runzel, Falte, Kniff, Knick, Unebenheit, Vertiefung, Furche, knicken, falten, zerknittern, Stirn runzeln, Nase rümpfen; Kniff, Trick, Wink,Tipp, Neuheit, Fehler)

~ipel *von cripple bis triple*

cripple (Krüppel, zum Krüppel machen, lähmen, lahm legen, aktions-, kampfunfähig machen)
nipple (Schmier-, Nippel, Brustwarze, Hütchen, Sauger einer Saugflasche)
ripple (Riffelkamm, Flachs riffeln; kleine Welle, Kräuselung von Wasser oder Sand, *cause a -* , ein kleines Aufsehen erregen, *auch übertr:* rieseln, dahinplätschern)
triple (dreifach, dreimalig, Drei..., das Dreifache, verdreifachen)

~iRiel *von cereal bis serial*

cereal (Getreide..., Zerealien)
immaterial (unkörperlich, -stofflich, -materiell, -wesentlich, -erheblich, belanglos)
managerial (Direktions..., leitend, geschäftsführend)
material (Material, Stoff, stofflich, materiell, physisch, körperlich)
ministerial (Verwaltungs..., amtlich, untergeordnet, Ministerial..., Minister..., Hilfs..., dienlich, Regierungs..., *Kirch:* geistlich)
serial (Serien..., Fortsetzungs..., Reihen..., *Musik:* Zwölfton...)

~ischel *von artificial bis superficial*

artificial, - leg (Kunst..., künstlich, falsch, unecht, juristische Person; Beinprothese)
beneficial (nützlich, wohltuend, -tätig, förderlich, vorteilhaft, nutznießend)

initial (anfänglich, Ausgangs…, Anfangs…, Initiale)
judicial (Justiz..., Gerichts..., gerichtlich, Richter..., richterlich, klar urteilend, kritisch)
official (Beamte, -r, Funktionär, offiziell, amtlich, behördlich, dienstlich, formell)
sacrificial (*Kirche:* Opfer..., aufopferungsvoll)
superficial (oberflächlich, flüchtig, Oberflächen..., Flächen..., Quadrat, äußerlich, äußer...)

~isel — *von chisel bis swizzle*

chisel (Meißel, Beitel, Grabstichel, meißeln, *SL:* betrügen, reinlegen, ergaunern)
drizzle (nieseln, Niesel-, Sprühregen)
fizzle, -out (Pleite, Misserfolg; *übertr:* verpuffen, im Sande verlaufen)
frizzle (brutzeln, rösten)
grizzle (sich beklagen, *Engl:* quengeln)
sizzle (zischen, Radioknistern)
swizzle, -stick (Sektquirl)

~isibel — *von divisible bis visible*

divisible (teilbar)
indivisible (unteilbar, *Math:* unteilbare Größe)
invisible, - ink, he was - (unsichtbar, -e Tinte; er ließ sich nicht blicken)
visible (sichtbar, -gemacht, *übertr:* sichtlich, deutlich, erkennbar, graphisch dargestellt)

~itikel — *von analytical bis political*

analytical (analytisch, psychoanalytisch)
critical (kritisch, tadelsüchtig, sorgfältig, entscheidend, bedenklich, gefährlich)
political (politisch, Staats..., staatlich)

~iwel — *von civil bis weevil*

civil (staatlich, bürgerlich, Bürger..., höflich, Zivil...)
drivel (Geschwätz, Faselei, sabbern, geifern, faseln, dummes Zeug reden)
medieval (mittelalterlich)
shrivel, -up (schrumpfen, runzeln, *übertr:* verkümmern; ver-, welken, schrumpeln, zusammen-, ein-, schrumpfen lassen)
snivel (schniefen, greinen, plärren, wehleidig tun, ein wenig schluchzen)
swivel (Dreh..., Schwenk..., Drehgelenk, -zapfen, -ring, Wirbel, dreh-, schwenkbar)
upheaval (*Geol:* Erhebung, *übertr:* Umwälzung, -bruch, *social upheavals*)
weevil (Rüssel-, Getreidekäfer)

~oddel — *von coddle bis waddle*

coddle, - up (verhätscheln, -zärteln, -wöhnen; aufpäppeln)
model (Modell, Muster, Vorbild, vorbildlich, nachbilden, modellieren, ab-, formen)
remodel (umbilden, -bauen, -formen, -gestalten)
swaddle (ein-, um-, wickeln, in Windeln legen)
toddle, -off (watscheln, dahinzotteln, Bummeln; sich trollen, abhauen)
twaddle (Gequassel, Quatsch, quasseln)
waddle (watscheln, watschelnder Gang)

~oggel — *von boggle bis toggle*

boggle (zurückschrecken, stutzen, zögern, pfuschen)
boondoggle (*Am. SL:* die Zeit vertrödeln)

goggle (stieren, glotzen, stierer Blick, Schutzbrille)
mogul (Mogul; *Am:* großes Tier, Bonze, Magnat)
ogle (liebäugeln, ‚Augen machen', verliebter oder liebäugelnder Blick)
toggle, -joint (Kippschalter, kippen; Knebel, festknebeln; Knebel-, Kniegelenk)

~oRel — *von aural bis oral*

aural, -surgeon (Ohr..., Ohren..., Gehör..., Hör..., akustisch; Ohrenarzt)
chorale (Choral)
floral, - design (Blumen..., -muster, Blüten..., geblümt)
immoral (unmoralisch, unsittlich, sittenwidrig)
laurel (Lorbeer, *übertr:* Lorbeeren, *reap, win o. gain laurels*, - ernten)
moral (Moral, Sittenlehre, Ethik, sittlich, moralisch)
morale, raise the - (Moral, Haltung, Stimmung, Geist; die Stimmung heben)
oral (Mund..., mündlich)

~oRmel — *von abnormal bis normal*

abnormal (anormal, ungewöhnlich, geistig behindert, missgebildet, normwidrig)
formal (förmlich, formell, offiziell, formal, herkömmlich, konventionell)
informal (zwanglos, ungezwungen, nicht formell oder förmlich, inoffiziell, Umgangs...)
normal (Normal..., normal, gewöhnlich, üblich)

~oRtel — *von chortle bis portal*

chortle (glucksen)
immortal (Unsterbliche, -r, unsterblich, -vergänglich, ewig)
mortal (sterblich, tödlich, Mords..., Todes..., Tod..., irdisch, Mensch...)
portal (Eingang, Tor, Pforte, - *of heaven*)

~ossel — *von apostle bis jostle*

apostle (Apostel, *übertr:* Verfechter, Vorkämpfer)
colossal (kollossal, riesig, Riesen..., -haft, enorm)
fossil (Fossil, Versteinerung, verkalkter -, verknöcherter Mensch, vorsintflutlich)
jostle (Gedränge, Rempelei, drängeln, schubsen, anrempeln)

~oudel — *von modal bis yodel*

modal (Modal)
nodal (Knoten...)
yodel (Jodler, jodeln)

~oukel — *von focal bis yokel*

focal, -point (fokal, im Brennpunkt stehend, Brenn..., *Med:* Herd...; Brennpunkt)
local (lokal, örtlich, orts..., lokal..., hiesig)
vocal, -cords (Stimm..., Sprech..., stimmlich, mündlich, Vokal..., Gesangs...; Stimmbänder)
yokel (Bauer)

~oustel — *von coastal bis postal*

coastal (Küsten...)
postal (Post..., postalisch)

~outel *von anecdotal bis total*

anecdotal (anekdotisch)
antidotal (als Gegengift dienend)
total (Summe, das Ganze, Gesamt..., Ganz, Total..., völlig, gänzlich, zusammenzählen)

~owwel *von grovel bis novel*

grovel, -in, -before (am Boden kriechen; Schwelgen in, frönen; vor jmd. kriechen)
hovel (Schuppen; *SL:* ‚Bruchbude, Loch‘)
novel (Roman; neu, ungewöhnlich, überraschend)

~udel *von boodle bis Yankee Doodle*

boodle (Falschgeld, Schmiergelder)
caboodle, the whole - (die ganze-, Sippschaft, Klimbim)
doodle (Gekritzel, hin-, kritzeln, ‚Männchen malen′)
feudal (Feudal..., Lehns..., feudal)
noodle (Nudel; *SL:* Trottel, Birne, Schädel)
poodle (Pudel)
Yankee Doodle (Eigenname)

~upel *von pupil bis scruple*

pupil (Schüler, Mündel; Pupille)
scruple (Skrupel, Zweifel, Bedenken)

~uRel *von extramural bis rural*

extramural, - student (außerhalb der Mauern, -Universität; Gasthörer)
intramural (innerhalb der Mauern, -Universität)
mural (Wand…, Mauer…)
neural (Nerven...)
plural (Mehrzahl, mehrfach, plural)
rural (Land..., ländlich, landwirtschaftlich)

~uRiel *von burial bis Uriel*

burial (Begräbnis, Beerdigung, Leichenfeier, ver-, begraben)
Muriel, Uriel (Eigennamen)

~usel *von fusel bis persual*

fusel (Fusel)
hosel (*Golf:* Verbindungsstück zwischen Schlägerkopf und Schaft)
perusal, for - (sorgfältiges Durchlesen, Prüfung, Durchsicht; zur Durchsicht)

Endungen auf: ~e und ~e (erweitert)

~elb, ~elp ☛ *~älb, ~älp (S. 60)*

~elf, ~elv ☛ *~älf (S. 60)*

~elli, ☛ *~älli (S. 131)*

~elm ☛ *~älm (S. 61)*

~elsch ☛ *~älsch (S. 61)*

~elt ☛ *~äld, ~ält (S. 60)*

~em ☛ *~äm (S. 61)*

~en ☛ *~än (S. 63), ~in (S. 153)*

~end, ~ent ☛ *~änd, ~änt (S. 64)*

~ens ☛ *~äns (S. 70)*

~ensch ☛ *~änsch (S. 72)*

~enschl ☛ *~änschel (S. 88)*

~enscht ☛ *~änscht (S. 73)*

~ent ☛ *~änd, ~änt (S. 64)*

~entl ☛ *~äntel (S. 89)*

~epschn ☛ *~äbschen (S. 36)*

~ept ☛ *~äbt (S. 35)*

~esk ☛ *~äsk (S. 79)*

~est ☛ *~äst (S. 79)*

~es *von adventurous bis zealous*

adventurous (abenteuerlich, -lustig, kühn, gewagt, waghalsig, verwegen)
ambiguous (mehr-, zweideutig, unklar)
amorous (amorös, erotisch, sinnlich, Liebes..., verliebt, liebesbedüftig)
androgynous (zwitterartig, -blütig, zweigeschlechtlich)
anonymous (anonym, namenlos, ungenannt)
atrocious (scheußlich, grässlich, grausam, *übertr:* miserabel)
barbarous (barbarisch, roh, ungesittet, grausam)
blasphemous (blasphemisch, gotteslästerlich)
boisterous (stürmisch, ungestüm, rau, ausgelassen, turbulent, lärmend)

cancerous (krebsbefallen, -artig)
cankerous (fressend, schädlich, vergiftend)
cavernous (voller Höhlen, porös, tiefliegend, hohl, eingefallen, kavernös)
chivalrous (ritterlich, galant)
clamorous (lärmend, schreiend, laut, -stark, tobend)
conscientious (gewissenhaft, Gewissens...)
conspicuous (deutlich sichtbar, auffallend, *übertr:* bemerkenswert, hervorragend)
contemptuous (verachtungsvoll, geringschätzig)
continuous (kontinuierlich, ununterbrochen, zusammenhängend, andauernd)
contentcious (streitsüchtig, streitig, strittig, umstritten)
courteous (höflich, liebenswürdig)
curious (neu-, wissbegierig, seltsam, merkwürdig, komisch, wunderlich)
dangerous (gefährlich, gefahrvoll, bedenklich)
delicious (köstlich, wohlschmeckend, herrlich)
delirious, - with joy (irreredend, phantasierend, *übertr:* rasend, wahnsinnig; überglücklich)
devious (abwegig, irrig, verschlagen, gewunden, unredlich)
dolorous (schmerzlich, traurig)
dubious (zweifelhaft, zweideutig, im Zweifel, unklar, -gewiss, -bestimmt, fragwürdig)
envious (neidisch, missgünstig)
erroneous (irrig, irrtümlich, unrichtig, falsch)
extraneous, be – to (fremd, unwesentlich, nicht gehören zu)
famous, world - (famos, berühmt, ausgezeichnet, prima, gut; weltberühmt)
ferocious (wild, grausam, heftig, grimmig, 'toll')
frivolous (frivol, leichtsinnig, -fertig, nicht ernstzunehmen)
furious (wütend, wild, aufbrausend, furios, heftig)
generous (großzügig, freigiebig, edel, hochherzig, reichlich, üppig, - *mouth*, volle Lippen, vollmundig, gehaltvoll, fruchtbar)
gregarious (gesellig, traubig wachsend, *Zool:* in Herden oder Scharen lebend, Herden...)
glamorous (bezaubernd, zauberhaft, glamourös)
glorious, a - mess (ruhmvoll, -reich, herrlich, prächtig, wunderbar; ein schönes Chaos)
gratuitous (gratis, freiwillig, unverlangt, -berechtigt, -verdient, grundlos)
harmonious (harmonisch, wohlklingend, ebenmäßig, einträchtig, übereinstimmend)
hazardous (gewagt, riskant, gefährlich, unsicher)
hideous (abscheulich, scheußlich, schrecklich)
hilarious (vergnügt, übermütig, ausgelassen)
horrendous, horrific (entsetzlich)
illustrious (illuster, berühmt, erhaben, -laucht, glänzend)
incredulous (ungläubig)
industrious (fleißig, emsig, arbeitsam)
infamous (verrufen, berüchtigt, infam, gemein, niederträchtig, miserabel, saumäßig)
jealous (eifersüchtig, neidisch, missgünstig, -trauisch, besorgt um, bedacht auf)
lecherous (lüstern, geil)
litigious (*Recht:* Prozess..., prozess-, streitsüchtig, strittig, streitig)
ludicrous (lächerlich, absurd, spaßig, drollig)
luxurious (Luxus..., luxuriös, üppig, verschwenderisch, genüsslich, wohlig)
marvelous (erstaunlich, wunderbar, unglaublich, fabelhaft, phantastisch)
miscellaneous (ge-, vermischt, divers, mannigfaltig, verschiedenartig)
monogamous (monogam)
monotonous (monoton, eintönig)

mysterious (mysteriös, geheimnisvoll, rätsel-, schleierhaft, unerklärlich)
tremendous (schrecklich, fürchterlich, enorm, ungeheuerlich)
uproarious (lärmend, laut, stürmisch, tosend *Beifall*, schallend *Gelächter,*'toll', zum Brüllen *komisch,* tumultartig, tobend)
victorious, be (Sieges..., siegreich; siegen, den Sieg davontragen)
murderous (mörderisch, Mord..., todbringend, tödlich)
nauseous (übel)
Nautilus (Eigenname)
nebulous (nebelig, -haft, wolkig, Nebel..., verschwommen)
notorious (notorisch, offenkundig, berüchtigt, all-, stadt-, weltbekannt)
numerous (zahlreich)
oblivious (vergesslich, unbewusst, -beirrt)
octopus (Tintenfisch, Krake, Seepolyp)
ominous (ominös, unheil, -verhängnisvoll, drohend)
omnibus (Omnibus, Bus; Sammel..., -band, Anthologie)
perilous (gefahrvoll, gefährlich)
poisonous (Gift..., giftig, ekelhaft)
ponderous (schwer, massig, gewichtig, *übertr:* schwerfällig)
populous (dicht besiedelt, volkreich)
posthumous (posthum, nachge-, hinterlassen, -träglich)
preposterous (absurd, un- widersinnig, lächerlich, grotesk)
presumptuous (anmaßend, vermessen, dreist, überheblich, dünkelhaft)
promiscuous (promiskuitiv, bunt, verworren, wahl- unterschiedslos, beide Geschlechter)
precarious (prekär, bedenklich, unsicher, gefährlich, anfechtbar)
precocious (frühreif, -zeitig, altklug)
pretentious (anmaßend, anspruchsvoll, protzig, prätentiös)
prodigious (erstaunlich, wunderbar, großartig, gewaltig, ungeheuer)
prosperous (gedeihend, erfolgreich, blühend, glücklich, Wohlstands..., -habend)
ravenous (ausgehungert, heißhungrig, gierig, gefräßig)
rebellious (rebellisch, aufrührerisch, -ständisch, -sässig, widerspenstig, hartnäckig)
religious (Religions..., religiös, fromm, Ordens..., andächtig, gewissenhaft, genau)
rigorous (streng, hart, rigoros, rau, strikt, exakt, genau)
riotous (aufrührerisch, tumultartig, ausgelassen, wild, tobend, toll, zügellos)
sacrilegious (gotteslästerlich, frevelhaft, sakrilegisch)
scandalous (skandalös, anstößig, schockierend, schändlich, schimpflich)
scrupulous (voller Skrupel oder Bedenken, bedenklich, peinlich genau, ängstlich)
sensuous (Sinnes..., sinnlich, sinnesfroh)
serious (ernst, -lich, haft, -gemeint, feierlich, bedenklich, gefährlich)
simultaneous (gleichzeitig, simultan, unmittelbar)
slanderous (verleumderisch)
spontaneous (spontan, impulsiv, plötzlich, automatisch, unwillkürlich, wildwachsend)
stimulus, - threshold (Reiz, Antrieb, -sporn; Reizschwelle)
strenuous (emsig, rührig, eifrig, tatkräftig, energisch, mühsam, anstrengend)
studious (gelehrtenhaft, lehrbegierig, beflissen, fleißig, bemüht, sorgfältig)
stupendous (erstaunlich, gewaltig, riesig, enorm, phantastisch)
tedious (langweilig, öde, ermüdend, weitschweifig)
tempestuous (stürmisch, ungestüm, heftig)
thunderous (gewitterschwül, *übertr:* donnernd, gewaltig)
tortuous (gewunden, verschlungen, gekrümmt, umständlich, unehrlich, ,krumm')

treacherous (treulos, heim-, tückisch, hinterhältig, tückisch, trügerisch)
treasonous (verräterisch)
unanimous (einmütig, -stimmig, einig)
various (verschieden, -e, mehrere)
vicious, - circle (lasterhaft, verderbt, -werflich, unmoralisch, boshaft, bösartig, gemein, heftig, scheußlich, schlimm, *Recht:* fehler-, mangelhaft; Teufeskreis, Trugschluss)
villainous (Schurken..., schurkisch, schändlich)
zealous (eifrig, eifernd, fanatisch, heiß, innig, begeistert)

~ess , ~eß *von access bis youthfulness*

access (Ein-, Zugang, -tritt, -griff, zugreifen, Anfall, Ausbruch)
address (Adresse, An-, Rede, -sprache, Eingabe, Bitt-, Dankschrift, adressieren, richten an, zu-, wenden, jmd. ansprechen, Lebensart, Manieren, Geschick, Gewandtheit)
baroness (Baronin, Baroness)
bashfulness (Schüchternheit, Scheu)
bitterness (Bitterkeit, Verbitterung, Härte, Grausam-, Schmerzlichkeit)
bless, - oneself (segnen, preisen; sich bekreuzigen; blessed with, gesegnet mit...)
caress (Liebkosung, Zärtlichkeiten, streicheln, liebkosen)
ceaseless (unaufhörlich)
confess (bekennen, ein-, gestehen, beichten, zugeben, anerkennen)
chess (Schach)
cleverness (Geschicklichkeit, Klugheit, Schlauheit, Gerissenheit)
cloudiness (Bewölkung)
cloudless (Wolkenlos, *übertr:* ungetrübt)
compass (Kompass)
compress (Kompresse, zusammenpressen, komprimieren, verdichten)
craziness (Verrücktheit, Ausgelassenheit)
deadliness (das Tödliche, Tödlichkeit, tödliche Wirkung)
deepness (Tiefe, Dunkelheit, Scharfsinn, Gründlichkeit, Durchtriebenheit)
defenceless (Wehr-, Schutz-, Hilflos)
depress (etwas nieder-, drücken, deprimieren, deprimiert sein, schwächen, herabsetzen)
digress (abschweifen, -weichen)
distress, - oneself (Qual, Pein, Schmerz, Leid, Kummer, Sorge, Elend, bedrücken, beunruhigen, betrüben, See-, Not, - *call*, SOS-, Notruf; sich sorgen)
dizziness (Schwindel, Benommenheit, Schwindeligkeit)
dress (Kleid, be-, an-, ein-, kleiden, anziehen, -machen, herrichten, dekorieren)
duress, act under - (Zwang, Nötigung, Freiheitsberaubung; unter Zwang handeln)
eagerness (Begierde, Eifer, Ungeduld)
easiness (Leichtig-, Zwanglosig-, Bequemlich-, Leichtfertigkeit, Ungezwungenheit)
eeriness (Unheimlichkeit)
emptiness (Leere, Leer-, Hohlheit)
excess (Übermaß, -fluss, -schuss, Exzess, Unmäßigkeit, Ausschweifung, - *of,* zu viel, *carry to -* , etwas zu weit treiben oder übertreiben)
express (Express..., Schnell..., Eil..., sich äußern, ausdrücken, -drücklich, -pressen)
exodus (*Bibl. u. übertr:* Auszug, Ab-, Auswanderung, Massenflucht, Aufbruch)
finesse (Finesse, Spitzfindigkeit, Kunstgriff, Kniff, - anwenden, ‚tricksen', Schlauheit)
foolishness (Dumm-, Tor-, Albernheit)
gentleness (Güte, Milde, Freundlichkeit, Sanftheit)
ghostliness (Geisterhaftigkeit)

guess (rate!, raten, vermuten)
happiness (Glück, glückliche Wahl, - Formulierung)
haziness (Dunstigkeit, *übertr:* Unklarheit, Verschwommenheit)
helpless, be – with laughter, – ness (hilflos; sich totlachen , Hilflosigkeit)
homeless (heimatlos, obdachlos)
idleness (Untätigkeit, Muße, Müßiggang, Faulheit, Leere, Nutz-, Zwecklosigkeit)
impress (eindrucksvoll, ein-, aufprägen, beeindrucken; requirieren, beschlagnahmen)
joyfulness (Freude, Fröhlichkeit)
laziness (Faul-, Trägheit)
less, more or - (weniger; mehr oder weniger)
lightness (Leichtigkeit, -heit, -fertigkeit, -verdaulichkeit, -sinn, Milde, Heiterkeit)
likeness (Ähnlichkeit, Ab-, Bild, Gestalt)
limitless (Grenzen-, endlos)
Linus (Eigennamen)
Loch Ness (Eigennamen)
loveless (lieblos, ohne Liebe)
Los Angeles (Eigennamen)
lustfulness (Wollüstigkeit, Geil-, Lüsternheit)
mess, what a - (Unterordnung, Patsche, Klemme; wie schade!)
minus (Minus..., minus, weniger, abzüglich, negativ)
nervousness (Nervosität)
obsess, -ed by (quälen, heimsuchen, verfolgen; besessen von)
openness (Offenheit, Zugänglich, -keit)
oppress (*Seele:* bedrücken, unterdrücken, tyrannisieren, schickanieren)
outrageousness (Frevelhaftigkeit)
penniless (ohne einen Penny)
playfulness (Verspieltheit, Munterkeit, Ausgelassenheit)
possess (besitzen, haben, beherrschen, Gewalt haben über, erfüllen mit)
press (die Presse, -maschine, Druck, drücken, be-, drängen, -tätigen, pressen, keltern)
profess (erklären, bekunden, sich-, bezeichnen, -teuern, versichern, ausüben, betreiben)
progress (Weiter-, Entwicklung, Fortschritt, fortschreiten, sich fort-, weiterentwickeln)
queasiness (Übelkeit, Empfindlichkeit)
recess (Unterbrechung, Wand-, Aussparrung, Nische, Alkoven, Vertiefung, Einschnitt, Schlupf-, geheimer stiller-, Winkel, in eine Nische stellen, zurücksetzen, aussparen, einbuchten, einsenken, vertiefen)
regress (Rückschritt, -entwicklung, -wärtsbewegung, -läufige Entwicklung)
repossess (wieder in Besitz nehmen)
repress (*Gefühle, etc.* unterdrücken, *Psych:* verdrängen)
rockiness (felsige oder steinige Beschaffenheit)
seediness (Schäbigkeit, Abgerissenheit, verwahrloster Zustand,'Flauheit' im Magen)
shallowness (Seichtheit)
sinus (Krümmung, Kurve, Ausbuchtung, *Anat:* Stirn-, Knochen-, Neben-, Höhle)
silkiness (das Seidige, seidige, Weichheit, *übertr:* Sanftheit)
sleaziness (Verschlissenheit, Fadenscheinigkeit)
sleepiness, -less (schläfrig, -keit; schlaflos)
sneakiness (schleichend)
SOS (SOS)
spaciousness (Geräumigkeit, *übertr:* Weite, Umfang, Ausmaß)
spitefulness (Boshaftigkeit)

stress (Stress, seel. Druck, Beanspruchung, -en, Nachdruck, *Musik:* Ton, Betonung, -en, Akzent oder Gewicht legen auf, hervorheben, *übertr:* beanspruchen, -lasten)
success, with - (Gelingen, Erfolg; -reich)
supress (unterdrücken, -schlagen, verheimlichen, -tuschen, -bieten, abstellen, -schaffen)
thoughtfulness (Gedankenfülle)
swiftness (Schnelligkeit)
transgress (überschreiten, -treten, sich vergehen, sündigen)
useless, -ness (unbenutzt; nutzlos, -igkeit)
viciousness (Bösartigkeit, Gemeinheit, Lasterhaftigkeit, Verderbtheit, -werflichkeit)
weakness (Schwäche, Schwächlich-, Kränklichkeit, schwacher Punkt oder Seite, Mangel)
willingness (Willigkeit, Bereitschaft, Geneigtheit)
wishfulness (wunschvoll, -fülle, vom Wunsch erfüllt)
worldliness (Weltlichkeit, weltlicher Sinn)
yes, say -, - man (ja, jawohl, ja sagen, bejahen; Jasager)
youthfulness (Jugendlichkeit)

~esch ☛ *~äsch (S. 77)*

~eschn ☛ *~äschen (S. 78)*

~essi ☛ *~ässi (S. 135)*

~est ☛ *~äst (S. 79)*

~et ☛ *~äd, ~ät (S. 36)*

Endungen auf: ~i und ~i erweitert

~ii (1 Silbe) *von B bis ye*

B (B)
be, would-be (sein; Möchtegern..., Gernegroß, Angehender..., Zukünftiger...)
bee, bumble - (Biene, *übertr:* fleißiger Mensch; Hummel)
fee (Honorar, amtliche-, Gebühr, Vergütung, Taxe, Mitglieds-, Beitrag, Trink-,Geld)
flea (Fliege)
flee (fliehen, flüchten, -aus, eilen, aus dem Weg gehen)
free, fancy - (befreien, freilassen, umsonst, kostenlos, entlasten; frei und ungebunden)
gee (G; *Kindersprache:* Hottehü!)
glee (Freude, Fröhlichkeit, Ausgelassenheit, frohlocken)
he, -who (er, männlich, ...männchen, *he-goat,* Ziegenbock; wer, derjenige, welcher)
key, false -, delete- (Taste, eintippen, Schlüssel; Nach-, Dietrich; Löschtaste)
knee, -high, -deep, -length (Knie, -hoch, -tief, -lang)
maybe (vielleicht)

me (mich, mir, *it's me*, ich bin's)
plea (Vorwand, Einspruch, Ausrede, Bitte, Gesuch)
pea (Erbse, Erbsengroß, -förmig)
pee (Pippi machen, pinkeln)
sea (Welt-, Meer, Ozean, See)
see, - trough (sehen, verstehen, Bischofssitz, Erzbistum; durchsichtig, Klarsicht...)
she (sie, Mädchen, Frau, Weibchen, Weibs..., weiblich: *she-bear*, etc.)
T (T)
tea (Tee, *SL:* Marihuana)
thee (*veraltet, bibl. o. poet:* dich, dir, *of* -, dein, *regional:* du)
tree (Baum)
we (wir)
wee, a – bit, - hours (klein, winzig; ein klein wenig; die frühen Morgenstunden)
ye (*archaisierend f.* the, *veraltet, biblisch oder scherzhaft:* du, ihr, euch, dir, *d'ye,* do you)

~ii (2 Silben) *von agree bis wintry*

agree (zu-, übereinstimmen, einigen, bereit erklären, derselben Meinung sein)
baby (Baby, Säugling, Klein..., Kinder..., Baby..., Säuglings..., kindlich, kindisch, ‚Kindskopf, Heulsuse', *SL:* Schätzchen, Kindchen, Sache, Angelegenheit)
bungee (Eigenname)
debris, - rock (Trümmer, Schutt; Felsgeröll)
decree (Erlass, Dekret, Verfügung, -ordnung, an-, verordnen, -fügen)
degree, second -, by degrees (Grad, Stufe, Maß; zweiten Grades; allmählich)
density (Dichte, Dichtheit, Gedränge, Enge)
draughty (zügig)
drudgery (Plackerei, Schinderei)
foresee (voraussehen, -wissen)
gaily (lustig, fröhlich, bunt, prächtig)
goatee (Spitzbart)
Gumby, Ghandi, Marie (Eigennamen)
model T (Ford, Model T)
R+B (rhythm ‚n' blues)
roughly (rau, struppig)
rightly (richtig, recht, angemessen)
shady (schattig, *übertr:* fragwürdig)
slightly (schmächtig, dünn)
theory (Theorie, Lehre, Anschauung, *pet* -, Lieblingsidee)
trustee (Treuhänder, Kurator, Pfleger, Vermögens-, Sachverwalter)
wintry (winterlich, frostig, *übertr:* trüb, kalt, *wintry smile*)

~ii (3 Silben) *von absentee bis witchery*

absentee (Abwesender, - Eigentümer, Fehlender)
agency, travel - (Kraft, ausf. Organ, Werkzeug, Agentur, Amt, Behörde, Vermittlung, Tätigkeit, Wirkung, Hilfe, Mittel, Geschäfts-, Dienststelle; Reisebüro)
agony, death - (Höllenqualen, heftiger Schmerz, Agonie; Todeskampf)
amnesty (Amnesty, allgemeiner Straferlass, begnadigen, amnestieren)
ancestry, - research (Abstammung, hohe Geburt,Vorgänger, Ahnen; -forschung)
archery (Bogenschießen, -schützen)
armory (Waffenkammer, Wappenkunde, Heraldik)

artistry (Kunst, -fertigkeit, Künstlertum, das Künstlerische)
bakery (Bäckerei)
balcony (Balkon)
battery (Batterie, Trupp, *übertr:* Reihe, Satz, *Musik:* Batterie, Schlagzeuggruppe)
bigotry (Engstirnigkeit, blinder Eifer, Fanatismus, Frömmelei)
blasphemy (Blasphemie, Gotteslästerung)
botany (Botanik, Pflanzenkunde)
bourgeoisie, petty - (Bürgertum; Klein-)
bravery (Tapferkeit, Mut, Pracht, Staat, Putz)
brevity (Kürze)
bribery (Bestechung)
burglary (Einbruch, -diebstahl)
Calgary (Eigenname)
calvary (*Kirch:* Kalvarienberg, *Bibl:* Golgatha, Martyrium)
casualty (Unfall, -opfer, Verunglückter, -wundeter, Gefallener, Todesfall)
cavity (Loch, Hohlraum, Höhlung, *Anat:* Höhle, Raum, Grube, Loch im Zahn)
century (Jahrhundert, Centurie, Hundertschaft)
certainty (Sicher-, Gewiss-, Bestimmtheit, Überzeugung)
charity (Wohl-, Mildtätigkeit, Nächstenliebe, Güte, Milde, Almosen, gutes Werk)
chastity, - belt (Keusch-, Rein-, Schlichtheit; Keuschheitsgürtel)
chimpanzee (Schimpanse)
chivalry (Ritterlichkeit, -tum, Tapferkeit)
clemency (Nachsicht, Milde, Gnaden...)
colony (Kolonie, Gruppe von Ansiedlern, -Künstlern, etc.)
comedy (Komik, Komödie, Lustspiel)
company, part - (Handels-, Gesellschaft, Begleitung; sich trennen, uneinig werden)
courtesy (Höflich-, Verbindlich-, Liebenswürdig-, Gefälligkeit)
crudity (etwas Unfertiges, Unbearbeitetes, Geschmackloses)
cruelty (Grausamkeit, Misshandlung, Quälerei, Härte, Schwere)
custody (Aufsicht, Ob-, Hut, Schutz, Gewahrsam, Haft, Verwahrung, -waltung)
decency, for -'s sake (Anstand, Schicklich-, Anständigkeit; anstandshalber)
deputy (Stellvertreter, Beauftragter, Abgeordneter, Vize..., stellvertretend)
destiny (Schicksal, Los, Bestimmung, Vorsehung)
devotee (begeisterter Anhänger, Liebhaber, Verehrer, -fechter, Fanatiker, Eiferer)
diary, keep a - (Tage-, Merk-, Notizbuch, Taschenkalender; ein Tagebuch führen)
dignity (Würde, Rang, Ansehen, würdevolles Auftreten, Größe)
disagree (nicht übereinstimmen, im Widerspruch stehen, streiten, krank werden)
drapery (Drapierung, Dekobehang, Faltenwurf, Textilien, Webwaren)
dynasty (Dynastie, Herrscherhaus)
ebony (aus-, Ebenholz, tief-, schwarz)
ecstasy (Ekstase, Rausch, Verzückung, Auf-, Erregung, Begeisterung)
effigy (Bild, -nis)
elegy (Elegie, Klagelied)
embassy (Botschaft, -sgebäude, -spersonal, diplomatische Mission)
employee (Angestellter, Arbeitnehmer)
enemy, arch - (Feind, Gegner, feindlich, Feind...; Erzfeind)
energy (Energie, Tat-, Kraft, Leistung, Nachdruck, Wirksamkeit)
eulogy (Lob, -rede, -schrift)
factory (Fabrik, Faktorei, Fabrik...)

fallacy, popular - (Trugschluss, Unlogik, Irrtum; weit verbreiteter Irrtum)
family (Familie, Sippe, Verwandtschaft)
fantasy (Fantasie, Vorstellungs-, Einbildungskraft)
felony (Verbrechen)
fertility (Fruchtbarkeit, Reichtum)
fiery (feurig, brennend, glühend, hitzig, heftig, Feuer..., -rot, -gefährlich)
flagrancy (Schamlosigkeit, Ungeheuerlichkeit, Krassheit)
flattery (Schmeichelei)
fluency (Fluss, Flüssigkeit, Gewandtheit)
forgery (Fälschen, Fälschung)
frequency (Häufigkeit, Frequenz)
gaiety (Heiter-, Fröhlichkeit, Frohsinn, Lustbarkeit, Fest)
galaxy (Galaxie, Milchstraße, Galaxis)
Galilee (Eigenname)
gallantry (Ritterlich-, Tapferkeit, Galanterie, Liebelei)
gallery (Kunst-, Gallerie, Empore)
Germany (Eigenname)
glory (Ruhm, Ehre, Glorie, sich rühmen, -freuen, -sonnen in, triumphieren)
gravity (Schwerkraft, Gravitation; Ernst, Feierlichkeit, Schwere, Tiefe)
guarantee (Garantie, Bürgschaft, Sicherheit, garantieren)
harmony (Harmonie, Wohl-, Ein-, Gleichklang)
heresy (Ketzerei, Häresie)
hierarchy (Hierarchie, Rangfolge)
history, case - (Vor-, Geschichte, Werdegang, Entwicklung; Krankengeschichte)
homily (Predigt, Moralpredigt)
honesty (Ehrlichkeit, -barkeit, Rechtschaffenheit, Aufrichtigkeit)
imagery (Vorstellungen, geistige-, Bilder, -sprache, Bild, -werk)
industry (Industrie, -zweig, Fleiß, Eifer)
infamy (Ehrlosigkeit, Schande, Niedertracht, Verrufenheit)
infancy (frühe Kindheit, Säuglingsalter, Minderjährigkeit, Anfangsstadium)
infantry (Infanterie, Fußtruppen)
injury (Verletzung, Wunde, Schädigung, Kränkung, Unrecht)
inquiry (Untersuchung, An-, Nach-, Frage, Prüfung, Nachforschung)
irony (eisern, eisenhaltig, -artig; Ironie, Spöttelei)
Italy (Eigenname)
ivory (Elfenbein, -ern, Elfenbein...)
jamboree (Pfadfindertreffen, rauschendes Fest, tolle Party)
jealousy (Eifersucht, Missgunst, Neid, Achtsamkeit auf)
jeopardy (Gefahr, Gefährdung, Risiko)
jewelry (Schmuck, Juwelen)
jubilee (Jubileum, Jubeljahr)
legacy (Vermächtnis, Legat, Erbe, Hinterlassenschaft)
leniency (Milde, Nachsicht)
levity (Leichtfertigkeit, Frivolität)
liberty (Freiheit)
liturgy (*Kirch:* Liturgie)
livery (Pflege und Unterbringung von Pferden; Livrée, Tracht, *übertr:* Kleid)
lottery (Lotterie, Glücksspiel)
loyalty (Loyalität, Treue)

lunacy (*Med:* Wahn-, Irrsinn)
luxury (Luxus, -artikel)
melody (Melodie, Lied, -chen)
memory (Gedächtnis, Erinnerung, Andenken, Internspeicher)
mercury (Merkur, Götter-, Bote, Quecksilber, Bingelkraut)
mimicry (Nachahmung, -äffung, *Zool:* Angleichung)
ministry (Ministerium, Geistlichkeit, geistliches oder Ministeramt, Kabinett)
misery (Elend, Not, Trübsal, Jammer)
mockery (Spott, Hohn, Spötterei, Nachäffung, Farce, Possenspiel)
modesty (Bescheiden-, Einfachheit, Anspruchslosigkeit, Sittsamkeit, Schamgefühl)
mutiny (Meuterei, Rebellion, Auflehnung, meutern)
mystery, - tour (Geheimnis, Rätsel, Mysterium; Fahrt in´s Blaue)
nominee (Kandidat, Ernannter, Vorgesehener)
nursery (Kinderzimmer, -tagesstätte, Pflanz-, Baumschule, Schonung)
odyssey (Odyssee)
oversee (beaufsichtigen, überwachen)
pageantry (Prunk)
pantry (Vorrats-, Speisekammer)
papacy (Papsttum, Pontifikat)
parody (Parodie, parodieren)
paternity (Vaterschaft)
pedantry (Pedanterie, Genauigkeitswahn)
pedigree (Stammbaum, Ahnentafel, Ab-, Herkunft, lange Ahnenreihe)
penalty, death - (Strafe, Todesstrafe)
perjury (Meineid)
piety (Pietät, Frömmigkeit, Ehrfurcht)
piracy (Piraterie, Plagiat, Raubdruck, Patentverletzung)
pleasantry (Heiter-, Lustigkeit, Scherz, Witz, Hänselei)
poetry (Poesie, Poetik, Dichtkunst, Dichtung, Gedichte)
poignancy (Bitterkeit, Heftigkeit, Heftigkeit, Schärfe von Geruch etc., Ergreifendes)
policy (Verfahren, Taktik, Politik; Versicherungs-, Police)
potpourri (Kunterbunt, Allerlei, von allem etwas, Potpourri)
poverty (Armut, Mangel, Armseligkeit, Dürftigkeit)
privacy (Privat-, Intimsphäre, Zurückgezogenheit, Ruhe, Heimlichkeit, Geheimhaltung)
prodigy, child - (Wunder; -kind)
property (Grundbesitz, Gut, Vermögen, Eigentum, -schaft, -heit, -art, Merkmal)
puberty (Pubertät, Geschlechtsreife)
purity (Reinheit)
quackery (Quacksalberei, Kurpfuscherei, Scharlatanerie, Marktschreierei)
quality (Qualität, Güte, Eigenschaft, Art, Natur, vornehmer Stand)
quantity (Quantität, Menge, *Math:* Größe)
rarity (Seltenheit, Rarität, Kostbarkeit, Vortrefflichkeit, *Phys:* verdünnen)
recipe (Rezept)
rectory (Pfarrei, Pfarrhaus)
referee (Schieds-, Ring-, Richter, Referent, Berichterstatter, als - fungieren)
refugee, - camp (Flüchtling; -scamp)
remedy (Arznei, Mittel, Abhilfe, abstellen, -helfen, beheben)
repartee, quick at - (Schlagfertigkeit, schlagf. Antwort; schlagfertig)
revelry (lärmende Festlichkeit, Rummel, Trubel)

rhapsody (Rhapsody, Wort-, Schwall, Schwärmerei)
rickety (gebrechlich, wackelig, klapperig, *Med:* rachitisch)
rivalry (Rivalität, Konkurrenz, Nebenbuhlerschaft)
robbery (Raub-, Überfall, Diebstahl, Beschiss)
rosemary (Rosmarin; Rosemarie)
royalty (Königtum; Tantiemen)
salary (Gehalt, Besoldung, be-, zahlen)
sanctity (Heiligkeit, Unantastbarkeit, heilige Gefühle oder Ideale)
sanity (gesunder-, Menschenverstand, Zurechnungsfähigkeit)
savagery (Barberei, Wild-, Rohheit, Unzivilisiertheit, Grausamkeit)
savory (Bohnenkraut, Sölle; wohlschmeckend, -riechend, pikant, würzig)
scarcity (Knappheit)
scenery (Szenerie, Landschaft, Gegend, Bühnenbild, -ausstattung)
scrutiny (Untersuchung, Wahlprüfung, forschender oder prüfender Blick)
secrecy (Heimlichkeit, Verschwiegen-, Verborgenheit, Geheimhaltung)
sesame, open (Sesam; -öffne dich)
shadowy (schattig, schattenspendend, -haft, vage, unwirklich)
shivery (fröstelnd, fiebrig)
silvery (silbern)
simile (Gleichnis, Vergleich)
slavery (Sklaverei, Plackerei, Schinderei)
slippery (schlüppfrig, glatt, glitschig, heikel, gerissen, zweifelhaft)
sorcery (Zauberei, Hexerei)
strategy (Strategie, Taktik, List)
subsidy (Beihilfe, Subvention)
subtlety (Feinheit, subtile Art, Spitzfindigkeit, Scharfsinn, Gerissenheit, Raffinesse)
sugary (zuckerhaltig, zuckrig, süß, -lich)
summary (Zusammenfassung, Übersicht, Abriss, knapp, gedrängt, abgekürzt, schnell...)
symmetry, mirror - (Symmetrie, Spiegelgleichheit)
sympathy (Symphatie, Gleichgestimmtheit, Mitleid, -gefühl, Anteilnahme, Einklang)
symphony (Sinfonie, Symphony, Harmonie, Einklang)
tapestry (Wandteppich, Gobelin, gewirkte Tapete, Dekorationsstoff)
tendency (Tendenz, Richtung, Strömung, Neigung, Gang, Lauf d. Dinge)
Tennessee (Eigenname)
thievery (Dieberei, Diebstahl, Diebesgut)
treachery (Verrat, Treulosigkeit gegen)
trickery (Betrügerei, Gaunerei, Kniff)
trilogy (Trilogie, Dreierverband)
trinity (Dreiheit, Dreieinigkeit, -faltigkeit)
truancy (Schwänzerei, unentschuldigtes Fehlen)
tyranny (Tyrannei, Despotismus, Gewaltherrschaft)
unity (Einheit, Einheitlichkeit, Einigkeit, Eintracht)
urgency (Ein-, Dringlichkeit, Not, Druck, Drängen)
victory (Sieg, Triumph, Erfolg)
watery, - sky (Wasser..., wässrig, triefend, verwässert; Regenhimmel)
witchery (Zauber, Hexerei)

~ii (4 Silben und mehr) von ability bis vulgarity

ability (Fähigkeit, Können, Vermögen, Befähigung)

absurdity (Absurdität, Sinnlosigkeit, Albernheit, Unsinn)
activity (Aktivität, Tätigkeit, Betätigung, Lebhaftigkeit, Beweglichkeit, Wirksamkeit)
actuality (Wirklichkeit, Gegebenheit)
adversity (Missgeschick, Unglück, Not)
affinity (Verbundenheit, Neigung, Affinität)
agility (Flinkheit, Behändigkeit, Aufgewecktheit, Agilität)
amenity (Komfort, Annehmlichkeit, angenehme Lage)
animosity (Feindseligkeit, Erbitterung, Animosität)
anarchy (Anarchie)
anatomy (Anatomie, Aufbau)
anniversary (Jahrestag, -feier, jährlicher Gedenktag)
anonymity (Anonymität)
antiquity (Altertum, -tümer, Vorzeit, die Alten, die Antike, Antiquitäten)
anxiety (Angst, -gefühl, Beklemmung, Unruhe, Sorge, Besorgtheit, starkes Verlangen)
apparently (sichtbar)
artillery (Artillerie)
astrology (Astrologie, Sterndeutung)
astronomy (Astronomie, Sternkunde)
atrocity (Scheußlichkeit, Greuel, -tat, Ungeheuerlichkeit)
audacity (Dreistig-, Waghalsigkeit, Kühn-, Verwegenheit)
authenticity (Echtheit, Glaubwürdigkeit, Authensität)
authority (Autorität, Ansehen, Gewalt, Verantwortung, Behörde, Weisungsbefugnis)
barbarity (Barbarei, Rohheit, Grausamkeit, Unmenschlichkeit)
biography (Biographie, Lebensbeschreibung, -lauf)
biology (Biologie)
brilliancy (Glanz)
brutality (Brutalität, Rohheit)
capacity (Kapazität, Inhalt, Volumen, Fassungs-, Vermögen, Fähigkeit, Eigenschaft)
captivity (Gefangenschaft, Knechtschaft)
celebrity (Berühmtheit, Ruhm)
Christianity (Christentum)
chronology (Chronologie, Zeitbestimmung, -tafel)
combustibility (Brennbarkeit, Entzündlichkeit)
commodity (Ware, Gut, Artikel)
community (Gemeinschaft, -swesen, -samkeit)
compatibility (Verträglichkeit, Vereinbarkeit, Kompatibilität)
complacency (Selbstzufriedenheit)
complexity (Komplexität, Kompliziertheit, Vielschichtigkeit, etwas Komplexes)
complimentary (Schmeichelhaft, höflich, -keits..., kostenlos, frei)
comprehensibility (Verständlichkeit)
conformity (Konformität, Anpassung, Befolgung, Ähnlichkeit, Übereinstimmung)
consistency (Konsistenz, Beschaffenheit, Konsequenz, Folgerichtigkeit, Festigkeit, Dicke, Stetigkeit, Übereinstimmung, Vereinbarkeit)
conspiracy (Komplott, Verschwörung)
contradictory (unvereinbar, widersprechend, entgegengesetzt)
criminality (Kriminalität)
curiosity (Neugier, Wissbegierde, Kuriosität, Rarität)
debauchery (Ausschweifung, Schwelgerei, Orgie)
deformity (Entstellung, Missbildung, Hässlichkeit, moralischer Defekt, Verderbtheit)

delivery (Aus-, Ab-, Lieferung, Zustellung, Überbringung, -sendung, *Med:* Entbindung)
dependency (Schutzgebiet, Kolonie, Abhängigkeit)
depravity (Lasterhaftigkeit, Verderbtheit, Schlechtigkeit, böse Tat)
diversity (Verschieden-, Ungleichheit, Mannigfaltigkeit)
diplomacy (Diplomatie, Politik)
directory (Telefon-, Branchen-, Adressbuch, Verzeichnis, Leitfaden, Direktorium)
discovery (Entdeckung, Fund, Feststellung, Enthüllung)
discrepancy (Diskrepanz, Unstimmigkeit, Verschiedenheit, Widerspruch, Zwiespalt)
divinity (Gott, -heit, Göttlichkeit, Theologie)
eccentricity (Exzentrizität, Überspanntheit, Verschrobenheit)
economy (Sparsamkeit, Wirtschaftlichkeit, Wirtschaft)
electricy (Elektrizität)
elementary (elementar, einfach, Elementar..., Anfangs..., Einführungs...)
emergency (Not, -fall, kritische Lage, Krise, Not, -stands..., Hilfs..., Behelfs...)
enormity (Ungeheuerlichkeit, Untat, Greuel, Frevel)
epitome (Auszug, Abriss, Inhaltsangabe, Inbegriff)
equality (Gleichheit, -berechtigung)
eternity (Ewigkeit, das Ewige)
expectancy, life - (Erwartung, Lebenserwartung)
extremity (Gliedmaß, das Äußerste, äußerstes Ende, höchster Grad)
facility (Leichtigkeit, Oberflächlichkeit, Möglichkeit, Gewandtheit, Einrichtung)
facsimile (Faksimile, Reproduktion, faksimilieren)
ferocity (Grausamkeit, Wildheit)
festivity (Fest, -lichkeit, Feierlichkeit)
fiddle-de-dee (Quatsch, Unsinn)
fidelity (Wiedergabegüte, Klang-, Treue, Genauigkeit, Wortgetreu)
formality (Formsache, -alität, Förmlichkeit, Äußerlichkeit, leere Geste)
fraternity (Bruderschaft, Brüderlichkeit, Zunft, Gilde, Vereinigung)
frivolity (Leichtsinn, -fertigkeit, Oberflächlichkeit, Frivolität)
futility (Zweck-, Nutz-, Wert-, Sinnlosigkeit)
generosity (Großzügig-, Freigiebigkeit, Edelmut, edle Tat, Fülle)
geography (Geografie, Erdkunde)
geometry (Geometrie)
gratuity (Gratifikation, Zuwendung, Sondervergütung, Trinkgeld)
heredity (Vererbbarkeit, Erblichkeit, Erbmasse)
hilarity (Ausgelassenheit, Übermütigkeit)
hospitably (Gastfreundlichkeit)
hostility (Feindschaft, -seligkeit)
humanity (Humanität, Menschlichkeit, Menschsein, Geisteswissenschaften)
humility (Demut)
hypocrisy (Scheinheiligkeit, Heuchelei)
identity (Identität, Persönlichkeit)
idiocy (Schwachsinn, Idiotie, große Dummheit, Unsinn)
illiteracy (Analphabetentum, Unbildung)
immodesty (Unanständigkeit, Frechheit, Unbescheidenheit)
immunity (Immunität, Sonderrecht, Privileg, Unempfänglichkeit)
inability (Unfähigkeit, -vermögen)
incapacity (Unfähigkeit, Untauglichkeit)
inconsistency (Widerspruch, Unvereinbarkeit, Inkonsequenz, Unbeständigkeit)

indecency (Frivolität, Unanständigkeit, Zotigkeit)
individuality (Individualität, Eigenart)
inferiority (Minderwertigkeit, Unterlegenheit)
infirmary (Krankenhaus, -zimmer)
infirmity (Schwäche, Gebrechlichkeit, Krankheit)
ingenuity (Genialität, Findigkeit, Einfallsreichtum, Raffinesse, Brillianz)
inhumanity (Unmenschlichkeit)
insufficiency (Unzulänglichkeit, -tauglichkeit, Mangel, *Med:* Insuffizienz)
insurgency (Aufruhr, -stand, Rebellion, Erhebung)
integrity (Integrität, Rechtschaffenheit, Unversehrtheit, Vollständigkeit)
intensity (Intensität, Grad, Stärke, Heftigkeit)
legality (Legalität, Zulässigkeit, Gesetzlichkeit, Rechtmäßigkeit)
longevity (Langlebigkeit, langes Leben)
machinery (Maschinerie, Maschinen, Mechanismus)
mahogany (Mahagoni)
majesty (Majestät, Hoheit, Erhabenheit)
maternity (Mutterschaft, Wöchnerinnen..., Umstands..., Schwangerschafts...)
maturity (Reife, Mündigkeit)
mediocrity (Mittelmäßigkeit, mäßige Begabung, unbedeutender Mensch)
minority (Minderheit, -zahl, -jährigkeit, Unmündigkeit)
mobility (Beweglichkeit, Wendigkeit, Mobilität)
monogamy (Monogamie, Einehe)
monopoly (Monopol, Marktbeherrschung, Allein...)
monstrosity (Missgeburt, Ungeheuerlichkeit)
morality (Moral, Sittlichkeit, Tugend, Ethik, Sittenlehre)
mythology (Mythologie, Götter-Heldensagen, Sagenforschung)
nationality (Nationalität, Staatsangehörigkeit, Nation)
nativity (Geburt, -shoroskop)
necessity (Notwendig-, Erforderlich-, Unumgänglichkeit)
neutrality (Neutralität)
nobility (Adel, Würde, Vornehmheit)
notoriety (Berüchtigt sein, schlechter Ruf, allgemeine Persönlichkeit oder Sache)
peculiarity (Eigenheit, -tümlichkeit, -artigkeit, Seltsamkeit, Besonderheit)
personality (Persönlichkeit, Person, Individualität)
philantropy (Menschenliebe)
philosophy (Philosophie)
photography, colour - (Fotografie; Farb-)
popularity (Beliebtheit, Volkstümlichkeit, Popularität)
pornography (Pornografie)
posterity (Nachwelt, -kommen)
property (Eigentum, -schaft, -art, -heit, Vermögen, Grundbesitz)
propriety (Anstand, -sformen, Schicklichkeit)
priority (Vorzug, -rang, -fahrt, bevorzugen, Priorität)
profanity (Gott-, Ruchlosigkeit, Gotteslästerung, Weltlichkeit, Fluchen)
proficiency (Können, Tüchtigkeit, Leistung, Fähigkeit)
promiscuity (Vermischt-, Verworrenheit, Durcheinander, Promiskuität)
propriety (Anstand, -sform, Umgang, Schicklichkeit)
proximity (Nähe)
psychiatry (Psychartrie)

publicity (Publizität, Werbung, Öffentlichkeit)
reality (Wirklichkeit, Realität, Tatsache)
recovery (Rück-, Wiedererlangung, -gewinnung, Bergung, Rettung, Genesung)
rudimentary (rudimentär)
satisfactory (befriedigend, zufrieden stellend, *Kirch:* sühnend)
security (Sicherheit, -sabteilung, Sorglosigkeit, Gewissheit)
sensibility (Sensibilität, Empfindungsvermögen)
sensuality (Sinnlichkeit)
sentimentality (Sentimentalität, Rührseligkeit, Gefühlsduselei)
serenity, your - (Heiterkeit, Klarheit, Gemütsruhe, Gelassenheit; Eure Durchlaucht)
sexuality (Sexualität, Sexual-, Geschlechtsleben)
similarity (Ähnlichkeit, -en, Gleichartigkeit)
sincerity (Aufrichtigkeit)
society (Gesellschaft, Gemeinschaft, Kulturkreis)
sophistry (Spitzfindigkeit, Trugschluss, Sophismus)
spontaneity (Spontanität, impulsives Handeln)
stability (Stabilität, Standfestigkeit, Beständigkeit, Festigkeit)
sterility (Sterilität, Keimfreiheit)
stupidity (Dummheit, Stumpfsinn)
subjectivity (Subjektivität, persönliche Betrachtungsweise)
superficiality (Oberflächenlage, -flächlichkeit)
superiority (Erhaben-, Überlegenheit, -macht, -heblichkeit, Vorrang, -recht, -zug)
technicality (das Technische, techn. Besonderheit, *Recht:* Formsache)
theology (Theologie)
totality (Gesamtheit, Vollständigkeit, totale Verfinsterung)
tranquillity (Ruhe, Frieden, Stille, Gelassenheit)
triviality (Belanglosigkeit, Nebensache, Plattheit)
uniformity (Ein-, Gleichförmigkeit, -mäßigkeit, Gleichheit, Eintönigkeit)
university, open - (Universität; Fern-, Telekolleg)
utility (Nützlichkeit, Nutzen, Dienstprogramm)
validity (Zulässig-, Gültig-, Triftig-, Stichhaltig-, Richtigkeit)
variety (Vielfalt, Auswahl, Mannigfaltig-, Vielseitigkeit)
velocity (Geschwindigkeit)
virginity (Jungfräulichkeit, Junfernschaft, Keuschheit, Unberührtheit, Reinheit)
vulgarity (Vulgäre Art, Anstößigkeit, Unsitte)

~iib, ~iip — *von barkeep bis weep*

barkeep (barkellnern, -mixen)
cheap (billig, preiswert, verbilligt, ermäßigt, *übertr:* billig, schäbig)
cheep (Pieps, -er, piepen)
creep, -s (*a. übertr:* kriechen, schleichen, kribbeln ; Schlupfloch, Fiesling, Scheißtyp; *Geol:* Erdrutsch; Gruseln, Gänsehaut)
deep, ankle-, breast-, -felt, -laid, - set, skin - (*a. übertr:* tief; Tiefe, Abgrund; Knöchel-, Brust-, tiefempfunden; schlau; tiefliegend; oberflächlich)
heap (Menge, Haufen, -weise, über-, häufen, -schütten, beladen, anfüllen)
jeep (Jeep, kleines, geländegängiges Mehrzweckfahrzeug)
keep (Unterhalt, Obhut, Verwahrung, be-, unter-, auf-, ab-, halten, haben, bleiben, auf-, bewahren; Burgverlies, Bergfried)
leap (Sprung, über-, springen, - lassen, stürzen)

peep (Pieps, -en, piepen ; Blick, Sicht, neugierig oder verstohlen-, gucken, Tagesanbruch)
reap (schneiden, ab-, ernten, mähen)
seep, -away, - in (sickern, tropfen, lecken; ver-, einsickern, -dringen)
sheep, black (Schaf; *übertr:* schwarzes Schaf)
sleep, beauty - (Schlaf, Ruhe, schlafen, ruhen, übernachten; Schlaf vor Mitternacht)
steep (steil, -er Abhang, jäh, *übertr:* happig, gepfeffert, unverschämt, toll, unglaublich; Lauge, eintauchen, -weichen, durch-, tränken, imprägnieren, versenken, erfüllen)
sweep, -net (kehren, fegen, säubern, frei machen, *E-Tech:* Kipp...; Schleppnetz)
weep (Tränen vergießen, be-, weinen)

~iid, ~iit — *von agreed bis wheat*

agreed (aus-, abgemacht, -gesprochen, ausgeglichen, zugestimmt, einig, einverstanden, erledigt, genehmigt, verabredet, -einbart, zugesagt, stimmte zu, es bleibt dabei!)
athlete (Athlet, Sportler, Wettkämpfer, *übertr:* Hüne)
beat (Schlag, Ticken, Takt, schlagen, klopfen, wie erschlagen, ganz kaputt, erschöpft)
beet, sugar - (Runkelrübe, Mangold, Bete; Zuckerrübe)
bittersweet (bittersüß, halbbitter)
bleat (blöken, meckern, in weinerlichem Ton reden)
bleed, - to death (bluten, zur Ader lassen; verbluten)
breed (gebären, hervorbringen, zeugen, brüten, sich paaren, - vermehren, auf-, erziehen, ausbilden, erzeugen, verursachen, Rasse, Zucht, Stamm, Art, Schlag, Herkunft)
centipede (Hundertfüßer)
cheat (Betrüger, Schwindler, betrügen, schwindeln, mogeln, Schnippchen schlagen)
concede (zugestehen, einräumen, zugeben, anerkennen, sich geschlagen geben)
compete (in Wettbewerb treten, sich bewerben, - messen, konkurieren, wetteifern)
complete (vollständig, -kommen, -zählig, völlig, ganz, komplett, -ieren, sämtlich, vervollständigen, voll-, beenden, abschließen, ergänzen, erledigen, fertigstellen)
conceit, self - (Eingebildetheit, Einbildung, Dünkel, Ansicht; Eigendünkel)
concrete (Beton, betonieren, konkret, greifbar, wirklich, dringlich, fest, dicht, kompakt, zu einer festen Masse verbinden, zusammenballen, vereinigen)
creed (Glaubensbekenntnis, Glaube, Konfession, Credo, Überzeugung)
deceit, self - (Betrug, Betrügerei, Täuschung, Falschheit, Tücke; Selbsttäuschung)
deed (Helden-, Groß-, Tat, Handlung, *Recht:* Dokument, Urkunde, urkundlich übertragen)
defeat (besiegen, zurück-, schlagen, abwehren, -lehnen, Antragsablehnung, Niederlage, -werfung, Besiegung, Vereitelung, -nichtung, Misserfolg, Fehlschlag)
delete, - key (tilgen, streichen, ausradieren; Löschtaste)
deplete (leeren, dezimieren, abfischen, Raubbau betreiben, *Kraft, Vorräte etc.* erschöpfen)
discrete (getrennt, einzeln, unstet, unbeständig, diskret)
eat (essen, fressen, an-, zerfressen Futter, Fressalien)
elite (Elite, Auslese, Beste, Führungs-, Oberschicht, Elite-, Kerntruppe)
exceed (überschreiten, -steigen, zu weit -, hinausgehen über, übertreffen, herausragen)
feat (Helden-, Großtat, Kunst-, Meisterstück, Kraftakt)
feed (füttern, ernähren, fressen, futtern, Fütterung, Mahlzeit, Speisung, Zufuhr, Ladung)
feet, crow's - (Füße; Krähenfüße, Fältchen)
fleet, - feeted (Flotte, Geschwader, Gruppe, ...park; schnell, flink; schnellfüßig)
greed, - for power (Hab-, Gier, -sucht; Machtgier)
greet (be-, grüßen, empfangen, ans Ohr dringen, sich jmd. bieten, freudig aufnehmen)
heat (Hitze, große Wärme, Fieber, Erhitztheit, heizen, *Speise* Schärfe)
heed (beachten, acht geben, - auf, Beachtung)

inbreed (durch Inzucht züchten)
incomplete (unvollständig, -kommen, -endet, lücken-, mangelhaft)
indiscreet (indiskret, taktlos, unüberlegt)
knead (kneten, massieren, formen)
lead (Führung, Leitung, Spitze, an-, leiten, führen, Leitungskabel, Senk-, Blei, verbleien)
meat, -s (Fleisch, *übertr:* Substanz, Ge-, Inhalt; Fleischwaren, -gerichte)
meet (begegnen, zs.-, -kommen, -treten, treffen, - auf, sich berühren, - finden, stoßen auf)
mislead, be misled (irreführen, verleiten, -führen; sich verleiten lassen)
meet and greet (*Gesellschaftl:* Sehen und gesehen werden)
mistreat (misshandeln, schlecht behandeln)
neat (sauber, pur, rein, -lich, hübsch, nett, adrett, klar *SL:* prima; Rind, Ochse, Vieh)
need, no - (Mangel, Bedürfnis, Bedarf, brauchen, müssen, Notwendigkeit, nötig haben, benötigen, erfordern; kein Grund für)
obsolete (veraltet, überholt, altmodisch, abgenutzt, verbraucht, rudimentär, obsolet)
parakeet, Australian grass (Sittich; Wellensittich)
precede (voran-, voraus-, gehen, -schicken, Vorrang, -tritt, -zug)
proceed (fort-, -setzen, -schreiten, weiterfahren, aus-, über-, vorgehen, prozessieren)
read (gelesen, *P. P.* u. *Prät.* von read, lesen)
recede (zurücktreten, -weichen, -gehen, ent-, verschwinden, Abstand nehmen)
receipt (Empfang, -sbestätigung, Erhalt, Eingang, Annahme, Beleg, Quittung, quittieren)
reed (Ried, -grass, Schilf, -Rohr, Rohrflöte, - blatt, Pfeil, Weberkamm)
repeat (Wiederholung, sich-, wiederholen, -des, repetieren, Speisen aufstoßen)
retreat (Rückzug, Zuflucht, sich-, zurückziehen, zurücktreten, -weichen, abgeschieden)
re-treat (erneut behandeln)
seat (Sitz, -fläche, Stuhl, Sessel, Bank, Platz, - nehmen, sitzen, Gesäß, Hosenboden)
secede (*bes. Kirche, Politik:* sich trennen oder lossagen, abfallen)
seed (*Bot:* Same, Kern, Saat, Keim, entsamen, -kernen, besäen, in Samen schießen)
she'd (*Abk:* she would, -had; sie würde, -hatte; pflegte)
sheet (Bettuch, Laken, Leintuch, Bogen, Blatt, Zeitung, Flug-, Schrift, Segel, Schot, Blech, mit Blech verkleiden, Bett beziehen, in Laken ein-, hüllen)
sleet (Graupel, graupeln, *Engl:* Schneeregen, *Am:* Graupelschauer)
speed (Geschwindigkeit, Schnelligkeit, Eile, Tempo, eilen, rasen, beschleunigen)
stampede (Panik, wilde, panische Flucht, Ansturm, in wilde Flucht jagen, davonstürmen)
succeed (glücken, gelingen, Erfolg haben, Nachfolger werden, erben, nach-, folgen)
street, walk the - (Straße; auf den Strich gehen)
suite (Ge-, Folge, Reihe, Serie, Suite, Appartement, Fortsetzung, Zimmer-, Einrichtung)
Swede (Schwede, -in)
sweet (süß, lieblich, frisch, Süße, Liebling, verliebt, lieb, nett, freundlich, sanft)
treat, ill -, Dutch - (be-, handeln, umgehen mit, Vergnügen, Schmaus, Genuss, Wonne, Bewirtung; misshandeln, schlecht behandeln; Essen, bei dem jeder für sich bezahlt)
tweed (Tweed, -sachen)
we'd (*Abk. f. we would, -should, -had*; wir würden, -sollten, -hatten)
weed, - out (Unkraut, - jäten ; aussondern, -merzen)
wheat, spring -, whole (Weizen; Sommerweizen; Vollkorn...)

~iidin ☛ *~ing (S. 155)* *von Eden bis weedin'*

Eden (Garten Eden)
lead-in (Zuleitung, Einführungs..., Einleitung)
leadin' (führend, leitend, erst, vorderst, Haupt..., tonangebend, maßgeblich, prominent)

needin´ (benötigend, brauchend)
readin´ (Lesen, Lesung, Vortrag, Belesenheit, Lesart, Version, Deutung, Lese...)
seedin´ (entsamend, Impfen, Bekeimung)
Sweden (Schweden)
weedin´ (Jäten)

~iidli, ~iitli — *von completely bis sweetly*

completely (vollkommen, komplett, Voll...)
concretely (konkret)
discreetly (diskret, taktvoll, verschwiegen)
indiscreetly (indiskret)
fleetly (schnell, flink, vergänglich)
neatly (ordentlich, sauber)
sweetly (süßlich)

~iidsch — *von beach bis teach*

beach (Strand, *Schiff:* auf den Strand setzen oder ziehen)
breach (*übertr:* Bruch, Riss, Zwist, Übertretung, Verletzung, Verstoß, *Milit:* Bresche, Lücke schlagen, durch-, brechen)
each, - one, - of us (jede, -r, -s; jeder einzelne, - von uns)
impeach (jmd. anklagen, beschuldigen, anfechten, -zweifeln, angreifen, in Frage stellen)
leech (Blutegel, *übertr:* Blutsauger, Schmarotzer; *stick like a – one so.,* wie eine Klette an jmd. hängen)
peach (Pfirsich, *SL:* verpfeifen, -petzen, 'klasse oder todschicke' Sache oder Person)
preach (etwas-, predigen, eine Predigt halten, ermahnen zu)
reach (er-, über-, reichen, geben, greifen, langen, erstrecken, ausdehnen, Griff, Trag-, Reichweite, Bereich, Umfang, Ausdehnung, geistige-, Fassungskraft, Horizont)
screech (etwas-, schreien, kreischen, durchdringender Schrei)
speech (Sprache, Sprechvermögen, Sprach..., Sprech..., Rede, Aus-, Ansprache, Klang)
teach (lehren, unterrichten, -weisen)

~iidschen — *von collegian bis region*

collegian (Mitglied oder Student eines College, höherer Schüler)
Norwegian (Norweger, -in, norwegisch)
region, in the - of (Gebiet, Gegend, Region. Landstrich, Bezirk; von ungefähr)

~iien — *von Australian bis lesbian*

Australian (Australier, australisch)
Episcopalian (bischhöflich, Mitglied einer Episkopalkirche)
Indian (Inder, -in, indisch, indianisch)
lesbian (Lesbierin, lesbisch)

~iif — *von achieve bis weave*

achieve (voll-, zustande bringen, schaffen, leisten, erlangen, -reichen, -zielen)
beef, - tea (Rindfleisch, meckern, nörgeln, sich beschweren; Fleischbrühe, Bouillon)
belief, beyond - (Glaube, Religion, Meinung, Anschauung, Überzeugung; unglaublich)
believe, make – , --world (glauben, meinen, denken; Verstellung, Heuchelei, Vorwand, vorgeblich, scheinbar, falsch; Scheinwelt)
bereave (berauben, hilflos zurücklassen)

brief (päbstl.-, Breve; jmd. instruieren, einweisen, kurz, - angebunden, gedrängt, schroff)
chief (Ober-, Haupt, Chef, Anführer, Vorgesetzte, Leiter, Häuptling, erst, oberst, höchst)
conceive (schwanger oder trächtig werden, er-, aus-, denken, ersinnen, sich vorstellen)
disbelief (Unglaube, Zweifel)
disbelieve (etwas oder jmd. -, nicht glauben, bezweifeln)
eve, New Year's-, Christmas - (*Bibl:* Eva; Vor-, Abend, -tag; Silvesterabend, Heiliger Abend)
grief, - stricken, good - (Gram, Kummer, Leid, Schmerz; kummervoll; meine Güte!)
grieve (betrüben, bekümmern, jmd. weh tun, sich grämen, bekümmert sein)
heave (gehoben, *Prät.* u. *P. P.* von hove, Hub, Heben, hoch-, heben, -wuchten, -stemmen, -hieven, -ziehen, -winden, würgen, kotzen, keuchen, sich übergeben, -heben u. senken)
leaf, - through, bay-, fig -, clover (Blatt; durchblättern; Lorbeer-, Feigen-, Kleeblatt)
leave (Erlaubnis, Genehmigung, Urlaub, Abschied, ver-, über-, stehen-, liegen-, zurücklassen, fort-, weg-, gehen, abreisen, -fahren, -fliegen, vermachen, -erben)
perceive (wahrnehmen, empfinden, merken, spüren, verstehen, erkennen, begreifen)
receive (empfangen, bekommen, erhalten, -fahren, ein-, an-, aufnehmen, beherbergen)
reef (Riff; Ader, Quarzgang, *Segel* reffen, Reff)
relief (Erleichterung, Entlastung, Wohltat, Trost, Abwechslung, Unterstützung, Hilfe, Relief, erhabene Arbeit, *set into vivid -,* etwas plastisch schildern)
relieve (erleichtern, erleichtert fühlen, hervor-, abheben, entlasten, unterstützen, helfen)
reprieve (Begnadigung, Aufschub, Gnaden-, Frist, Atempause, - gönnen, begnadigen)
retrieve (apportieren, wiederfinden, -bekommen, -erlangen, zurück-, herausholen, retten)
sleeve (Ärmel, Manschette, Hülse, Muffe, Buchse, Hülle)
Steve (Eigenname)
thief (Dieb, Räuber, Gangster)
weave (weben, wirken, zs.-, verweben, -flechten, Gewebe, *übertr:* ersinnen, -finden)

~iig, ~iik — *von beak bis week*

beak (Schnabel, 'Zinken'; Tülle, Ausguss, Nase, Röhre)
bleak (öde, kahl, rau, ungeschützt, windig, *übertr:* trost-, freudlos, finster, trüb)
creek, up the - (kleine Bucht, Flüsschen, kleiner Wasserlauf; in der Klemme)
EEK (Estonian kroon- *Estnische Krone*)
fatigue (Ermüdung, -schöpfung, schwere Arbeit, Mühsal, ermüden)
freak (Missbildung, -geburt, verrückter Einfall, -Kerl, Sonderling, Laune, irre Sache)
intrigue (Intrige, intrigieren, Ränke schmieden, fesseln, faszinieren, verblüffen)
league (Liga, Bund, Bündnis, *veraltet:* Wegstunde, Meile)
leak, - out (Leck, Loch, undicht, Leck sein, auslaufen, lecken, tropfen; durchsickern)
meek (mild, sanft-, demütig, unterwürfig)
reek (Gestank, Ausdünstung, Geruch, Dampf, Dunst, dampfen, stinken, stark-, riechen)
seek, hide and - (auf-, er-, ver-, suchen, erbitten, trachten, forschen; Versteckspiel)
speak, - up, -out (sprechen, reden, sagen; lauter, offen reden)
tweak (zwicken, kneifen)
weak, -minded (schwach, dünn; schwachsinnig)
weaken (Getränk schwächen)
weakling (Schwächling)
week, -end, -day, - in week out (Woche, -nende, -tag; Woche für Woche)

~iik ☛ *~iig, iik (S. 115)*

~iiki ☛ *~iig, ~iik (S. 115)* — *von geeky bis sneaky*

geeky (dämlich)

leaky (Leck, undicht)
reeky (dampfend)
sneaky (heimlich, heimtückisch, feige)

~iikli *von bleakly bis weekly*

bleakly (öde, kahl)
meekly (kleinlaut, mild, -e, sanftmütig, widerspruchslos, -standslos)
weakly (schwächlig)
weekly (wöchentlich)

~iiks ☛ *~iig, ~iik (S. 115) und bilde den Plural*

~iil *von appeal bis zeal*

appeal, eye - (Appell, Einspruch, Bitte, Aufruf, Berufung, - einlegen, appellieren, bitten, sich wenden, aufrufen, anziehen, -flehen, anziehend sein; optische Wirkung)
Bastille (Eigenname)
Camille (Eigenname)
conceal (verbergen, -decken, -hehlen, -schweigen, -heimlichen, -stecken, kaschieren)
deal (Coup, Geschäft, Handel, Diele, Brett, Planke, Tannen-, Kiefernholz, Menge, Teil, versetzen, dealen, be-, handeln, befassen-, beschäftigen mit, ab-, geben, austeilen)
eel , electric - (Aal; Zitteraal)
feel (Gefühl, Empfindung, Stimmung, Atmosphäre, feiner Instinkt, mit-, an-, fühlen, betasten, empfinden, spüren, Lust haben auf, tasten, suchen nach)
genteel, shabby - (vornehm, - tuend, geziert, affektiert, elegant, vornehm, aber arm)
he´ll (*Abk: he will*; er wird)
heal, - up, - over (heilen, kurieren, *übertr:* versöhnen, Streit beilegen; zu-, heilen)
heel , - over (Ferse, -n stricken, Absatz, Hacken; Schiff auf die Seite legen, krängen)
ideal (Ideal, Wunsch-, Vorbild, das Ideelle, vollendet, -kommen, vorbildlich, Ideen...)
kneel, - down (knien)
meal (Schrot-, Mehl, Pulver, Mahl, Essen)
peel, - off (Schale, Rinde, Haut, schälen, Backschaufel, Brotschieber; abschälen, -blättern, -bröckeln, -lösen, strippen, Kleider abstreifen, sich entblättern)
real (Wirklichkeit, d. Reale, real, reell, tatsächlich, wirklich, wahr, sehr, äußerst, richtig)
reel (Rolle, Spule, Haspel, Winde, Trommel, sich drehen, wirbeln, taumeln, wanken)
repeal (aufheben, außer Kraft setzen, widerrufen, Aufhebung von Gesetzen)
reveal (*kirch. u. übertr:* offenbaren, enthüllen, zeigen, sehen lassen, verraten, aufdecken)
seal (Robbe, Seehund, Siegel, be-, ver-, siegeln, Ab-, Dichtung, abdichten, plombieren)
she´ll (*Abk: she will*; sie wird)
spiel (*Am. SL:* Werbesprüche, Gequassel, ‘Platte’)
squeal (kreischen, schreien, quieken, quietschen, Aufschrei, *SL:* verpfeifen, -petzen)
steal (Diebstahl, Schiebung, stehlen, *übertr:* erhaschen, ergattern, rauben, verstohlen)
steel (Stahl, stählen, verstählern, Stahl..., aus Stahl, stählen, wappnen, ver-, härten)
veal, - chop, - cutlet (Kalbfleisch; -kotelett, - schnitzel)
we´ll (*Abk: we will;* wir werden)
wheal (Quaddel)
weal, - and woe (Schwiele, Strieme, Wohl; Wohl u. Wehe, gute u. schlechte Tage)
wheel (Lenk-, Rad, Reifen, fahren, schieben, rollen, sich drehen, radeln)
zeal, full of - (Eifer, Begeisterung, Hingabe, Inbrunst; dienst-, eifrig)

~iild, ~iilt — *von battlefield bis yield*

battlefield, -ground (Schlachtfeld)
Chesterfield (Eigenname)
field (Feld, Flötz, Platz, Front, Gebiet, Bereich, fangen u. zurückwerfen, beantworten, kontern, im Feld aufstellen)
shield (Schutz-, Schild, -schirm, Panzer, Abschirmung, be-, schützen, be-, ab-, schirmen)
wield (*Macht* ausüben, *Waffe oder Werkzeug* handhaben, führen, schwingen)
yield (Rendite, Zins-, Ertrag, Ernte, Ausbeute, Gewinn, nach-, ergeben, -bringen, abwerfen, liefern, vorbeigehen, hervorbringen, abtreten, Er-, Ausgiebigkeit)

~iim — *von beam bis theme*

beam, passing - (Balken, Strahl, Fernlicht, aus-, strahlen, aussenden; Abblendlicht)
cream (Rahm, Sahne, -bilden, Creme, -farben, Auslese, Elite, schäumen, absahnen)
deem (denken, meinen, halten für, erachten, betrachten als)
dream (Traum, -zustand, Träumerei, träumen, *übertr:* Gedicht, Traum)
esteem, self- (Achtung, er-, achten, schätzen, ansehen als, halten für; Selbstwert)
extreme (extrem, äußerst, weitest, letzt, höchst, außergewöhnlich, übertrieben)
gleam (schwacher Schein, Schimmer, funkeln, glänzen, leuchten, schimmern)
ream (Ries; *Tech:* erweitern; *reams and reams of, übertr:* zahllose, große Mengen)
regime (Regime, Regierungsform, herrschendes System)
scheme (Schema, System, Anlage, Intrige, Plan, Pläne-, Ränke schmieden, intrigieren)
scream (Schrei, Gekreische, Heulen, schreien, kreischen, gellen, schrill pfeifen)
seam (Flötz, Saum, Naht, Runzel, Narbe, säumen, nähen, falzen, schweißend verbinden)
steam, - up (Dunst, Dampf, Schwaden, ver-, dampfen, dämpfen, dünsten, *übertr:* Kraft, Wucht; *Glas* beschlagen, jmd. in Rage bringen)
stream (Wasserlauf, Flüsschen, Bach, Strom, Strömung, aus-, ver-, strömen, fluten)
supreme (herrschen, der, die, das Höchste, der Allerhöchste, Gott, höchst, oberst, Ober...)
team (Gespann, Team, Mannschaft, Gruppe, Abteilung, Kolonne, zusammenspannen, -tun)
teem (wimmeln, voll sein, reichlich vorhanden, strotzen)
theme (Thema, Kennmelodie, Wort-, Stamm, *bes. Am:* Schul-, Aufsatz, -Arbeit)

~iimi ☛ *~iim (S. 117)* — *von beamy bis steamy*

beamy (strahlend, wuchtig)
creamy (cremig, sahnig, sämig)
dreamy (verträumt, -sonnen, träumerisch, traumverloren, -tänzerisch)
gleamy (glänzend)
seamy, - side (gesäumt; Schattenseite)
seemy (ordentlich)
steamy (dunstig, dampfig)

~iims ☛ *~iim (S. 117) und bilde den Plural*

~iin — *von bean bis wolverine*

bean (Bohne)
been, has -, might- have - (gewesen, *P. P.* von be; etwas Überholtes, ausrangierte Person; etwas, das hätte sein können, jmd, der es zu etwas hätte bringen können)
between, the space -, in - (da-, zwischen; der Zwischenraum; zwischendurch)
caffeine (Koffein)

canteen (Kantine, Besteck-, Silberkasten, *Milit:* Feldflasche, Kochgeschirr)
chlorine (Chlor)
clean (sauber, rein, reingen, putzen, frisch, neu, unbeschrieben, spurlos, total, völlig)
crimean (die Krim betreffend)
codeine (Kodein)
Colleen (Eigenname)
convene (be-, zusammenrufen, -kommen, sich-, versammeln, *Recht:* vorladen)
cuisine, french - (Küche; *Französ: oder französiche* Küche)
Dean (Eigenname)
dean (Dekan, Dechant, Vorsitzender, Präsident, Vorstand)
demean, - oneself (benehmen, erniedrigen; sich benehmen, -verhalten, -erniedrigen)
european (Europäer, europäisch)
evergreen (immergrün, -e Pflanze, unverwüstlich, nie veraltend, Gassenhauer)
Florentine (Eigenname)
foreseen (voraus-, vorhergesehen)
galilean (galiläisch, Galiläer, Christ, -in)
gasoline (Gasolin, Gasäther, *Am:* Benzin)
Gene (Eigenname)
green (grün, - werden, - machen, -färben, grünen, Blatt- oder grünes Gemüse, - Laub)
guillotine (Guillotine, guillotinieren, köpfen)
Halloween (Abend vor Allerheiligen)
intervene (intervenieren, dazwischenliegen, - kommen, liegen zwischen, inzw. ereignen, plötzl. eintreten, -mischen, -schreiten, -greifen, vermitteln, sich verwenden)
kerosene (Kerosin)
lean (mager, hager, schmal, eng, sich-, neigen, beugen, lehnen, tendieren, Neigung)
lien (*Recht:* Zurückbehaltungs-, Pfandrecht)
machine (Maschine, Apparat, Vorrichtung, Roboter, maschinell ...)
marine, dead - (See..., Meeres..., Schiffs..., Marine..., - blau; *SL:* leere Pulle)
mean (beabsichtigen, vorhaben, im Sinn haben, meinen, sagen-, wollen, heißen, bedeuten, gering, niedrig, schäbig, gemein, geizig, Mittler, mittel, Mitte, Durchschnitt)
mezzanine (*Archit:* Mezzanin, Zwischengeschoss, *Theat:* Raum unter der Bühne)
Nazarine (Eigenname)
nectarine (Nektarine)
nicotine (Nikotin)
obscene (obszön, unzüchtig, unanständig, zotig, widerlich)
preen, - oneself (Gefieder putzen, Haar richten; sich putzen)
quarantine (Quarantäne, Isolierung, unter Quarantäne stellen, isolieren)
queen (Königin, zur K. machen)
ravine (Schlucht, Klamm, Hohlweg)
routine (Routine, alltäglich, üblich, gewohnt, gleichbleibend, mechnisch, schablonenhaft)
sardine (Sardine, *packed like sardines,* zusammengepfercht wie Heringe)
scene (Szene, Auftritt, Schauplatz, Ort der Handlung, Episode)
screen (Bild-, Schirm, Filter, senden, ab-, be-, schirmen, Drahtgitter, Fliegenfenster, aussieben, prüfen, projizieren, sich filmen lassen, verfilmen, Windschutzscheibe)
seen (gesehen, *P. P.* von see, sehen)
serene, all - (heiter, klar, ruhig, friedlich, gelassen, durchlauchtig; *SL:* alles in Butter)
spleen (Spleen, Tick, Hypochondrie, Melancholie, Milz, *übertr:* schlechte Laune)
submarine (U-, Unterseeboot, unterseeisch, submarin)
tambourine (Tambourin)

tangerine (Mandarine)
teen, pre - (Zehner, Jugendlicher, Heranwachsender, Teenager; Alter zwischen 10 -19 Jahre)
thirteen (dreizehn)
fourteen (vierzehn)
usw.
Vaseline (Eigenname)
velveteen (Manchester, Baumwollsamt)
wintergreen (Wintergrün)
wolverine (*Zool:* Vielfraß)

~iind, ~iint ☛ *~iin (S. 117)* *von cleaned bis weaned*

cleaned (gereinigt, -säubert, reinigte, säuberte, machte sauber)
fiend (Feind, Teufel, Unhold)
gleaned (gesammelt, sammelte ein)
greened (begrünt)
leaned (gelehnt, geneigt, lehnte)
quarantined (unter Quarantäne gestellt)
weaned (entwöhnt, -e)

~iini *von beany bis weenie*

beany (gutgelaunt, munter, *Am:* bekloppt)
Bellini (Eigenname)
Fettucini (Eigenname von Nudeln)
genie (Dienstbarer Geist, Dschinn)
meany (durchschnittlich)
Mussolini (Eigenname)
Scaloppini (Eigenname)
teeny (Jugendlicher zwischen 10 und 19 Jahren)
weenie (klitzeklein, winzig)

~iinRi *von beanery bis scenery*

beanery (Bohnenküche)
greenery (Grün, grünes Laub, grüne Zweige)
machinery (Maschinerie, Maschinen, Mechanismus, Trieb-, Werk)
scenery (Szenerie, Landschaft, Gegend, Bühnenbild, -ausstattung)

~iion *von eon bis peon*

eon (Aeon, Äone, Ewigkeit)
neon, - lamp, - signs (Neon, -lampe, Leuchtstoffröhre, -reklame)
peon (Soldat, Polizist, Bote, Tagelöhner, *Am:* zur Arbeit herangezogener Sträfling)

~iiR *von adhere bis year*

adhere (kleben, haften, angehören, *übertr:* ein-, festhalten, sich-, halten, treu -, bleiben)
appear (er-, scheinen, sich zeigen, - heraus-, stellen, den Anschein haben, aussehen)
atmosphere (Atmosphäre, Lufthülle, *Tech: übertr:* Atmosphäre, Umgebung, Stimmung)
auctioneer (Auktionator, Versteigerer, Auktionshaus)
beer, - can (Bier; -dose)
bombardier (Bombenschütze, *Engl:* Artillerieunteroffizier)
career (Karriere, Laufbahn, Werdegang, galoppieren, rennen, rasen, jagen)

cashier (Kassierer, *Milit:* entlassen)
cavalier (Kavalier, Ritter, Reiter, frei, ungezwungen, Royalist, anmaßend, rücksichtslos, hochmütig, unbekümmert, keck)
chandelier (Arm-, Kronleuchter, Lüster)
cheer (Beifall, -spenden, Hurra-, Hochruf, jubeln, gute Laune, -Stimmung, Fröhlichkeit)
clear (klar, -werden, hell, rein, durchsichtig, auf-, klären, -klaren, - lösen, reinigen, frei, löschen, räumen, deutlich, frei-, lossprechen, entlasten, ganz, voll, völlig, glatt)
dear (teuer, kostspielig, lieb, Liebste, -r, Liebling, Schatz)
deer (Hirsch, Reh, Hoch-, Rotwild)
disappear (verschwinden, verlorengehen, aufhören)
ear (Ähre, Mais-, Kolben, Ohr, Öse, Ör, Henkel, *übertr:* Gehör, Aufmerksamkeit)
engineer (Ingenieur, Techniker, Mechaniker, Pionier -sein, bauen, anlegen, konstruieren, errichten, *übertr:* einfädeln, deichseln, organisieren)
fear (Furcht, Angst, Bedenken, Befürchtung, Ehrfurcht, Scheu, be-, fürchten, ängstigen)
financier (Finanzier, Finanzmann, finanzieren, *skrupellose* Geldgeschäfte machen)
frontier (*a. übertr:* Grenze, Grenzgebiet, -bereich, Neuland, Grenz...)
gear (Getriebe, Triebwerk, Zahnrad, an-, passen, abstimmen, ein-, ineinandergreifen)
hear (ab-, an-, ver-, zu-, hören, erfahren, vernehmen)
hemisphere (Halbkugel, Hemisphäre)
here (hier, -hin, -her)
insincere (unaufrichtig, falsch)
interfere (einmischen, -greifen, -schreiten, stören, hindern, zusammenstoßen, aufeinanderprallen)
jeer (Hohn, Stichelei, spotten, höhnen)
leer (Seiten-, Blick, anzügliches Grinsen, lüstern schielen nach)
mere, - nonsence, - words (bloß, nichts als, rein, völlig; purer Unsinn; bloße Worte)
mountaineer (Bergbewohner, -steiger, bergsteigen)
near (nah, -e, nähe, -rn, in der Nähe, annähernd, fast, nahezu, akut, genau, knapp, eng, intim)
overhear (belauschen, mit-, an-, hören)
overseer (Aufseher, Inspektor, Vorarbeiter, Steiger)
peer, -at (spähen, gucken; genau an-, begucken)
persevere (beharren, ausdauern, -halten bei, fortfahren mit, festhalten)
pioneer (*Milit:* Pionier, *übertr:* Bahnbrecher, Vorkämpfer, den Weg breiten, erst...)
queer (seltsam, sonderbar, wunderlich, kurios, leicht verrückt, fragwürdig, komisch, 'faul', *SL:* gefälscht, verpfuschen, -derben, Schwuler, Homo, Blüte)
racketeer (Gangster, Erpresser, Schieber, Geschäftemacher, organisierte Erpressung)
reappear (wieder erscheinen)
rear (Hinter-, Rückseite, Heck, Hinter..., Rück..., Hintern; er-, auf-, groß-, ziehen, züchten, aufrichten, -stellen, errichten, -heben)
revere (ehren)
seer (Seher)
severe (scharf, heftig, schwer, schlimm, hart, streng, ernst, rau, herb, exakt, strickt)
shear (scheren, abschneiden, sicheln, mähen, große -, Metall-, Blechschere, 'schröpfen')
sheer (bloß, rein, pur, nichts als, völlig, glatt, senkrecht, steil, jäh, direkt, hauchdünn, *Schiff:* ausscheren, Sprung, abscheren, -geren, -weichen, sich losmachen)
sincere (aufrichtig, ehrlich, offen, echt, rein, lauter)
smear (Schmiere, Fleck, be-, ein-, ver-, schmieren, bestreichen, -sudeln, *Med:* Abstrich)
sneer (feixen, höhnisch grinsen, - äußern, spötteln, Hohn, -lächeln, Spott)
spear (Speer, -träger, Lanze, Spieß, durchbohren, aufspießen, -sprießen, Spross, Halm)
sphere (Sphäre, Erd-, Himmels-, Kugel, -förmiger Körper, Milieu, Umgebung, Bereich)

stratosphere (Stratosphäre)
tear (Träne, Tropfen, Riss, auf-, zer-, reißen, zerren, rasen, sausen, aus-, raufen)
veneer (Furnier, -Holz, furnieren, ein-, auslegen, verdecken, übertünchen, -ziehen mit, Tünche, äußerer Anstrich, umkleiden)
volunteer (Freiwillige, freiwillig, wildwachsend, sich eine Bemerkung erlauben)
year (Jahr, -gang, Alter, *getting on in years,* in die Jahre kommen)

~iiRd, ~iiRt ☛ *~iiR (S. 119)* *von appeared bis weird*

appeared, - strange (erschien, -en, trat auf; befremdete)
beard (Bart, Widerhaken)
cleared (geklärt, klärte, erledigt, bezahlt, verrechnet, verzollt, abgerechnet, abgeräumt)
disappeared (verschwand, untergetaucht, verschwunden)
feared, greatly - (befürchtet, -e, gefürchtet; äußerst gefürchtet)
leered (schielte)
neared (näherte)
peered (gespäht, spähte, starrte)
persevered (beharrte, ausgedauert)
smeared (an-, zu-, geschmiert, schmierte, verschmiert)
speared (spießte, gespießten, Stoßkeil)
veered (gedreht)
weird (bizarr, eigenartig, gruselig, schräg, seltsam, sonderbar, unheimlich, übernatürlich)

~iiRi *von bleary bis weary*

bleary (verschlafen)
cheery (fröhlich, heiter, vergnügt)
deary (Liebling, Schätzchen)
dreary (trist, trüb, langweilig, fad, ′mies, blöd′)
eerie (unheimlich, schaurig)
Erie (Eigenname)
leery (*SL:* schlau, argwöhnisch)
query (Such-, Frage, ab-, aus-, be-, fragen, in Frage stellen, beanstanden)
teary (tränennass, zu tränen rührend)
theory (Theorie, theoretischer Teil)
weary, - world (müde, matt, ermüden, überdrüssig; weltverdrossen)

~iiRou *von Ground-zero bis zero*

Ground-zero (Boden-, Nullpunkt, Explosionsort von Atomwaffen)
hero (Held, Heroe)
Nero (Eigenname)
zero (Null, -punkt, -stelle, *SL:* Nulpe)

~iiRs ☛ *~iiR (S. 119)* *von fierce bis pierce*

fierce (wild, grimmig, wütend, heftig, scharf, grell)
pierce (durchbohren, -dringen, -stechen, -stoßen, *übertr:* -schauen, ergründen, eindringen in *into*, dringen in *through*)

~iis ☛ *~ii (S. 102, Singular)* *von aborigines bis trapeze*

aborigines (Austral. Ureinwohner, -bevölkerung, ursprüngliche Flora und Fauna)
appease (beruhigen, -schwichtigen, schlichten, beilegen, mildern, stillen, befriedigen)

bees (Bienen)
breeze (Brise, leichter Wind, wehen, 'schweben', Krach, Lärm, Streit, Kohlenlösche)
cease (aufhören, be-, enden, einstellen, ablassen von)
cheese, - it!, big - (Käse, käseartige Masse, Gelee; *SL:* Hau ab!; 'Hohes Tier')
crease (Bügel-, Falte, Kniff, Eselsohr, Falten bekommen oder - werfen, zer-, knittern, sich falten lassen, falten, knicken, kniffen, umbiegen, Torraum, streifen, anschießen)
decease (Tod, Ableben, sterben, verscheiden)
decrease (Verminderung, -ringerung, Abnahme, Rückgang, abnehmen, sich vermindern, kleiner werden, vermindern, -ringern, reduzieren, herrabsetzen)
disease (*Med: Biol: übertr:* Krankheit, Leiden)
ease (Bequemlichkeit, Behagen, Gemütsruhe, Gemächlichkeit, Linderung, Erleichterung, Natürlichkeit, zerstreuen, beruhigen, erleichtern, lindern, lockern, abhelfen)
expertise (Gutachten, Expertise, Sach-, Fachkenntnis, Können)
fleas (Flöhe)
fleece (Vlies, Schaffell, Flausch, Haar-, Pelz, Schnee-, Wolldecke, bedecken, schröpfen)
freeze (Gefrieren, Erstarrung, Frost, ein-, ge-, frieren, *Preis-, Lohn-,* Stopp)
geese (Gänse)
grease (Schmier-, Fett, Schmalz, Schmiere, ein-, fetten, ab-, be-, schmieren, bestechen)
Greece (Griechenland)
Herkules (Eigenname)
increase (zunehmen, an-, steigen, steigern, wachsen, größer werden, vergrößern, -mehren, -stärken, Ertrag, Gewinn, Zuwachs, Steigerung, Vermehrung, -stärkung)
keys (*Pl:* Schlüssel, Tasten, *Abk:* Key West, Florida)
knees (*Pl:* Knie)
lease (Pacht-, Miet-, -vertrag, -zeit, -verhältnis, Verpachtung, ver-, mieten, - pachten)
mantelpiece (Kamineinfassung, -mantel)
masterpiece (Meisterstück, -werk)
peace (Friede, -n, Friedens..., Ruhe, Versöhnung, Eintracht, still! ruhig! sst!)
peas (*Pl:* Erbsen)
piece (Stück, Teil, Weilchen, Münze, Geschütz, Gewehr, Spiel-, Stein, -figur)
pleas (Ausreden, Vorwände, Bitten, Gesuche)
please, go-as-you- (bitte!, gefallen, befriedigen, freuen, zufrieden stellen; ungebunden)
police (Polizei, pol. überwachen, kontrollieren, polizeilich)
release (Version, Freigabe, -lassung, Befreiung, Abfallen, frei-, loslassen, freisetzen, -geben, auslösen, -schalten, -kuppeln, *Recht:* verzichten, aufgeben, übertragen)
sees (erblickt, sieht)
seize (be-, ergreifen, packen, fassen, gefangen nehmen, erobern, belegen, an sich reißen)
Siamese, -twins, -cat (Siamese, siamesisch; Siamesische Zwillinge; - Katze)
sleaze (Kungelei, Unmoral)
squeeze (aus-, drücken, quetschen, pressen, zwängen, Erpressung, Druck, Pressen, Gedränge, Quetschen, 'Klemme', feste Umarmung, Kreditbeschränkung)
teas (Tees)
tease (Wolle kämmen oder krempeln, Flachs hecheln, *übertr:* hänseln, aufziehen, ärgern, bestürmen, -lästigen, auf-, reizen)
trapeze (Trapez)

~iisch — *von leash bis unleash*

leash, strain at the - (Leine, zusammenkoppeln, an der Leine -, im Zaum halten; an der Leine zerren, vor Ungeduld platzen)

quiche (Quiche)
unleash (losbinden, -koppeln, *übertr:* entfesseln, auslösen, loslassen)

~iiS(th) *von beneath bis wreath*

beneath (darunter, unterhalb, unten, unter)
heath (*bes. Engl:* Heide, -kraut, Erika)
teeth, dragon's - (Zähne; *Milit:* Höcker, *übertr:* Drachensaat, Zwietracht säen)
underneath (unter, -halb, unten, darunter, auf der Unterseite)
wreath (Kranz, Girlande, *Seil-,* Windung, *Blumen-,* Gebinde, *Rauch-*, Ring, Wehe)

~iisi ☛ *~iiS(th) (S. 123)* *von breezy bis wheezy*

breezy (luftig, windig, forsch, flott, unbeschwert)
cheesy (käsig)
easy, -care, -chair (leicht, mühelos, bequem; pflegeleicht; Sessel)
greasy (fettig, ölig, schmierig, schlüpfrig, *übertr:* aalglatt)
queasy (Magenempfindlich-, Übelkeit, mäkelig, ekelerregend)
sleazy (dünn, verschlissen, halbseiden, schäbig)
skeezy (schlampig)
speakeasy (*Am. SL:* Flüsterkneipe)
squeezy (knautschig)
wheezy (keuchend, asthmatisch)

~iisn ☛ *~in (S. 153)* *von pleasin' bis wheezin'*

pleasin' (angenehm, -sprechend, -ziehend, erfreuend, gefallen, -d, gefällig)
reason (Grund, Verstand, Vernunft, Einsicht, Begründung, Rechtfertigung, überzeugen, vernünftig urteilen, logisch denken, folgern, argumentieren, ausreden, hineinsteigern)
season (Saison, Reife-, Jahres-, Zeit, aus-, reifen, ablagern, würzen)
squeezin' (ab-, quetschend, zusammenpressend)
teasin' (Stichelei, Frotzelei, neckend, neckisch, reizend)
wheezin' (Gekeuche, keuchend, -en)

~iist *von beast bis yeast*

beast (Tier, Vieh, Biest, Rohling, Ekel, Bestie, brutaler Mensch)
ceased (aufgehört, eingestellt, abgeklungen, hörte auf)
creased, badly – suit (gefaltet, geknittert, zer-, knitterte; zerknitterter Anzug)
deceased (abge-, verschieden, gestorben, selig, tot, verstorben)
east (Osten, Ost..., östlich, nach Osten, ostwärts)
feast (Fest, Feiertag, Festmahl, - essen, festl. bewirten, schmausen, sich weiden, - gütlich tun, ergötzen, schwelgen, Hoch-, Genuss)
least (das Mindeste, -Wenigste, kleinst, wenigst, -en, geringst, mindest, unbedeutendst)
pieced (zusammengesetzt, -gestoppelt, -gestückelt)
priest (Priester, Geistliche)
yeast (Hefe, Gischt, Schaum, gären, *übertr:* Triebkraft)

~iit ☛ *~iid, iit (S. 112)*

~iiti ☛ *~iid, ~iit (S. 112)* *von meaty bis treaty*

meaty (fleischig, fleischartig, *übertr:* gehaltvoll, handfest, solide)
sweety (Schätzchen, Süße, *Engl:* Bonbon, *Pl:* Süßigkeiten)

treaty, - powers (Vertrag, Pakt, Verhandlung; Vertragsmächte)

~iitin ☛ *~in (S. 153)* *von beaten bis unbeaten*

beaten, storm -, weather - (*P. P.* u.Adjektiv, geschlagen, besiegt, erschöpft, ausgetreten, vielbegangen; sturmgepeitscht; verwittert, wetterhart)
cheatin´ (Betrug, Betrügerei, Täuschung, Mogelei, mogeln, -d, Schummelei)
Cretan (Krete, kretisch)
eaten, moth -, worm- (gegessen, gefressen, *P. P.* von eat; von Motten zerfressen, veraltet, antiquiert; wurmstichig)
eatin' (Essen, essend, fressend)
Eton (Eigenname)
meetin´ (begegnend, treffend, Konferenz, Besprechung, Treffen, Begegnung, Sitzung, Tagung, Versammlung, Zusammentreffen, -kunft)
sleetin', it was - (graupelnd; es gab Schneeregen)
sweeten (süßen, süßer, milder oder sanfter werden, *übertr:* versüßen, angenehm machen)
unbeaten (ungeschlagen, unbesiegt, unübertroffen, unerforscht)

~ai *von alibi bis why*

alibi (Alibi, Ausrede)
amplify (erweitern, verstärken, -größern, ausmalen, -schmücken, -drücken, -führen)
apply (auftragen, -legen, an-, wenden, zutreffen, gelten, beziehen, -werben, -antragen)
to apply to (sich widmen)
banzai (Bonsai)
barfly (Tresenfliege, jmd, der ständig in diversen Bars rumlungert)
butterfly (Schmetterling)
buy (kaufen, Kauf, das Gekaufte)
by (von, durch, an, nahe, bei, neben, beim, über -, durch die)
come by (be-, vorbei-, zu etwas kommen)
certify (bestätigen, -scheinigen, -glaubigen, garantieren, verbürgen)
clarify (er-, auf-, abklären, läutern, reinigen, sich klären, klar werden)
crucify (kreuzigen, martern, quälen, *SL*: jmd. fertigmachen)
cry (Schrei, schreien, weinen, klagen, bitten, an-, flehen)
defy (Trotz, trotzen, Stirn bieten, widersetzen, spotten, standhalten, herausfordern)
deify (vergöttlichen, zum Gott erheben, anbeten)
deny (bestreiten, versagen, -leugnen, -weigern, ablehnen, -schlagen, -streiten)
die (aus-, sterben, vergehen, Würfel, würfeln)
die away (ohnmächtig werden, schwächer werden, nachlassen, schwinden)
dignify (Würdevoll, würde verleihen, ehren, auszeichnen, zieren, schmücken)
diversify (verschieden oder abwechslungsreich gestalten, variieren, manigfaltig, ausdehnen, diversifizieren)
dragonfly (Libelle)
drive-by (vorbeijagen, -hetzen, rasen)
dry (trocken, ausgetrocknet, dürr, ausgedörrt, durstig; *übertr:* langweilig, nüchtern)
run dry, tears- (austrocknen, versiegen, Tränen-)
dye (Farbe, Farbstoff, Färbung, Färbemittel, -flüssigkeit, färben)
envy (Neid, beneiden)
eye (Auge, ansehen)
firefly (Glühwürmchen, Leuchtkäfer)
fly (fliegen, Flug, Fliege, flattern, wehen, verfliegen, zerrinnen, *SL*: gerissen, raffiniert)

fry (Brut, Fischrogen, schmoren, braten)
glorify (glorifizieren, verherrlichen, lobpreisen, „aufmotzen, hochjubeln")
gratify (befriedigen, zufrieden stellen, sich erfreuen, freuen, jmd. gefällig sein)
guy (Typ, Kerl, Bursche; Seil, Tau, Spannschnur, Leine, *SL*: Vogelscheuche, Schießbudenfigur, jmd. verulken, lächerlich machen)
high (hoch, bedeutend, wichtig, stark, edel, erhaben, extrem, gut, erstklassig)
horrify (entsetzen, entsetzlich)
I (ich, das Ich)
identify (identifizieren, erkennen, kennzeichnen, ausweisen, legitimieren)
imply (implizieren, einbeziehen, beinhalten, mit sich bringen, darauf hinauslaufen, zur Folge haben, besagen, bedeuten, andeuten)
July (Juli)
justify (rechtfertigen, das Recht haben…, berechtigt sein, etwas zu tun, justieren, richten, gutheißen, jmd. Recht geben, rechtsbündig)
lie (Lüge, be-, lügen, Lage, liegen, lasten auf)
lullaby (Wiegenlied)
modify (modifizieren, ver-, ab-, ändern, ab-, umwandeln, mildern, mäßigen, abschwächen)
my, oh my (mein, -e, -er, -es; du liebe Güte)
mystify (verblüffen, -wirren, täuschen, foppen, in Dunkel hüllen)
notify (bekannt geben, anzeigen, melden, benachrichtigen, informieren, mitteilen)
passerby (Passant)
pie (Pastete, Torte, Elster, geschecktes Pferd)
a pie in the sky (ein schöner Traum, leere Versprechungen)
pry (neugierig gucken oder sein, spähen, schnüffeln, entlocken, herausbekommen; Hebel, -wirkung, Brecheisen, - *open* aufstemmen, -hebeln)
Popeye (Popeye, der Seemann, Eigenname)
qualify (qualifizieren, befähigen, -rechtigen, -zeichnen, geeignet machen)
rely (verlassen, -trauen, bauen -, zählen auf)
rye (Roggen)
satisfy (befriedigen, entsprechen, überzeugen, zufrieden stellen, stillen, sättigen, erfüllen, genügen)
shy (schüchtern, scheu, hemmen, zurückscheuen, -schrecken)
sigh (seufzen, schmachten, tief einatmen)
signify (erkennen, bedeuten, ankündigen, kundtun)
simplify (vereinfachen, normieren)
sky (Himmel)
sly (schlau, verschlagen, listig, pfiffig, durchtrieben, verstohlen, heimlich, hinterhältig)
a sly dog (Schlaumeier, „ein ganz Schlauer")
specify (spezifizieren, benennen, angeben, auf-, anführen, bestimmen, festlegen)
spry (flink, hurtig, lebhaft, munter rüstig)
spy (Spion, Agent, spionieren, suchen, erspähen)
terrify (erschrecken, jmd. Angst u. schrecken machen, -einjagen)
testify (aussagen, bezeugen, kundtun)
thigh, -bone (Schenkel, -knochen)
tie (Band, Schlips, Krawatte, Bindung, ver-, binden, -ung, Beziehung, Fessel)
black-, bow-, mother-, tie (Smoking, schwarze Fliege, Schlips, Mutterbindung)
try (Versuch, versuchen, probieren)
try for, -out, -on (-bemühen, -Probe, Erprobung, ausprobieren, -anprobe)
underlie (liegen unter, zu Grunde liegen, unterliegen)

verify (überprüfen, verifizieren, auf Richtigkeit oder Echtheit überprüfen; beglaubigen, -teuern, -legen, -weisen)
why (warum, weshalb, wozu, wieso, weshalb)

~abbi *von bubby bis tubby*

bubby (Brust *e. Frau*)
cubby (Abstellkammer, Kämmerchen, winziger Raum)
grubby (schmuddelig, dreckig, schmutzig, madig, *übertr:* zwielichtig)
hubby („Männe", Männchen, Ehemann)
nubby (genoppt)
tubby (fassartig, rundlich, feist u. rund, *Klang:* dumpf)

~affi *von fluffy bis stuffy*

fluffy (flaumig, *Am. Theat:* leicht, anspruchslos)
huffy (empfindlich)
puffy (an-, ver-, schwellen, böig, kurzatmig, keuchend, aufgebläht, -gedunsen, dick)
stuffy (stickig, dumpf, schwül, spießig, prüde, muffig, verknöchert, langweilig, fad)

~afti *von crafty bis drafty*

crafty (gerissen, schlau, gewitzt, clever, ausgekocht)
drafty (windig, zugig)

~agli *von smugly bis ugly*

smugly (eingebildet, selbstgefällig, süffisant, eitel)
snugly (behaglich, gemütlich)
ugly, plug - (hässlich, unangenehm, übel, widerwärtig, böse, schlimm, gefährlich; *SL:* Schläger, Rabauke, abgrundhässlich)

~aikli *z. B.: likely*

likely (ähnlich, wahrscheinlich, geeignet)

~aili ☛ ***~ai*** *(S. 124)* *von dryly bis wryly*

dryly (trocken, herb, ☛ *dry, S. 124*)
highly (hoch, ☛ *high, S. 125*)
Reilly (Eigenname)
slyly (schlau, verschlagen, listig, ☛ *sly, S. 125*)
spryly (flink, hurtig, lebhaft, munter, rüstig, ☛ *spry, S. 125*)
wily (gerissen)
wryly (schief, krumm, verzerrt, -schroben, ironisch, sarkastisch)

~aineRi *von binary bis refinery*

binary, - fission (binary, aus zwei Einheiten bestehend; Zellteilung)
finery (Eleganz, 'Putz, Staat', *Tech:* Frischofen)
refinery (Raffinerie, Eisen-, Frischhütte)

~aiRi *von diary bis wiry*

diary (Tage-, Merk-, Notizbuch, Taschenkalender)
fiery (feurig, brennend, glühend, heftig)
priory (Priorat, Münster)

Valkyrie (Eigenname)
wiry (drahtig, Draht..., vibrierend, *Ton:* metallisch)

~aiwi — *z. B.: ivy*

ivy (Efeu)

~ammi — *von crummy bis yummy*

crummy (mies, lausig)
dummy (Schein..., Atrappe, Kleider-, Schaufenster-, Puppe, Strohmann, unecht, *SL:* Blödmann)
gummy (Gummi..., -haltig, -artig, klebrig)
mummy (Mutti; Mumie; Brei, breiige Masse)
rummy (Rommé, rummig, rumhaltig)
tummy, -ache (Magen, Bäuchlein; Bauchweh)
yummy (prima, toll, lecker)

~anki — *von chunky bis spunky*

chunky (*Am:* untersetzt, stämmig, klobig, klotzig, dick)
donkey (Esel)
flunky (Lakai, Speichellecker, Kriecher, *Am:* Handlanger)
funky (irre, feige)
monkey (Affe)
spunky (schwungvoll, mutig, draufgängerisch, couragiert)

~anni — *von bunny bis sunny*

bunny, bed-, snow- (Häschen, Bett-, Schnee-)
funny, -farm (komisch, lustig, ulkig drollig; *SL:* Klapsmühle)
honey (Honig, Nektar; *übertr:* Schatz, Süßer, *SL:* süßes oder schickes Ding)
a honey of a car (ein klasse Wagen)
sunny (sonnig, Sonnen…)

~appi — *von guppy bis yuppie*

guppy (Millionenfisch)
puppy (Welpe, junger Hund, - Schnösel, Fatzke, Junge)
yuppie (reicher Broker, Börsenmakler, Lebemann)

~aRki — *von marquee bis patriarchy*

marquee (Markise, Schirm, Vordach, großes Zelt)
malarkey (*Am. SL:* Quatsch, Käse)
marquis (Marquis)
matriarchy (Matriarchat)
oligarchy (Oligarchie)
patriarchy (Patriarchat)

~aRti — *von arty bis tarty*

arty (Künstler, -isch, verrückt, bohemienhaft, kunstbeflissen, geschmäcklerisch)
hearty (herzlich, -haft, offenherzig, kräftig; *my hearties*, meine Jungs)
party (Feier, Partei)
smarty, - aleck (klug; klugscheißerisch)
tarty (tortig, nuttig, herb, scharf)

~asti *von dusty bis rusty*

dusty (staubig)
lusty (kräftig, robust)
rusty (rostig, einge-, verrostet, raue Stimme, schäbige Kleidung)

~audi *von cloudy bis rowdy*

cloudy (wolkig, bewölkt, unklar, düster, trübe)
cum laude (*Latein:* mit Lob)
dowdy (schlampig, schlechtgekleidet, -e Frau, unelegant, schäbig)
howdy (*SL:* Hallo, Hey, Tagchen)
rowdy (Rabauke, Schläger, rüpel-, rowdyhaft, gewalttätig)

~auRi *von bowery bis showery*

bowery (Farm, Pflanzung)
dowry (Mitgift, Aussteuer, Gabe, Talent)
floury (mehlig)
flowery (blumig, Blüten-, Blumenreich, geblümt)
showery (schauerartig, mit einzelnen Schauern)

~äbbi *von abbey bis tabby*

abbey (Abtei, Herrschaftlicher Wohnsitz)
cabby (Taxifahrer)
crabby (mürrisch)
flabby (schlaff, schwammig, schwach, schlapp)
grabby (ergreifend, fesselnd, grabschend, schnappend)
scabby (schorfig, grindig, schäbig, schuftig, *Tiermed:* räudig)
shabby, - genteel (schäbig, abgenutzt, ärmlich, niederträchtig; arm, aber vornehm)
tabby (getigert, -streift, -scheckt, streifig, alte Jungfer, Moiré, moirieren)

~äddi *von baddie bis sugar-daddy*

baddie (*Film, etc:* Bösewicht, Schurke)
caddie (Golfjunge, die Schläger tragen)
daddy (Pappi, Vati)
laddie (*bes. Schottisch:* Bürschchen)
paddy, rice -, -wagon (roher Reis, Wutanfall; Reisfeld; ´Grüne Minna´)
sugar-daddy (Alter Knacker, d. e. junges Mädchen aushält)

~äi *von array bis x-ray*

array (ordnen, aufstellen, -ung, Reihe, Ordnung, Geschworene, -aufrufen)
bay (Bucht; an-, bellen; kastanienbraun; Lorbeer; *Archit:* Fach, Abteilung, Feld, Joch, Fensternische, Erker)
betray (verraten, hintergehen, Treue-, Vertrauensbruch, verleiten)
bluejay, jay (Blauhäher, Eichelhäher, *SL:* Trottel)
bouquet (Bukett, Strauß, Aroma, Blume)
bray (zerreiben, -stoßen, -stampfen; gellender, durchdringender Ton, Schrei, brüllen, schreien, gellen, schmettern)
byway (Seiten-, Nebenweg, *übertr:* Nebenaspekt)
clay (Ton, Lehm, *übertr:* Erde, Staub, Asche)

day, holy- (Tag, tägig; Heiliger-, Feiertag)
decay (zer-, verfallen, -kümmern, -derben, -blühen, -faulen, -modern, abnehmen)
delay (Aufschub, verzögern, -ung, hinaus-, aufschieben, -halten)
disarray (Unordnung, durcheinander-, in Unordnung bringen)
dismay (Schreck, erschrecken, in Schrecken versetzen, Entsetzen, Bestürzung, -en)
display (Anzeige, Ausstellung, Macht-, Entfaltung, -en, ausbreiten, zeigen, ausstellen, Sicht-, Bild, *übertr:* an den Tag legen, sich zur Schau stellen)
eh? (hey! Hallo?!)
essay (Abhandlung, Aufsatz, Versuch, -en)
expose´ (Darlegung, Enthüllung, -larvung)
fray (Streit, Schlägerei, Kampf; ausfransen, abtragen, durchscheuern)
gay (Homosexuell, Schwul; heiter, flott, lebenslustig, *Am. SL:* pampig, frech)
gray (*Am:* grau, ergrauen, grau machen)
grey (☛ *gray, S. 129*)
hay (Heu, *SL:* Marihuana)
hey (he, hey da, he Mann)
highway (Land-, Hauptstraße)
all the highways and byways (alle Wege, sämtliche Spielarten)
holiday (freier-, Feiertag, Ferien Urlaub)
hooray (Hurra!)
Jose´ (Eigenname)
lay (vor-, be-, um-, an-, hin-, legen, *SL:* Nummer, bumsen, Lage, Schicht, Ballade, Lied; Laie, Laien...; *Prät.* von lie)
matinee (Matineé, Nachmittagsvorstellung)
may (Mai, Lenz, Weißdorn; kann, mag, können, mögen, dürfen)
moiré (moiriert, gewässert, -flammt, Wellenmuster, Wasserglanz an Stoffen)
Monday, Shrove- (Montag, Rosenmontag)
negligée (ungezwungene Hauskleidung, dünner Morgenmantel, sexy Dessou)
obey (gehorchen, be-, folgen, Folge leisten)
O.K. (in Ordnung, O.K.)
one day (einen Tag, eines Tages)
pay (Bezahlung, Lohn, Sold, Gehalt, be-, ein-, aus-, zahlen, entrichten, begleichen, zollen, machen, lohnen, kompensieren, abstatten)
pray (beten, er-, bitten, -suchen, anflehen)
play (Schau-, Liebes, Farben-, Wasser-, Spiel, herum-, spielen, Spielerei)
portray (porträtieren, malen, darstellen, schildern)
protégé (Schützling)
ray, whip-, electric- (Rochen, Stech-, Zitter-)
ray (Strahl, bestralen, Strahlen aussenden, strahlenförmig-, ausbreiten)
résumé (Lebenslauf, Zusammenfassung)
ricochet, -shot (Abprall, -en; Abpraller, Querschleger)
risqué (gewagt, wagen, schlüpfrig)
rosé (rosa, -rot)
Saturday, Holy- (Samstag, Sonnabend, Karsamstag)
say, say-so (sagen, sprechen, äußern, meinen; Behauptung)
sad to say (bedauerlicherweise)
skyway (Luftroute, Hochstraße)
slay (töten, erschlagen, er-, morden)
sleigh, -bell (Schlitten, -fahren; -Glocke)

soufflé (Auflauf, Soufflé)
spray (sprühen)
stay (bleiben, ein-, durch, auf-, zurückhalten, Einhalt gebieten, hemmen, Halt, Stockung, Hemmnis, Aufenthalt, übernachten)
stray (streunen, weg-, verlaufen, herumirren, -der, Heimatloser, Streuner)
Sunday (Sonntag)
sway (schwanken, schwenken, schaukeln, neigen, wiegen, Macht, beeinflussen)
they, -say, -who (sie, er, es, man; man sagt; diejenigen, welche)
Tuesday (Dienstag)
Thursday, Holy- (Donnerstag, Grün-, Himmelfahrtstag)
toupée (Toupet, Haarersatz)
way (Weg, Pfad, Straße, Strecke, Entfernung; weit, -entfernt, -oben, -unten, etc.)
ways and means (Mittel und Wege)
my way (nach meiner Art)
Wednesday (Mittwoch)
weigh, -down (Wiegen, schwer-, wiegen, ins Gewicht fallen, er-, abwägen, gelten, lichten; niederdrücken)
x-ray (Röntgenstrahlen, röntgen, Röntgen...)

~äiki — *von achey bis snaky*

achey (schmerzlich, brennend auf etw.)
flaky (flockig, schuppig, blättrig, *Am. SL:* verrückt)
quaky (zittrig, bebend)
shaky (wackelig, schwach, zittrig, bebend, wankend, unsicher)
snaky (Schlangen..., -artig, gewunden, hinterhältig)

~äili — *von Bailey bis ukulele*

Bailey (Eigenname)
daily (all-, täglich, Tage..., immer, ständig)
gaily (unbekümmert, sorglos)
Israeli (Israeli)
ukulele (Ukulele)

~äini — *von brainy bis zany*

brainy (gescheit)
grainy (körnen, körnig)
rainy (regnerisch, verregnet, Regen...)
save up for a rainy day (einen Notgroschen zurückbehalten)
zany (verrückt, närrisch, blöd, -mann, Hanswurst)

~äißi — *von celibacy bis Staicy*

celibacy (Zölibat)
Staicy (Eigenname)

~äisi — *von daisy bis lazy*

daisy (Gänseblümchen)
crazy (verrückt, wild, wahnsinnig, begeistert, vergessen, baufällig, wackelig)
hazy (unscharf, nebulös, verschwommen, dunstig, diesig, benommen)
lazy (träge, faul, langsam, -bewegend)

~äiti — *von eighty bis weighty*

eighty (achtzig)
Haiti (Eigenname)
matey (kameradschaftlich, vertraulich, familiar, *Engl:* ‚Kumpel')
weighty (gewichtig, schwer, -wiegend, einflussreich)

~äiwRi — *von bravery bis slavery*

bravery (Tapferkeit, Mut, Pracht, Putz, Staat)
slavery (Sklaverei, Sklavenarbeit, Plackerei, Schinderei)

~äksi — *von galaxy bis taxi*

galaxy (Galaxie, Weltall)
taxi (Taxi)

~äksis — *von axes bis waxes*

axes, -of the earth (*nicht Tech:* Achse, Mittellinie; Erdachse, Äxte)
battle-axes (Streitäxte)
relaxes (Entspannungen, Erholungen)
saxes (*Abk:* Saxophone)
taxes (Steuern)
taxis (Taxen)
Texas (Eigenname)
waxes (Wachse, Lacke)

~älli — *von alley bis valley*

alley (Gasse, Verbindungs-, Durchgang)
belly (Bauch, Unterleib, Magen, Höhlung, sich aus-, bauchen, an-, schwellen)
Deli (Eigenname)
dilly-dally (die Zeit vertrödeln, trödeln, zaudern, schwanken)
jelly, - baby (Gelee, Gallert, Sülze, gelieren, eindicken, erstarren; Gummibärchen)
Jelly, Kelly, Sally, Shelly (Eigennamen)
rally (Kundgebung, ver-, sammeln, -einigen, Erholung der Wirtschaft, *SL:* hänseln)
shelly (muschelig)
smelly, -feet (übelriechend, muffig; Schweißfüße)
tally (Zähler, Stückliste, Markierung, übereinstimmen, nachzählen, buchen, kontollieren)
valley, down the - (Tal, Dachkehle; talabwärts)

~ändi — *von Andy bis sandy*

Andy, Mandy, Randy, Sandy (Eigennamen)
brandy (Brandy, Weinbrand, Kognac)
candy (Kandis, glacieren, kandieren, *Am:* Süßigkeiten, Konfekt, kristallisieren)
dandy, -brush (Dandy, Stutzer, -haft, prima, erstklassig, bestens; Striegel)
handy, come in - (handlich, praktisch, geschickt, zur Hand, greifbar; gelegen kommen)
randy (geil)
sandy (sandig, Sand..., -farben, -artig, rotblond, *übertr:* unsicher, *SL:* frech)

~änki *von cranky bis Yankee*

cranky (wunderlich, verschroben, griesgrämig)
hanky, -panky (Taschentuch; Hokus-Pokus, fauler Zauber, Trick, Techtelmechtel)
lanky (hoch aufgeschossen, schlacksig)
Yankee (Eigenname)

~änni *von Annie bis penny*

Annie, Benny, Jenny (Eigenamen)
any (etwaige, etwas, irgend, -ein, -welche, -wie, jeder, -es, -e)
canny (schlau, gerissen, nett)
fanny (*Am. SL:* Arsch, *Engl. SL:* Möse)
granny, - glasses (Omi, Nickelbrille)
many (viel, -e, -es)
nanny, -goat (Kindermädchen, Oma; Ziege)
penny (*Engl:* Pfennig)

~änti *von panty bis twenty*

panty, -hose, -girdle (Höschen, Strumpfhose, Miederhöschen)
plenty (Fülle, Überfluss, Reichtum, reichlich, jede Menge, ziemlich)
scanty (unzureichend, spärlich, eng, beengt)
shanty (Seemannslied; Hütte, Baracke)
twenty (20)

~äntli *von evidently bis intently*

evidently (offensichtlich, zweifellos)
gently (freundlich, sanft, gütig, liebenswürdig, milde, ruhig, mäßig, leicht, zart)
impotently (unfähig)
innocently, to act - (unschuldig; gutgläubig handeln)
insolently, answer - (frech, unverschämt, -antworten)
intently (an-, gespannt, beschäftigt, eifrig, konzentriert, aufmerksam)

~äntri *von century bis sentry*

century (Jahrhundert, Satz oder Gruppe von Hundert)
entry (An-, Auf-, Eintritt, -reise, -trag, -gabe, Zugang, -tritt, Buchung)
gentry (Oberschicht, *Engl:* niederer Adel)
sentry (Wach-, Posten, -dienst, Wache)

~äppi *von crappy bis yappy*

crappy (*SL:* mistig, Scheiß...)
happy (zufrieden, glücklich, gern, froh, fröhlich)
nappy (*Engl:* Windel)
pappy (breiig, pappig)
sappy (saftig, kraftvoll, markig, *SL:* blöd, doof)
scrappy (aus Resten, -hergestellt, bruchstückhaft, zusammengestoppelt; *SL:* rauflustig)
slaphappy (unbekümmert)
yappy, to be -, -person, - dog (zu viel reden; Plappermaul; kläffender Hund)

~äRi *von adversary bis wary*

adversary (Gegner, Widersacher, *Kirch:* Teufel)
airy (Luft..., luftig, windig, lässig, leichthin, überspannt, verstiegen, graziös, lebhaft)
arbitrary (willkürlich, eigenmächtig, -willig, launenhaft, tyrannisch)
beneficiary (Nutznießer, Begünstigter, Empfänger, Pfründner)
berry (Beere, Beeren sammeln, -tragen Korn, Kern, Fisch-, Hummerei)
bury, -oneself (ein-,ver-, begraben, -erdigen, verschütten, -senken; verkriechen, -tiefen)
canary, -bird (hellgelb, Kanarienvogel)
capillary (haarfein, -förmig, kapillar)
carry (Übertrag, Trag-, Schussweite, tragen, bringen, befördern, auftreten, erlangen, -obern, gewinnen, durchbringen, -setzen, sich merken, führen, fortsetzen)
cautionary, -tale (warnend, warnungs..., Moralgeschichte)
commentary (Kommentar)
culinary, -art, -herbs (koch..., küchen..., -kunst, -kräuter)
customary (gebräuchlich, herkömmlich, üblich, gewohnt, gewohnheits...)
cherry (Kirsche)
dairy (Molkerei, Milchwirtschaft, -handlung)
dictionary, rhyming -, walking (Wörterbuch, Lexikon, Enzyklopädie; Reimlexikon, ein wandelndes Lexikon)
dietary (diätisch, diät…)
dignitary (Würdenträger, Prälat)
disciplinary (erzieherisch, Zucht, disziplinarisch)
discretionary, -income, -powers (willkürlich, wahlfrei, nach eigenem Ermessen, frei verfügbares Einkommen; unumschränkte Vollmacht, Handlungsfreiheit)
evolutionary (Entwicklungs..., Evolutions...)
extraordinary (un-, außergewöhnlich, seltsam, merkwürdig)
fairy, -tale, - godmother (Fee, Elfe, elfenhaft, Märchen; gute Fee, *SL:* Schwuler)
February (Februar)
ferry (Fähre, Fährschiff, -boot, übersetzen, -führen, befördern)
functionary (Funktionär)
hairy (Haar..., haarig, behaart, schwierig, haarig)
Harry, Jerry, Mary, Perry,Terry,Tipperary (Eigennamen)
hereditary, -disease (erblich, ver-, ererbt, Erb...; Erbkrankheit)
honorary (Ehre, ehrend, ehren…)
imaginary (imaginär, erfunden, eingebildet, Schein..., Phantasie...)
incendiary (Feuer..., Brand, -stifter, -stiftend, *übertr:* Unruhestifter, Hetzer)
intermediary (Vermittler, Zwischenhändler, vermittelnd)
January (Januar)
legendary (legendär, sagenhaft, berühmt, Sagen...)
legionary (Legions..., Legionär)
literary, -property, -expression (Literatur..., literarisch, schriftstellerisch; geistiges Eigentum; gewählte Ausdrucksweise)
luminary (Leucht-, Himmelskörper, *übertr:* Leuchte)
marry (heiraten, Hochzeit)
merry, make -, -andrew (lustig, fröhlich; lustig sein; Hanswurst)
mercenary, -troops (Söldner, -truppen, Lohn..., gedungen, gewinnsüchtig, feil, käuflich)
military (Heeres..., Kriegs..., Militär..., militärisch)
momentary (momentan, augenblicklich, vorübergehend, flüchtig)

monetary (Geld...,Währungs..., Münz..., finanziell, geldlich)
monastery (Kloster, Abtei)
necessary, -evil, if - (Erfordernis, Bedürfnis, nötig, notwendig, erforderlich, unvermeidlich, zwangsläufig; notwendiges Übel; nötigenfalls)
obituary (Todesanzeige, Nachruf)
ordinary (gewöhnlich, normal, üblich, mittelmäßig, Durchschnitts..., ständig, ordentlich)
planetary (Planeten..., planetarisch, umherirrend)
prairie (Prärie, Grasebene, Steppe)
proprietary (Eigentums..., Vermögens..., Eigner, Besitzer, eigen)
pulmonary (Lunge, Lungen..., lungenartig)
reactionary (reaktionär)
revolutionary (Revolutionär, Umsturz..., umwälzend, epochemachend)
sanctuary (Heiligtum, Frei-, Zufluchtsstätte, Asyl, Schonzeit, Schutzgebiet)
sanitary (Gesundheits..., hygienisch, gesund, sanitär)
scary (unheimlich, gruselig, schaurig, ängstlich, schreckhaft)
secretary (Sekretär, -in)
seminary (Seminar, Bildungsanstalt, Schule, Brutstätte)
sherry (Sherry)
solitary (einsam, abgelegen, abseits, einzeln, einzig)
stationary, remain -, be - (stationär, ortsfest, sesshaft, gleich bleibend, unveränderlich; unverändert sein oder bleiben; still-, stehend)
temporary (vorläufig, zeit-, einstweilig, vorübergehend, Not..., Hilfs..., Behelfs...)
vary (variieren, unterscheiden, ver-, ändern, abweichen, ab-, wechseln, -wandeln)
very (sehr, äußerst, absolut, bloß, völlig, ganz)
visionary (Visionär, Hellseher, Phantast; Träumer, Schwärmer, hell-, seherisch, phantastisch, unwirklich, eingebildet, Visions…)
vocabulary (Vokabular, Wortschatz, Wörterverzeichnis)
voluntary (frei-, willig, spontan, unabhängig, unentgeltlich)
wary, be - (vorsichtig, wachsam, argwöhnisch, umsichtig, behutsam; sich hüten)

~äRia — *von area bis malaria*

area, -code (Areal, Grundstück, Raum, Gegend, Gebiet, Ober-, Grund-, Fläche, *Anat:* Zentrum; Vorwahl, -wählnummer)
Bulgaria (Eigenname)
malaria (Malaria, Buschkrankheit)

~äRien — *von Aquarian bis veterinarian*

Aquarian (*Astron:* Wassermann)
Aryan (Arier, arisch, Indogermane, Nichtjude)
barbarian (Barbar, barbarisch, unzivilisiert, roh, ungesittet, grausam)
disciplinarian (Zuchtmeister, strenger Lehrer, Vorgesetzter)
humanitarian (Menschenfreund, -lich, humanitär)
libertarian (libertär, indetermenistisch)
librarian (Bibliothekar)
Marion (Eigenname)
Sagittarian (*Astron:* Schütze)
sanitarian (sanitär)
Unitarian (*Kirch:* Unitarier, unitarisch)
vegetarian (Vegetarier, vegetarisch)

veterinarian (Veterinär, Tierazt, tierärztlich)

~äRin ☛ ~in (S. 153) *von buryin' bis marryin'*

buryin' (ein-, ver-, begraben, ☛ *bury, S. 133*)
ferryin' (übersetzen, m. d. Fähre fahren)
marryin' (heiraten)

~äRiti *von austerity bis severity*

austerity (Strenge, Ernst, Sparmaßnahme, Askese, Enthaltsamkeit, Nüchternheit)
dexterity (Geschicklichkeit, Gewandtheit, Rechtshändigkeit)
insincerity (Unaufrichtig-, Unehrlichkeit)
posterity (Nachkommen *Plural*, -welt)
prosperity (Wohlstand, Glück, Blütezeit)
severity (Strenge, Härte, Rauheit, Ernst)

~ässi *von dressy bis Nessy*

dressy (elegant, geschniegelt, schick, fesch, modebewusst)
messy (unordentlich, -sauber, schmutzig, schlampig)
Nessy (Schott. ´Seeungeheuer´)

~äteRi *von battery bis flattery*

battery (Lege-, Batterie)
flattery (Schmeichelei)

~ätti *von batty bis ratty*

batty (verrückt, bekloppt)
catty, cattish (katzenhaft, *übertr:* boshaft, gehässig, gemein)
chatty (gesprächig, unterhaltsam, im Plauderton...)
Cincinatti (Eigenname)
fatty (fetthaltig, fettig, Fett..., *SL:* Dickerchen)
natty (schick, elegant, piekfein)
Patty (Eigenname)
ratty (Rattenverseucht, Ratten..., *SL:* gerreizt, bissig)

~äwi *von bevy bis levee*

bevy (Schar, Schwarm)
Chevy (Eigenname)
heavy (schwer, stark)
levee (Damm, Deich; Morgen-, Nachmittags-, Empfang, *Hist:* Lever)

~edi ☛ ~äddi (S. 128) *von comedy bis teddy*

comedy, light - (Komödie, Lustspiel, Komik; Schwank)
Eddy, Eddie (Eigenname)
teddy (Body *einteil. Damenunterwäsche*, Teddybär)

~enti ☛ ~änti (S. 132)

~eRi ☛ *~äRi (S. 133)* *von delivery bis slivery*

delivery (Aus-, Ab-, Lieferung, Zustellung, -Leitung, -Führung, Überbringung, -Sendung, Entbindung, Abfeuern, Förderung, Leistung)
history, case- (Geschichte, Beschreibung, Darstellung; Vor-, Kranken-, typisches Beispiel)
misery (Not, Elend, Trübsal, Jammer)
mystery, -tour (Mysterium, Geheimnis, Rätsel; Fahrt ins Blaue)
shivery (fröstelnd, fiebrich)
livery (Pflege u. Unterbringung von Pferden; Livree, Tracht, *übertr:* Kleid)
quivery (zitterig)
slivery (splitterig)

~eßi *von ecstasy bis fantasy*

ecstasy (Exstase, Verzückung, Rausch, Begeisterung, Auf-, krankhafte Erregung)
fantasy (Phantasie, Einbildungskraft, Traum, Hirngespinst, *Musik:* Fantasia)

~eti *von confetti bis sweaty*

confetti (Konfetti)
jetty (Mole, Anlegestelle)
machete (Machete, Buschmesser)
notoriety (das Notorische, *verächtl:* allg. Bekanntheit, Berüchtigt sein, schlechter Ruf)
petty (unbedeutend, geringfügig, Klein..., kleinlich)
piety (Pietät, Frömmigkeit, Ehrfurcht)
sobriety (Nüchternheit, Mäßigkeit, Ernsthaftigkeit)
spaghetti (Spaghetti, -nudeln)
sweaty (schweißig, verschwitzt, anstrengend)

~gRi *von agree bis degree*

agree (überein-, ab-, zustimmen, sich einigen, bereit erklären, einwilligen, genehmigen)
degree (Grad, Stufe, Maß, Tonstufe, Intervall)

~ib, ~ip *von ad lib bis zip*

ad lib (*latein. Abk:* ad libitum, nach Belieben)
battleship (Kriegsschiff)
chip, -off (Splitter, Span, Schnipsel, Scheibchen; abbröckeln, -splittern, -brechen)
clip (Klammer, Klemme, an-, klammern, befestigen, in etwas beschneiden, ab-, schneiden, etwas stutzen, Haarschnitt, Frisur, Schur, Hieb, Tempo, undeutliche Aussprache)
crib (Krippe, Stall, Hütte, Kinderbettchen, ein-, zusammenpferchen, abschreiben, mogeln)
dip (Tiefpunkt, Absinken, Tunke, unter-, ein-, tauchen, in die Tasche greifen, abblenden)
drip, - dry (herab-, tropfen, -tröpfeln, -lassen, Infusion, *SL:* Nulpe, Blödmann; bügelfrei)
equip (ausrüsten, -statten, jmd. das -geistige- Rüstzeug geben)
fib (flunkern, schwindeln, aufschneiden, Flunkerei)
gib, - head (Bolzen, Stift; Keil, Nase)
glib (oberflächlich, rede-, wortgewandt, schlagfertig, unbedacht, wenig überzeugend)
grip (Griff, Greifer, Klemme, Griffigkeit, packen, fesseln, er-, greifen, *übertr:* Halt)
gyp (Putzfrau, Gauner, -ei, schwindeln)
hip (Hüfte; Hagebutte, Hip, Hurra!; *SL:* voll dabei-, im Trend-, im Bilde sein)
julep (süßliches Getränk, *Am:* alkohol. Eisgetränk)
lip, - service (Lippe, Lippenbekenntnis, -dienst, *lick one's lips*, die Lippen lecken)

nip (nippen, Schlückchen; Kniff, Biss, zwicken, kneifen, schneidende Kälte oder Wind)
quip (witziger Einfall, geistreiche Bemerkung, Bonmot, witzeln, spötteln, Stichelei)
rib, -cage (Rippe, m. Rippen versehen, rippen; Brustkorb, *Tech:* Stab, Stange, Strebe)
rip, -up, open (Riss, Schlitz, *SL:* ausnehmen, -rauben; zer-, aufreißen, -trennen, -platzen)
scrip (Tasche, Ranzen; Berechtigungsschein, Interimsschein)
ship (Schiff, an Bord bringen oder nehmen, verladen, -senden, sich einschiffen, anheuern)
sip (Schluck, nippen, schlürfen, schlückchenweise trinken)
slip (Slip, Verschiebung, Schlupf, schieben, gleiten lassen, ab-, rutschen, Fehltritt)
snip (Schnitt, Schnipsel, schnippeln, schneiden, Fahrkarte knipsen, todsichere Sache)
strip, -off (Streifen, ´strippen´, abziehen, -rinden, -schälen; abstreifen, ausziehen)
tip (Finger-, Nasen-, Zungen-, Spitze, Ende, Endstück, Filter e, Zigarette; umkippen, sich-, neigen, den Hut heben; Trinkgeld, Tipp, Wink, Rat, -geben, warnen; Klaps, leichte Berührung, - Schläge, antippen, -stupsen)
trip (Reise, Ausflug, Spritztour, trippeln, tänzeln, stolpern, *übertr:* Fehler, Fehltritt)
tulip, - tree (Tulpe, -nbaum)
whip, - up (Peitsche, peitschen, schlagen, eilen, kutschieren; antreiben, aufpeitschen)
zip (Schwung, Schmiss, -haben, schwirren, -lassen, zischen, Reißverschluss)

~ibd, ~ibt, ~ipd, ~ipt — *von chipped bis whipped*

chipped (abgesplittert, -gebröckelt)
dipped (herab-, getröpfelt)
crypt (Krypta, Gruft, unterirdisches Gewölbe)
equipped (ausgerüstet, -gestattet)
manuscript (Manuscript, handschriftlich)
script (Hand-, Schreib-, Schrift)
sipped (geschlürft, -nippt)
transcript (Abschrift, Kopie)
whipped (abgebröckelt, -gesplittert)

~ibsi, ~ipsi — *von dipsy bis tipsy*

dipsy (trunksüchtig)
gipsy (Zigeuner, -in)
tipsy (beduselt, -schwipst, angeheitert, wackelig, schief)

~id ☛ *~it (S. 155)* — *von affected bis x-rated*

affected (affektiert, gekünstelt, geziert, angenommen, vorgetäuscht, geneigt, gesinnt)
alighted (landete)
amended (abgeändert, aufgebessert, berichtigt, -e, ver-, gebessert, geändert, revidiert)
anticipated (beschleunigt, erhofft, erwartet, imaginär, vorausgesehen, voraussichtlich, vorgegriffen, vorweggenommen, ahnte voraus)
apprehended (nahm wahr, wahrgenommen, erfasste)
ascended (stieg, aufgestiegen)
assisted (assistierte, half, geholfen, unterstützt)
attempted (versucht, -e)
attended (begleitet, -e, besucht, -e)
bated (geschwächt, schwächte, vermindert, verringerte)
beaded (aufgereiht, mit Perlen versehen, perlenbesetzt)
befriended (freundlich gewesen, war behilflich)
belated (säumig, verspätet, verzögert)

bended, - knees (gebogen, gekrümmt; gebeugte Knie)
bid (geboten, *P. P.* u. *Prät.* von bade, Versuch, Gebot, wünschen, werben, bieten, reizen)
bisected (in zwei Teile zerschnitten, halbiert)
bleated (meckerte)
bleeded (geblutet, blutete)
blended (gemischt, vermengte, verblendet, verschnitten)
blighted (vereitelt)
blinded (blendete, ver-, geblendet, - sein)
breaded (paniert)
broken-hearted (untröstlich)
carted, - goods (fuhr; Rollgut)
charted (entwarf)
cheated (mogelte, betrogen, gemogelt, getäuscht, übervorteilt, hereingelegt)
chicken-hearted (zaghaft, ängstlich)
cold-hearted (kalt-, hartherzig)
commended (empfohlen, lobte)
competed (konkuriert, -e)
completed (abgeschlossen, ausgeführt, voll-, beendet, fertig, -gestellt, komplettiert)
comprehended (begriff, -en)
conceited (arrogant, aufgeblasen, dünkelhaft, eingebildet, eitel, hochnäsig, stolz, verblendet, sich selbst überschätzend, von sich selbst eingenommen)
condescended (geruhte, -t)
contended, self - (disputiert, -e, gestritten, umstritten; selbstzufrieden)
corrected (korrigiert, verbessert, reguliert, behoben)
cupid (Antike: Kupido, Amor, Amorette)
darted (schleuderte)
dated (alt, veraltet, datiert, überholt, aus der Mode, nicht mehr gebräuchlich, altmodisch)
defeated (abgelehnt, besiegt, -e, bezwang, geschlagen, unterlegen, vereitelt)
defected (wurde abtrünnig)
defended (geschützt, gewehrt, verteidigt, -e)
deflected (abgelenkt, lenkte ab, eingefedert, abgefälscht)
deleted (annuliert, entfernt, gelöscht, gestrichen, tilgte, zerstört)
delighted (erfreute, entzückte, erfreut, entzückt)
departed (abgereist, -gefahren, -geflogen, verschieden, -storben)
depended (hing – davon -ab)
depleted (dezimiert, ge-, entleert, leerte, verarmt, verbraucht, abgereichert)
descended (abgestammt, stieg ab)
detected (bemerkt, -e, entdeckt, -e)
did (tat, *Prät.* von do)
directed (adressiert, gelenkt, gerichtet, gezielt, lenkte)
disaffected, - youth (unzufrieden; Nullbockgeneration)
drafted, carefully - (entworfen, skizziert; sorgfältig abgefasst)
effected (bewirkt, getätigt, erfolgt, besorgt)
ended (beendet, -e, endete)
enlisted (angeworben, beteiligte)
erected (aufgerichtet, errichtete, richtete auf)
evil-minded (übelgesinnt)
excited (aufgeregt, erregt, gereizt)
excreted (ausgeschieden)

exempted (ausgenommen, freigestellt)
existed (bestand, bestanden, existierte, vorgelegen)
expected (voraussichtlich, erwartet, -e)
expended (aufgewandt, verausgabte, verzehrt)
extended (erweitert, verlängert)
faint-hearted (mutlos, feige)
fated (vom Schicksal bestimmt)
feebleminded (geistesschwach)
fended (abgewehrt, wehrte sich)
fisted (mit der Faust geschlagen)
forbid, God - (verbieten, untersagen, ausschließen, unmöglich machen; Gott behüte)
frigid (frigid, gefühls-, kalt, frostig, eisig, kühl, steif)
grafted (okuliert)
grated (gerieben, Abrieb, geschabt)
greeted (gegrüßt, grüßte)
grid (Gitter, Rost, Gitternetz auf Landkarten, Elektr: Versorgungsnetz)
halfhearted (halbherzig, lustlos)
hardhearted (hartherzig)
hated (ver-, gehasst, hasste)
heated (beheizt, erhitzt, -e, erwärmt)
hid (verstecken, *P. P.* u. *Prät.* von hide)
highlighted (hervorgehoben)
infected (angesteckt, infiziert, -e)
inflected (gebogen, gebeugt)
inisted (insistierte, bestanden, - auf)
inspected (geprüft, inspiziert, -e, beschaut, -e)
intended (angestrebt, beabsichtigt)
intersected (Durchschnitt, -en)
invalid (Invalide, Kranke, Kranken..., krank, leidend, zum Invaliden machen)
kid (jmd. verkohlen, aufziehen, ver-, albern, Jux machen, schwindeln)
kid, whiz - (Zicklein, Kitz, Kind, zickeln ; Wunderknabe, Genie, Senkrechtstarter)
lid (Deckel, Augen-, Lid)
lighted (beleuchtet, ausgeleuchtet)
lightminded (leichtfertig, -sinnig)
like-minded (Gleichgesinnt, -e, Gesinnungsgenossen)
lionhearted (löwenherzig, mutig)
listed (aufgeführt, -gelisted, angegeben, gedruckt, notiert, verzeichnet, -e, an der Börse zugelassen, in einer Liste geführt)
livid (bläulich, bleifarben, graublau, fahl, aschgrau, blass, *Engl:* fuchsteufelswild)
Madrid (Eigenname)
maltreated (malträtierte, misshandelt, -e, Schund, geschunden)
mated (verband, matt, -gesetzt)
mended (ausgebessert, instand gesetzt, reparierte, verbessert, -e)
minded (beachtet, -e, gekümmert, sorgte)
misapprehended (missverstand, -en)
misted, -up windows (getrübt; beschlagene Scheiben)
narrow-minded (borniert, engherzig, -stirnig, kleinbürgerlich, -kariert, geistig beschränkt, spießig, vernagelt. voreingenommen)
neglected (vernachlässigt, -e, verwahrlost, liegen geblieben, nicht beachtet)

objected (eingewandt, wandte ein, beanstandet, -e)
offended (angegriffen, beleidigt, -e)
parted (auseinander gegangen, gescheitelt, geschieden, geteilt, getrennt)
perfected (vervollkommnet, -e, vollendet, -e)
persisted (beharrte, verharrt)
pleaded, - for (plädierte, vorgeschoben; flehend)
pleated (gefaltet, plissiert)
portended (deutete, hingedeutet)
pre-empted (erwarb durch Vorkaufsrecht, etwas oder jmdm. zuvorkommen)
pretended (angeblich, vermeintlich, vorgeblich, vorgetäuscht, gab vor, nur gespielt)
protected (behütet, -e, geschützt, schützte, gesichert, protektiert, schirmte ab)
pyramid (Pyramide)
rated (bemaß, bewertet, eingestuft, geschätzt)
recommended (empfahl, weiter-, empfohlen)
reflected (abgespiegelt, zurückgeworfen, warf zurück, reflektiert)
related (an-, verwandt, in Beziehung stehend, berichtet, verbunden, zugehörig, ähnlich)
reminded (erinnerte, gemahnt, mahnte)
repeated (aber-, mehr-, nochmalig, wiederholte, -e)
resisted (erwehrte, widerstand, sich widersetzen)
respected (respektiert, geachtet, hoch-, angesehen, berücksichtigte)
resurrected (erstand wieder, wieder ausgegraben, - auferstehen)
retreated (zurückgezogen, trat zurück)
rid, be o. get - of (befreien, frei machen; jmd. oder etwas los sein, loswerden)
rigid (starr, steif, rigide, unbeweglich, streng, hart, unbeugsam)
seated (gesessen, -setzt, -legen)
secreted (abgesondert, ausgeschieden, sonderte ab)
sedated (beruhigte)
skated, roller - (Schlittschuh gelaufen; Rollschuh gelaufen)
skid, non- (Lade-, Stützbalken, Rolle, bremsen, hemmen, Hemmschuh, Bremsklotz, Kufe, aus-, rutschen; rutschsicher, Gleitschutz)
sleeted (gegraupelt, graupelte)
slid (gerutscht, -glitten, *Prät.* u. *P. P.* von slide)
slighted (beleidigte, schmächtig)
smarted (geschmerzt, tat weh, schmerzte)
splendid (berühmt, brilliant, famos, fantastisch, grandios, herrlich, prachtvoll, stattlich)
spotlighted (strahlte an, angestrahlt)
squid (zehnarmiger Tintenfisch, künstlicher Köder in Tintenfischform)
started (gestartet)
stupid (Dummkopf, dumm, blöd, fad, stumpfsinnig, betäubt, benommen)
subsisted (unterhielt)
suspected (mutmaßlich, tat-, verdächtig, vermutete)
suspended (aufgeschoben, suspendierte, beurlaubte, verschoben, Spieler gesperrt)
tempted (verlockt, -leitet, in Versuchung geführt)
tended, well - (abgezielt, neigte; gepflegt)
treated (behandelt, betrachtet, geklärt Abwasser)
twisted (gedreht, gewunden, unredlich, verbog, -en, verdrillt)
unaffected (unbeeinflusst, -beeinträchtigt, -berührt, -gekünstelt, -gerührt)
unattended (unbeaufsichtigt, -bedient, -begleitet, -bewacht, -erwartet, ohne Aufsicht)
unblended (ungemischt, unvermischt, ungesegnet)

unexpected (unerwartet, -verhofft, -vermittelt, -vorhergesehen, überraschend)
unlighted (unbeleuchtet)
valid (zulässig, plausibel, rechts-, kräftig, -gültig, wirksam, triftig, richtig)
vivid (lebhaft, lebendig, impulsiv, intensiv, leuchtend, deutlich, klar)
well-sited (gut gelegen, in guter Lage)
wicked (boshaft, böse, gemein, gottlos, schlimm, verrucht, geil, sündhaft)
x-rated (ab 18 Jahre, nicht jugendfrei, nicht für Jugendliche)

~idi *von beady bis weedy*

beady, - eyes (mit Perlen verziert, perlartig, perlend; glänzende Knopfaugen)
greedy, - for power (hab-, gierig, gefräßig; Machtgierig, -hungrig)
needy (arm, bedürftig, notleidend)
seedy, look - (*Bot:* samentragend, -reich; zwielichtig, zweifelhaft, fadenscheinig, schäbig, flaues oder mieses Befinden; elend aussehen)
speedy (schnell, zügig, rasch, prompt)
weedy (voller Unkraut, unkrautbewachsen, schmächtig, schlacksig)

~idli ☛ *~iidli (S. 114)*

~idsch *von abridge bis witch*

abridge (ab-, kürzen, zusammenziehen, beschneiden, -schränken)
acknowledge (anerkennen, zugeben, einräumen, sich bekennen, - erkenntlich zeigen, quittieren, bestätigen, Gruß erwidern, etwas beglaubigen)
allege (behaupten, erklären, vorbringen, -geben, -schützen, angeblich)
bewitch (berücken, -tören, -zaubern)
bitch (Hündin, *SL:* Schlampe, Miststück, Scheißding)
bridge (Bridge; Brücke, Instrumenten-, Brillensteg, eine Brücke schlagen)
college (Fachhochschule, Akademie, höhere Lehranstalt, Kollegium, Vereinigung, Kolleg)
creepage (*Tech: E-Tech:* Kriechen)
ditch (Graben, Gräben ziehen oder ausbessern, wegwerfen, loswerden, notwassern)
enrich (reich, an-, bereichern, wertsteigern, ausschmücken, verzieren)
fridge (*Abk:* Kühlschrank, *refridgerator*)
glitch (Funkstörung)
hitch (Ruck, Zug, ruckartig ziehen, befestigen, festhaken, ankoppeln, -spannen, hinken)
without a hitch; there's a - (reibungslos, glatt; die Sache hat einen Haken)
image, self - (Ab-, Eben-, Bild, Vorstellung, Idee, Verkörperung; Selbstverständnis)
itch (Flechte, Juckreiz, jucken, brennen, brennendes Verlangen, dürsten, ‚jucken' in den Fingern)
knowledge, self - (Kenntnis, Wissen, Erfahrung; Selbstkenntnis)
lovage (Liebstöckel)
Mitch (Eigenname)
pitch, -dark (Pech, pichen, teeren; Tonhöhe, Schrittzahl, werfen, verfallen, stürzen, ab-, stimmen, stampfen, ab-, her-, fallen, aufschlagen; pechschwarz, stockdunkel)
pillage (Beute, Plünderung, plündern, rauben, erbeuten)
ravage (Verwüstung, -heerung, - anrichten, verwüsten, -heeren, plündern)
rich, new - (wohlhabend, reich, -lich; Neureich)
ridge (First, Kamm, -linie, Grat, Berg-, Hügelkette, sich-, furchen)
savage (wild, ungezähmt, grausam, brutal, -behandeln, Wilde, jmd. anfallen, beißen)
scrimmage (Handgemenge, Getümmel)
snitch, - on (klauen, stibitzen; jmd. verpfeifen)

stitch, - up (Stich, Stechen *Schmerz*, Masche, nähen, steppen, be-, sticken; zusammenflicken)
switch (Gerte, Rute, peitschen, Schalter, ab-, an-, um-, schalten, tauschen, rangieren)
tillage (Bodenbestellung, Ackerbau, -land)
titch (Dreikäsehoch, Pimpf)
twitch (Ruck, Zuckung, Stich *Schmerz*, rucken, zupfen, zerren, reißen, zucken, - mit)
village, fishing - (Dorf, dörflich; Fischerdorf)
which (welch, -er, wer, etwas, was)
witch (Hexe, Zauberin, ver-, behexen, betörende Frau)

~idschen ☛ *~iidschen (S. 114)* *von pigeon bis widgeon*

pigeon (Taube)
religion (Religion, Glaube)
widgeon (Pfeifente)

~idsches *addiere Substantiv (Hauptwort) + es = Plural* *z. B.: witches*

z. B. witch (Hexe) = **witches** (Hexen)

~if ☛ *~iif (S. 114)* *von abortive bis whiff*

abortive (zu früh geboren, vorzeitig, misslungen, erfolg-, fruchtlos, *Biol:* verkümmert, *Med:* Frühgeburt verursachend, abtreibend)
accumulative (anhäufend, Zusatz..., Sammel..., Häufungs...)
adaptive (adaptiv, lern-, anpassungsfähig, sich anpassend)
active (aktiv, tätig, emsig, geschäftig, rührig, lebhaft, rege, wirksam, tatkräftig)
affirmative (Bejahung, bejahend, zustimmend, positiv, bestimmt)
aggressive (aggressiv, streitsüchtig, angriffslustig, energisch, dynamisch, forsch)
alternative (alternativ, Alternative, Wahl, - lassend, ander, Ersatz..., Ausweich...)
apprehensive (besorgt, ängstlich)
appreciative (anerkennend, würdigend, verständnisvoll, dankbar, empfänglich)
argumentative, - of (streitlustig, strittig, umstritten, kritisch; hindeutend auf)
attentive (aufmerksam, achtsam, *übertr:* höflich)
attractive (anziehend, *übertr:* attraktiv, reizvoll, fesselnd, verlockend, zugkräftig)
authoritative (gebieterisch, herrisch, maßgebend, -geblich, autoritativ)
captive (gefangen, in Gefangenschaft, festgehalten, *übertr:* gefangen, gefesselt)
cliff, go over the - (Kliff, Klippe, Felsen; *übertr:* eingehen, Pleite gehen)
combative (kampfbereit, -lustig, streitsüchtig)
competitive (konkurrierend, Wettbewerbs..., Konkurrenz..., -fähig)
comprehensive (umfassend, inhaltsreich, verstehend, *Engl:* Gesamtschule)
communicative (mitteilsam, kommunikativ)
consecutive (aufeinander folgend, fortlaufend)
conservative (erhaltend, konservierend, konservativ, unauffällig, zurückhaltend)
creative, - of s.th. (schöpferisch, schaffend, kreativ; etwas verursachend)
decorative (dekorativ, schmückend, ornamental, Zier..., Schmuck...)
defensive (defensiv, verteidigend, schützend, abwehrend, Defensive, Verteidigung)
definitive (definitiv, endgültig, maßgeblich)
depressive (deprimiert, depressiv)
digressive (abschweifend, abwegig)
discursive (abschweifend)
dissuasive (abratend)
elusive (ausweichend, schwer fassbar, - zu definieren, umgehend, unzuverlässig)

emotive, - word (gefühlsbedingt, -betont, -voll, emotiv; Reizwort)
excessive (übermäßig, -trieben, unangemessen hoch, exzessiv)
expensive (teuer, kostspielig, aufwendig)
expletive (ausfüllend, Füll..., Füllsel, Lückenbüßer, Fluch, Kraftausdruck)
expressive, be - of (ausdrückend, Ausdrucks...; ausdrucksvoll, etwas ausdrücken)
extensive (ausgedehnt, umfassend, eingehend, extensiv)
extractive (Gewinnung, gewinnend, extrahierend)
evasive (ausweichend, schwer fassbar oder feststellbar)
figurative (bildlich, übertragen, figürlich, metaforisch, symbolisch)
forgive (verzeihen, vergeben, erlassen)
fugitive (Flüchtige, Flüchtling, Ausreißer, flüchtig, *übertr:* kurzlebig, vergänglich)
generative (*Biol:* fruchtbar, Zeugungs..., Geschlechts..., Fortpflanzungs..., *Ling:* generativ)
handkerchief (Taschentuch)
if, as - , as though (wenn, falls; als ob; als wenn)
imitative (nachahmend, -bildend, -gemacht, -geahmt)
impressive (eindrucksvoll, imposant)
inactive (untätig, träge, müßig, flau, lustlos, nicht aktiv, *Chem:* unwirksam, neutral)
inattentive (unaufmerksam, gleichgültig, nachlässig)
incentive (anspornend, antreibend, anreizend, Ansporn, Anreiz)
incomprehensive (unbegreiflich)
inexpensive (nicht teuer, preiswert, billig)
informative (informativ, lehr-, aufschlussreich, mitteilsam)
innovative (erneuernd, innovativ)
intensive (intensiv, stark, - wirkend, heftig, gründlich, erschöpfend, verstärkend)
intuitive (intuitiv, eingebungsvoll)
invasive (*Milit:* Invasions..., ein-, angreifend, zudringlich)
inventive (erfinderisch, Erfindungs..., schöpferisch, einfallsreich, originell)
investigative (recherchierend, Untersuchungs...)
live (lebendig, leben, wohnen)
locomotive (Lokomotive, sich fortbewegend, fortbewegungs..., - fähig)
lucrative (lukrativ, einträglich, gewinnbringend)
meditative (meditierend, nachdenklich, sinnend, versponnen)
motive (Motiv, Beweggrund, Antrieb, bewegend, treibend, Veranlassung)
narrative (Erzählung, Geschichte, Bericht, Schilderung, erzählend)
native (ein-, angeboren, natürlich, ein-, heimisch, Eingeborener)
negative (negativ, verneinen, -d, negieren, Verneinung, Negation)
offensive (Offensive, Angriff, offensiv, beleidigend, anstößig, anstoß-, ärgerniserregend)
operative (wirkend, treibend, wirksam, Fach-, Arbeiter, Mechaniker, arbeitend, tätig, beschäftigt, Arbeits..., Betriebs..., *Med:* operativ, chirurgisch)
pensive (nachdenklich, sinnend, gedankenvoll, ernst, tiefsinnig)
persuasive (überredend, -zeugend)
pervasive (durchdringend, *übertr:* überall vorhanden, be-, vorherrschend)
possessive (Besitz..., -gierig, -betonend, -ergreifend, *Ling:* possessiv, besitzanzeigend)
positive (positiv, bestimmt, definitiv, ausdrücklich, fest, tatsächlich, zustimmend, sicher, unumstößlich, eindeutig, überzeugt, ausgesprochen, absolut, bejahend)
primitive (erst, ursprünglich, -zeitlich, Ur..., primitiv, *Ling:* Stamm...)
proactive (initiativ, proaktiv, Eigeninitiative zeigen)
progressive (fortschrittlich, -schreitend, -laufend, *Med:* zunehmend, progressiv)
prohibitive (verbietend, untersagend, unerschwinglich, untragbar, Schutz..., Sperr...)

provocative (aufreizend, zum Widerspruch -, herausfordernd, provokant, -kativ)
radioactive (radioaktiv, atomverseucht)
reactive (reaktiv, rück-, gegenwirkend, empfänglich, Reaktions..., *Elek:* Blind...)
recitative (Rezitative, Sprechgesang)
regressive (rückläufig, -wirkend, *Biol:* regressiv)
relative (verhältnismäßig, relativ, bezüglich, gegenseitig, entsprechend, jeweilig, Verwandtschaft, Verwandter, *Ling:* bezüglich, Relativ, *Musik:* parallel)
representative (Stell-, Vertreter, Abgeordneter, repräsentativ, stell-, vertretend, typisch)
retentive (er-, haltend, bewahrend, gut, Wasser speichernd)
sensitive (sensitiv, über-, empfindlich, -sam, feinfühlig, fühlend, sensitiver Mensch)
sniff (schniefen, schnüffeln, schnuppern, riechen, wittern, Naserümpfen)
sportive (mutwillig, verspielt, spaßhaft)
stiff, - necked (steif, starr, zäh, dick, stark, hart, *SL:* Leiche, Besoffener; halsstarrig)
successive, 3 - days (sukzessiv, folgend; 3 Tage hintereinander)
supportive (unterstützen)
talkative (geschwätzig, gesprächig, redselig)
tentative (versuchsweise, Versuchs..., provisorisch, vorsichtig, Versuch)
tiff (kleine Meinungsverschiedenheit, Kabbelei, schlechte Laune)
vindictive (rachsüchtig, als Strafe)
whiff (Luftzug, Hauch, Rauch-, Duftwolke, paffen, rauchen, blasen, wehen, Zigarillo)

~iffi — *von iffy bis Tiffy*

iffy (strittig)
jiffy (augenblicklich, *wait a jiff,* Moment!)
sniffy (naserümpfend, hochnäsig, muffig, übelriechend, verächtlich)
Tiffy (Eigenname)

~ift — *von drift bis thrift*

drift (Tendenz, dahin, - treiben, Schnee-, Verwehung, wehen)
gift (Geschenk, Talent, Gabe)
lift (heben, Auf-, -trieb, -zug, Fahrstuhl)
shift, make - (um-, auswechseln, sich verlagern, schieben, Arbeitsschicht, Ausweg, Notbehelf, Kniff, List; sich behelfen)
spendthrift (Verschwender, verschwenderisch)
swift (schnell, eilig, flink)
thrift (Sparsamkeit, -sinn, Wirtschaftlichkeit, *Bot:* Grasnelke)

~ifti — *von fifty bis thrifty*

fifty (fünfzig)
nifty (´sauber´, hübsch, fesch, prima, raffiniert, *Engl:* stinkend)
shifty (unzuverlässig, verschlagen)
thrifty (sparsam)

~ig, ~ik — *von academic bis wig*

academic (akademisch, Universitäts..., Akademiker, konventionell, traditionell, theoretisch)
acrobatic (akrobatisch)
aesthetic (ästhetisch)
alcoholic (Alkoholiker, Trunksüchtiger, alkoholisch, trunksüchtig)
alphabetic (alphabetisch)

analytic (analytisch, psycho-)
anatomic (anatomisch)
Angelic (Eigenname)
antique (antik, alt, -modisch, veraltet, Antiquität)
apathetic (apathisch, teilnahmslos)
apologetic (Entschuldigung, Verteidigung, Apologetik)
aristocratic (aristokratisch, Adels..., adlig, vornehm)
arithmetic (Arithmetik, Rechnen, Rechenkunst)
aromatic (aromatisch, würzig, duftig)
arsenic (Arsen, -haltig, *Poet:* Hebung, betonte Silbe, *Musik:* Aufschlag)
arthritic (*Med:* arthritisch, gichtisch)
athletic (athletisch, Sport..., muskulös, sportlich)
Atlantic (der Atlantik, atlantisch)
atmospheric (atmosphärisch, Luft..., Witterungs..., Wetter..., *übertr:* stimmungsvoll)
atomic (atomar, atomisch, Atom...)
attic, -salt, -wit (Dachgeschoss, Mansarde, *übertr:* Oberstübchen, Kopf; attisch, -es, Salz, feiner Witz)
automatic (automatisch, selbsttätig, Selbst...)
big (groß, dick, stark, kräftig, großspurig, angeben, roße Töne spucken)
bombastic (bombastisch, schwülstig)
brick (Ziegel-, Back-, Stein, Klötzchen, feiner Kerl)
bureaucratic (bürokratisch)
candlestick, -wick (Leuchter, Kerzenhalter, -Docht)
catabolic (katabolisch)
Catholic (Katholik, katholisch)
ceramic (Keramik, keramisch)
chaotic (chaotisch, wirr)
chick (Küken, junger Vogel, *SL:* Biene, Puppe)
chromatic (*Musik:* chromatisch, *Phys:* chromatisch, Farben...)
chronic (ständig, an-, dauernd, *Med:* chronisch, langwierig, *SL:* scheußlich)
cinematic (Film..., filmisch)
cleric (Kleriker)
click (an-, klicken, knipsen, knacken, knicken, ticken, schnalzen, einschnappen, Schnapp-, Sperrvorrichtung, Klinke)
climatic (klimatisch)
comic (komisch, humoristisch, drollig, spaßig, Komiker, Komödie, Lustspiel., Witzblatt)
cosmetic (Kosmetik, kosmetisch, Schönheitspflege, -chirurgie, -, mittel, -operation)
critic (Kritiker, Rezensent, Tadler, Krittler)
cusec (Kubikfuß je Sekunde)
democratic (demokratisch)
diatonic (*Musik:* diatonisch)
dick (*Engl. SL:* Kerl, *Am. SL:* Schnüffler, privat -, Schwanz, Pimmel)
dig, infra -, - oneself in (Aus-, Grabung, um-, ein-, aus-, graben, Puff, Stoß, Büffler, büffeln; unter meiner - etc., Würde, unwürdig, *übertr:* sich eingraben, verschanzen)
dogmatic (Dogmatik, dogmatisch)
dramatic (dramatisch, Schauspiel., Theater, *übertr:* spannend, er-, aufregend, drastisch)
drastic (drastisch, rigoros, durchgreifend)
drop a brick (ins Fettnäpfchen treten)
dynamic (dynamisch)

economic (national-, ökonomisch, volks-, wirtschaftlich, rentabel, Wirtschafts...)
elastic (elastisch, dehnbar, federnd, spannkräftig, Gummi..., -band, -zug, -gewebe)
electromagnetic (elektromagnetisch)
endemic (endemisch, ein-, heimisch, *Med:* end. Krankheit, örtlich, begrenzt, *Bot:Zool:* in einem bestimmten Gebiet verbreitet, end. Tier oder Pflanze)
energetic (Energetik, energetisch-, -gisch, tatkräftig, nachdrücklich, sehr-, wirksam)
enharmonic, - change (*Musik:* enharmonisch, -e Verwechslung)
enthusiastic (enthusiastisch, begeistert)
epidemic (*Med:* Seuche, Epidemie, epidemisch, seuchenartig, *übertr:* grassierend)
Eric (Eigenname)
erotic (Erotiker, -in, erotisch)
erratic (erratisch, umher-, wandernd, -ziehend, regel-, ziellos, unstet, -gleich, sprunghaft)
esoteric (esoterisch, Phil: geheim, privat, nur für Eingeweihte)
ethic (Ethik, Sittenlehre, Sittlichkeit, Moral, Ethos)
exotic (Exot, exotisch, aus-, fremdländisch, -artig, bizarr)
fanatic (Fanatiker)
fantastic (phantastisch, unwirklich, verstiegen, überspannt, absurd, 'toll')
fig, -leave, -tree, -out (Feige, -nblatt, -baum; Kleidung, Gala, in full-, Zustand, Form, in good -; herausputzen)
flick (leichter, schneller, Schlag, Klaps, schnippsen, schnalzen, auf-, schnellen, -schnappen, einen Klaps geben, an- oder ausschalten; Film, Kino, Kintopp)
frantic, - efforts, - search (wild, rasend, außer sich, wütend; verzweifelt; hektisch)
frenetic (frenetisch)
generic (allgemein, generell, generisch, Gattungs...)
genetic (Genetik, Vererbungslehre, genetisch, Vererbungs..., Erb...)
gig (*Musik:* Engagement, Auftritt; Ruder-, Beiboot, zweirädriger offener Einspänner)
gigantic (gigantisch, riesig, ungeheuer, Riesen...)
gold brick (falscher Goldbarren, Beschiss, Schwindel, jmd. übers Ohr hauen, Drückeberger)
gymnastic (gymnastisch, turnerisch, Turn..., Gymnastik...)
harmonic (harmonisch, Harmonielehre)
heartsick (tiefbetrübt, todunglücklich)
hemispheric (hemisphärisch, halbkugelig)
hick, -girl, -town (*Am:* Bauer, Hinterweltler; Bauerntrampel; Nest, Kaff)
hieroglyphic (hieroglypisch, rätselhaft, unleserlich)
hispanic (Hispanoamerikaner, hispanisch, spanisch, -e Herkunft)
horrific (schrecklich, entsetzlich, horrend)
hypercritic (überkritisch)
hypnotic (Hypnotisierter, Hypnotikum, hypnotisch, einschläfernd, hypnotisierbar)
hysteric (Hysteriker, hysterisch)
iconoclastic (bilderstürmend, *übertr:* bilderstürmerisch)
idiotic (idiotisch, dumm, blödsinnig, *Med:* geistesschwach, schwachsinnig)
ironic (ironisch, spöttisch, spöttelnd, seltsam, komisch, paradox)
Islamic (Islam, islamisch)
jig (Gigue, eine G. tanzen, tanzen, hopsen, schütteln, Freudentanz, *Am:* Schwoof, Tanzparty, *the jig is up*, das Spiel ist aus; Kohlenwippe, Erze setzen, Halte-, Bohrvorrichtung, Schablone, mit Schablone herstellen)
kick (Tritt, Rück-, Stoß, Kraft, Energie, Elan, aus-, treten, Nerven-, Kitzel, berauschend)
lick, -up, -off (an-, lecken, auf-, ab-)
limerick (Limerick)

logic (Logik, logisch)
love-, air-, sea sick (Liebeskummer, -krank, -toll, Luft-, See-)
lunatic (Wahnsinnige, irre, wahn-, irrsinnig, geisteskrank)
macrobiotic (makrobiotisch)
magic (Magie, magisch)
manic, - depressive (manisch, -e Person; manisch-depressiv)
maverick (Außenseiter, Einzelgänger, herren-, brandzeichen-, mutterloses Kalb,Vieh)
mechanic (Mechanik, -er, Schlosser, Maschinist, Monteur, mechanisch)
melodic (melodisch)
melodramatic (melodramtisch)
methodic (methodisch, systematisch, überlegt)
monomaniac (Monomane, monoman, -isch)
monophonic (monaural, monofon)
music (Musik)
narcotic (Narkotikum, narkotisch, Rauschgift..., Betäubungsmittel)
neurotic (Nerven..., Neurotiker, neurotisch, Nervenmittel)
nick, old - (Kerbe, Einkerbung, -schnitt, ein-, schneiden, -kerben, *Engl:* jmd. schnappen, einlochen, klauen, betrügen; Kose-, Spitz-, Name, *SL:* der Teufel)
numeric (nummerisch)
oceanic (ozeanisch, Meer..., Ozean...)
oil-, relling rig (Bohrinsel)
operatic (opernhaft, *a. übertr. verächtl:* Opern...)
organic (organisch)
pacific (Pazifik, pazifisch)
panic (*Bot:* Hirse; panisch, Panik)
panoramic (Rundblick..., panoramisch)
paralytic (Paralytiker, paralytisch, Lähmungs..., gelähmt, volltrunken)
parasitic (parasitisch, -sitär, schmarotzend)
pathetic (pathetisch, allzu gefühlvoll, mitleiderregend, *Engl:* kläglich, jämmerlich)
pedantic (pedantisch, kleinlich)
periodic (periodisch, Kreis..., regelmäßig wiederkehrend, Ling: rhetorisch, wohlgefügt)
philharmonic (philharmonisch)
phonic (fonisch, phonetisch, lautlich, akustisch)
pick (Spitz-, Hacke, Picke, -l, Bester, Auslese, kritisieren, provozieren, abnagen, auf-, hacken, -picken, pflücken, auflesen, sammeln)
pick-me-up, pick-a-back (Schnäpschen, Stärkung; Huckepack)
pig, sucking -, guinea -, - Latin (Schwein, ferkeln, frischen, *SL:*„Bulle“, Ekel; Span-, Ferkel; Meerschweinchen, *übertr:* Versuchskaninchen; Kindergeheimsprache)
pique-nique (essen im Freien, Rast machen, rasten)
plastic (plastisch, Plastik, Kunststoff..., formgebend, gestaltend, *übertr:* plastisch, anschaulich, formbar, *Tech:* ver-, formbar, knetbar)
platonic (platonisch)
poetic (poetisch, dichterisch, *übertr:* romantisch, stimmungsvoll)
polemic (Polemik, -er, polemisch, Streit...)
polyphonic (*Musik:* polyfon, kontrapunktisch, vielstimmig, mehrtönig)
pragmatic (pragmatisch)
problematic (problematisch, zweifelhaft)
prolific (*Biol:* besonders-, fruchtbar, *übertr:* reich, produktiv)
quixotic (donquichotisch, weltfremd, überspannt)

relic (Relikt, Überbleibsel, Rest, Reliquie)
rig (manipulieren, Schiebung, Manöver; Takelage, auftakeln, ausstatten, Ausrüstung, -stattung, Vorrichtung, *übertr:* Aufmachung, *in full* -, in voller Montur)
romantic (Romantiker, romantisch)
sarcastic (sarkastisch)
satanic (satanisch, teuflisch)
scholastic (akademisch, schulisch, Schul..., Schüler..., erzieherisch, scholastisch, Scholastiker, *übertr:* Schulmeister, Pedant, verächtlich, spitzfindig, pedantisch)
scientific (natur-, wissenschaftlich, exakt, systematisch, *übertr: Sport* kunstgerecht)
semitic, anti - (semitisch, antisemitisch)
sick, -him (krank, übel, fahl, matt, schlecht, überdrüssig; hetzen, fass ihn)
slick, oil - (glatt, glätten, glitschig, geschickt, raffiniert, schick, flott, fluchs, genau; Öl-, Schlickteppich, *Am:* Hochglanz..., z.B. *slick magazin*, auf Hochglanz bringen)
sonic (Schall..., schallen)
spastic (Spastiker, spastisch, Krampf...)
specific (*Med:* Spezifikum; spezifisch, speziell, bestimmt, besonders, eigen, präzise)
static (elektro-, statisch, atmosphärisch, Störungs..., Statik)
stick (Stock, Stange, Stecken, Gerte, Rute, Schat-, Hebel, Stab, Stiel, stützen, stehen)
stick, -together (durch-, stechen, -bohren, stecken, stoßen, aufspießen, anheften, zuschieben, befestigen; fest-, zusammenkleben, -halten, -bleiben)
stigmatic (stigmatisch, Optik: ana-, stigmatisch, *Bot:* narbenartig)
swig (großer Schluck, „runterkippen", großen Schluck nehmen)
sympathetic (sympathisch, ein-, mitfühlend, teilnehmend, verständnisvoll, gleichgesinnt, geistesverwandt, kongenial, wohlwollend, *Musik:* mitschwingend)
symphonic (sinfonisch, symphonisch, Sinfonie..., Symphonie...)
synthetic (synthetisch, künstlich, Kunst..., -stoff, zusammenfügend, *Luftfahrt:* Simulator)
systematic (systematisch, plan-, zweckmäßig, -voll, methodisch)
terrific (furchtbar, fürchterlich, schrecklich, ‚toll', phantastisch)
thematic (bes. *Musik:* thematisch, Ling: Stamm..., Thema...)
theoretic (theoretisch, spekulativ)
thick, -with (dick, dicht; nebelig, trüb, über u. über bedeckt, voll, -er, -von, reich an)
thick-skinned, -skulled, -witted (dickhäutig, -schalig; -köpfig; dumm, begriffsstutzig)
thingamajig (Dings, Dingens, Dingsbums, Dingsda)
tic (Muskel-, Gesichts-, Zucken)
tick (ticken, Augenblick, Häkchen, abhaken, ankreuzen; Matratzen-, Bezug, Inlet, Drillich; Pump, Kredit, *buy on-*; Zecke, *wood* -, Holzbock)
tick over, to the -, what makes him - (ganz gut oder normal laufen; pünktlich; wie tickt / funktioniert er? Was hält ihn in Schwung?)
Titanic (Eigenname, gigantisch, riesig, *Chem:* Titan...)
tonic (Tonic, *Med:* Tonikum, tonisch, stärkend, belebend, *Musik:* Grund-, Ton, Tonika)
tragic (tragisch)
transatlantic (transatlantisch, überseeisch, Übersee...)
traumatic (traumatisch)
twig, hop the - (Wünschel-, Rute, Zweig; *SL:* abkratzen, sterben; *Engl. SL:* kapieren, spitzkriegen)
volcanic (vulkanisch, Vulkan..., *übertr:* ungestüm, explosiv)
wig (Perücke)

~ik ☛ ***~ig, ~ik (S. 144)***

~ika *von harmonica bis Veronica*

harmonica (Glas-, Mundharmonika)
Monica, Santa Monica, Veronica (Eigennamen)

~iki ☛ *~iiki (S. 115)* *von dicky bis ticky*

dicky (kränklich, wackelig, Kragenfliege, Notsitz, falsche Hemdbrust)
icky (klebrig, ekelig, altmodisch, gefühlsduselig)
micky (Maus)
picky (ausgesucht, wählerisch, pingelig, heikel)
Ricky (Eigenname)
sticky (klebrig)
ticky, -tacky, no - , no washy (minderwertig; ohne Moos nichts los)

~ikin ☛ *~in (S. 153)* *von chicken bis thicken*

chicken (Küken, Hühnchen, Hähnchen, Huhn, *SL:* feige, kneifen, Schiss, ‚Küken‘)
quicken, - interests (beleben, beschleunigen, schneller werden; Interesse erregen)
sicken (erkranken, krank werden, kränkeln, sich -, an-, ekeln, -widern, überdrüssig)
stricken, conscience - (verwundet, angeschlagen, gestrichen voll, heimgesucht, betroffen, ergriffen; reuevoll, von Gewissensbissen geplagt)
thicken (dick machen, ein-, verdicken, -dichten, verstärken, -mehren, zunehmen)

~ikli ☛ *~iikli (S. 116)* *von prickly bis thickly*

prickly (stachelig, dornig, stechend, prickelnd, *übertr:* reizbar)
quickly (schnell, sofortig, hurtig, flink)
sickly (kränklich, schwächlich, widerwärtig, ungesund, *übertr:* wehleidig, süßlich)
slickly (glatt, glitschig)
thickly (dicklich, dichtig)

~ikschen *von addiction bis restriction*

addiction (Hingabe, Sucht, Süchtigkeit)
affliction (Betrübnis, Kummer, Elend, Not, Heimsuchung, Gebrechen, Beschwerden)
benediction (Segnung, Segen)
contradiction (Widerspruch, -rede, Unvereinbarkeit, Bestreitung)
conviction (Anschauung, Gesinnung, Bewusstsein, Überzeugung, *Recht:* Überführung, Schuldspruch, Verurteilung)
crucifiction (Kreuzigung)
depiction (Darstellung)
diction (Diktion, Ausdrucksweise, Stil, Aus-, Sprache)
eviction (*Recht:* Zwangsräumung, Heraussetzung, Wiederinbesitznahme)
fiction (Erfindung, Dichtung, ‘Märchen’, Belletristik, Prosa-, Romanliteratur)
friction (Friktion, Reibung, *Med:* Einreibung, *übertr:* Spannung, Reibereien)
jurisdiction (Rechtsprechung, Gerichtsbarkeit, Zuständigkeit, -sbereich)
prediction (Vorher-, Voraussage, Weissagung, Prophezeiung)
restriction (Ein-, Beschränkung, Vorbehalt)

~iks ☛ *~ig, ~ik (S. 144) und bilde den Plural* *von acrobatics bis wicks*

acrobatics (Akrobatik, akrobatische Kunststücke, Kunstflug)
bigs (die Halben beim Poolbillard)

crucifix (Kruzifix)
fiddlesticks (Unsinn, Quatsch, Pustekuchen)
fix (fixieren, befestigen, festmachen, -setzen, -werden, erstarren, 'Klemme, Patsche')
kicks (Tritte, Stöße, Schüsse, Energieschübe)
licks (leckt)
mathematics (Mathematik)
mix (Mischung, Gemisch, Mischmasch, ver-, mischen, mixen, vermengen, -kehren)
nix (Nix, Wassergeist, *Am. SL:* nichts, nein)
pics, porn -, digi - (*Abk: pictures* -Bilder; Pornobilder, Digitalbilder)
picks (pickt, greift, pflückt)
pigs (Schweine, *SL:* Bullen)
politics (Politik, politische Überzeugung oder Richtung)
six (sechs)
sticks (Stecken, Stöcke, Schlegel, Stangen, Zweige, Stengel, Stiele, Stäbe)
ticks (Ticks, Zecken, tickt, -en, Bettüberzüge)
transfix (durchstechen, -bohren, *übertr:* lähmen)
tricks (Tricks, Kniffe, Kunststücke, List, Täuschungen, Streiche)
wicks (Dochte)

~ikst ☛ *~iks (S. 149)* *von fixed bis transfixed*

fixed (befestigt, -e, fest, -gelegt, -gesetzt, -stehend, fixiert, -e, korrigiert, behoben, festgelegt, unveränderlich, -beweglich, -widerruflich)
mixed (gemischt, gemixt, uneinheitlich, zusammengewürfelt)
nixed (über den Haufen geworfen)
transfixed (wie versteinert, starr)

~ikt ☛ *~ig, ~ik (S. 144)* *von addict bis wicked*

addict, - oneself (Süchtige, süchtig machen; sich hingeben, jmd. gewöhnen)
bricked (zugemauert)
conflict (Konflikt, Zusammenprall, -stoß, Kampf, Auseinandersetzung, Kollision, Wider-, Streit, kollidieren, sich widersprechen)
constrict (zusammenziehen, -pressen, -schnüren, einengen)
contradict (widersprechen, im Widerspruch stehen zu, etwas bestreiten, in Abrede stellen)
convict (*Recht:* überführen, für schuldig erklären, verurteilen, überzeugen von, Sträfling, Verurteilter, Strafgefangener)
derelict (menschl. oder treibendes Wrack, Obdachloser, aufgegebenes Schiff, heruntergekommen, herrenlos, -es Gut, aufgegeben, verlassen, zerfallen, baufällig)
diked (eingedämmt)
district (Gau, Gemarkung, Kreis, Landstrich, Stadt-, Ortsteil, Revier, Gegend)
edict (Erlass, Edikt)
evict (*Recht:* jmd. zur Räumung zwingen, -gewaltsam vertreiben, wieder Inbesitznahme)
flicked (geschlagen, schlug)
inflict (etwas zufügen, beibringen, *Schlag etc.* versetzen, auferlegen, -bürden)
kicked, - out (getreten, -stoßen, trat; hochkant -, rausgeflogen)
licked, to be - (ab-, geleckt, leckte; sich geschlagen geben, sich unterkriegen lassen)
nicked, to get - (gekerbt, -klaut, schnitt ein, schartig; geschnappt werden)
predict (vorher-, voraussagen, prophezeien)
picked (ab-, gepflückt, genommen, herausgegriffen)
pricked, - all over (Essigstich, stach, gestochen; zerstach)

relict (Witwe)
restrict (beengen, -fristen, -schränken, -grenzen, drosseln, einschränken, restringieren)
slicked (polierte)
strict, be – with so. (strikt, streng, genau; mit jmd. streng sein)
ticked, - off (tickte, getickt; angekreuzt)
wicked (boshaft, böse, gemein, gottlos, niederträchtig, schlimm, verrucht, geil, sündhaft)

~ild, ~ilt — *von build bis wilt*

build (um-, bauen, errichten, gebaut werden, herstellen, Bauart, Gestalt, Körperbau)
buildt, built (gebaut, -formt, *P. P.* von *build*)
chilled (ab-, gekühlt, kühlte ab)
drilled, - hole (drillte, gedrillt, gebohrt; Bohrung)
filled (ab-, ausgefüllt, füllte, be-, gefüllt)
guild (Gilde, Zunft, Innung, Vereinigung)
guilt, joint -, - complex (Schuld; Mitschuld; Schuldkomplex)
hilt, basket - (Heft, Griff; Heftkorb)
jilt (sitzenlassen, den Laufpass geben)
killed (tötete, getötet, abgeschossen, gelöscht)
kilt (Kilt, Schottenrock, aufschürzeln, fälteln, plissieren)
quilt, crazy - (Steppdecke, steppen, durchnähen, wattieren, aus-, polstern; Flickendecke)
rebuild (wieder aufbauen, - herstellen, umbauen)
spilt (verschüttet, -streut, *Prät.* u. *P. P.* von spill)
stilt, - bird (Stelze, *Arch:* Pfahl, Pfeiler; *Fauna:* Stelzenläufer)
tilt (kippen, neigen, schrägstellen, umstoßen, -kippen, Kippen, Schräglage, Neigung, krängen, Plane, Verdeck, Sonnensegel, -dach, bedecken, attakieren, Gefecht)
willed, self -, strong-, weak - (vermacht, willig; starrsinnig; entschlossen; willenlos)
wilt (ver-, welken, ausdörren, schlaff werden, ‚schlappmachen, eingehen, nachlassen‘)

~ildöR ☛ *~öR (S. 179)*

~ilg, ~ilk — *von bilk bis silk*

bilk (prellen, betrügen)
ilk, people of that - (Art, Sorte; solche Leute)
milk (Milch, - geben, melken, *übertr:* anzapfen, abhören, schröpfen, ausnehmen)
silk, in – and satins (Seide, Seiden..., seiden; in Samt und Seide)

~ill — *von bill bis windowsill*

bill (Schnabel, -ähnliche Schnauze, schnäbeln, spitz zul. Halbinsel, Spitze; Vorlage, Gesetzentwurf, Anklageschrift, Wechsel, Rechnung, Schein, Zettel, Liste, etwas ankündigen)
chill (Frösteln, Schauer, Erkältung, ab-, kühlen, erstarren lassen, abschrecken, härten, *übertr:* Kälte, Lieblosigkeit, entmutigen, abkühlen, dämpfen, frostig, kühl, kalt)
daffodil (*Bot:* Narzisse, Osterblume, -glocke)
distill (destillieren, abziehen, herab-, tropfen, *übertr:* herausarbeiten, -kristallisieren)
drill (Drill, Drell, Bohrer, bohren, Rille, Furche, in Reihen säen, eindrillen, exerzieren)
fill (Füllung, ab-, an-, aus-, ein-, sich-, voll-, füllen, plombieren, satt essen, auf-, blähen)
frill (Papier-, Krause, Manschette, sich-, kräuseln, ‘auf vornehm machen, aufplustern’)
fulfill (erfüllen, vollbringen, -ziehen, ausführen)
gill (Viertelpinte; Liebste; Kieme, Doppelkinn, Heiz-, Kühlrippe, *Fauna:* Kehllappen)
grill (Grill, Grille, Rost, Gegrilltes, grillen, ‘in die Mangel nehmen, ausquetschen’)

hill, muck -, ant - (kleiner Berg, Anhöhe, Hügel, Haufen, häufeln; Mist-; Ameisen- haufen)
ill (krank, schlecht, böse, übel, feindlich, nachteilig, ungünstig, -befriedigend, fehlerhaft, Missgeschick, Ungemach, Böse, Übel, Krankheit, Leiden)
imbecile (*Med:* geistesschwach, Schwachsinnige, *verächtl:* dumm, idiotisch, Idiot)
instill (einträufeln, -tröpfeln, *übertr:* jmd. einflößen, -impfen, beibringen, einfließen lassen)
kill, - time (Tötung, ab, - töten, schlachten, umbringen, erlegen, ausrotten, ‚abmurksen', vernichten, -senken, ruinieren, widerrufen, ungültig machen; Zeitvertreib)
mill (Mühle, Werk, Prügelei, prügeln, mahlen, walzen, herumlaufen; *Am:* Tausendstel)
nil, - report (Nichts, Null; Fehlanzeige)
quill, goose - (rund fälteln, kräuseln, aufspulen, Weberspule, Zahnstocher, Zimtstange, *Musik:* Panflöte, Plektrum, *Zool:* Feder, Stachel; Gänsekiel)
Bill, Phil, Will (Eigennamen)
shrill (schrill, gellend, schrillen, kreischen, *übertr:* grell, heftig)
sill (Schwelle, Fensterbrett, *Tech:* Lagergang)
skill (Geschick, Fach-, Sachkenntnis, Können, Kunst-, Fertigkeit)
spill (aus-, verschütten, -streuen, -gießen, überlaufen lassen, Sturz, Splitter, Fidibus)
still (Destillierkolben, -apparat; noch, -immer, bis jetzt, und -, dennoch, doch, indessen)
swill (Ab-, Spülen, spülen, 'saufen', Schweinetrank, -futter, Gesöff, Saufraß)
thrill (Erregung, Zittern, prickelndes Gefühl, Nervenkitzel, Sensation, -schauern, erregen, packen, begeistern, elektrisieren, er-, beben, zittern, durch-, überlaufen, -rieseln)
till (bis, Ladenkasse, Geldkasten, an-, bebauen, -ackern, -stellen, pflügen, ackern)
trill (*Musik:* trillern, trällern, Triller, *Ling:* rollen, gerolltes, -r Konsonant)
until (bis, erst, nicht eher als, erst als oder wenn)
will (werden, wollen, willens sein, wünschen, entscheiden, Wille, Wollen, Wunsch)
windmill (Windmühle)
windowsill (Fensterbrett, -bank)

~illa — *von gorilla bis villa*

gorilla (Gorilla)
guerilla (Guerilla-, Freiheitskämpfer, Partisan)
Manila, Priscilla (Eigennamen)
vanilla (Vanille)
villa (Villa, Landhaus, *Engl:* Einfamilien-, Doppelhaushälfte)

~illi — *von Billy bis willy-nilly*

Billy, Chile (Eigennamen)
busily (geschäftig, eifrig)
Chili (Chiligewürz, -schoten)
chilly, feel - (kühl, kalt, frostig, fröstelnd; frösteln)
dilly-dally (trödeln, die Zeit vertrödeln, zaudern, schwanken)
filly (Stutfohlen, *übertr:* ′Wilde Hummel′)
frilly (gerüscht)
hillbilly (*verächtl:* Hinterweltler)
hilly (hügelig)
lily, - livered, paint the (Lilie; feige; Schönfärberei)
Philly (Eigenname)
Piccadilly (Piccadilly Circus, London)
shrilly (kreischend, gellend, schrill, heftig)
silly (leicht verrückt, ′flippig′)

willy-nilly (wohl oder übel, nolens volens)

~illien *von billion bis zillion*

billion (Milliarde)
Brazilian (Brasilianer, -in, brasilianisch)
Maximilian (Eigenname)
million, the - (Million; die große Masse)
pavilion (Zelt, Pavilion, Gartenhäuschen)
reptilian (Reptilien..., Kriechtier..., reptilisch)
trillion *(Engl:* Trillion, *Am:* Billion)
zillion (Zillion)

~ilt ☛ *~ild, ~ilt (S. 151)*

~im *von brim bis trim*

brim (Rand, Hut-, Krempe, voll sein mit)
dim (dunkel, düster, trübe, sich-, verdunkeln, -düstern, trüben, verblassen, blass, matt)
gym, - shoe (*Abk: f. Gymnasium und Gymnastik,* Turnschuh)
him (ihn, ihm, er, sich; *I saw him who did it,* denjenigen, wer)
hymn (Hymne, Choral, Kirchenlied, lob-, preisen, Hymnen singen)
Jim (Eigenname)
limb, out on a - (Körper, -glied, Teil, Arm, Ast, Satansbraten; in einer gefährlichen Lage)
pseudonym (Pseudonym, Deckname)
skim (abschöpfen, -schäumen, entrahmen, hin-, gleiten, steichen, ‚überfliegen')
slim (schlank, - machen oder werden, dünn, schlau, gering, dürftig, schwach, *slim chance*)
swim (schwimmen, - lassen, treiben, schweben, gleiten, Schwimmen, Bad, Schwindel)
trim (Besatz, trimmen, stutzen, pflegen, adrett, reduzieren, abgraten, anschüren, zu-, ab- richten, ordentlich, sauber, in Ordnung, Putz, Gala, Staat, Innenausstattung)

~imb, ~imp *von blimp bis wimp*

blimp (Zeppelin, *Foto:* schalldichte Kamerahülle, *Engl:* selbstgefälliger Erzkonservativer)
gimp (*Schneiderei:* Gimpe)
limp (hinken, humpeln, sich schleppen, schlaff, schlapp, biegsam, weich)
pimp (Kuppler, Zuhälter, - sein)
shrimp (Garnele, *verächtl:* Knirps, Gartenzwerg)
skimp, scrimp (knausern, knapp bemessen, - halten)
wimp (Schwächling, Versager)

~imi ☛ *~iimi (S. 117)*

~in ☛ *~ing (S. 155)* *von aspirin bis Zion*

aspirin (*Med:* Aspirin)
begin (beginnen, anfangen, gründen, entstehen)
Berlin (Eigenname)
bin, loony - (Behälter, Kasten, Silo, Verschlag; *SL:* Klappsmühle)
bumpkin, country (Bauernlackel; -tölpel)
buyin´ (Erwerb, Kauf, kaufen, ein-, erkaufend)
chagrin (Ärger, Verdruss, Kränkung, ärger, verdrießen)
chin, double -, chin (Kinn, *SL:* quasseln; Doppelkinn; Tag! Tschüss! Prost! Prosit!)

coffin (Sarg, einsargen)
coughin' (hustend)
cryin´ (schreiend, flennend, weinend, Geschrei)
dandelion (*Bot:* Löwenzahn)
denyin´ (aberkennend, abweisend, leugnend)
discipline (Disziplin, Erziehung, Schulung, Bestrafung, Disziplinierung, erziehen, schulen)
dyin´ (sterbend, verendend, verglühend, eingehend, letzte, -r, -s)
feminine (weiblich, fraulich, sanft, zart, weibisch, feminin, Frauen...)
fin, tail - (Finne, Schwimm-, Flosse, *Am. SL:* Fünfdollarschein; Schwanzflosse)
genuine (echt, authentisch, ernsthaft, aufrichtig, ungekünstelt)
gin (Gin, Wacholderschnaps, Hebezeug, Winde, Falle, Schlinge, fangen, entkörnen)
grin (grinsen, feixen, lächeln, grinsend sagen)
harlequin (Harlekin, Hanswurst, bunt, scheckig)
heroin (Heroin)
in (in, innen, hinein, herein, Hin..., nicht, un..., Un...)
inn (Wirts-, Gasthaus, -hof)
kin (Familie, Sippe, Verwandtschaft, verwandt mit, ähnlich)
lion (Löwe, ´Größe', Berühmtheit, Pl: Sehenswürdigkeiten)
lyin´ (Lügen, lügend, liegend, lügnerisch, verlogen)
mandolin (Mandoline)
mannequin, - parade (Mannequin; Modenschau)
masculine (maskulin, männlich, Männer..., unweiblich)
moccasin (Mokassin, *Zool:* -schlange)
muffin (Muffin, *Engl:* Hefeteigsemmel, *Am:* kleiner süßer Semmel)
origin (Ursprung, Quelle, *übertr:* Herkunft, Abstammung)
pin (Nadel, Abzeichen, Anstecknadel, Pflock, Dübel, Bolzen, Stift, Dorn, *Musik:* Wirbel, an-, heften, -stecken, befestigen, pressen, drücken, heften, verbolzen, -dübeln, -stiften)
puffin (Papageientaucher)
pumpkin (Kürbis)
ragamuffin (Gassenkind, zerlumpter Kerl, Vogelscheuche)
Ryan (Eigenname)
saccharine (Saccharin, Zucker..., Süßstoff..., *übertr:* süßlich)
shin, - of beef (Schienbein, jmd. ans Schienbein treten; Rinderhaxe)
sighin´ (seufzen, Geseufze, Gesäusel, säuseln, schluchzend, seufzend)
sin, like - (Sünde, sündigen, sich-, versündigen, verstoßen gegen; wie der Teufel)
skin (Haut, Fell, Pelz, Balg, Schale, Hülse, Rinde, ab-, ent-, häuten, schälen, häutig)
spin (spinnen, Drehung, Effet, Drall, schnell-, drehen, herumwirbeln, kreiseln, trudeln)
stearin (Stearin)
stuffin' (aus-, stopfend, Füllung, Füllmaterial, Polsterung)
thick-and-thin (dick-und-dünn)
thin (*a. übertr:* dünn, mager, dünner werden oder machen, verdünnen, -ringern, dezimieren)
tin (Zinn..., zinnern, Blech..., -dose, -büchse, blechern, eindosen, -machen, konservieren)
toughen (zäh, -er machen oder werden, abhärten)
tryin´ (Versuch, anstrengend, erprobend, versuche, -nd, aufreibend)
twin (Zwilling, Zwillings..., Doppel..., doppelt, zwei..., *Bot:* gepaart)
violin (Violine, Geige, geigen, G. spielen)
win (Sieg, gewinnen, siegen, erlangen, -reichen, einbringen, -tragen, ernten)
within (innerhalb von, in, drinnen, innen, im Innern, innerlich, das Innere)
Zion (Eigenname)

~ind, ~int *von disciplined bis wind*

disciplined (diszipliniert)
flint (Flint, Feuerstein)
grinned (grinste, angegrinst, grinste an)
hint (Wink, Andeutung, -spielung, Tipp, Hinweis, Fingerzeig, andeuten, -spielen)
lint (*Med:* Scharpie, Zupflinnen, *Am:* Fussel, fusseln)
mint, a – of money (Münze, Münzanstalt, -stätte, münzen, prägen, schlagen, wie neu, tadellos erhalten, *übertr:* Fundgrube, Quelle, *Bot:* Minze; ein Haufen Geld)
peppermint (Pfefferminze, Pfefferminzöl)
print (ab-, be-, drucken, in Druck geben, Finger-, Ab-, Auf-, Aus-, Eindruck, Spur)
rescind (aufheben, für nichtig erklären, rückgängig machen, zurücktreten von)
sinned (gesündigt, sündigte)
spearmint (grüne Minze)
splint, - bone (*Med:* Schiene, schienen, *Tech:* Span; Wadenbein)
sprint (rennen, sprinten, spurten, Sprint, Spurt)
squint (schielen, blinzeln, zwinkern, Augen verdrehen oder zusammenkneifen, schief, schräg)
tint (Farbe, Ton, Tönung, leicht-, färben, aufhellen, ab-, tönen, Weißmischung)
wind (Wind, Blähungen, leeres Geschwätz, wittern)

~ing *von bring bis wring*

*Ziehe die **„action-words“** mit der Silbe **–ing** zusammen: **run(ning), sing(ing), usw.***
bring (mit sich-, dazu-, mit-, her-, vor-, ein-, bringen, herbeiführen, -schaffen, bewegen)
cling (kleben, an-, haften, an-, schmiegen, an-, hängen, sich klammern, festhalten)
ding (läuten)
evening, - of life (Abend, *übertr:* Ende; Lebensabend)
fling (Wurf, Versuch, ausprobieren, zu-, werfen, schleudern, eilen, stürzen, ausschlagen)
king (König, - sein, Magnat, herrschen)
ring (Glockenklang, -läuten, -spiel, klingeln, er-, klingen, anrufen, Läut-, Rufzeichen, Ring, Öse, Hof, Manege, Kartell, beringen, einkreisen, bereinigen)
sing (be-, singen, summen, krähen, *übertr:* pfeifen, sausen, heulen)
sling (Wurf, Schleuder, schleudern; Schlinge, Binde, Tragriemen, auf-, umhängen, in eine Schlinge legen; Punsch)
spring (Frühling -jahr, Sprung, Satz, Quelle, Ursprung, Triebfeder, auf-, ent-, springen, federn, explodieren, konfrontieren, auffliegen, -ragen, zuschnappen, platzen)
sting (Stachel, Stich, Biss, Schärfe, stechen, brennen, beißen, anstacheln, schmerzen)
string (Saite, Schnur, Band, Kordel, Bind-, Faden, Sehne, Leine, be-, spannen, -saiten, zu-, ver-, schnüren, -binden, auf-, aneinanderreihen, Fäden ziehen)
swing (hin u. her-, schwingen, schaukeln, schunkeln, wippen, baumeln, schwenken, schwanken, pendeln, ausschlagen, Schwung, Schwinger, Schwenkung, Musikstil)
wing (Kot-, Flügel, Schwinge, Fittich, Tragfläche, beflügeln, durch-, fliegen)
wring (wringen, auswinden, Hals umdrehen, verdrehen, -zerren, er-, pressen, aus-, drücken)

~it ☛ *~id (S. 137)* *von accredit bis zit*

accredit (akkreditieren, beglaubigen, bestätigen, als berechtigt anerkennen)
befit (sich ziemen oder schicken für)
benefit (Vorteil, - haben, Nutzen, Gewinn, Benefits, nützen, profitieren, Nutzen ziehen aus)
biscuit (*Am:* Brötchen, *Engl:* Biskuit, Keks, Plätzchen ; Zwieback, blassbraun, graugelb, Sprühware, unglasierte Keramik, Schmiederohling)

bit, a - (*Prät.* von bite, *Comp:* Bit; Gebiss, bisschen, Stückchen, etwas; ein wenig)
bracket (Gruppe, Klasse, Stufe, Klammer, um-, einklammern, *Tech:* Träger, Halter)
Bridget (Eigenname)
brisket (Brust vom Rind)
bucket (Eimer, Kübel, aus-, schöpfen, dahin-, rasen)
climate (Klima, Gegend, *übertr:* Atmosphäre, Klima)
credit (Kredit, Verdienst, Anerkennung, Ehre, gut-, zuschreiben, glauben, zutrauen)
cricket (*Zool:* Grille, Heimchen; Cricketspiel)
crumpet (*Engl:* Sauerteigtaschen, *SL:* 'Miezen')
demerit, - mark (Schuld, Fehler, Mangel, Nachteil, schlechte Seite; Tadel, Minuspunkt)
digit, three - number (Finger oder Zehe, Fingerbreit, Ziffern 0-9, Einer; dreistellige Zahl)
discredit (diskreditieren, Misskredit, Verruf, anzweifeln, schlechter Ruf)
disinherit (enterben)
docket (Lauf-, Zettel, Prozessliste, Terminkalender, Urteilsregister)
edit (editieren, bearbeiten, Daten aufbereiten, herausgeben, redigieren, druckbar machen)
exhibit (aus-, zur Schau stellen, Exponat, Ausstellungsstück, zeigen, an den Tag legen)
fidget (Zappelei, nervöse Unruhe, nervös oder zappelig machen, Zappelphillip, zappeln)
fit (Anfall, Ausbruch, Anwandlung, Laune, geeignet, passen, -d, fähig, tauglich, Sitz, Passform, in guter Form, Kleidung sitzt)
grit (grober Sand, Kies, Hafergrütze, knirschen, mahlen, m. Kies bestreuen, Mumm, Mut)
hatchet, - face (Hand-, Beil, kleine Axt; scharfgeschnittenes Gesicht)
hit (Hit, Schlag, Hieb, Treffer, Erfolg, Knüller, schlagen, stoßen, rammen, treffen)
hocket (*Musik:* Hoketus, Hoquetus)
inherit (er-, erben, Erbe sein)
inhibit (hemmen, abhalten, hindern)
it (er, sie, es, ihn für Sachen und Tiere)
jacket (Jacke, Jackett, Mantel)
kit (Ausrüstung, -stattung, Werkzeugkasten, Kram, Zeug, Sachen, Sippe, 'Verein')
knit, close -, hand (stricken, zusammenziehen ; engverbunden; handgestrickt)
lit, -up, waggon (gefallen, *Prät.* u. *P. P.* von light; *SL:* blau; Schlafwagen, -abteil)
locket (Medaillon)
midget (Zwerg, Knirps, etwas Winziges, Miniatur..., Kleinst...)
minute (Minute)
mitt (Fang-, Halbhandschuh, mitten, *SL:* 'Flosse')
Nantucket (Stadt)
nit-wit (Schwachkopf)
packet (Paket, Päckchen, Schachtel, verpacken, paketieren, *SL:* Haufen Geld)
picket (Pfahl, Pflock, einpfählen, Vor-, Streikposten, anpflocken, -binden)
pit (Grube, Löcher oder Vertiefungen bilden, graben, Narbig werden; *Am:* entsteinen, Stein)
plummet (Lot, Senkblei, Bleisenker, -gewicht, absinken, -stürzen)
pocket (Tasche, Taschen..., einstecken, hinnehmen, in d. Tasche stecken, einlochen)
primate (Primat, -en)
profit (Gewinn, Profit, -ieren, nützen, nutzen, - ziehen, Ertrag, Erlös, Früchte aus)
prohibit (verbieten, untersagen, ver-, hindern)
prophet (Prophet)
quit (verzichten, -lassen, beenden, aufhören, kündigen, ausziehen, tilgen, zahlen, frei)
racket (Rakett, Schläger, Schneeteller; Krach, Lärm, Radau, - machen, *SL:*'Schiebung')
ratchet, - wheel (Sperrklinke; Sperrrad)
rocket (Rauke, Nachtviole; Rakete, be-, hochschießen, 'Zigarre')

sit (sitzen, sich setzen, Sitzung halten, tagen, e. Sitz haben, beraten)
socket (Steckdose, Buchse, Muffe, Rohransatz, Fassung; *Anat:* Höhle, Gelenk, -Pfanne)
spinet (Spinett)
sprocket, - wheel (Zahn; Zahn-, Kettenrad; Filmtransporttrommel)
strumpet (Mietze, Dirne, Hure)
summit (Gipfel, Kuppe, Scheitelpunkt, *übertr:* Gipfel Höhepunkt)
thicket (Dickicht)
ticket (Fahr-, Karte, Spiel-, Pfand-, Schein, Etikett, Lizens, etikettieren, kennzeichnen)
trumpet (Trompete)
twit (jmd. aufziehen oder Vorwürfe machen, Trottel)
ultimate (ultimativ, äußerst, letzt, höchst, End..., -gültig, endferntest)
unfit (untauglich, -geeignet, -passend, -fähig, - machen)
widget (Ding, Dings, Dingsbums, Gerät, Produkt, Vorrichtung, Grafikobjekt)
wit, half- (Geist, Intelligenz,Verstand, Witz, Esprit; Schwachkopf, -sinnige, Trottel)
zit (Pickel)

~adding ☛ *~ad, ~at (S. 6)* *von budding bis pudding*

budding (angehend, aufkeimend, knospend, kommend, Im Erblühen, in Entwicklung)
nodding (nickend, schlafend, Nicken)
pudding (Pudding, Nachtisch)

~adsching ☛ *~adsch (S. 6)* *von fudging bis nudging*

fudging (frisierend, pfuschend)
nudging (anstoßend, leichter Rippenstoß)

~aidning ☛ *~aid, ~ait (S. 10)* *von lightning bis tightening*

lightning (Blitz)
tightening (straffend, festmachend, Verknappung, Verschärfung)

~aiking ☛ *~aik (S. 13)* *von biking bis liking*

biking (radelnd)
liking (Zuneigung, Gefallen, Geschmack)

~ailing ☛ *~ail (S. 13)* *von beguiling bis tiling*

beguiling (täuschend, verführerisch, Täuschung)
compiling (zusammenstellend, Vor-, Kompilieren, -ung, Übersetzen, Programmumwandlung)
defiling (defilierend)
filing (ausfeilende, feilend, einreihend, Feilen, Ablage, Abgabe, Einreichung)
piling (anhäufend, schichtend, Stapeln, Anhäufen, Pfahlkonstruktion)
reconciling (aus-, versöhnend, Abgleich)
reviling (beschimpfend, verunglimpfend, schmähend)
smiling (gelächelt, lächelnd, heiter)
styling (Design, Ausführung, Formgebung, - Gestaltung, Machart)
tiling (deckend, Dachdecken, Platten, Kachel, Fliesen, - legen)

~aiping ☛ *~aib, ~aip (S. 9)* *von griping bis wiping*

griping, - pain (Darmkolik; krampfartiger Schmerz)
piping (pfeifend, Rohrleitung, -en, Verrohrung, -schlauchung, Paspel, -ierung)
stereotyping, sexual (stereotypierend; traditionelle, klischeehafte Zuordnung d. Geschlechterrollen)

striping (streifend)
swiping (klauend)
typing (ab-, tippend, Tippen, Schreibmaschine schreiben)
wiping (ab-, wischend)

~aising ☛ ~ais (S. 16) von advertising bis vocalizing

advertising (werbend, ankündigend, annoncierend, Annoncen, Reklame, Werbung)
advising (an-, be-, ratend)
agonizing (quälerisch, qualvoll, quälend, peinlich)
analyzing, - of quality (anlysierend; Qualitätsanalyse)
apologizing, -once more (entschuldigend; nochmals um Endschuldigung bittend)
appetizing (appetitanregend, -lich, ver-, lockend, einladend, schmackhaft, schnuckelig)
baptizing (taufend, taufen)
compromising (bloßstellend, Bloßstellung, Kompromittierung, Kompromiss schließend)
criticising (beurteilend)
despising (verachtend, verachtungsvoll, verächtlich, voller Verachtung)
devising (ausdenkend)
disguising (verkleidend)
equalizing (ausgleichend, gleichmachend, Ausgleichen, Entzerren, Entzerr...)
eulogizing (preisend)
evangelizing (evangelisierend)
exercising (aus-, übend)
generalizing (verallgemeinernd)
harmonizing (harmonierend, hamonisierend)
improvising (improvisierend)
jeopardizing (gefährdend)
memorizing (auswendig lernend, memorierend)
mesmerizing (hypnotisierend)
minimizing (minimierend)
modernizing (modernisierend, Modernisieren, -ung)
organizing (organisierend, organisatorisch)
patronizing (bevormundend, -e, fördernd, gönnerhaft, schützend, herablassend)
plagiarizing (plagiierend)
prizing (schätzend)
realizing (Erkenntnis, durchführend, erkennend, verwirklichend)
recognizing (an-, erkennend)
revising (revidierend, überarbeitend)
rising (wachsend, an-, auf-, steigend, -e, herausragend, Aufkommen, Aufstand, Erhebung)
scrutinizing, - look (prüfend; -er Blick)
sizing (ausmessend, Größeneinteilung, -bestimmung, Leimung)
sterilizing (sterilisierend, keimfrei machend)
subsidizing (subventionierend)
supervising (beaufsichtigend, aufsichtführend)
surmising (einbildend, vermutend)
surprising, hardly - (verwunderlich, überraschend; kein Wunder)
sympathizing, - with (sympathisierend; nachempfindend)
tantalizing (aufreizend, peinigend, quälend)
terrorizing (terrorisierend)
uprising (aufstehend, Aufstand, Erhebung, Aufstands...)

utilizing (aus-, nutzend, sich zu Nutze machend)
visualizing (vorstellend, Ideengestaltung)
vocalizing (aussprechend)

~aunting ☛ *~aund, ~aunt (S. 31)* *von counting bis mounting*

counting (Ab-, Auszählung, Zählen, Berechnen, ab-, zählend)
fountain (Fontäne, Springbrunnen, Strahl, Quelle, Reservoir, Behälter)
haunting (quälend, verfolgend, eindringlich)
hounding (jagend, hetzend)
mountain (Berg, Berg..., Gebirgs..., *Pl:* Gebirge)
mounting (ersteigend, Aufhängung, Befestigung, Halterung, Bestückung, Einbau, Montage, Fassung, Schäftung)

~äcking ☛ *~äg, ~äk (S. 40)* *von backing bis whacking*

backing (zurücksetzend, zusätzlich, Befürwortung, Begleitung, Rücken-, Deckung, Rückhalt, Unterstützung, Stützungskäufe)
cracking (krachend, knackend, geknackt, ausbrechend, großartig, Haarrisse, Brennriss)
hacking, - cough (hackend; trockener Husten)
lacking (mangelnd, fehlend)
ransacking (durchstöbernd, -wühlend)
smacking (schmatzend, schmeckend, Tracht prügel)
tracking (Spurhalten, Kriechwegbildung, nachführen, verfolgen, - der Spur, Laufweite)
whacking, - lie (schlagend, verhauend; schwere Lüge)

~äidsching ☛ *~äidsch (S. 50)* *von aging bis waging*

aging (alternd, älter werdend, Altern, Alterung, alt werden)
caging (einsperrend)
gauging (eichend, ausmessend, visierend, Eichung, Messen)
paging (ausrufend, Paginierung, Seitenwechsel, -verwaltung, -überlagerung)
raging (rasend, stürmend, tobend, wütend, wütig)
staging (Inszenierung, Gerüst)
waging (führend, wackelnd)

~äiking ☛ *~äig, ~äik (S. 50)* *von aching bis making*

aching (schmerzend, schmerzhaft)
breathtaking, - arrogance (atemberaubend; haarsträubende Arroganz)
shaking (zitternd, zitterig, schüttelnd, erschütternd, Rüttelei, Zittern, Schütteln)
taking (ein-, nehmend, Ab-, Auf, Ein-, Ent-, Wegnahme)
making (machend, anfertigend, Herstellung, Fabrikation)

~älling ☛ *~äl (S. 86)* *von compelling bis yelling*

compelling (beherrschend, zwingend, verlockend, unwiderstehlich)
dwelling, cave - (Behausung, Wohnstätte, Wohnung; Höhlen bewohnend)
excelling (ausstechend, übertreffend)
expelling (ausstoßend, ausweisend)
foretelling (vorher-, weissagend)
fortune-telling (Wahrsagerei)
misspelling (Recht-, Schreibfehler, falsch Buchstabieren)
quelling (bezwingend)

rebelling (rebellierend, aufbäumend)
repelling (abweisend, abstoßend, widerstehend, zurückweisend, Abwehren)
shelling (beschießend, Beschießung, Beschuss, Bombardement)
smelling, bad - (Riechen, duftend, riechend; übelriechend)
spelling (buchstabierend, Recht-, Schreibung, Orthographie, Schreibweise)
selling (verkaufend, Verkauf, -en)
swelling (an-, schwellend, Zunahme, Schwellung, Quellung, Geschwulst, Aufquellen)
telling (viel-, sagend, erzählend, aufschlussreich, erzählen)
underselling (unterbietend, Unterbietung)
yelling (schreiend, Geschrei, Gejohle, Geheul, johlen, Schreierei)

~änßing ☛ *~äns (S. 70)* *von condensing bis sensing*

condensing (kondensierend, verdichtend)
dispensing (aus-, verteilend, dispensierend, Rezeptur)
fencing (einzäunend, fechtend, Ab-, Einzäunung, Ausflüchte, Fechten, Fechtkunst)
incensing (erzürnend)
recompensing (belohnend)
sensing (fühlend, abfühlen, abtasten)

~äRing ☛ *~äRi (S. 133)* *von carrying bis whirring*

carrying (über-, tragend, Transport, Beförderung)
conferring, - a right (übertragend, Zuerkennung; Übertragung eines Rechts)
deferring (verzögernd, auf-, verschiebend, Aufschub)
deterring (abschreckend)
inferring (folgernd)
marrying (ver-, heiratend, ehelichend)
prefering (vorziehend)
referring (berichtend, Bezug nehmend)
revering (ver-, ehrend)
transferring (übertragen, -d)
whirring (schwirrend, Geschwirr, Rauschen)

~icking ☛ *~ig, ~ik (S. 144)* *von bricking bis sticking*

bricking (zumauernd)
clicking (klickend, zuschnappend)
flicking (schnellend)
kicking, alive and - (tretend, stoßend, Gestrampel; gesund und munter)
licking (ab-, leckend, lecken)
pricking, - all over (stechend; zer-,)
slicking (polierend)
sticking (fest-, klebend, Schlägelführung, *Schlagzeug:* Sticking)

~iiling ☛ *~iil (S. 116)* *von appealing bis wheeling*

appealing (ansprechend, einladend, -wirkend, bittend, flehend, -lich, gefällig, reizvoll)
ceiling (Höchstbetrag, Obergrenze, Zimmer-, Decke, Wolkenhöhe)
concealing (tarnend, verbergend, kaschierend)
congealing (erstarrend, gerinnend)
dealing, alms- (handelnd, Behandlung, Handlungsweise, Handel; Verteilung von Almosen)
feeling (Gefühl, Empfindung, Affekt)

healing (ab-, ver-, heilend, Heilung)
kneeling (hin-, kniend)
pealing (erschallend, läutend, Geläute)
peeling (Peeling, schälend, Rinde, Schälen)
reeling (torkelig, taumelig, Taumeln, Haspeln)
repealing (aufhebend)
revealing (freizügig, gewagt, enthüllend, aufdeckend, -schlussreich, Enthüllung)
squealing (verratend, Gekreisch, Gequietsche, Quietschton)
stealing (stehlend, entwendend, stehlen, Diebstahl)
unfeeling (gefühllos, unempfindlich, gefühlskalt)
wheeling, - and dealing (frei; Gemauschel, Kungelei, Geschäftemacherei)

~iing ☛ *~ii (S. 102)* *von agreeing bis unseeing*

agreeing (beipflichtend, einvernehmlich, entsprechend, übereinkommend, -stimmend)
being (seiend, sein, Sein, Dasein, Leben, Lebe-,Wesen, Wesenheit)
decreeing (verfügend, -ordnend, beschließend, dekretierend)
disagreeing (nicht zustimmend)
farseeing (umsichtig)
fleeing, to send sb. - (fliehend, flüchtend; jmd. verjagen)
foreseeing (ab-, voraussehend)
freeing (befreiend, Freisetzung, -gabe)
guaranteeing (garantierend, bürgend, gewährleistend, Garantieleistung)
kneeing (kniend)
overseeing (beaufsichtigend, bewachend)
seeing (sehend, erblickend)
teeing (abschlagend, -zweigend)
unseeing (nicht sehend, - erblickend)

~iiding, ~iiting ☛ *~iid, iit (S. 112)* *von beating bis fleeting*

beating (schlagend, pochend, ausklopfend, Tracht -, Prügel, Abreibung, Züchtigen)
eating (essend, fressend, Essen)
feeding (ab-, fütternd, Beköstigung, Fütterung, Ein-, Speisung, Beschickung, Zuführung)
fleeting, -glimpse (flüchtig, dahin eilend, vergänglich; flüchtiger An-, Blick oder Eindruck)

~illing ☛ *~ill (S. 151)* *von billing bis willing*

billing (Fakturierung, Rechnungsstellung, -legung, Reklame)
chilling (Ab-, Kühlung, Kälte verbreitend)
distilling (destillierend)
drilling (auf-, bohren, Bohrung, drillen)
filling (ab-, be-, füllend, sättigend, Ab-, Be-, Zahn-, Füllung, Spachteln, Brotbelag)
fulfilling (er-, füllend, ableistend)
instilling, - into (einträufelnd; anerziehend)
killing (tötend, zerstörend, mörderisch, Tötung, Morden, Totwalzen)
milling (mahlend, fräsend, fräsen)
shrilling (schrillend)
spilling (um-,verschüttend, überlaufend)
stilling (beruhigend)
swilling (ab-, spülend)
thrilling (auf-, erregend, durchdringend, mitreißend, packend, spannend, prickelnd)

tilling (bebauend, bestellend, fräsen)
unwilling (un-, widerwillig, nicht bereit, -willens, - gewillt)
willing (bereit, -willig, gewillt, wollend, willig)

~issing ☛ *~iß (S. 166)* *von dismissing bis reminissing*

dismissing (anweisend, entlassend)
dissing (fertigmachend, blöd anredend, beschimpfend, verarschend)
hissing, - sound (zischend, Gezisch, Rauschen; zischendes Geräusch)
kissing, constant -, French (küssend; Küsserei; züngelnd, Zungenkuss)
missing (fehlend, ausbleibend, fehlt, verloren, - gegangen, verschwunden, -misst)
reminissing (sich-, zurückerinnernd, schwelgend)

~oding ☛ *~oad, ~oat (S. 216)* *von applauding bis prodding*

applauding (applaudierend)
defrauding (betrügend, hintergehend, Betrug)
lauding (lobend)
marauding (plündernd, räuberisch)
plodding (schuftend, tapsend, mühselig, arbeitsam)
prodding (stupsend)

~onging ☛ *~ong (S. 228)* *von belonging bis wronging*

belonging (gehörend, zugehörig, Zubehör, Zugehörigkeit)
longing (sehnend, sehnsüchtig, verlangend, Verlangen, Sehnsucht)
prolonging (verlängernd)
wronging (schadend)

~onting ☛ *~ond, ~ont (S. 227)* *von daunting bis wanting*

daunting (abschreckend, beängstigend, einschüchternd, entmutigend)
flaunting (paradierend)
jaunting (einen Ausflug machend)
taunting (höhnisch, neckend, spottend, vorwurfsvoll)
vaunting (rühmend)
wanting (wünschend, fehlend, *SL:* unterbelichtet)

~ouing ☛ *~ou (S. 235)* *von blowing bis vowing*

blowing (blasend, wehend, schnäuzend, treibend, *Sand, etc.*)
bowing (sich-, verbeugend, bogenführend)
cowing (einschüchternd)
crowing (frohlockend, krähend)
flowing (fließend, strömend, wallend)
glowing (begeistert, enthusiastisch, er-, glühend, leidenschaftlich, leuchtend, strahlend)
going (gehend, laufend, funktionierend, eingeschaltet, gehen, laufen, Betrieb, Geschwindigkeit)
growing (an-, wachsend, anbauend, züchtend, Anbau, Anpflanzung, am Wachsen)
knowing (kennend, wissend, wissentlich, verständnisvoll, Kenntnis)
lowing (Rinder-, Geblöke)
mowing, lawn - (mähend, Mähen; Rasen mähen)
overflowing, full to - (überfließend, -strömend, -laufend; voll bis zum Rande)
owing (schuldend, verdankend)
rowing (rudernd, rudern)

showing (anzeigend, nach-, aufweisend, zeigend, Darbietung,Vorstellung, -führung)
slowing (abbremsend, Abschwächung)
snowing (schneiend, schneit)
sowing (säend, Aus-, Saat, säen)
stowing (Versatz, - gut, *Tech: Fallschirm* einschlaufen)
throwing (werfend, schmeißend, werfen, schmeißen)
towing (ab-, schleppend, treidelnd, abschleppen)
vowing (gelobend, schwörend)

~s(th)ing ☛ *~iiS(th) (S. 123)* *von anything bis thing*

anything (alles, irgend-, etwas, jedes, - Beliebige)
breathing (atmend, Atmen, Be-, Atmung, wehen)
everything, almost (alles; fast alles)
seething (brodelnd, kochend, siedend, wallend, Wallung)
teething (zahnen, -d, zahnen)
thing (Ding, Gegenstand)

~uing ☛ *~u (S. 248)* *von brewing bis sewing*

brewing (zs.-, brauend, aufbrühen, Bier-, brauen)
booing (auspfeifend, Buhrufe)
doing, worth -, nothing - (tuend, Tun; lohnend; ausgeschlossen, nichts zu machen)
hoeing (um- hackend)
mooing (muhend)
sewing (ver-, nähend, Nähen, Näh-, Handarbeit, Heftung, Schränkung)

~uking ☛ *~ug, ~uk (S. 254)* *von booking bis rooking*

booking (Bestellung, Ver-, Buchung, Eintragung, Reservierung, Voranmeldung)
cooking (kochend, garen, kochen, Kochkunst, zum Kochen geeignet)
hooking, to go - (ein-, hakend, Haken mit dem Eishockeystock; anschaffen gehen)
looking, good -, nice - (aus-, sehend, schauend; gut-, nett aussehend)
rooking (betrügend)

~uRing ☛ *~uR (S. 257)* *von alluring bis spurring*

alluring (verlockend, -führerisch, -führend, faszinierend, charmant)
assuring (beteuernd, zu-, versichernd)
blurring (verwackelnd, Verwischung, -schwimmung, Trübung, Unschärfe)
concurring (mitwirkend, zusammentreffend)
curing (heilend, kurativ, Vulkanisierung, *Tech:* Nachbehandlung)
demurring (einwendend, zögernd)
during (während, bei, anlässlich)
enduring (andauernd, bleibend, dauerhaft)
ensuring (garantierend, sichernd, Sicherstellung, Wahrung)
insuring, - clause (versichernd; Versicherungsklausel)
incurring, - debts (erleidend; Schulden machen)
luring (ködernd, verlockend)
maturing, - on, - time (reifend; fällig am; Reifezeit)
occurring, commonly - (einfallend, vorkommend, sich ereignend; häufig vorkommend)
procuring, - abortion (vermittelnd, beschaffend, Kuppelei; *Med:* abtreibend)
purring, - cat (schnurrend, säuselnd; schnurrende Katze)

securing (sichernd, Sicherstellung)
spurring, - on (anspornend; aufstachelnd, anfeuern)

~ink *von blink bis zinc*

blink (blinken, blinzeln, zwinkern, flimmern, schimmern, Lichtschimmer, Augenblick)
brink, on the - of (Rand; am Rande von)
chink (Riß, Ritz, -e, Spalt, -e, klingen, klirren, klimpern, Klang, Klirren, *SL:* Chinese)
clink (klingen, klirren, klimpern, - lassen; Klingen)
drink (Getränk, Drink, trinken, saufen, anstoßen, *SL:* 'Der große Teich')
fink, - on, -out (*Am. SL:* Streikbrecher, Spitzel, Dreckskerl; jmd. verpfeifen; sich drücken)
hoodwink (hereinlegen, täuschen, hinters Licht führen)
ink (Tinte, Tusche, m. Tinte schwärzen oder beschmieren)
kink (Knick, Schleife, Kink, - haben, Zerrung, Krampf, knicken, knoten, verknäueln)
link (Binde-, Glied, Bindung, Beziehung, Bande, Zwischenleitung, Gelenk, Verbindung, Zusammenhang, verlinken, sich -, ver-, binden, verknüpft sein mit)
mink (Nerz)
pink (Nelke, rosa, blassrot, klopfen, *Schiff:* Pinke)
rink (Eis-, Rollschuhbahn, Bahn, Rink)
shrink (zusammenziehen, ein-, zusammen-, schrumpfen, einlaufen, -gehen, abnehmen, schwinden)
sink (ein-, herab-, nieder-, ver-, sinken, -senken, untergehen, Ausguss, Senke)
slink (schleichen, sich wohin stehlen, *Zool:* fehlgebären, verkalben, vor der Zeit werfen)
stink (Gestank, stinken, übel riechen, Stunk, Krach, *übertr:* verrufen, miserabel sein)
think (Denken, nach-, denken, meinen, glauben, vermuten, überlegen, halten für)
wink, - at (mit den Augen - , blinzeln, zwinkern; zuzwinkern, *übertr:* ein Auge zudrücken)
zinc (Zink)

~inki *von blinky bis stinky*

blinky (blinkend, blinzelnd, zwinkernd)
dinky (*Engl:* zierlich, niedlich, nett, *Am:* klein)
inky (tiefschwarz, voll Tinte, tintig)
kinky (verdreht, wirr, kraus, irre, spleenig, verrückt, *Engl:* abartig, pervers)
pinky (kleiner Finger)
slinky (aufreizend, hauteng, geschmeidig)
stinky (stinkend, übelriechend)

~inks ☛ *~ink (S. 164)* *von jinx bis winks*

jinx (*SL:* Unheil, -bringer, Pech, Unglück, -bringen, etwas verhexen)
lynx, - eyed (Luchs; *übertr:* luchsäugig)
minks (Nerze)
Sphinx (Eigenname)
thinks, me -, all one - (ge-, denkt, meint; mich dünkt; die ganzen Gedanken)
winks; forty (Nickerchen)

~inkschn *von distinction bis extinction*

distinction (Unterscheidung, -smerkmal, Kennzeichen, Auszeichnung, Ehrung, Würde, Vornehmheit, Ruf, Berühmtheit)
extinction (Er-, Löschen, Aussterben, Untergang, Vernichtung, Tilgung, Abschaffung)

~inni ☛ ***~iini*** *(S. 119)* *von New Guinea bis tinny*

New Guinea (Eigenname)
ninny (Trottel)
skinny (häutig, mager, abgemagert, dünn, knauserig)
tinny (zinnern, zinnhaltig, blechern)

~ins *von convince bis wince*

convince (überzeugen; *of* von; *that* dass)
hints, helpful (Andeutungen, Hinweise; hilfreiche -)
mints (prägt)
prince (Prinz, Fürst)
rinse (wässern, Wässerung)
since (seit, -dem, -her, inzwischen, da, weil, daja, denn, in der Zwischenzeit)
wince (zusammen-, zucken)

~insch *von binge bis singe*

binge, go on a - (Fress-, Saufgelage; einen draufmachen)
cinch (*Am:* Sattelgurt, *SL:* todsichere Sache, klarer Fall, Kinderspiel)
clinch (fester Griff oder Halt, entscheiden, zum Abschluss bringen, Vernietung, Niet)
cringe, - at (sich ducken oder krümmen, *übertr:* kriechen, katzbuckeln; zurückschrecken)
flinch (zurückschrecken, -zucken, zusammenfahren)
fringe (Franse, Besatz, Rand, -gebiet, Einfassung, Umrandung, Ponyfrisur, um-, säumen)
hinge (Tür-, Angel, Scharnier, Gelenk, einhängen)
inch (Zoll, ...zöllig, *übertr:* cm o. mm, ganz langsam, cm-weise bewegen)
infringe (*Recht:* verstoßen, -letzen, brechen, eingreifen in)
lynch (lynchen)
pinch (Prise, Quentchen, zwicken, kneifen, klemmen, quetschen, drücken, be-, einengen, *übertr:* Not, Qual, Druck, *SL:* klauen, mopsen, jmd. schnappen)
singe (an-, ver-, sengen, Versengung, versengte Stelle)

~inRi ☛ ***~iinRi*** *(S. 119)*

~io ☛ ***~ou*** *(S. 235)*

~ip ☛ ***~ib*** *(S. 136)*

~ipt ☛ ***~ibt, ~ipt*** *(S. 137)*

~iR ☛ ***~iiR*** *(S. 119)*

~ippi *von chippy bis zippy*

chippy (angeschlagen, *SL:* verkatert, Flittchen *übertr:* fade, trocken)
dippy (plemplem, meschugge, verrückt)
drippy (langweilig, lahm, rührselig, kitschig)
hippie (Hippie)
lippy, -person (frech; Revolverschnauze)
Mississippi (Eigenname)
nippy (frisch, spritzig, fix, schnell, *Engl:* Kellnerin)
skippy (hüpfend, springend)
slippy, look - (rutschig, fix, flink, flott, schnell; mach schnell!)

snippy (hinterhältig, schnippisch, trottelig)
tippy (spitz, -zulaufend)
Tippy (Indianerzelt)
yippee (Hurra!)
zippy (´schmissig´)

~iRi ☛ *~ii (S. 102), ~iiRi (S. 121)*

~is *von biz bis whiz*

biz, show (*Abk:* business, show business)
Dennis (Eigen-, Name)
fizz (zischen, sprudeln, sprühen, Sprudel, Mischgetränk)
is (Sing. Präs. von be)
menace (An-, Bedrohung, an-, bedrohen, gefährden, *übertr:* drohende Gefahr)
quiz (jmd. prüfen, ab-, aus-, fragen, Ratespiel, Denksportaufgabe)
showbiz (Unterhaltungsindustrie, -business)
tennis (Tennis)
whiz, gee -, - kid (schwirren, zischen, sausen, *übertr:* 'Kanone'; Super..., Sensations..., toll; Wunderkind, Genie, Senkrechtstarter)

~iß *von abyss bis this*

abyss (Abgrund, Schlund, Hölle)
amiss, take - (verkehrt, -fehlt, schlecht, falsch, übel; übel nehmen)
analysis (Analyse, Zerlegung, -gliederung, Darlegung, Deutung, gründliche Untersuchung)
armistice (Waffenstillstand)
Atlantis (die versunkene Stadt)
bliss (Seligkeit, Wonne, Entzücken, Freude)
carcass, carcase (Kadaver, Leiche, Rumpf, Gerippe, Skelett, Rohbau, *übertr:* Ruine)
catalysis (Katalyse)
cowardice (Feigheit)
dialysis (Dialyse, Blutreinigung)
dismiss (fallen-, gehen-, entlassen,verabschieden, ab-, zurückweisen, absetzen, -bauen)
emphasis (Betonung, Ton, Akzent, *übertr:* Gewicht, Schwerpunkt, Nachdruck)
hiss (zischen, aus-, pfeifen)
his (sein, -e, -er, -es, -ig, -ige)
hypothesis (Hypothese)
kiss (Kuss, küssen)
mantis, -ses (*Zool:* Gottesanbeterin, -en)
miss (vermissen, -passen, -säumen, -fehlen, daneben, Fehlschuss, -wurf, -stoß, Verlust, Fräulein, junges Ding, Dämchen)
nemesis (*Myth:* Vergeltung)
office (Büro, Amt, Kanzlei, Kontor, Behörde, Geschäftsstelle, -zimmer, -gebäude)
paralysis (Paralyse, Lähmung, Lahmlegung, Darniederliegen, Ohnmacht)
prejudice (Vorurteil, - eingenommenheit, Befangenheit, Nachteil, Schaden, einnehmen)
Swiss (Schweiz)
synthesis (Synthese)
this (dies, -e, -s, -er, so, der, das)

~isb, ~isp *von crisp bis wisp*

crisp (knusprig, frisch, mürbe, kraus, gekräuselt, sich-, kräuseln, *Engl:* Kartoffel-Chips)

lisp (lispeln, stammeln, mit der Zunge anstoßen)
wisp (Wisch, Büschel, Strähne, Handfeger, Fetzen, Streifen, Vogelzug)
will-o'-the-wisp (Irrlicht, *übertr:* Illusion, Phantom)

~isch *von abolish bis wish*

abolish (abschaffen, aufheben, vernichten)
amateurish (dilletantisch)
anguish (Qual, Pein, Angst, Schmerz)
bearish (bärenhaft, *übertr:* plump, unfreundlich, brummig, *Wirtsch:* flau)
blemish (verunstalten, schaden, Schönheits-, Fehler, Mangel, Makel, *übertr:* beflecken
bluish (bläulich)
cherish (schätzen, hoch- *übertr:* festhalten an, bewahren, hegen, pflegen, sorgen)
demolish (ab-, niederreißen, *übertr:* vernichten, kaputtmachen, *Sport:* überfahren)
devilish (teuflisch, fürchterlich, höllisch, verteufelt)
diminish (vermindern, -ringern, -jüngen, -kleinern, herabsetzen, ab-, schwächen)
dish (Schüssel, Platte, Teller, Gericht, Speise, *Pl.* Geschirr)
embellish (verschönen, aus-, schmücken, verzieren, beschönigen)
finish (Ende, Schluss, Finish, be-, voll-, enden, bearbeiten, zu Ende sein, abschließen)
Finnish (Finnisch, finnisch)
fish, devil - (Fisch, fischen, angeln, Fisch fangen; Seeteufel)
Flemish (Flämisch, flämisch)
flourish (gedeihen, erfolgreich sein, *übertr:* blühen, florieren, schwingen, schwenken, Schwung, Floskel, Schnörkel, prahlen, protzen, zur Schau stellen)
garnish (garnieren, schmücken, verzieren, Ornament, Verzierung)
gibberish (Geschnatter, Geschwätz, Geschwafel)
hellish (höllisch, verteufelt, scheußlich)
languish (ermatten, -schlaffen, -lahmen, ver-, schmachten, siechen, welken, Sehnsucht)
polish (polnisch, polieren, glätten, wichsen, abschmirgeln, ab-, glanzschleifen, Politur, Glanz, Glätte, Poliermittel, Schuhcreme, Bohnerwachs)
relish (schmecken, riechen, gern essen, genießen, behagen, Würze, Gewürz, Geschmack)
tarnish (trüben, matt oder blind machen, mattieren, Trübung, Anlaufen, *übertr:* Makel)
nourish (nähren, erhalten, *übertr:* hegen, nähren)
perish (umkommen, zugrunde-, untergehen, sterben, verunglücken, -nichten, eingehen)
squish (zermatschen)
swish (rascheln, schwirren, zischen, sausen, *Engl:* Peitschenhieb, todschick)
tallish (ziemlich groß)
varnish (lackieren, firnissen, glasieren, auf-, polieren, Lack, Politur, Glasur, Tünche, Firnis, *übertr:* beschönigen, übertünchen)
wish (wünschen, wollen, hoffen, Wunsch, Verlangen, Bitte)

~isches *☛ ~es (S. 97), ~iß (S. 166)* *– addiere isch + es (wish-es) und bilde den Plural*

~ischi *von fishy bis swishy*

fishy (fischartig, Fisch..., fischreich, 'faul, verdächtig')
squishy (matschig)
swishy (raschelnd, raschelig)

~ischn *von acquisition bis vision*

acquisition (Erwerb, Erwerbung, Kauf, Anschaffung, Gewinn, Bereicherung)

admission (Einlass, Ein-, Zutritt, Zulassung, Aufnahme, Ernennung, Eingeständnis)
addition (Zusatz, Ergänzung, Beigabe, Addition, zusammenzählen, Auf-, Zuschlag, Zuwachs, Vermehrung, Beimischung, Anbau)
audition (Gehör, Hörvermögen, Vorsprechen, -singen, -spielen, - lassen, Anhörprobe)
ambition (Ambition, Ehrgeiz, Streben, Begierde, Wunsch, *Pl.* Ziel)
ammunition, - belt (Munition; Patronengurt)
attrition (Abrieb, -nutzung, Zermürbung, *Tech:* Verschleiß)
coalition (Zusammenschluss, Vereinigung, *Polit:* Koalition)
commission (Kommission, Ausschuss, Auftrag, Vollmacht, Weisung, Aufgabe, Amt, Ausführung, Dienst, beauftragen, -stellen, -vollmächtigen, ein Amt übertragen)
competition (Wettbewerb, -kampf, Konkurrenz, Preisausschreiben, *Pl:* Gegner, Rivalen)
composition (Komposition, Dichtung, Zusammensetzung, Bildung, Entwurf, Anordnung, Gestaltung, Wesen, Natur, Anlage, *Chem:* Verbindung, *Buch:* Satz, Setzen)
condition (bedingen, regeln, bestimmen, formen, gestalten, Bedingung, Vorraussetzung, Zustand,Verfassung, *Sport:* Kondition, Form, *Recht:* Vorbehalt, Klausel, Bestimmung)
collision (Kollision, Zusammenstoß, *übertr:* Widerspruch, Gegensatz, Konflikt)
decision (Entscheid, -ung, Urteil, Beschluss, Entschluss, -kraft, Entschlossenheit)
definition (Definition, Erklärung, Genauigkeit, Exaktheit, Bild-, Ton-, Schärfe)
demolition (Abbruch, Niederreißen, Schleifen, Spreng..., Vernichtung)
deposition (Amtsenthebung, Absetzung, Ablagerung, Niederschlag, *Recht:* Aussage)
disposition (Disposition, Veranlagung, Art, Hang, Neigung, Stimmung, Erledigung, göttl. Lenkung, *Med:* Anfälligkeit, *Milit:* Anordnung, Aufstellung)
edition (Edition, Ausgabe, Auflage)
exposition (Exposition, Ausstellung, Schau, Darlegung, Ausführung)
extradition (Auslieferung)
fission, -bomb (*Phys:* Spaltung, *Biol:* Zell-, Teilung; Atombombe)
ignition (An-, Entzünden, *Elek:* Zündung, *Chem:* Erhitzung)
imposition (Auferlegung, -bürdung, Verhängung, Last, Belastung, Auflage, Pflicht, Abgabe, Steuer, Zumutung, Schwindel, *Buch:* Formatmachen, *Engl:* Strafarbeit)
inhibition (Hemmung, Verbot, Untersagung, -sbefehl)
inquisition (Inquisition, Kongreation, Untersuchung, *übertr:* strenges Verhör)
intermission, without - (Unterbrechung, Aussetzen, Pause; ständig, pausenlos)
intuition (Intuition, Ahnung, Eingebung, unmittelbare Erkenntnis)
magician (Magier, Zauberer, Zauberkünstler)
mathematician (Mathematiker)
mission (Mission, Sendung, Auftrag, Einsatz, innere Berufung, Gesandtschaft)
musician (Musiker)
nutrition (Ernährung, Nahrung)
omission (Aus-, Unter-, Weglassung, Versäumnis, Übergehung)
opposition (Gegenüberstellung, -satz, Widerstand, -spruch, Opposition, Konkurrenz)
partition (Teilung, Trennung, Absonderung, Scheide-, Querwand, auf-, ab-, ver-, teilen)
permission (Erlaubnis, Genehmigung, Zulassung)
petition (Bitte, Bittschrift, Gesuch, Eingabe, Antrag, bitten, ersuchen, einreichen)
physician (Physiker)
politician (Politiker)
position (Position, Lage, Standort, Stellung, Posten, Amt, Stand-, punkt, Haltung, Grund-, Lehr-, Satz, postieren, lokalisieren, *bes. Tech:* ein-, stellen, anbringen)
prohibition (Verbot, Prohibition, -szeit, Alkoholverbot)
proposition (Vorschlag, Antrag, Plan, Projekt, Behauptung, Geschäft, Lehr-, Satz)

recognition (Erkennen, Erkenntnis, Anerkennung)
rendition (Auslieferung, *Am:* Fällung, Verkündung)
repetition (Wiederholung, Kopie, Nachbildung, *Schule:* Aufsagen)
requisition (Auf-, Anforderung, Erfordernis, Requisition, Einsatz, Beanspruchung, Beschlagnahme, verlangen, requirieren, in Anspruch nehmen)
statistician (Statistiker)
submission (Unterwerfung, -würfigkeit, *Recht:* Sach-Vorlage, Behauptung, Kompromiss)
superstition (Aberglaube)
technician (Techniker, Fachmann)
television (TV, Fernsehen, -seher, Fernseh...)
tradition (Tradition, Überlieferung, Brauch, -tum, *Recht:* Auslieferung, Übergabe)
transmission (Übersendung, -mittlung, -lieferung, *Tech:* Übersetzung, -tragung, Trieb...)
transposition (Umstellen, -stellung, Transposition, *Elek: Tech:* Keuzung *v. Leitungen*)
transition, state of - (Übergang, -szeit; Übergangsstadium)
tuition, privat - (Unterricht; Privatunterricht, -stunden)
vision (Sehkraft, -vermögen, visionäre Kraft, Phantasie,Vision, An-, Blick, erschauen)

~isi ☛ *~iisi (S. 123)* — *von busy bis tizzy*

busy (geschäftig, beschäftigt, tätig, eifrig)
dizzy (schwindelig)
frizzy (kraus)
Lizzy (Eigenname)
tin lizzy, busy (Blechkiste; *Bot:* fleißiges Lieschen)
tizzy (Aufregung)

~isk — *von asterisk bis whisk*

asterisk (*Buchdruck:* Sternchen)
brisk, - up (lebhaft, flott, flink, munter, forsch, energisch, frisch; anfeuern, beleben)
disk (Wähl-, Band-, Scheibe, Platte, CD, *Tech:* Lamelle, Signalscheibe, *Sport:* Diskus, Puck)
frisk (herumtollen, -hüpfen, wedeln mit, filzen, durchsuchen, Ausgelassenheit)
risk (Risiko, Wagnis, Gefahr, riskieren, wagen, aufs Spiel setzen)
whisk (wischen, fegen, Wischer, Wedel, Büschel, Schneebesen, mit dem Schwanz -, Sahne etc. schlagen, weg-, wischen, -fegen, huschen, flitzen, Husch, *in a -* , im Nu)

~iski — *von frisky bis whisky*

frisky (lebhaft, munter, ausgelassen)
risky (riskant, gefährlich, gewagt)
whisky, whiskey (Whisky, Whiskey)

~isn — *von arisen bis wizen*

arisen (entsprungen, aufgekommen, erhoben, hervorgegangen; die aufgetreten sind)
mizen (Besanmast)
prison (Gefängnis, Strafanstalt)
risen (aufgegangen, -gestanden, gestiegen, herausgeragt)
wizen (schrumpelig)

~issl ☛ *~isel (S. 94)* — *von bristle bis whistle*

bristle, -up, -with, anger (Borste, Stoppel, *Haar:* sträuben; strotzen, starren, voll sein von; hochfahren; zornig werden)

Bristol (Eigenname)
crystal, -gazer (Kristall, -klar, *übertr:* sonnen-, Kristall..., kristallen, Uhrglas; Hellseher)
dismissal (Entlassung, *Aufgabe:* Abtun, *Recht:* Abweisung)
drizzle (nieseln, Niesel-, Sprühregen)
fizzle, -out (Pleite, Misserfolg; *übertr:* verpuffen, im Sande verlaufen)
frizzle (brutzeln, rösten)
gristle (Knorpel)
missal (*Kirche:* Messbuch)
missile, cruise - (Geschoss, Projektil, Wurf..., Raketen...; Marschflugkörper)
mistle, - toe (Mistel; -zweig)
pistol, hold a – to s.o. head (Pistole; jmd. die Pistole auf die Brust setzen)
sisal (Sisal, -hanf)
thistle (*Bot:* Distel)
whistle (Pfeife, Pfiff, pfeifen,)
whistle, wet one´s - (pfeifen, Pfeife, Pfiff, Pfeifton, jmd. verpfeifen, Kehle; *SL: wet the -*, einen heben)

~isd, ist — *von accompanist bis wrist*

accompanist (*Musik:* Begleiter)
analyst (Analytiker, Untersucher, Chemiker, Statistiker)
anarchist (Anarchist, Umstürzler, anarchistisch, umstürzlerisch)
anthropologist (Anthropologe)
apprenticed (ausgebildet, im Lehrverhältnis, in Lehre)
archeologist (Archäologe)
assist (mit-, helfen, Hilfe leisten, beistehen, unterstützen, fördern, teilnehmen)
biologist (Biologe)
Calvinist (Kalvinist)
capitalist (Kapitalist)
coexist (gleichzeitig oder nebeneinander bestehen oder leben, koexistieren)
communist (Kommunist)
consist (bestehen, sich zusammensetzen)
cyst (Kapsel, Hülle, *Med:* Zyste)
dentist (Zahnarzt, -ärztin)
desist, - from asking (abstehen, -lassen, Abstand nehmen; aufhören zu fragen)
dismissed (abgewiesen, entlassen, entließ, *Milit:* Weggetreten!)
egoist (Egoist)
essayist (Essayist)
evangelist (Evangelist, Erweckungs-, Wanderprediger)
exist (existieren, leben, Dasein, vorhanden sein, sich finden, vorkommen)
exorcist (Exorzist, Teufelsaustreiber, Geisterbeschwörer)
fatalist (Fatalist)
gist (das Wesentliche, Hauptpunkt, -inhalt, Kern, *Recht:* Grundlage)
hissed (fauchte, zischte, gezischt)
humanist (Humanist)
humorist (Humorist)
idealist (Idealist)
imperalist (Imperalist)
insist (bestehen-, dringen auf, verlangen, insistieren, beharren, bleiben bei)
journalist (Journalist)

kissed (geküsst, küsste)
list (Liste, Verzeichnis, verzeichnen, erfassen, katalogisieren, Saum, Rand, Leiste, Web- kante, Salband, *Schiff:* Schlagseite, - haben)
lobbyist (Lobbyist)
Methodist (Methodist)
missed (ge-, vermisst, -e, verfehlt, -säumte)
mist, be in a - (Nebel, feuchter Dunst, Schleier, Beschlag, Hauch, umnebeln; verdutzt)
moralist (Moralist)
motorist (Kraft-, Autofahrer)
nationalist (Nationalist)
novelist (Novelist)
organist (Organist)
perfectionist (Perfektionist)
pharmacist (Pharmazeut, Apotheker)
pianist (Pianist)
plagiarist (Plagiator)
psychologist (Psychologe)
romanist (Romanist, Römisch-Katholischer)
satirist (Satiriker)
sentimentalist (Gefühlsmensch)
socialist (Sozialist)
soloist (Solist)
specialist (Spezialist, Fachmann, -arzt, *Am. Börse:* Jobber)
strategist (Stratege)
terrorist (Terrorist)
theologist (Theologe)
theorist (Theoretiker)
twist (sich-, zusammen-, drehen, zwirnen, verflechten, -schlingen, -biegen, -zerren, -treten, *Fuß* krümmen, wringen, umwinden, Twist, Seil, Zwirn, Schnur, Drall, Effet, Dreh, -ung)
ventriloquist (Bauchredner)
vocalist (Vokalist, Sänger, -in)
wrist (Handgelenk)

~isti — *von Corpus Christi bis twisty*

Corpus Christi (Fronleichnamsfest)
misty (nebelig, dunstig, nebulös, verschwommen, unklar)
twisty (gewunden, kurvenreich, *übertr:* falsch, verschlagen)

~istn ☛ *~isn (S. 169)* — *von christen bis listen*

christen (taufen)
glisten (Glitzern, Glanz, glitzern, glänzen)
listen (an-, mit-, zu-, hören, horchen, lauschen, hör mal zu!)

~istöRi — *von history bis mystery*

history (Vor-, Geschichte, Werdegang, Entwicklung, Darstellung)
mystery (Mysterium, Geheimnis, Rätsel)

~iti ☛ *~iiti (S. 123)* — *von ability bis witty*

ability (Fähigkeit, Befähigung, Können)

amenity (Annehmlichkeit, angenehme Lage, Anmut, Liebenswürdigkeit, Etikette)
captivity, war - (Gefangenschaft, Geißelhaft; Kriegs-)
cavity (Höhlung, Hohlraum, *Anat:* Loch im Zahn, Höhle, Raum, Grube)
Christianity (Christentum)
city, - of God (Stadt; Himmelreich)
committee (Komitee, Ausschuss, Kommission)
depravity (Verderbtheit, -worfenheit, Schlechtigkeit, böse Tat)
ditty (Liedchen)
divinity (Göttlichkeit, göttl. Wesen, Gottheit, Theologie)
eternity (Ewigkeit, das Jenseits)
fraternity (Brüderlichkeit, Vereinigung, Zunft, Gilde)
gravity (Ernst, Tiefe, Feierlichkeit, Bedenklichkeit, Gesetztheit, Schwere, Schwerkraft...)
gritty (sandig, kiesig, mutig)
humanity (Menschheit, Mensch sein, Humanität, Menschlichkeit)
identity (Identität, Gleichheit, Persönlichkeit)
impropriety (Ungeeignetheit, -tauglichkeit, -schicklichkeit, -gehörigkeit, -richtigkeit)
insanity (Irrsinn, Wahnsinn, Geisteskrankheit, *übertr:* Verrücktheit)
kitty (Mieze, Kätzchen, *Karten:* gemeinsame-, Kasse)
maternity (Mutterschaft, Wöchnerinnen..., Umstands..., Schwangerschafts...)
obscenity (Unanständigkeit, Schmutz, Zote, Widerlichkeiten, Obszönitäten)
paternity (Vaterschaft)
pity, self- (Mitleid, mitleidig, bedauern; Selbstmitleid)
pretty (hübsch, nett, niedlich, schön, fein, tüchtig; ziemlich, ganz, leidlich, beträchtlich)
profanity (Gott-, Ruchlosigkeit, Weltlichkeit, Fluchen)
sanity (geistige Gesundheit, Zurechnungsfähigkeit, gesunder Verstand)
serenity (Heiterkeit, Klarheit, Gelassenheit, heitere Ruhe, Eure Durchlaucht)
vanity, -fair (Eitelkeit, Stolz, Leer-, Hohlheit, Eitel-, Nichtigkeit; Jahrmarkt der Eitelkeiten)
virginity (Jungfräulichkeit, Jungfernschaft, Reinheit, Keuschheit, Unberührtheit)
witty (witzig, geistreich)

~its — *von habbits bis rabbits*

habbits (Verhalten, An-, Gewohnheit)
its (von Sachen u. Tieren, sein, -e, ihr, -e, dessen, deren)
rabbits (Hasen)

~itten — *von bitten bis written*

bitten, hard - (gebissen, *P. P.* von bite; verbissen, hartnäckig)
kitten (Kätzchen, junge Katze, - werfen; *have kittens* - Zustände kriegen)
mitten (Fausthandschuh, Fäustling)
smitten (betroffen, -fallen, hingerissen, verknallt, verliebt, *P. P.* von smite)
written (geschrieben, schriftlich, *P. P.* von write)

~itsch ☛ *~idsch (S. 141)*

~iu ☛ *~u (S. 248)*

~iuR ☛ *~uR (S. 257)*

~iv ☛ *~if (S. 142), ~iif (S. 114)*

~itz *z. B.: Ritz*

Ritz (Eigenname)

~iwn *von driven bis given*

driven (ange-, be-, getrieben, -fahren, chauffiert, engagiert, *P. P.* von drive)
forgiven (vergeben, verziehen, erlassen, *P. P.* von forgive)
given (gegeben, ausgefertigt, bestimmt, bekannt, vorausgesetzt, aufgrund, *P. P.* von give)

~öRdschi *von energy bis exergy*

energy (Energie, Kraft, Leistung, Tatkraft, Wirksamkeit, Nachdruck)
exergy (Exergie)

~öRi *von curry bis worry*

curry (Currygewürz; striegeln, Leder zurichten, verprügeln, Liebkind machen)
flurry (Windstoß, Schauer, Aufregung, Unruhe, Hast, beunruhigen)
fury (Zorn, Wut, *übertr:* Furie)
hurry (Hast, Eile, schnell, beeilen, eilig, beschleunigen, hastig)
injury (Schaden, Beschädigung, Verletzung, Wunde, Kränkung, Unrecht)
jury (Geschworene, Jury, Preisrichter)
Missouri (Eigenname)
perjury (Meineid)
scurry (Hasten, Getrippel, huschen, hasten, Schneetreiben)
slurry (Schlamm)
worry (Kummer, Besorgnis, Quälgeist, Sorge, -nvoll, sorgen, machen, beunruhigen, kümmern, nachstellen, quälen, plagen, zerren, reißen, zausen, beuteln)

~öRki *von Albuquerque bis turkey*

Albuquerque (Eigenname)
murky (dunkel, düster, trüb)
perky (flott, forsch, keck, dreist, frech, munter)
quirky (schrullig, eigenartig, gerissen, komisch)
turkey (Truthahn; Türkei, türkisch)

~öRli *von burly bis swirly*

burly, hurly - (stämmig, kräftig; Tumult, Aufruhr, Wirrwarr, turbulent)
curly (lockig, kraus, gekräuselt, wellig, gewunden)
early (Früh..., früh, bald, -ig, am Anfang, schnell, vorzeitig)
girlie, - mag (Mädchen; Titten- und Po-Magazin)
pearly (perlen..., perlen-, perlmuttartig, -reich)
surly (mürrisch, verdrießlich, grob, zäh, bärbeißig)
swirly (herum-, wirbelnd, strudelnd)

~öRni *von attorney bis tourney*

attorney (Anwalt)
Ernie (Eigenname)
journey (Reise, Strecke, Route, Weg, Fahrt, Gang, reisen, wandern)
tourney (*bes. Hist:* Turnier, turnieren)

~öRsRi *von anniversary bis nursery*

anniversary, wedding - (Jahrestag, -feier, jährlicher Gedenktag, Jubiläum; Hochzeitstag)
cursory (flüchtig, oberflächlich)
nursery (Kinderzimmer, -tagesstätte, Pflanz-, Baumschule, Fischpflege, Streckteich)

~öRti *von dirty bis thirty*

dirty (Schmutz..., schmutzig, dreckig, beschmutzen, -sudeln, gemein, unflätig, -anständig)
flirty (sexy, kokett)
liberty (Freiheit)
thirty (dreißig)

~öRwi ☛ *~öRf (S. 211)* *von curvy bis turvy*

curvy (kurvig, kurvenreich)
scurvy (Skorbut)
topsy-turvy, what a - world (wie Kraut und Rüben; Was für eine verrückte Welt)

~obbi *von bobby bis snobby*

bobby (*Engl:* Bobby, Polizist, Name)
hobby (Steckenpferd, Liebhaberei, Hobby)
knobby (knorrig, knoten-, knopf-, knaufartig)
lobby (Vor-, Eingangshalle, Vestibül, Foyer, Lobby, Interessengruppe, Einfluss nehmen)
snobby (snobistisch)

~offi *von coffee bis toffee*

coffee (Kaffee)
toffee, not for (Sahnebonbon, Toffee; nicht für Geld und gute Worte)

~ofti *von lofty bis softy*

lofty (hoch, erhaben, stolz, erhöht, vornehm, pathetisch)
softy (Schwachkopf, Weichling, Waschlappen)

~oftli *von loftily bis softly*

loftily (erhaben, hoch)
softly (weich, mild, sanft, sacht)

~oggi *von doggy bis soggy*

doggy (Hündchen, Wauwau, hundeartig, -liebend, *Am:* todschick)
foggy (nebelig, trüb, dunstig, nebulös, unklar)
froggy (froschig, froschartig)
groggy (*Boxen:* angeschlagen, erschöpft, kaputt, wackelig, morsch)
soggy (feucht, durchgeweicht, -nässt, sumpfig, teigig, pappig)

~oi *von ahoy bis viceroy*

ahoy (ahoi)
annoy (ärgern, belästigen, stören, schikanieren, *be annoyed,* sich ärgern)
boy, whipping -(Junge, Knabe, Boy, Diener, Laufbursche; Prügelknabe, Sündenbock)
buoy (Boje, über Wasser halten, ermutigen)
convoy (Begleitung, Geleit, -zug, geleiten, Eskorte, eskortieren)

corduroy (Kordsamt, Kord, -hose)
coy (spröde, schüchtern, scheu, bescheiden)
decoy (Lockvogel, Köder, locken, ködern)
destroy (zerstören, -trümmern, vernichten, vernichten, jmd. fertig machen, - ruinieren)
employ (beschäftigen, anstellen, an-, verwenden)
enjoy (Vergnügen oder Gefallen finden an, genießen, sich erfreuen an)
Illinois (Eigenname)
Savoy (Edelhotel)
Roy (Eigenname)
joy, -ride (Freude, *Engl:* Erfolg; Vergnügungsfahrt, Spritztour)
joyous, -ful (freudig, erfreut, froh)
ploy (Trick, Masche)
soy (Soja, -bohne)
toy (Spielzeug, -sachen, -waren)
troy (Troygewicht für Edelmetalle, -steine u. Arzneien)
viceroy (Vizekönig)

~olli *von collie bis volley*

collie (Collie, schottischer Schäferhund)
dolly (Püppchen, puppenhaft, Wäschestampfer, -stößel, Nietkolben, Kamerawagen)
finale folly (Kehraus, großes Finale)
folly (Aberwitz, Eselei, Tor-, Verrücktheit, Unsinn; Zierbau, nutzloser Prunkbau)
by golly (Menschenskind! Mann!)
Holly, Molly, Polly (Eigennamen)
jolly (fröhlich, lustig, vergnügt, angeheitert, beschwipst, *Engl:* ziemlich, 'mächtig')
melancholy (Melancholie, Depression, Schwermut, Trübsinn, trübsinnig, düster, trübe)
tamale (Tamile)
trolley (Laufkatze, Förderwagen, *Engl:* Tee-, Servier-, Hand-, Gepäck-, Einkaufswagen, Kofferkuli, Karren, Draisine, *Am:* Straßenbahn, - wagen)
volley, half - (Volley, - spielen, Salve abfeuern; Halbvolley, -flugball)

~olti ☛ *~old, ~olt (S. 225)* *von faulty bis salty*

faulty (fehlerhaft, schlecht, defekt)
malty, - taste (malzig; Malzgeschmack)
salty (salzig, gesalzen, gepfeffert)

~ondRi *von foundry bis laundry*

foundry, bell-, iron- (Gießerei, Glocken-, Eisen-)
laundry (Wäsche, -rei)

~opi ☛ *~ob, ~op (S. 217)* *von choppy bis soppy*

choppy (kabbelig, böig, wechselnd, abgehackt)
copy (Kopie, Abschrift, Urkunde, kopieren, imitieren, abschreiben, nachmachen, - ahmen)
floppy, - ears, - hat (schlaff, schlotterig; Schlappohren; -hut)
hoppy, - taste (hopfig; Hopfengeschmack)
poppy (Mohn, -saft, -rot)
sloppy (matschig, labberig, nass, bespritzt, schlampig, nachlässig, salopp, rührselig)
soppy (durchweicht, regnerisch, saftlos, fade, rührselig, schmalzig, 'verknallt')

~oRi *von accusatory bis victory*

accusatory (anklagen)
allegory (Allegorie, Sinnbild, Gleichnis, sinnbildliche Darstellung)
calorie (Kalorie, Wärmeeinheit)
category (Kategorie, Klasse, Gruppe)
directory (Address-, Telefonbuch, Branchen-, Inhalts-, Dateiverzeichnis)
dormitory (Schlafsaal, Wohnheim)
dory, hunky - (*Fischk:* Dory; *Am. SL:* Klasse, Prima, Bestens, alles in Butter)
factory, shadow - (Fabrik; Schatten-, Ausweichbetrieb)
glory (Glorie, Ruhm, Ehre, Stolz, Herrlichkeit, Glanz, Pracht, Verehrung, Lobpreisung, sich freuen oder rühmen, triumphieren, frohlocken)
gory, - battle (*Poet:* blutbefleckt, blutig; blutrünstig)
ivory (Elfenbein)
laboratory (Laboratorium, Werkstätte)
lorry (Rollwagen, offener Lastwagen, LKW, Laster)
obligatory (obligatorisch, verbindlich, -pflichtend, bindend, Zwangs...)
observatory (Observatorium, Wetter-, Sternwarte)
oratory (Rhetorik, Redekunst, Beredsamkeit, Kapelle, Andachtsraum)
Peter Lorre (Eigenname)
quarry (Jagd-, Beute, Opfer; Steinbruch, Quaderstein, Fundgrube, Quelle, unglasierte Kachel, Steine brechen oder abhauen, *übertr:* zusammentragen, erarbeiten, ausgraben, stöbern)
rectory (Pfarrei, Pfarrhaus)
reformatory, - measures (Besserungs..., -anstalt, Reform...; Besserungsmaßnahmen)
refractory (widerspenstig, -standsfähig, aufsässig, hartnäckig, feuerfest)
retaliatory (Vergeltungs...)
satisfactory (befriedigend, zufriedenstellend, *Kirche:* sühnend)
savory (Bohnenkraut, Sölle; wohlschmeckend, -riechend, schmackhaft, pikant, würzig)
sorry (Verzeihung, traurig, betrübt, bedauern, erbärmlich)
story (Erzählung, Geschichte, Handlung, Ammen-, Märchen; Geschoss, Etage)
territory (Gebiet, Territorium, Bezirk, Spielfeld-, Hälfte)
Tori (Eigenname)
victory (Sieg, Triumph, Erfolg)

~oRni *von corny bis thorny*

corny (getreidereich, körnig, Korn..., Mais..., *Am. SL:* schmalzig, kitschig, sentimental)
horny (hornig, schwielig, Horn..., *SL:* geil, scharf)
thorny (dornig, stachelig, *übertr:* dornenvoll, mühselig, heikel)

~otti *von dotty bis spotty*

dotty (punktiert, getüpfelt, wackelig, bekloppt)
knotty (knorrig, knotig, verzwickt, schwierig, kompliziert)
naughty (frech, ungezogen, -artig, unanständig, schlimm; aber, aber!)
spotty (fleckig, uneinheitlich, pickelig)

~oudi *von custody bis toady*

custody (Aufsicht, Schutz, Obhut, Verwahrung, -waltung, Gewahrsam, Haft)
parody (Parodie, parodieren)
rowdy (Krawallmacher, Radaubruder, Raufbold, Rohling)

toady (Kriecher, Schleimer, Speichellecker, Schmuser)

~ougi *von bougie bis stogie*

bougie (Wachskerze, -licht; *Med:* Bougie, Dehnsonde, bougieren)
hoagie (Riesensandwich)
stogie (*Am:* billige Zigarre)

~oui *von blowy bis snowy*

blowy (windig, luftig)
Bowie (Eigenname)
doughy (teigig, klitschig, nicht durchgebacken)
showy (prächtig, protzig, grell, auffällig)
snowy (schneeig, Schnee..., -weiß)

~ouli *von drolly bis wholly*

drolly (drollig, lustig)
holy (heilig, geweiht, fromm, gottgefällig)
lowly (niederig, gering, bescheiden, demütig, primitiv)
roly-poly (Pummelchen, mollig, pummelig)
solely (allein, ausschließlich, nur)
wholly (ganz, gänzlich, völlig)

~ouni *von acrimony bis Tony*

acrimony (Schärfe, Bitterkeit)
alimony (*Recht:* Unterhalt, Alimente)
baloney, boloney (Quatsch, Geschwafel)
bony (knöchern, Knochen..., voller Knochen oder Gräten, knochendürr)
crony, old - (alter Freund, Kumpan; Busenfreund, Intimus, ‘Spezi’)
macaroni (Makkaroni)
matrimony (Ehe)
patrimony (väterliches Erbteil, Vermögen, Kirchengut)
phony (unecht, falsch, gefälscht, Fälschung, Schwindel, Schwindler, Scharlatan)
pony, - up (Pony ; *Am. SL:* Eselsbrücke, Miniatur..., Gläschen; berappen, bezahlen)
sanctimony (Frömmelei, Scheinheiligkeit)
stony (steinig, steinern, Stein..., starrer Blick)
testimony (Zeugnis, Bezeugung, Zeugenaussage)
Tony (Eigenname)

~ounli *von only bis lonely*

only (einzig, alleinig, nur, bloß, jedoch, aber)
lonely, be - for (einsam; Sehnsucht haben nach jmd.)

~ousi *von cozy bis rosy*

cozy, egg -, tea - (heimelig; Eierwärmer, Teewärmer)
dozy (dösig, verschlafen, schläfrig)
mosey, - along (schlendern, ‘abhauen‘; dahinlatschen)
posy (Sträußchen)
rosy, ring-around-a- (rosig, rosarot, rosenfarbig; Ringelreihen)

~ubi *von booby bis ruby*

booby (Dussel, Trottel, Letzter, Schlechtester, *Fauna:* Tölpel, Seerabe)
ruby (Rubin, Karmin-, Rubin-, Rot, *übertr:* Rotwein, roter Pickel)

~udli *von crudely bis shrewdly*

crudely (derb, ungehobelt, gemein, roh, in derber Weise)
lewdly (liederlich, anzüglich, unzüchtig, lüstern)
rudely (einfach, grob, unanständig, in unhöflicher Weise)
shrewdly (scharfsinnig, schlau, in geschickter Weise)

~uki *von bookie bis spooky*

bookie (*SL:* Buchmacher)
cookie (*Am:* Keks, Plätzchen, *SL:* Kerl, 'Puppe')
fluky (*SL:* Glücks..., Zufalls..., unsicher)
hooky, play - (hakig; schwänzen)
kooky (irr, verrückt)
nooky (Geschlechtsverkehr)
rookie (*SL:* Rekrut, Neuling, Anfänger)
spooky (gespenstisch)

~ulli *von artfully bis truly*

artfully (kunstvoll, listig)
coolie (Kuli)
coolly (gelassen, gleichgültig, kaltblütig, unverfroren)
duly (ordnungsgemäß, vorschriftsmäßig, gebührend, gehörig, rechtzeitig, pünktlich)
newly (neulich, kürzlich, jüngst, von neuem)
unduly (nicht übermäßig, nicht über Gebühr)
unruly (aufsässig, unlenksam, -gebärdig, -gestüm, ausgelassen)
truly (wahrheitsgemäß, aufrichtig, genau, wahrhaftig, Hochachtungsvoll)

~umi *von gloomy bis roomy*

gloomy (be-, gedrückt, bedrückend, dunkel, düster, finster, niedergeschlagen, trist, traurig, pessimistisch, schwermütig, trüb, -selig, -sinnig)
roomy (geräumig)

~uni *von croony bis loony*

croony (summend, balzend *Sänger*)
loony (beklopt, Irrer, Verrückter, Klapsmühle)

~upi *von groupie bis snoopy*

groupie (begeisterter Fan)
loopy (beklopt)
snoopy (schnuppernd, neugierig)

~uRi ☛ *~öRi (S. 173)*

~ussi *von jealousy bis pussy*

jealousy (Eifersucht, Neid, Missgunst)

pussy, have some - (Mietze, Kätzchen, Weiches, Wolliges, *SL:* Muschi; bumsen)

~uti *von beauty bis duty*

beauty (das Schöne, die -, Schönheit, *iron:* schöner, schlimmer)
cuty (*SL:* dufte Biene)
deputy (Vertreter, Beauftragter, Abgeordneter, stellvertretend, Vize...)
duty (Pflicht, Schuldigkeit, Aufgabe, Amt, Abgabe, Gebühr, Zoll, Leistung, Funktion)

~uui *von chewy bis St. Louie*

chewy (kernig)
dewy (taufeucht, feucht, frisch, erfrischend, taufrisch)
Drambuie (Eigenname)
gluey (klebrig)
gooey (*SL:* klebrig, schmierig)
hooey (*SL:* Quatsch, Blödsinn)
Louie (Eigenname)
St. Louie (Eigenname)

~uwi *von groovy bis movie*

groovy (schablonenhaft, *SL:* toll, klasse)
movie (Film, Film..., Kino...)

Endungen auf:
~er, ~ir, ~or, ~re, ~ur gesprochen (klingend) ~öR

~öR *von amateur bis whir*

amateur (Amateur, Kunst- etc. Liebhaber)
blur (verwischen, -schmieren, -schleiern, -schwimmen, Fleck, Makel, Schleier)
fur, - coat (Pelz, Fell, mit Pelz besetzen oder füttern; Pelzmantel)
her (sie, ihr, ihre, sich, *she looked about her,* sie sah sich um)
monteur (Monteur, Facharbeiter, -mann, Mechaniker, Handwerker)
myrrh (Myrrhe)
per, -diem, as - (per, pro, durch; täglich, pro Tag; laut, gemäß)
purr (schnurren, surren, summen, säuseln)
sir (Herr)
sire (Zeuger, Vater, Vorfahr, zeugen, Zuchthengst, Eure Majestät)
slur (verunglimpfen, -leumden, Makel, Fleck; Undeutlich sprechen oder schreiben)
stir (*SL:* Kittchen, Knast; um-, an-, sich-, rühren, bewegen, aufwühlen, Aufregung)
were (*Prät. von be:* du warst, wir, Sie waren, ihr wart, wurde, wäre, -n)
whir (schwirren, surren, brummen)

~addöR *von rudder bis udder*

rudder (Steuer, -Ruder, *Brauerei:* Rührkelle, *übertr:* Richtschnur)

shudder (Schauder, er-, schaudern, zittern)
udder (Euter)

~adlöR *von butler bis subtler*

butler (Butler, Erster -, Hausdiener)
subtler (feiner)

~afföR *von bluffer bis tougher*

bluffer (Bluffer, Blender, Spieler)
buffer (Stoßdämpfer, Puffer, Zwischenspeicher, puffern, zwischenspeichern)
duffer (Trottel)
gruffer (barsche, schroffe, ruppige, raue Person)
puffer (Paffer, Marktschreier, Preisbieter)
rougher (rauer, grober, härter, schroffer)
suffer (er-, leiden, -tragen, -dulden, -lauben, aushalten)
tougher (zäher, härter, widerstandsfähiger, robuster, stärker, hartnäckiger)

~aidöR *von chider bis wider*

chider (Schelterer, Tadelnder, Schimpfer)
cider (Apfelwein, -most)
decider (das Entscheidende, die Entscheidung, das Stechen)
divider (Teiler, -in, Trennwand, Stechzirkel)
glider, hang-, power- (Segelflugzeug; Gleiter, Gleitschirm; Motorsegler)
insider (Eingeweihte, Mitglieder, Zugehöriger)
low-rider (Schnorrer, Schmarotzer)
outsider (Außenseiter, freier Makler)
provider, good - (Versorger, Ernährer, Lieferant, Anbieter; treusorgende Eltern)
rider (Reiter, Mit-, Fahrer)
slider (Schleifer)
spider, -web (Spinne; Spinnengewebe)
wider (weiter, breiter, ausgedehnter)

~aiöR *von admire bis wire*

admire (bewundern, hochschätzen, verehren)
acquire (erwerben, -langen, -reichen, gewinnen, *übertr:* erlernen, sich aneignen)
amplifier, power -, - tube (Verstärker; Vergrößerungslinse; Kraft-, Endverstärker; -röhre)
aspire (streben, trachten, verlangen; *übertr:* sich erheben)
attire (Gewand, Kleidung, Schmuck, kleiden, anziehen, putzen)
buyer (Ein-, Auf-, Käufer, Abnehmer, -in)
choir, - stalls (Chor, Empore, in einem Chor singen; Chorgestühl)
conspire (sich verschwören, -zusammentun, planen, anzetteln; zusammenwirken, dazu beitragen)
crier, cryer (Ausrufer, Schreier, Weinende, Heulsuse)
desire (Lust, Begierde, Wunsch, Bitte, verlangen, wünschen, begehren, wollen)
dire (grässlich, entsetzlich, schrecklich, unheilvoll, äußerst, höchst)
be in dire need of (etwas ganz dringend brauchen)
drier (Trockner, Trockenmittel, Sikkativ)
dryer, spin -, blow - (Trockner; Wäschetrockner; Haartrockner)
tumble-dryer, hair-, spin-, freeze- (Wäschetrockner, Haar-, Schleuder, Gefrier-)

entire (das Ganze, ganz, komplett, Gesamt..., völlig, vollständig, -zählig, unversehrt, -beschädigt, -geschmälert, -eingeschränkt, Hengst)
expire (ausatmen, sein Leben aushauchen, verscheiden, ablaufen, enden, verfallen, ungültig werden)
fire, hell - (Feuer, feuern, schießen; Höllenfeuer)
flier (Flugblatt, Flieger, etw., das fliegt, Pilot, Schnellbus, -zug, Trapezkünstler)
friar (Mönch)
higher (höher, ober...)
hire (Miete, mieten, engagieren, chartern; Lohn, Entgelt, Heuer)
inquire, -into (erkundigen, nach-, er-, fragen; untersuchen, erforschen)
inspire (inspirieren, erwecken, beseelen, begeistern, anfeuern, -regen, einatmen)
justifier (Rechtfertiger, Verfechter)
liar (Lügner)
magnifier (Lupe, Vergrößerungsglas, Verherrlicher, *E-techn:* Verstärker)
multiplier (Vermehrer, -vielfacher, Multiplizierer, -plikator, *Tech:* Übersetzung)
mystifier (Mystiker, Mystifizierer, Verwirrer, Verblüffer)
perspire (transpirieren, aus-, schwitzen, -dünsten)
prior, - right (Prior; früher, älter als, vordringlich, Vorzugs...: -recht)
prophesier (Prophet, Vorher-, Seher, -sager)
require (er-, fordern, benötigen, verlangen, brauchen, nötig haben, bedürfen)
be required, if- (erforderlich sein, falls nötig, -erforderlich)
require (erfordern, benötigen, fordern, verlangen, brauchen, nötig haben)
retire (sich zurückziehen, -zur Ruhe setzen, -legen, schlafen gehen, pensionieren, aus dem Verkehr ziehen, ab-, zurücktreten, verabschieden)
satisfier (Zufriedensteller, -macher, Überzeuger)
shellfire (Granatenbeschuss)
sire (Vater, erzeugen, Vorfahr, zeugen, Zuchthengst, „Eure Majestät")
squire (Junker, Gutsherr, Großgrundbesitzer, Friedens-, Richter, Kavalier, Begleiter, Galan, begleiten, einer Frau den Hof machen)
squire of dames (Frauenheld)
supplier, self- (Lieferant, Lieferfirma; Selbstversorger)
testifier (Tester, Testperson)
tire (Putz, Schmuck, schöne Kleidung, -er)
tire (Reifen, Bereifung; ermüden, -matten, -schöpfen, müde- überdrüssig werden)
tire to death (totmüde werden, *übertr:* totlangweilig)
transpire (transpirieren, aus-, schwitzen, ausgedünsted werden, durchsickern, bekannt werden; *übertr:* passieren, sich ereignen)
wire (Leitung, Kabel, Draht, leiten, telegrafieren, mit Draht zusammenbinden, -befestigen)

~aiköR — *von biker bis striker*

biker (Motorrad-, Fahrradfahrer)
hiker, hitch (Wanderer; per Autostopp reisender, Tramper)
piker (*Am. SL:* Geizhals, vorsichtiger Spieler)
striker (Schläger, Hammer, Klöppel, Stürmer, Strikender, Ausständiger, Zünder)

~ainöR — *von cosigner bis signer*

cosigner (Über-, versender, -frachter)
designer (Konstrukteur, Entwerfer, Gestallter, Ränkeschmied, Intrigant)
diner (Tischgast, Speisewagen, Eßlokal, Imbissstube)
eyeliner (Augenkonturstift)

finer (feiner, dünner, zarter, zierlicher)
liner, air - (Linienschiff, -flugzeug; *Tech:* Futter, Buchse, Einsatz)
miner (Minen-, Bergarbeiter)
minor (kleiner, geringer, unbedeutender, untergeordneter, Unter..., Neben..., Hilfs..., Nebenfach, minderjährig, *Musik:* moll)
refiner (Verfeinerer, Frischer, Raffineur, Klügler, Haarspalter)
shiner (glänzender Gegenstand, *SL:* blaues Auge, Veilchen, Diamant, Goldmünze)
signer (Unterzeichner)

~aipöR *von bagpiper bis wiper*

bagpiper (Dudelsackspieler)
pied piper, - of Hamlin (Volksbetörer; Rattenfänger von Hameln)
piper, pay the (Pfeifer, Spieler; die Zeche gezahlen, der Dumme sein)
riper (reifer)
sniper (Scharf-, Hecken-, Todesschütze, Killer)
swiper (Schläger, Klauer, Stibitzer)
typer (Schreiber, Schreibender)
viper (Viper, Otter, Natter)
wiper (Wischer, Wischtuch, *Tech:* Hebedaumen, Abstreifring, Kontakt-, Schleifarm)

~aiRöR *von admirer bis inspirer*

admirer (Bewunderer, Verehrer)
direr (grässlicher)
enquirer (Frager, Fragender)
hirer (Ver-, Mieter)
inquirer (Fragesteller, Nachfragender, Untersucher)
inspirer (Anreger, Inspirierer)

~aisöR *von adveriser bis womanizer*

advertiser (Inserent, Werbeträger, Anzeiger, Anzeigenblatt)
adviser, investment - (Ratgeber, Berater; Anlageberater)
agonizer (Quäler, Marterer)
analyzer (Analysierer, Untersucher)
apologizer (jmd. um Verzeihung bittender, Verzeiher)
equalizer (*Tech:* Stabilisator, *E-Tech:* Entzerrer, *Sport:* Ausgleichstreffer, -punkt, *SL:* Schießeisen)
eulogizer (Lobredner)
exerciser (Aus-, Übender, Trainierender, Exerzierender)
fertilizer (Dünger, Düngemittel)
geyser (Gesyr, heiße Quelle, *Engl:* Durchlauferhitzer)
harmonizer (Harmonisierer, Versöhner, Ausgleichender)
idolizer (Verehrer, -götterer, Anbeter)
miser (Geizhals)
riser, early -, late (Steiger, Frühaufsteher, Langschläfer; Steigung, Steigleitung)
sizer (Sortierer, Sortier-, Schneidemaschine, Leimer)
surpriser (Überrascher)
wiser (An-, Weiser, Anleiter)
womanizer (Frauenbetörer, -verführer, Beau)

~aitöR — *von brighter bis lighter*

brighter (breiter, weiter, ausgedehnter)
fighter (Kämpfer)
lighter (Feuerzeug)

~aköR — *von chucker bis trucker*

chucker, -out (Rausschmeißer)
clucker (Rumsitzer, -hocker, Langweiler, Blödmann)
fucker, bum o. butt- (*Ugs:* Ficker, mieser Typ, Arschloch; Arschficker)
pucker, to - (Falte, Runzel, Aufregung, Verlegenheit, -wirrung; runzeln, verziehen, zerknittern, sich kräuseln, -zusammenziehen, -falten Falten werfen)
sapsucker, thumb- (Mark-, Saftsauger; Daumenlutscher)
seersucker (leichtes, kreppartiges Leinen)
sucker, blood-, cock-, poor- (saugendes Jungtier, Saugnapf, - rüssel, -ventil, -kolben, -rohr, *SL:* Dummer; Blutsauger, Schwanzlutscher, armer Wicht)
tucker, bush- (Proviant, Versorgung; Nahrung aus der Natur)
trucker (LKW-Fahrer)

~alöR — *von colour bis Technicolor*

colour (Farbe, Färbung, färben, anmalen, -streichen, erröten)
discolor (sich-, ent-, verfärben, *übertr:* entstellen)
duller (Stumpfsinniger, Blödmann, Langweiler)
sculler (Ruderer, Skuller)
Technicolor (Eigenname)

~alschöR — *von agriculture bis vulture*

agriculture (Landwirtschaft, Ackerbau)
culture, -ed pearls (*a. übertr:* Kultur; gezüchtete Perlen)
vulture (Geier)

~alßöR — *von falser bis ulcer*

falser (falscher)
pulser (Impulsgeber)
ulcer (Geschwür, Eiter-, Beule, *übertr:* Schandfleck)

~amöR — *von calmer bis summer*

calmer (stiller, ruhiger, gelassener)
comer, new -, first -, late -, all commers (Ankömmling; Neu-, Neuling, Fremde, Erstkommer, der Erstbeste; Zuspätkommer, Nachzügler, ´Neuer´; jedermann)
drummer (Schlagzeuger, -werker)
embalmer (Balsamierer, Angedenkenbewahrer oder -pfleger)
hummer (Summer, Summender, Brummer, Muffeliger)
strummer (Klimperer, jmd, der rumklimpert)
summer (Sommer; *Archit:* Oberschwelle, Trägerbalken, -stein)

~am(b)öR — *von bomber bis umber*

bomber (Bomber, Bombenflugzeug, -leger)
cucumber, - tree (Gurke; Magnolie)

cumber (unnütz be-, überladen, -lasten)
dumber (Dummer, Doofer)
encumber (belasten, be-, hindern, Räume vollstopfen, überladen)
lumber (Bau-, Nutzholz; Gerümpel, Plunder; trampeln, rumpeln, trappen)
number (An-, Zahl, Ziffer, zählen, Nummer, nummerieren)
slumber, - away (Schlummer, -n, dahindösen; Zeit verschlafen)
umber (Umber, Umbra, Erd-, Dunkelbraun)

~andöR *von blunder bis yonder*

blunder (Fehler, Schnitzer, Fehlgriff, ver-, pfuschen, -patzen, stolpern)
plunder (Plünderung, Raub, aus-, plündern, rauben, stehlen, *Am:* Plunder)
thunder (Donner, Sturm, donnern, stürmen, brüllen)
under (hin- unter, da-, runter, unterhalb, nieder, Unter..., gemäß, laut, nach)
wonder (Wunder, -bares, -tat, -werk, Verwunderung, Er-, Staunen, sich fragen, überlegen, neugierig oder gespannt sein)
yonder, way over - (jener, dort drüben; ganz weit dahinten)

~anöR *von gunner bis stunner*

gunner (Kanonier, Artillerist, Heck-, Bord-, Schütze)
runner (Läufer, Rennpferd, Bote, Laufbursche, -schiene, Kufe, Turbinenrad)
stunner (toller Kerl, tolle Frau, -Sache)

~angöR *von hunger bis younger*

hunger (Hunger, aus-, hungern, zwingen durch..., *übertr:* hungern nach, Verlangen)
monger (Händler, Krämer, *verächtl:* Verbreiter von Gerüchten)
fish -monger, ballad (Fischhändler; Dichterling, Bänkelsänger)
younger (jünger)

~angschöR *von acupuncture bis puncture*

acupuncture (Akupunktur, akupunktieren)
conjuncture (Zusammentreffen, Umstand, Krise, *Astron:* Konjunktion)
juncture, at this (Augenblick oder Zeitpunkt; in diesem Augenblick, an dieser Stelle)
puncture, - outfit (Ein-, Stich, Loch, durchstechen, -bohren, *Med:* Punktur, punktieren, ein Loch bekommen, platzen, Reifenpanne; Flickzeug)

~appöR *von supper bis upper*

supper (Abendessen, *Kirche:* Abendmahl)
upper (Ober..., ober, höher, *SL:* Aufputschmittel)

~aRböR *von arbor bis harbor*

arbor (*Tech:* Achse, Welle, Dorn, Spindel; Baum, *arbor vitae,* Lebensbaum)
barber (Barbier, Friseur, rasieren, frisieren)
harbor (Hafen, im Hafen vor Anker gehen, *übertr:* Zufluchtsort, Unterschlupf, ver-, beherbergen, -stecken, Schutz oder Zuflucht gewähren, Gedanken oder Groll hegen)

~aRtöR *von barter bis tarter*

barter, -away (Tauschhandel betreiben, aus-, tauschen; verschachern, -kaufen)
Carter (Eigenname)
charter (Charta, Urkunde, Freibrief, chartern, mieten, befrachten, konzessionieren)

darter (Schlangenhalsvogel, Weißfisch)
garter, -belt (Strumpfband, -halter, Straps, mit einem Strumpf versehen, -befestigen; Hüfthalter)
martyr (Märtyrer, Opfer, Blutzeuge, Dulder, martern, peinigen)
smarter (klüger, gescheiter, patenter, geschickter, etc. ☛ *smart, S. 25*)
starter, non- (Starter, Anlasser, Initiator, Vorspeise; Reinfall, Blindgänger, Niete)
tarter (ein scharfer, herber, saurer, beißender...)

~aslöR — *von guzzler bis puzzler*

guzzler (Prasser, Verfressener, Säufer)
muzzler (Schnüffler)
puzzler (Puzzle- Spieler)

~aS(th)öR — *von another bis smother*

another (ein, -e andere-r, noch ein, -e-r, ein, -e zweite, -r, - weitere, -r, - neue, -r)
one another (einander, uns, euch, sich, gegenseitig)
brother (Bruder, Bruder...)
mother (Mutter, Mutter...)
other (ander, -s, -e, übrige, weiter, -e, sonstig, zweit, -e, der-, die-, das Andere)
smother (*a. übertr:* jemanden oder etwas ersticken, überschütten oder -häufen mit..., einhüllen in, begraben unter, vertuschen, unterdrücken, dicker Qualm, Dunst-, Rauch-, Staubwolke, erdrückende Masse, *Sport:* überrennen, -fahren)

~attöR — *von butter bis utter*

butter, -up (Butter, m. Butter bestreichen, -zubereiten, schmeicheleien; schmeicheln)
clutter, -up (Wirrwarr, vollstopfen, überhäufen, umherstreunen; in Unordnung bringen)
cutter, daisy - (Blech-, Holzschneider, Stein-, Hauer, Schleifer, Schneidewerkzeug, Filmcutter, Kutter, Beiboot, Ausstechform; Pferd mit schleppendem Gang)
flutter (flattern, wehen, wedeln, zittern, flackern, schwenken, Aufregung, Tumult, Flügelschlagen, Augenklimpern, aufgeregt hin- u. her rennen)
gutter (Dach-, Rinne, Rinnstein, rinnen, strömen, *a. verächtl.* Gosse, schmutzig, vulgär, Schmutz..., Rille, Hohlkehle, Furche, furchen, aushöhlen, Tropfen einer Kerze)
mutter, -to oneself (murren, murmeln, Gemurmel, vor sich hin -, in den Bart murmeln)
putter, shot - (werkeln, *Golf:* Putter; Kugelstoßer)
shutter (Jalousie, Fenster-, Rolladen, - verschließen, *Foto:* Klappe, Verschluss)
sputter (zischen, stottern)
strutter (*fig:* stolzer Pfau)
stutter, -out (stottern, keckern; hervorstottern)
utter, -denial (vollkommen, total, äußerst, völlig, höchst, *verächtl:* ausgesprochen, vollendet, äußern, -drücken, -sprechen, von sich geben, hervorbringen, ausstoßen; endgültig, entschieden)

~audöR — *von chowder bis prouder*

chowder (*Am:* dicke Suppe aus Meeresfrüchten, Fischsuppe)
louder (lauter)
powder (Pulver, Puder)
prouder (stolzer)

~auöR — *von cauliflower bis tower*

cauliflower (Blumenkohl)
cower (kauern, hocken, sich ducken)

deflower (entjungfern, deflorieren, *übertr:* einer Sache den Reiz nehmen)
devour (*a. übertr:* verzehren, -schlingen, -nichten, fressen)
empower (er-, bevollmächtigen, befugen, befähigen)
flour, corn-, fish- (feines Pulver, Mehl, mit Mehl bestreuen, *Am:* mahlen, Stärke, Fischmehl)
flower (Blume)
horsepower (Pferdestärken)
hour (Stunde)
our (unser)
plower (jemand, der pflügt)
power (Kraft, Voll-, Macht, Gewalt)
scour, -about (scheuern, schrubben, polieren, säubern, reinigen, putzen, striegeln, suchend umherstreifen, durchsuchen, -stöbern, -kämmen; rennen, jagen)
shower (Dusche)
tower (Turm)

~auoRs ☛ *~auöR (S. 185)* *von flowers bis towers*

flowers (Blumen)
hours (Stunden)
ours (unseres)
towers (Türme)

~awöR *von cover bis undercover*

cover (Deckel, Decke, Brief-, Schutz- , -Umschlag, -Mantel, -Haube, -Überzug, Hülle, Einband, Futteral, Deckung, Schutz-, Obdach, Tischgedeck, einhüllen, -wickeln, über-, beziehen, be-, ver-, decken, schützen, sichern, jmd. beschatten)
discover (auf-, entdecken, -hüllen, erspähen, finden, plötzlich erkennen)
hover (schweben, zögern, schwanken, sich herumtreiben oder aufhalten)
lover (Liebhaber, -in, Geliebte, -r, Freund, -in von etwas)
recover (wiedererlangen, -finden, zurückerlangen, -gewinnen, -erobern, überwinden, erholen, -retten, -setzen, befreien, wieder aufholen, - gut machen, etwas bergen)
rediscover (wiederentdecken)
shover (Schubser, Stoßer, Anschieber)
undercover (Geheim..., ins-, geheim)

~ädschöR *von catcher bis snatcher*

catcher, ear-, eye-, oysters-, word- (Fänger, -in, eingängige Melodie, Blickfang, Austernfischer, *verächtl.* Wortklauber)
catch her (Fang sie!)
dispatcher (Fahrdienstleiter, Zuteiler, *Am:* Abteilungsleiter für Produktionsplanung)
scratcher (Kratzbürste)
snatcher, baby-, bag-, body- (Gauner, Älterer, der sich mit jungen Mädchen einlässt, Handtaschen-, Leichenräuber)

~äftöR *von after bis thereafter*

after (da-, nach, nachdem, hinter, -her, später, künftig, Tag *für* Tag)
grafter (*Bot:* Pfropfer, Pfropfmesser, *Am:* korrupter Beamter oder Politiker)
hereafter (hernach, im folgenden, nachher, künftig, in Zukunft, Jenseits)
laughter (Lachen, Gelächter)
rafter (*Tech:* Sparre, Flößer)

thereafter (danach, später, seither)

~ägöR *von bragger bis tagger*

bragger (Prahler, Prahlhans, Aufschneider, vorlauter Mensch)
beggar, lucky-, little- (Bettler, -in, Armer, spotten, an den Bettelstab bringen, *übertr:* übersteigen, erschöpfen; Glückspilz, kleiner Schelm)
carpet-bagger (Schwindler, *Am:* Abenteurer)
dagger, cloak-and-dagger story (Dolch; Mantel und Degen-Geschichte)
stagger (sch-, wanken, taumeln, torkeln, ins wanken bringen, erschüttern, verblüffen, staffeln, gestaffelt oder versetzt anordnen, Staffelung, Schwindel)
swagger (stolzieren, prahlen, aufschneiden, forsch, angeberisch, tod-, schick)
tagger (Anhefter, -binder, Blechscheibe, -platte)

~äiböR *von belabor bis saber*

belabor (jmd. mit den Fäusten, *a. übertr:* bearbeiten, durchprügeln, zusetzen)
labor, -market, -pains (Arbeit, schwer arbeiten, mühsam, ab-, bemühen, zu leiden haben, ausführlich eingehen, steif; Arbeitsmarkt, *Med:* Wehen)
neighbour (Nachbar, Nächster, Mitmensch, benachbart sein)
saber (Säbel)

~äidschöR *von major bis wager*

major (Major, volljährig, mündig, Groß..., Haupt..., *Musik:* Dur)
nature (Natur, Schöpfung, Charakter, Veranlagung, nach Art, in Form von...)
onager (Onager, Katapult)
pager (Taschen-, Piepser, Funkrufempfänger, Seiter)
signature (Unterschrift, Namenszug, Signature, *Musik:* Vorzeichnung)
stager, old- (Hase, Alter Hase)
wager (Wette, wetten um, -auf, -mit, -das, setzen auf, *übertr:* Ehre aufs Spiel setzen)

~äiköR *von acre bis watchmaker*

acre (Ein Morgen, *acres and acres,* weite Flächen)
baker (Bäcker, *Am:* tragbarer Backofen)
breaker (Brecher, Abbruchunternehmer, Verschrotter, Abrichter, Dresseur, Sturzwelle)
dressmaker (Schneider, -in)
faker (Fälscher, Simulant)
heartbreaker (Herzensbrecher, Frauenheld)
jawbreaker (Zungenbrecher)
maker (Macher, Verfertiger, Erzeuger, Her-, Aussteller, *The Maker,* Gott)
matchmaker (Heiratsvermittler, Ehestifter, *verächtl:* Kuppler)
moonraker (*Schiff:* Mondsegel)
pacemaker, heart- (*Sport:* Schrittmacher, *Med:* Herzschrittmacher)
peacemaker (Friedenstifter)
Quaker (Glaubensgemeinschaft der Quäker)
shaker (Mix-, Schüttelbecher, *Kirche:* Zitterer, Sektierer)
strikebreaker (Streikbrecher)
taker, snuff-, care- (Käufer, -in, Nehmer, -in, Wettende, -r; Schnupfer; Hausmeister)
troublemaker (Unruhestifter, Provokateur)
undertaker (Leichenbestatter, Beerdigungsinstitut)
watchmaker (Uhrmacher)

~äiöR *von betrayer bis surveyor*

betrayer (Verräter, Treuebrecher, Missbraucher)
conveyor (Über-, Bringer, Be-, Förderer, -schicker, Förderband)
layer, -cake (Schicht, -Torte, Lage, Ab-, Leger, Legehenne, schichtweise, überlagern)
mayor, Lord (Bürgermeister, Ober-)
payer (Zahler, Bezogener, Trassat)
player, piano-, tape- (Spieler, Pianist, Bandwiedergabegerät)
portrayer (Portaitierer, Schilderer, Darsteller)
prayer (Gebet, Andacht, Beter, Flehen, Gesuch, Antrag, Klagebegehren, inständige Bitte)
slayer (Mörder)
soothsayer (Wahrsager)
sprayer (Sprüher, Sprühdüse, Sprühfarbenmaler)
stayer (Ausdauernder Mensch oder Pferd, Steher)
surveyor (Sachverständiger, Begutachter, Besichtiger, Inspektor, Verwalter, Aufseher, ...meister, Landmesser, Geometer)

~äilöR *von inhaler bis whaler*

inhaler (Inhalator, Inhalierender)
jailer (Gefängnisaufseher, Wärter)
sailor (Seemann, Segler)
staler (verbrauchte, überanstrengte, ´eingerostete´, aus der Übung gekommene Person)
tailor (Schneider)
trailer (Wohnwagen, Anhänger, *Film, TV:* Vorschau, Abspann, *Bot:* Kriechpflanze)
wailer (Wehkläger, Jammerer, *wail-wall,* Klagemauer)
whaler (Walfänger)

~äipöR *von caper bis taper*

caper (*Bot:* Kaper; Capriole, Luftsprung, -machen, Streich, Schabernack,´Spaß´)
draper, woolen- (Tuch-, Stoffhändler; Wollwarenhändler)
escaper (Ausbrecher, -reißer)
paper, news-, yellow- (Papier, tapezieren; Tageszeitung, Sensations-, Klatschblatt)
raper (Vergewaltiger, Entführer, Räuber)
scraper (Fußabtreter, Schaber, Kratzer, Schrapper, Streichmesser)
shaper (Former, Gestalter, Holzfräse, Stoßmaschine)
skyscraper (Wolkenkratzer, Hochhaus)
taper (Wachskerze; verjüngen, -ung, spitz, -zulaufend, zuspitzen, konisch)

~äisöR *von appraiser bis seizure*

appraiser (Schätzer, Gutachter, Taxator, Sachverständige)
blazer (Blazer, Club-, Sportjacke)
gazer, crystal-, star- (Gaffer; Hellseher; Träumer, Idolanbeter, *scherzh:* Sterngucker)
laser, -beam, -printer (Laser; -strahl; -drucker)
leisure, -hours (Muße..., Frei, -zeit, Mußestunden)
maser (Maser)
phaser (*Elek:* Phaser)
praiser (Lobredner)
razor, -blade, -´s edge (Rasiermesser, -apparat, -klinge; auf Messers Schneide)
seizure (Ergreifung, Inbesitz-, Fest-, Beschlagnahme, *Med:* Schlaganfall)

Vorsilben: con~, de~, in~, pre~, re~, mis~

~äißöR *von eraser bis tracer*

eraser (Radiergummi, -messer)
face'er (Sieh sie an!, sie stellen)
pacer (Herzschrittmacher, Passgänger)
place'er (Ordne sie ein!, sie platzieren)
tracer (Ablaufverfolger, Aufspürer, *Am:* Lauf-, Suchzettel; Leuchtspurmunition)

~äiwiöR *von behavior bis savior*

behavior, display- (Benehmen, Betragen, Verhalten, -sweise; *Zool:* Imponiergehabe)
misbehavior (schlechtes Betragen, Ungezogenheit)
savior (Er, -Retter, -löser)

~äiwöR *von braver bis waver*

braver (tapferer, wage-, mutiger)
cadaver (Kadaver, Leichnam, Aas)
favor (Gunst, Wohlwollen, Gefallen, beliebt oder begehrt sein, kleines Geschenk, Abzeichen, Scherzartikel, bevorzugen, -günstigen, schonen, jmd. ähneln, -beehren oder erfreuen)
flavor (Wohl-, Bei-, Geschmack, Aroma, würzig, würzen, schmecken oder riechen nach)
graver (Gräber)
paver (Pflasterer, Fliesen-, Plattenleger)
saver, life- (Retter, Sparer, sparsames Gerät; Lebensretter)
savor (☛ *flavor, S. 189: bes. übertr:* genießen, auskosten, Würze, Reiz, Beigeschmack)
shaver, young (Barbier, Rasierapparat; Grünschnabel)
waiver (Verzicht, -leistung, -erklärung)
waver, flag- (sch-, wanken, unschlüssig sein, taumeln, Lichtflackern, Stimme-, Hände-, zittern; Hurrapatriot)

~äköR *von attacker bis wrecker*

attacker (Angreifer)
backer (Unterstützer, Helfer, Förderer, Bürge, Geldgeber, Hintermann, Wetter, -in)
blacker (Anschwärzer, Schlechtsprecher, Schwärzer, Schwarzmacher)
checker, chequer (Schach-, Karomuster, karieren, bunt oder unregelmäßig gestalten)
exchequer (Fiskus, Staatskasse, Schatzamt)
cracker; nut - (Kräker, Keks, Knallbonbon, Frosch, Schwärmer; Nußknacker)
decker, double-, three- (Decker, Zweigeschössig, Doppel...; Etagenbett, zweiteiliges Buch; dreigeschössig, Dreiteiler)
hacker (*Comp:* Haker)
hijacker (Flugzeug-, Entführer, Luftpirat, Räuber)
packer (Ver-, Packer, Verpackungsmaschine, *Am:* Konservenhersteller)
pecker, wood- (Picke, Haue, *Tech:* Abfühlnadel, *SL:* Penis, Nase, *keep your pecker up-* Halt die Ohren steif; Specht)
ransacker (Plünderer, Durchsucher, -wühler)
slacker (Bummelant, Faulpelz)
smacker (Schmatz, *Engl. SL:* Pfund, *Am:* Dollar)
tracker, -dog (Fährten-, Spurenleser; *a. übertr:* Spürhund)
wrecker (Strandräuber, Saboteur, Zerstörer, Abbruch-, Bergungsarbeiter, -schiff, *Am:* Abschleppwagen)

~äktöR — *von actor bis vector*

actor, play - (Schauspieler, Darsteller, Akteur, Täter; *verächtl:* Schauspieler)
benefactor (Wohltäter, Gönner, Stifter)
collector, -´s item (Ein-, Sammler, Abnehmer, Kollektor; Sammlerstück)
connector (Verbinder, Steckverbindung)
contractor, building - (Bau-, Unternehmer, Vertragslieferant, *Anat:* Schließmuskel)
detector, mine-, lie- (Auf-, Entdecker, Sucher, Detektor; Minen-, Lügen-)
deflector (Ablenkvorrichtung, Deflektor)
detractor (Kritiker, Herabsetzer, Verunglimpfer)
distractor (Ablenker, Zerstreuer, Unterhalter)
extractor, honey- (*Tech:Milit:* Auszieher, -werfer, *Med:* Zange, Schleuder; Honig-)
factor, safty - (Erb-, Faktor, mitwirkender Umstand, Element, Moment; Sicherheitsfaktor)
injector (*Tech:* Injektor, Dampfstrahlpumpe)
inspector (Inspektor, Kontrolleur, Aufseher, Aufsichtsbeamter, Kommissar)
nectar (Nektar, Göttertrank)
objector, conscientious (Gegner; Wehr- Kriegsdienstverweiger, -gegner)
projector (Planer, Projektor,Vorführgerät, Schein-, Bildwerfer, *verächtl;* Pläneschmied)
prospector (Schürfer, Goldsucher)
protector (Be-, Schützer, Schutz, Schoner, Schutz-, Schirmherr, Gönner)
nuclear-, reactor (Kern-, Reaktor, *E-Tech:* Drosselspule)
reflector (Reflektor, Spiegel, Scheinwerfer, Rückstrahler, Katzenauge)
refractor (*Phys:* Lichtbrechungskörper)
selector (Aus-, Wähler, Sucher, Selektor, Sendereinstellung, Schaltgriff)
tractor (Traktor, Zugmaschine, Schlepper)
vector (Vektor, *Med:* Bakterienüberträger, *Flugzeug:* leiten, einweisen)

~äktschöR — *von architecture bis lecture*

architecture (Architektur, Baukunst, -werk, -art, -stil, Konstruktion)
conjecture (Vermutung, Mutmaßung, Idee, mutmaßen, vermuten)
lecture (Vortrag, -lesung, Strafpredigt, Standpauke, -halten, Kolleg)

~älöR — *von cellar bis teller*

cellar (Wein-, Keller, einkellern)
dweller (Bewohner, *meist in Verbindung,* z. B. cave-, Höhlenbewohner)
feller (Holzfäller)
propeller (Propeller, Luft-, Schiffsschraube)
Rockefeller (Eigenname)
seller, best- (Verkäufer, Händler; Verkaufsschlager)
sheller, maize (Maisrebbler)
smeller (*SL:* Riechkolben, Schlag auf die Nase, Sturz)
speller (Orthografiekenner, Fibel)
stellar, inter (Stellar, Stern..., Interstellar)
teller, fortune - (Stimmen-, Er-, Zähler, Kassierer; Wahrsager)

~ältöR — *von delta bis swelter*

delta (Fluss-, Mündung, griech. Buchstabe)
shelter (Schutz, beschützen)
smelter (Schmelzer)

swelter (vor Hitze umkommen, - kochen z. B. Stadt, schweißgebadet sein, drückende Hitze, Schwüle, *übertr:* Hexenkessel)

~ämöR *von clamor bis yammer*

clamor, -down (Lärm, Geschrei, Tumult, aufschreien, - lehnen; niederbrüllen)
damn´er (Verdamme sie!, zum Teufel mit ihr!)
glamour, -girl, -boy, cast a – over (Zauber, Glanz; bezaubernde Schönheit; Schönling, jmd. bezaubern, - in seinen Bann ziehen)
grammar, - school (Grammatik; *Engl:* höhere Schule, *Am:* Grundschule)
hammer (Hammer, hämmern)
slammer (Gefängnis)
sledgehammer (Holzhammer, wuchtig, vernichtend, ungeschlacht)
stammer (stammeln, stottern, Zungenschlag)
yammer (jammern)

~ämböR *von december bis september*

December (Dezember)
dismember (zergliedern, -stückeln, -splittern, verstümmeln)
ember, -goose (Glut, glühende Kohle; Eistaucher)
member, staff (Mitglied, An-, Dazugehörige; Mitarbeiter)
November (November)
remember (erinnern, sich ent-, besinnen, sich merken, nicht vergessen)
September (September)

~änöR *von banner bis tanner*

banner, -class (Banner, Fahne, Spruchband, Transparent; *Am:* führend, prima, -Sorte, -Klasse)
canner (Konservenfabrik, Arbeiter in einer -)
fanner (Gebläse)
manner (Art, Weise, Betragen, Verhalten, Benehmen, Manieren, Stilart, Manier)
manor, -house (Landgut; Herrenhaus; *Lord of the -;* Gutsherr)
planner (Planer)
scanner (Abtaster, Scanner)
spanner (Schraubenschlüssel; *throw a – in the works;* ‚querschießen‘)
tanner (*Tech:* Gerber)

~ändöR *von bender bis weekender*

bender, gender - (*SL:* Sauferei, Sauftour; jmd. vom anderen Ufer)
blender (Mixer)
contender (Kämpfer, Bewerber, Anwärter)
defender (Verteidiger, Beschützer, Abwehrspieler)
extender (Erweiterung)
fender (Fender, Schutzvorrichtung, -blech, Kamingitter, *Am:* Kotflügel; Blechschaden)
gender (*Ling:* Genus, Geschlecht)
lender (Geld-, Aus-, Verleiher, Kreditgeber)
mender (Flicker)
offender, second-, traffic- (Übel-, Missetäter; Straffälliger, Rück-, Verkehrssünder)
pretender (Beanspruchender, Thronbewerber, -prätendent)
sender (Ab-, Über-, Sender, Sendegerät)
slender (*a. übertr:* schmal, schlank, schmächtig, mager, karg)

spender, big - (Kapitalist; Groß -)
splendor (Pracht, heller Glanz, Brillianz, Großartigkeit, Größe)
surrender (Kapitulation, Über-, Aufgabe, über-, er-, hingeben, ausliefern, -händigen)
suspender, -belt (*Am:* Hosenträger, *Engl:* Strumpf-, Sockenhalter; Hüftgürtel, Straps)
tender (Pfleger, Kohlewagen, Begleitschiff, sich-, zu Verfügung stellen, anbieten, Anerbieten, Angebot, Ausschreibungsteilnehmer, zum Ausdruck bringen, zart, zärtlich, sanft, weich, empfindlich, bedacht, heikel; ***- spot,*** wunder Punkt)
vendor, news- (Verkäufer, Verkaufsautomat; Zeitungsverkäufer)
weekender (Wochenendausflügler)

~änschöR — *von adventure bis venture*

adventure (Abenteuer, Wagnis, sich -, wagen, gefährden)
denture (Künstliches-, Gebiss, Teil-, Prothese)
identure (Gleichheit, Übereinstimmung)
misadventure (Unfall, -glück, Missgeschick)
venture, joint- (Wagnis, Risiko, wagen, raten; Gemeinschaftsunternehmen)
nothing venture nothing have o. gain (wer nicht wagt, der nicht gewinnt)

~änsföR — *z. B.: transfer*

transfer (Transfer, Überweisung, -tragung, Weiterleitung, -verbinden, umsteigen, -schalten, schicken, versetzen)

~änßöR — *von cancer bis Spencer*

cancer (*Med:* Krebs, -geschwür, Karzinom, Übel, *Astron:* Krebs)
censer (Weih-, Rauchfass)
censor (Brief-, Zensor, Sittenrichter, zensieren)
condenser (Kondensator, Kühlrohr)
dancer, belly-, tap-, rope-, Taxi- (Tänzer-in, Bauch-, Step-, Seil-; *Am:* Taxigirl)
defencer (Schützer, Verteidiger)
dispenser, cash - (*Tech:* Spender, Aus-, Verteiler; Geldautomat)
fencer (Fechter, Springpferd)
Spencer (Eigenname)

~äntöR — *von center bis tormentor*

center *Am.*, **off-, dead-** (Zentrum, kon-, zentrieren; verrutscht, *Tech:* außermittig, dezentriert; toter Punkt, tote Spitze, genaue Mitte)
centre *Engl.*
dissenter (Andersdenkende, Abweichler, Dissident)
enter, re- (eintreten, -fahren, -tragen, -laufen, -steigen, -geben, -dringen, -biegen, -schreiben, -reichen, -bringen, betreten, ergreifen, münden; wieder -)
experimenter (Experimentator)
frequenter (Besucher, Stammgast)
inventor (Erfinder)
mentor (Treuer Ratgeber, Mentor)
presenter (*Engl:* Moderator)
preventer (Verhinderer, -hüter, Abhalter)
renter (Ver-, Pächter, Mieter, Leiher)
tormentor (Peiniger, Quälgeist, *Theat:* vordere Kulisse)

~äppöR *von capper bis yapper*

capper (Ende, Finale, Höhepunkt, Zündhütchensetzer, Hut-, Mützenmacher)
clapper (Klöppel, Klapper, Beifallsklatscher)
dapper (flink, gewandt, adrett, elegant, ‚geschiegelt′)
flapper (Fliegen-, Klappe, herabhängendes Stück, *Zool: SL:* Flosse)
handicapper (Vorgeber, -spieler, Gehandikapter, körperlich Behinderter)
pepper (Pfeffer)
rapper (Rapper, Rap-Sänger)
slapper (Schläger)
snapper (Schnapper)
tapper (Klopfer)
whippersnapper (Dreikäsehoch, Grünschnabel, Gernegroß, Springinsfeld)
wiretapper (Telefonabhörer, -anzapfer)
wrapper (Ein-, Packer, Schutz-, Hülle, Decke, Überzug, Verpackung, Umschlag, Schal, Überwurf, Morgenrock)
yapper (Kläffer)

~äptschöR *von capture bis recapture*

capture (ein-, fangen, gefangen nehmen, erobern, -beuten, kapern, aufbringen)
rapture (Entzücken, Verzückung, Begeisterung, Taumel, *in raptures*-hingerissen)
recapture (wieder nehmen, -erlangen, -ergreifen, zurückerobern)

~äRiöR *von exterior bis ulterior*

exterior (äußer, Außen..., von außen wirkend oder kommend, abseits von, außerhalb)
inferior (Unter, -gebener, -legen, -geordnet, minderwertig, geringer, nieder, zweitrangig)
interior (inner, -lich, geistig, innengelegen, Innen..., Binnen, Inlands..., das Innere)
superior, mother -, -persons (vorgesetzter, überlegen, -ragend, höher, -liegend, Ober...; Oberin, Äbtissin, feine oder bessere Leute)
ulterior, -motives (jenseitig, später, -folgend, anderweitig, verdecken, versteckt, tiefer liegend; tiefere Beweggründe, Hintergedanken)

~äRRöR *von bearer bis wearer*

bearer, shield- (Träger, Überbringer, *Wirtsch:* Inhaber; Schildknappe)
carer (Pfleger)
darer (Wagemutiger, Riskierer)
error, - rate, in- (Irrtum, Fehler, Fehltritt, Vergehen, -sehen, Abweichung; Fehlerquote; irrtümlicherweise)
terror, holy-, -stricken, -struck (Terror, Schrecken, Entsetzen, Gewalt; Nervensäge; schreckerfüllt, starr vor Schreck)
wearer (Träger *von Hut, Kleidung, etc.*)

~äschöR *von displeasure bis treasure*

displeasure, incure s.o.′s - (Missfallen; jmd. - erregen)
fresher, freshman (Erstsemester)
measure, half-, made-to- (ver-, ab-, aus-, er-, messen, Maß, -nahme, Satzbreite; Halbheit, Halbe Sache; Maßgeschneidert)
pleasure, -seeking (Vergnügen, Freude, Genuss, Lust, Gefallen, Gefälligkeit, Belieben, Gutdünken, sich erfreuen oder vergnügen; Vergnügungssucht)

pressure (Druck, - ausüben, Drangsal, Not, jmd. zwingen)
refresher, paint- (Er-, Auffrischung, Nachschubhonorar, ´Gläschen´; Neuglanzpolitur)
thresher (Drescher, Dreschmaschine)
treasure, -house (Schatz, -fund, Liebling, Reichtum, -tümer, schätzen, Schatzhaus, -kammer, *übertr:* Gold-, Fundgrube)

~äS(th)öR *von altogether bis whether*

altogether, in the - (völlig, gänzlich, ganz u. gar, insgesamt, im ganzen; splitternackt)
feather (Feder, federn, auffächern, mit – versehen oder schmücken, Schaumkrone)
heather, -bell, -mixture (Heidekraut; Glockenheide; gesprenkelter Wollstoff)
leather, shammy (Leder; Sämisch-, Wildleder)
tether (Halte-, Strick, -Seil, anbinden; *be at the end of the -*, sich nicht mehr zu helfen wissen, am Ende seiner Kräfte sein)
together, get - (zusammen; -bringen, -tragen; Zusammenkunft, zwangloses Beisammensein)
weather, fair - , -beaten (Un-, Wetter, Witterung; Gutwetter..., verwittert, wetterhart)
whether, - or no, - or (ob; auf jed. Fall, so oder so; entweder...oder)

~ästöR *von blaster bis Winchester*

blaster (Sprenger, Sprengmeister, Zündmaschine)
caster (Rad)
castor, pepper- (*Pfeffer-* Streuer, Gewürzständer, *Astron:* Kastor)
Chester (Eigenname)
contester (Wettkämpfer)
disaster, -area (Unglück, -heil, Katastrophe; -ngebiet)
faster (schneller)
fester (eitern, schwären, verwesen, -faulen, *übertr:* gären, - *in s.o.mind* , an jmd. nagen)
flabbergaster (Verblüffer)
forecaster (Voraus-,Vorhersager)
investor (Investor, Geld-, Kapitalanleger)
jester (Spaßmacher, -vogel)
Lester (Eigenname)
master, -mind (Meister, Haus-, Herr, Gebieter, Master, beherrschen, zähmen, bändigen, leitend, führend, Haupt..., Stamm..., Original..., Zentral...; Superhirn)
molester (Belästiger)
pastor (Pastor, Pfarrer, Seelsorger)
pester (plagen, quälen, belästigen, -drängen, jmd. auf die Nerven gehen)
plaster, be plastered (Pflaster, kleben, Gips, vergipsen, Mörtel, Verputz, Bewurf, *übertr:* überschütten, bepflastern; besoffen sein)
postmaster (Postamtsvorsteher, -meister)
protester (Protestierender)
semester (Semester, Halbjahr)
sequester (absondern, -kapseln, zurückziehen, mit Beschlag belegen, abgeschieden)
taskmaster, servere - (Arbeitgeber, -sanweiser; *übertr:* strenger Zuchtmeister)
tester (Prüfer, Prüfgerät, *Archit:* Baldachin, Himmel)
test'er (Probier sie aus! Gib ihr eine Chance!)
Westchester (Eigenname)
Winchester (Eigenname)

~ättöR — *von better bis wet her*

better, -oneself (besser, verbessern, das Bessere, Wetter; besser werden, sich verbessern)
debtor (Schuldner, Debitor)
get her (Krieg´sie! Hol sie dir!)
getter, go- (*Bergbau:* Hauer; Draufgänger, jmd. der weiß, was er will)
letter, small-, red-letter-day, love-, poison-, pen- (Brief, Buchstabe, beschriften; Kleinbuchstabe; *übertr:* Freuden-, Glückstag, Liebesbrief; obszöner oder verleumderischer Brief)
setter, jet-, trend- (Schrift-, Setzer, Setter, ´Spitzel´, Jetsetter, Trendsetzer)
sweater (Sweater, Pullover)
wetter (nasser)
wet her (Mach sie nass!, feucht)

~äwöR — *von clever bis sever*

clever, clever- (klug, geschickt, -scheit, begabt, geistreich, raffiniert; 'superklug´)
endeavor (Anstrengung, Bemühung, -streben, sich bemühen, ver-, suchen)
ever (je, -mals, immer, ständig, unaufhörlich)
for-, -more, how-, what-, when-, where-, who-, whyever (für immer, -und ewig; wie auch immer; was-, wann-; wo-; wer-; warum auch immer)
lever (Hebel, Brechstange, hebeln, m. e. - bewegen, *übertr:* Druckmittel)
never-never, -land (abstottern, auf Pump kaufen; am Arsch der Welt)
never, -fear, -mind (nie, -mals, nimmer; keine Bange!; das macht nichts!)
never-do-well, -ending (Tunichtgut, Taugenichts; endlos, nicht enden wollend)
sever (trennen, voneinander-, durch-, zer-, reißen, *übertr:* lösen, abbrechen)

~idschöR ☛ *~öR (S. 179)* — *von temperature bis voyager*

temperature (Temperatur, *Med:* Fieber)
voyager (Reisender, Passagier)

~ifföR — *von defer bis stiffer*

defer (auf-, ver-, hinausschieben, zurückstellen, sich beugen, -fügen, nachgeben)
differ (unterschiedlich, -scheiden, anderer Meinung sein, abweichen von, *I beg to* -, Ich bin leider anderer Meinung)
Jennifer (Eigenname)
prefer (vorziehen, bevorzugen, befördern zu, Klage-, Gesuch einreichen gegen)
sniffer (‚Schnüffler')
stiffer (Langweiler, Blödmann, Besoffener)

~iggöR — *von bigger bis vigor*

bigger (größer, dicker)
chigger (Sandfloh)
digger, gold- (Gräber, Grabegerät, -maschine, Erdarbeiter, *SL:* Australier, Neuseeländer; Gold-; Frau, die hinter dem Geld der Männer her ist)
jigger (Barmaß, *Am:* Schluck; Setz-, Überdrehmaschine; Besanmast)
nigger (*verächtl:* Neger)
rigger, square (Takler, Monteur, Mechaniker, Kabelleger, Kurstreiber, Schutzgerüst, Schnur-, Riemenscheibe; Rahsegler)
rigor (Strenge, Härte, Rauheit, *Med:* Schüttel-, Fieberfrost, -mortis, Leichenstarre)
swigger (Trinker, Säufer)

trigger, -happy, hair- (Auslöser, Abzug, Drücker, Zünder, auslösen; schießwütig, Kampflustig, Kriegslüstern; Stecher, äußerst reizbar, labil, prompt)
vigor (Lebens-, Kraft, Elan, Vitalität, Energie, *übertr:* Nachdruck, Wirkung)

~iidschöR *von bleacher bis teacher*

bleacher (Bleicher, überdachte Tribüne)
creature, -comforts (Geschöpf, Wesen, Kreatur; leibliche, -s Genüsse, - Wohl)
feature (Zug, Merkmal, Charakteristikum, Gesichts-, Punkt, Seite, Haupt-, Attraktion, Darbietung, zeigen, Kennzeichen, bezeichnend für, mitspielen)
preacher (Prediger)
screecher (Schreier)
teacher (Lehrer)

~iigöR *von beleaguer bis overeager*

beleaguer (belagern, *übertr:* heimsuchen, umgeben)
eager (begierig, eifrig, erpicht, gespannt, *an eager look,* gespannter Blick)
intriguer (Intrigant)
leaguer (*Sport:* Ligist; Verbündeter)
meager (mager, dürr, dürftig, kärglich)
overeager (übereifrig)

~iilöR *von congealer bis wheeler*

congealer (Gefrierer)
dealer, wheeler-, double- (Händler, Kaufmann, *Spiel:* Geber, *SL:* Rauschgifthändler; ausgekochter Bursche, Geschäftemacher; falscher, linker Kerl, Betrüger)
feeler, put out a (Fühler, *Tech:* Dorn, Fühler, Taster; seine – ausstrecken)
healer (Heiler, Heilmittel; *time is a great* -, die Zeit heit alle wunden)
reeler (Wankelnder, Taumelnder)
sealer (Robbenfänger; *Tech:* Verschließvorrichtung, Versiegler, Versieglungsmasse)
squealer (Schreier, junger Vogel, *SL:* Petzer, Verräter)
stealer (Stehler, Dieb, Klauer)
steeler (Stahlarbeiter)
wheeler (*in Zusammensetzung:* Fahrzeug mit...Rädern, six-wheeler, Sechsräderig, etc.)

~iiS(th)öR *von breather bis neither*

breather (Atem-, Verschnaufpause, Strapaze, *Sport:* ´Spaziergang´)
either, -or (jede, -s, -r, beide, ein, -er von zweien, *- of you*, irgendeiner von euch beiden, *-is possible*, beides ist möglich, auch nicht; entweder oder)
neither (kein, -er, weder, auch nicht, ebensowenig, noch, *-he nor you knows,* weder er noch du weißt es, *- of you,* keiner von euch beiden)

~iitöR *von deter bis teeter*

deter (abschrecken, -halten)
I need'er (Ich brauche sie!)
meter (Messgerät, -instrument, Takt, Zähler, *Am:* Meter, Metrum, Metrik, Versmaß)
Peter (Eigenname)
teeter (sch-, wanken, taumeln, staksen, wippen)

~iksöR *von elixir bis mixer*

elixir, -of life (Elixier, Heil-, Zaubertrank, Allheilmittel; Lebenselexier)
fixer (Fixativ, Fixiermittel, ´Organisator´, Manipulator, *SL:* Dealer, Fixer)
mixer, sound-, good-, bad - (Mischer, Mixer, Mischmaschine, -pult; Tonmeister; kontaktfreudig, -scheu)

~ikschöR *von fixture bis mixture*

fixture (feste, -s Anlage, -Inventar, Installationsteil, Inventarstück, Zubehör, Auf-, Spannvorrichtung, -futter)
mixture, cough- (Mixtur, Gemisch, Mischung, Beimengung; Hustensaft)

~illöR *von caterpillar bis tiller*

caterpillar (*Zool:* Raupe; Raupenfahrzeug)
chiller (Abkühler, ´Runterbringer´)
distiller (Brandweinbrenner, Destillateur)
driller (Exerzierer, scharfer Ausbilder)
filler (Füller, Füllsel, Spachtel, Auffüllwort, Füllvorrichtung, - stoff, Abfüllmaschine)
instiller (*übertr:* Einimpfer, -flößer)
pillar (Pfeiler, Ständer, pfeilern, stützen, *übertr:* Stütze, Säule)
shriller (Schreier, Schriller)
spiller (Verpfeifer, Anschwärzer)
swiller (Säufer)
thriller (Krimi, Reißer, Thriller)
tiller (Bauer, Ackerfräse, Ruderpinne, Griff)

~imöR *von demur bis trimmer*

demur, without - (Bedenken äußern, Einwände machen, zögern; anstandslos)
dimmer (Dimmer, Abblend-, Standlicht)
glimmer (*a. übertr:* flimmern, glimmen, schimmern, Schein, *a – of hope,* Hoffnungsschimmer)
grimmer (Grimmiger, Zorniger, Wütender)
primmer (Gekünstelter, Affektierter, Etepetete)
skimmer (Schaum-, Rahmkelle, Abstreicher, -eisen, *Engl:* leichtes Rennboot)
simmer (sieden, wallen, brodeln, zum – bringen, *übertr:* gären, kochen, *simmer down-* sich abregen oder beruhigen)
slimmer (Kalorienzähler)
swimmer (Schwimmer, *Zool:* Schwimmorgan)
trimmer (Aufarbeiter, Putzmacher, Kohlentrimmer, Stauer, *übertr:* Opportunist)

~imböR *von limber bis timbre*

limber, -up (geschmeidig, gelenkig; sich lockern, - warm machen oder spielen)
timber (Bau-, Nutz-, Holz, bewalden, verzimmern)
timbre (*Musik, Ling:* Klangfarbe, Timbre)

~impöR *von scrimper bis whimper*

scrimper o. skimper (Knauser, supersparsamer Mensch)
shrimper (Garnelenfänger)
whimper (wimmern, Wimmern, winseln, Winseln)

~indschöR *von ginger bis injure*

ginger, -up (Ingwer, schwungvoll, schmissig, Schneid, Mumm, mit – würzen; *übertr:* ankurbeln, aufmöbeln, Pfiff geben, ´scharf´machen)
infringer (Eid-, Gesetzesbrecher)
injure (verletzen, -wunden, be-, schädigen, schaden, beeinträchtigen)

~inföR ☛ *~öR (S. 179)* *z. B.: infer*

infer (schließen, -lassen auf, an-, bedeuten, folgern, ableiten)

~ingöR *von finger bis linger*

finger, -man, -nut, -post (Finger, betasten, befühlen, herum-, fingern, spielen, Fingerbreit, schmaler Streifen, Uhr-, Zeiger; Spitzel, Flügelmutter, Fingerzeig, Wegweiser)
linger (in die Länge ziehen, zögern, trödeln, noch bleiben, sich-, aufhalten, -hinziehen, dahinsiechen, *übertr:* zurück-, bleiben, nachklingen, *linger on* - fortleben, -bestehen)

~innöR *von beginner bis winner*

beginner, -´s luck (Anfänger, Neuling; Anfängerglück)
breadwinner (Ernährer, Geldverdiener)
dinner, basket- (Hauptmahlzeit, Mittag-, Abendessen; *Am:* Picknick)
inner, -circle, -life (innen, inwendig, Innen...; vertrauter Kreis; Innen-, Seelenleben)
pickup-dinner (improvisierte Mahlzeit aus Resten)
sinner (Sünder, Übeltäter, *scherzh:* Halunke)
skinner (Pelzhändler, Kürschner, Abdecker)
spinner (Spinner-in, Spinnmaschine, Kreisel, Polier-, Scheibe, Propeller)
thinner (dünner, Verdünner)
winner (Gewinner, Sieger, todsichere Sache, ´Schlager´)

~intöR *von hinter bis winter*

hinter (Andeuter, Hinweiser)
inter (beerdigen, *Zs.-setz. mit* zwischen, Zwischen..., unter, gegen-, wechselseitig)
printer (Drucker, Druckereibesitzer, Druck-, Kopierapparat)
splinter, -off (*a. übertr:* Splitter, Span, Bruchstück, zersplittern; absplittern)
sprinter (Sprinter, Spurter, ‚Flieger´)
squinter (Schieler, Schielender)
tinter (Maler, Anstreicher)
winter (Winter, *Poet:* Lenze, Jahre)

~ippöR *von chipper bis zipper*

chipper (Hackmaschine, zwitschern, aufgeweckt, putzmunter)
clipper (Fahrkartenlocher, Amplituden-, Begrenzer, schnelles Segelboot)
dipper (Färber, Kelle, Schöpflöffel, *Orn:* Wasseramsel)
flipper (Delphin, Schwimm-, Flosse, schneller Händler, Wulstfahne)
kipper (Bückling, Räucherhering, Kerl)
nipper (Vorderzahn, Wicht, Zwickzange, Stift, *SL:* Knirps)
ripper (Trennmesser, -maschine, Meuchelmörder, *SL:* Prachtkerl, -exemplar)
shipper, foreign -, desk - (Befrachter, Verlader, Verfrachter, Absender eine Warensendung; Auslandsspediteur; Aufträge einsammelnder Makler)
skipper (Hüpfer, Springer, *Zool:* Dickkopffalter, Mannschafts-, Schiffs-, Kapitän)

slipper (Hausschuh, Pantoffel, Latschen, Straßenslipper)
tipper (Kipper, Kippwagen, Lore)
tripper, day (Ausflügler; Tagesausflügler)
whipper (Einpeitscher, Pikör, -in, Vorreiter)
zipper (Reißverschluss)

~iRöR *von cheerer bis spearer*

cheerer (Anfeuerer, Hurrarufer)
clearer (Aufklärer, Be-, Reiniger)
dearer (Teurer, Liebster)
hearer (Hörer, -in)
jeerer (Spötter, Verhöhner, Stichler)
mirror, be mirrored (*a. übertr:* Spiegel, -bild; sich-, wiederspiegeln)
nearer (näher, von nah)
queerer (Seltsamer, Sonderbarer, Schwuler, Homo, ´Blüte´)
severer (Trenner, Auflöser)
sneerer (Spötter, Feixer)
spearer (*Poet:* Speer-, Lanzenträger)

~isköR *von brisker bis whisker*

brisker (Anfeuerer, -sporner)
frisker (Filzer, Durchsucher, Schnüffler)
risker (Riskierer, Wager, Wagemutiger)
whisker, cat (Backen-, Schurrbart, Barthaar; Detektornadel; Katzenhaar)

~ispöR *von crisper bis whisper*

crisper (Schneidiger, Forscher, Flotter, Lebhafter)
whisper (wispern, zu- flüstern, raunen, Getuschel)

~istöR *von administer bis twister*

administer (als Verwalter fungieren, verwalten, ausüben, handhaben, verabreichen, erteilen, einjagen, Trost-, Sakrament spenden, etc.)
assister (Unterstützer, Beisteher, Helfer)
blister (*Med:* Blase, Pustel, Zugpflaster; blasig, Blasen ziehen, mit - bedecken)
magister (Herrscher, Gebieter, Autorität)
minister (Minister, Geistliche, Pfarrer, sorgen um, helfen, erfüllen, *übertr:* Diener, Werkzeug, *- to the wants of others*, sich um die Bedürfnisse anderer kümmern)
mister (Herr, Meister, Chef)
register (Register, registrieren, anmelden, einschreiben, protokollieren)
resister (Widerständler, Sträuber)
resist her (Widersteh ihr, Sei stark!)
sinister (böse, drohend, finster, unheilvoll, unheimlich)
sister, half-, -in-law (Schwester, Halb-, Schwägerin)
twister, brain-, tongue- (Wirbelsturm, Dreher, Zwirner, Seiler;‘harte Nuss, knifflige Sache‘; Zungenbrecher)

~ittöR *von bitter bis twitter*

bitter, gentian (*a. übertr:* bitter, schmerzlich, hart, verärgert, -bittert; Enziantinktur)
counterfeiter (Fälscher, Falschmünzer, Heuchler)

critter (Miesmacher)
fitter (Monteur, Maschinenschlosser, Ausrüster, Einrichter)
fritter (Beignet, Vergeuder, Plemperer)
glitter (Glanz, glitzern, funkeln, *übertr:* Pracht, Prunk, strahlen, glänzen)
litter (Sänfte, Trage, Streu, übersäen, Junge werfen, herumliegende Abfälle, -Sachen, Wust, Unordnung, verschandeln)
quitter (*Am:* Drückeberger, Feigling)
sitter, baby-, bed- (Sitzende, Glucke, *Kunst:* Model; Aufpasser-in; *Engl:* möbliertes Zimmer, *bedsittingroom-* Einzimmerapartment)
shitter (*SL:* Scheißhaus)
skitter (dahinjagen)
slitter, reel- (*Papierherst:* Tellermesser; Rollenschneidemaschine)
spitter (Spucker, Speier)
splitter, hair- (Ver-, Auf-, Teiler, Spalter; Haarspalter)
transmitter (Über-, Sender, -mittler)
twitter (zwitschern, zirpen, *übertr:* schnattern, piepsen, kichern, *in a -* , aufgeregt)

~iwöR — *von deliver bis shiver*

deliver (befreien, erlösen, retten, *Frau:* entbinden, in die Welt setzen, ab-, ausliefern, zu-, bestellen, überbringen, äußern, aussprechen, halten, ab-, feuern)
giver, indian - (Geber, Spender; jmd. der seine Geschenke zurückverlangt)
give´er (gib ihr...)
liver, free -, hobnail - (Leber, Lebensgenießer; Schlemmer, Genießer, Säuferleber)
quiver (Köcher, beben, zittern, *in a – of excitement,* - vor Aufregung)
river, -horse, -bed, -dam (Strom, Fluss; -pferd, -bett, Staudamm)
shiver (Splitter, Stück, Scherbe, Dachschiefer, zer-, splittern, -schmettern, zittern, er-, schauern, frösteln, Segelflattern, *the shivers,* Schüttelfrost, das kalte Grauen)

~iiwöR — *von achiever bis weaver*

achiever, non-, over- (jmd, der es zu etwas bringt; Versager, Überflieger)
beaver (Biber, -pelz, Visier, Helmsturz, schuften, *SL:* Bart, -träger, *Am:* Muschi)
believer, great o. firm - in (Gläubiger; fest glauben an, viel halten von)
cleaver (Hackmesser, -beil)
deceiver (Betrüger)
fever (Fieber, fiebern, *übertr:* Aufregung, Sucht, Rausch)
leave´er (Verlass sie!)
receiver (Radio-, Funk-, Empfänger, Empfangsgerät, Telefonhörer, Steuer-, Einnehmer)
reliever (Entlaster, Helfer)
retriever (Retriever, Apportierhund)
weaver, -bird (Weber, Wirker; -vogel)

~köR — *von anchor bis thank´er*

anchor (Anker, -werfen, verankern, *übertr:* Rettungsanker, Zuflucht; *Am:* Moderator)
banker (Bankier, *Spiel:* Bankhalter)
canker (Mund-, Lippengeschwür, *Tiermed:* Strahlfäule; *Bot:* Brand, Rost; ange-, zerfressen, -werden, verderben, *übertr:* Krebsgeschwür)
conker (Kastanie)
conquer (*a. übertr:* erobern, gewinnen, einnehmen, Besitz ergreifen, be-, siegen, überwinden, unterwerfen, Herr werden)

flanker (Flankierer, Flankenspieler)
franker (Freimütiger)
honker (Schreier)
incur, -displeasure, -debts, -losses, -liabilities (sich aufladen, - zuziehen, erleiden, eingehen, geraten in; Missfallen erregen; Schulden machen; Verluste erleiden; Verpflichtungen eingehen)
rancor (Groll, Hass)
ranker (einfacher Soldat)
recur (*a. übertr:* wiederkehren, -auftreten, zurückkommen, -greifen)
Sacre Ceur (Eigenname)
spanker (Renner, *Schiff:* Besan; *SL:* Prachtkerl, -exemplar)
tanker, -farming (Tanker, -schiff, -wagen, -flugzeug; Hydrokultur)
thank´er (Dank ihr!)

~öRöR — *von deferrer bis stirrer*

deferrer (Aufschieber, Hinauszögerer)
demurrer (Rechtseinwänder)
furor (Furore, Extase, Begeisterungswahn, Wut, Aufsehen; *create a -* , Furore machen)
juror (Geschworener, Preisrichter)
stirrer (Rührlöffel, Rührwerk)

~öRdöR — *von girder bis murder*

girder, -bridge (Träger; Balken-, Trägerbrücke)
herder (Viehhüter, -treiber)
murder (Mörder, Mord, mörderisch, er-, morden, *übertr:* verschandeln, -hunzen)

~öRdschöR — *von nurture bis searcher*

nurture (nähren, auf-, erziehen, Nahrung, *übertr:* hegen)
searcher (Sucher, Forscher, Prüfer, Sonde)

~öRköR — *von lurker bis worker*

lurker (Auf-, Lauerer, Herumschleicher)
shirker (Drückeberger)
smirker (blöder Grinser, Lächler)
worker, -ant, -bee, wonder- (Arbeiter, *Ameise, Biene*, Angestellte-r; Wundertäter)

~obböR — *von bobber bis swabber*

bobber (Fischköder, Bobfahrer, Floß, Schwimmer)
clobber (verprügeln, ´fertigmachen´, *Sport:* ´vernaschen, überfahren´)
dauber (Pinseler, Schmierer-in, Farbenkleckser-in)
jobber (Akkord-, Gelegenheitsarbeiter, *SL:* Geschäftemacher, Schieber, korrupter Beamter, *Engl:* Börsenjobber; *Am:* Zwischen-, Großhändler, Börsenspekulant)
robber (Räuber)
slobber (Geifer, Matsch, Sabber, be-, geifern, be-, sabbern, sabbeln, jmd. abküssen, sentimentales Gewäsch, herumalbern)
swabber (Deck-, Schrubber)

~obstöR — *von lobster bis mobster*

lobster (Hummer, Languste)
mobster, mobsman (*SL:* Gangster, *Engl:* Taschendieb)

~offöR *von chauffeur bis scoffer*

chauffeur (Fahrer, Chauffeur)
coffer (verwahren, Kasten, Kiste, Truhe, Kassette, Tresor, Schatz, -kammer)
cougher (Huster)
goffer (kräuseln, plissieren, Plissee)
gopher, -snake (*Am:* Taschenratte, Ziesel, Gopher- Schildkröte; -Schlange; biblischer Baum, als Noah die Arche baute)
loafer (Tagedieb, Faulenzer, Nichtstuer, Herumtreiber, *Am:* Mokkasin)
offer (Angebot, -machen, an-, bieten, vorbringen, äußern, offerieren)
scoffer (Spötter)

~oköR *von blocker bis soccer*

blocker (Sperrer, Verhinderer, Hemmer)
Davy Jones´s locker (*Schiff:* Meeresgrund, nasses Grab)
Knickerbocker (New Yorker; ¾ lange Hose)
knocker (Tür-, Klopfer; *SL:* Titten, Nörgeler, Kritteler)
locker, -room (Schließfach, Spind, Kasten, Schrank; Umkleideraum, -kabine)
mocker (Spötter, Nachäffer)
occur (sich ereignen, ein-, vorfallen, -kommen, passieren, auf-, eintreten)
rocker, off one´s - (Kufe, Schwinge, Schwingtrog, zum Goldwaschen, *Engl:* ‚Lederjacken´, Jugendlicher, Schaukelpferd, *Am:* -stuhl; *SL:* übergeschnappt)
shocker, shilling - (Reißer, Schocker, Elektrisiergerät; Schundroman)
soccer (Fußball)

~olöR *von bawler bis taller*

bawler (Schreier, Gröhler, Brüller)
call´er (Ruf sie, -an!)
caller (Anrufer, Besucher, Abholer)
choler (*veralt:* Galle; *übertr:* Zorn)
crawler (Kriechtier, Gewürm, *SL:* Kriecher, Schnecke, Taxi auf Fahrgastsuche)
dollar (Dollar)
hauler, *Engl:* **haulier** (*Bergbau:* Schlepper, Transportunternehmer, Spediteur)
mauler (Prügler, Misshandler)
scrawler (Hin-, Schmierer, -kritzler)
smaller (kleiner, geringer, schmächtiger)
squaller (Schreihals)
squalor (Schmutz, Elend)
taller (größer, höher)

~olköR *von stalker bis walker*

stalker (Pirschjäger, Verfolger, Belästiger)
talker (Redner, Sprecher, Schwätzer)
walker (Spazierganger, Geher, *Orn:* Laufvogel)

~oltöR *von altar bis psalter*

altar (Altar)
alter, -ego (ab-, um-, ändern, sich ver-, ändern; das andere Ich, Busenfreund-in)
defaulter (Defaulter, Säumige, -Zahler, -Schuldner)

falter (schwanken, taumeln, zögern, zaudern, stocken, stammeln)
Gibraltar (Eigenname)
halter (Halfter, anhalftern, im Zaum halten, Strick, jmd, hängen, Nackenband)
outer, out- and- (außen, äußerlich; *SL:* hundertprozentig, waschecht)
Psalter (Psalter)

~olwöR *von revolver bis solver*

revolver (Revolver)
solver (Auf-, Löser)

~onöR *von dishonor bis honor*

dishonor (Unehre, Schmach, Schande, Beschimpfung, nicht honorieren, -einlösen)
goner (Todeskandidat, ′Erledigter′)
honor (Ehre, Ehrgefühl, be-, ehren, Ehrung, Auszeichnung)

~ondöR ☛ ***~andöR*** *(S. 184)* *von condor bis yonder*

condor (Kondor)
conned'er (Ich betrog sie!)
fonder (*Absence makes the heart grow fonder*, Liebe wächst mit der Entfernung)
launder (waschen, Geld-, sich waschen lassen)
ponder (nachdenken, -sinnen, grübeln, überlegen, *- one's words,* Worte abwägen)
squander (vergeuden, -schwenden, *- oneself,* sich verzetteln, ′verplempern′)
wander (durch-, wandern, ziehen, streifen, schlendern, bummeln, *übertr:* schweifen, irren, gleiten; *- in,* hereinschneien; *- off,* davonziehen)
wonder, -boy, -child, -drug, -struck, -worker (Wunder, -bares, -tat, -werk; -'knabe'; -kind; -mittel oder -droge; staunend ergriffen; -täter)
yonder, way over (jener, da oder dort drüben; ganz weit da drüben)

~ongöR *von longer bis stronger*

longer (länger; sich Sehnender, Verzehrender)
stronger (stärker, kräftiger)

~onköR ☛ ***~öR*** *(S. 179)* *z. B.: concur*

concur (zusammen- treffen, -fallen, mitwirken, beitragen, -pflichten; - *with so.* übereinstimmen)

~oppöR *von bebopper bis whopper*

bebopper (Bebop-Spieler, -musiker)
bopper (Tänzer)
chopper (Hackmesser, -beil, Zerhacker, *SL:* Zähne, *Am:* Hubschrauber)
copper, sheet -, -s (Kupfer, verkupfern; -blech; Kupfer-, kleingeld)
cropper (Anbauer, gut tragende Pflanze; *Orn:* Kropftaube; Fall, Sturz, *come a -* , auf die Nase fallen)
dropper, eye -, name - (Tropfglas, Tropfenzähler; Augentropfer; jmd, der mit bekannten Prominenten angibt)
eavesdropper (Lauscher, Horcher)
grasshopper (Heuschrecke, Grashüpfer; Leichtflugzeug)
hopper (Hüpfer, Tänzer-in, Käsemade, Magazin, Trichter, *feed-*, Fülltrichter)
improper (ungeeignet, -passend, -tauglich, -sachgemäß, missbräuchlich, -erweise)
pauper (Arme, Armen..., *Am:* Unterstützungsempfänger)

popper (Druckknopf)
proper (richtig, passend, geeignet, angemessen, ordnungsgemäß; - *name,* Eigenname)
sharecropper (*Am:* kleiner Farmpächter)
shopper, window - (Ein-, Käufer; jmd, der einen Schaufensterbummel macht)
stopper (Stöpsel, Propf, Stopfer, Hemmer, zustöpseln; *Werbung:* Blickfang)
swapper (Aus-, Tauscher, Geschichtenaustauscher)
teenybopper (Pippimädchen, junger Teenager, *besonders Mädchen*)
topper (Zylinder, -hut, Schaustück, *Archit:* oberer Stein,'tolles -, Ding', Pfundskerl)
whopper (*SL:* Mordsding, dicke Lüge)

~oRöR — *von adorer bis soarer*

adorer (Anbeter, Verehrer, Bewunderer)
borer (Bohrer, Bohrarbeiter)
corer, apple- (Frucht-, Entkerner; Apfelstecher)
explorer (Forscher, Forschungsreisende)
horror, -stricken, -struck (Grauen, Entsetzen, Horror, Schrecken; von - gepackt)
ignorer (Ignorant)
ignor'er (ignoriere sie!, Beachte sie nicht!)
restorer, hair - (Restaurator, Wiederhersteller; Haarwuchsmittel)
roarer (Brüller, Tobender, Schreiender)
scorer, goal- (Punktezähler, Schütze; Tor-)
snorer (Schnarcher)
sorer (heikeler)
soarer (Segelnder, Schwebender)

~oRdöR — *von boarder bis recorder*

boarder (Untermieter, Kostgänger, Pensionsgast, Internatsschüler)
border, cross- (Rand, Kante, Umrandung, Borte, Saum, Einfassung, Grenze, be-, ein-, angrenzen, -säumen; grenzüberschreitend)
disorder (Unordnung, Verwirrung, Störung, Aufruhr, Unruhe, in Unordnung-, durcheinander bringen, stören, Magen verderben)
hoarder (Hamsterer, Horter)
order (Bestellung, Befehl, Ordnung, Reihenfolge, bestellen, -fehlen, ordnen)
recorder (Aufnahmegerät, Recorder, Blockflöte, Registrator, Berichterstatter)

~ostöR — *von accoster bis roster*

accoster (Ansprecher, Herantreter)
foster (aufziehen, in Pflege geben oder haben, fördern, protegieren, hegen, nähren)
impostor (Betrüger, Schwindler, Hochstapler)
I´ve lost'er (Ich habe sie verloren!)
roster (*Milit:* Dienstplan, Liste)

~otöR — *von daughter bis water*

daughter, -in-law (Tochter; Schwiegertochter)
slaughter (Schlacht, Ab-, Schlachten, Niedermetzeln, schlachten)
water (Wasser, ver-, be-, wässern, tränen)

~ottöR — *von blotter bis trotter*

blotter (Löscher; *Am: bes. Polizei:* Dienstbuch, -bericht)

hotter (heißer)
otter (Otter, -fell, -pelz)
plotter (Planzeichner; Anstifter, Ränkeschmied, Intrigant, Verschwörer)
spotter (*Am:* Detektiv; *Milit:* Aufklärer, Artilleriebeobachter, Flugmelder)
squatter (Hockende; Hausbesetzer; Ansiedler oder Rechtstitel; *Austr:* Schafzüchter)
trotter (Traber; Fuß oder Bein von Schlachttieren, ′Haxen′; *pigs* -, Schweißfüße)

~ouböR — *von disrober bis sober*

disrober (Entkleider, - v. Amtstracht, Dienstkleider)
October (Oktober)
prober (Sondierer, Erforscher, Untersucher)
rober (Träger, An-, Einkleider v. Amtstracht, Dienstkleidung)
sober, -up o. down, - minded (nüchtern, - werden, - machen; besonnen, nüchtern)

~oudöR — *von exploder bis odor*

exploder (Sprenger, vor Wut platzender, schallend Lachender)
goader (Vieh-, Antreiber, -sporner)
loader (Lader, Verladevorrichtung)
odor, body- (Duft, Wohl-, Geruch; Körper-)

~oukötR — *von broker bis woke′er*

broker (Makler, Vermittler)
choker (enger Kragen, -Schal, -Halskette)
joker (Joker, Spaßvogel, Witzbold, 'Heini', Kerl)
mediocre (mittelmäßig, zweitklassig)
poker (Poker; Schürhaken, *be as stiff as a -*, steif wie ein Stock sein)
provoker (Provozierer, Reizer)
provoke′er (provozier sie!, ärgere sie!)
revoker (Widerrufer)
smoker, chain (Raucher, Ketten -)
stoker (Heizer, Brennstoffzuführung)
stroker (Schläger)
woke'er (Ich weckte sie)

~oulöR — *von bowler bis troller*

bowler (Kegler, Bowlingspieler, *Kricket:* Werfer)
consoler (Tröster)
controller (Kontrolleur, Aufseher, Leiter, Regler, Steuereinrichtung)
molar (*Anat:* Backenzahn, Mahl..., Backen..., *Phys:* Massen..., *Med:* Molen...)
polar (polar, Polar..., *übertr:* genau entgegengesetzt)
roller (Rolle, Walze, Rädchen, Zylinder, Trommel, Walzwerkarbeiter)
stroller (Bummler, Spaziergänger, Wanderschauspieler, Kindersportwagen)
troller (Trällerer; Schleppangler)

~ounöR — *von condoner bis toner*

condoner (Verzeiher)
donor, blood - (Spender, Geber, Schenker, Stifter; Blutspender)
groaner (Ächzer, Stöhner)
honer (Schleifer, Schärfer)

known'er (Ich kannte sie!)
loan'er (Ich lieh ihr..., ich gab ihr aus)
loaner (Aus-, Ver-, Leiher)
loner (Einzelgänger)
moaner (Wehkläger, Jammerer)
owner, building- (Eigentümer, Inhaber, Besitzer; Bauherr)
phone'er (Ruf sie an!)
toner (Verbrauchsmaterial für Laserdrucker; Gesichtswasser)

~oußöR — *von closer bis grocer*

closer (näher, Schließer)
grocer (Lebensmittelhändler)

~ouschöR — *von closure bis so sure*

closure (Verschluss, Schließung, Stilllegung, Debatte etc. schließen)
composure (Fassung, Ruhe, Gelassenheit)
exposure (Entlarvung, Bloßstellung, Aussetzung, Aufdeckung, *Foto:* Belichtung)
disclosure (Enthüllung, Bekanntgabe, Verlautbarung)
foreclosure (*Recht:* Verfallserklärung; *Am:* Zwangsvollstreckung)
kosher (koscher, *übertr: not quite* - , nicht ganz koscher)
so sure (so -, ganz sicher)

~outöR — *von kotor bis rotor*

kotor, Bay of - (Eigenname; Bucht von Kotor)
motor (Motor, Antrieb, treibende Kraft, Auto..., - fahren, Motor..., *Anat:* motorisch)
rotor (Rotor, Drehflügel, -zylinder, Motor-, Läufer, Laufrad, Induktor)

~ouwöR — *von dover bis rover*

dover (Tauber, Taubenzüchter)
Dover (Eigenname)
clover, four-leave -, be in - (Klee, vierblättriges Kleeblatt; üppig leben)
drover (Hirte)
drove´er (ich fuhr sie hin, ich machte sie verrückt)
moreover (außerdem, überdies, ferner, weiter)
over (hin-, über)
rover (Vagabund, Wanderer, Wandertier, Pirat; Vorspinnmaschine)

~söR — *von connoisseur bis miss her*

connoisseur (Kenner)
kiss her! (küss' sie!)
miss her (ich vermisse sie!)

~uöR — *von bluer bis wooer*

bluer (blauer)
brewer (Brauer)
fewer, fewer and - (weniger, immer weniger)
interviewer (Interviewer, Leiter-in eines Vorstellungsgesprächs)
newer (neuer)
pursuer (Verfolger)

renewer (Erneuerer, Auffrischer)
reviewer (Kritiker, Rezensent-in)
screwer (Schrauber)
sewer (Gosse, Abwasserkanal, Kloake, kanalisieren)
skewer (Fleischspieß, auf-, spießen, speilen, *scherzh:* Dolch, Schwert)
truer (echter, wahrer)
viewer (Betrachter, Fernseh-, Zuschauer)
wooer (Freier, Anbeter)

~udschöR — *von future bis suture*

future (Zukunft, künftig, Futur, Zukunfts...)
suture (*Bot: Anat: Med:* Naht; *Med:* zu-, ver-, nähen, Faden, Nahtmaterial)

~ukör — *von shook'er bis took'er*

shook'er (Ich schüttelte sie!)
book´er (Ich buchte sie!)
hook´er (Ich strafte sie, ich fing sie)
snooker (*Billard:* Snooker Pool)
took'er (Ich nahm sie!)

~ulöR — *von cooler bis ruler*

cooler (Kühler, Kühlraum; *SL:* Kittchen, Knast)
drooler (Sabberer, Geiferer)
ruler (Herrscher; Lineal, Liniermaschine)

~umöR — *von bloomer bis tumor*

bloomer (*SL:* grober Fehler, Schnitzer, Blüte)
boomer, baby - generation (Aufstreber; geburtenstarke Jahrgänge)
consumer, smoke - (Verbraucher, Abnehmer, Konsument; Rauchverzehrer)
humor, gallows -, good - (Humor-; gute Laune)
rumor (Gerücht, Gerede, - verbreiten; *the – runs*, es geht das Gerücht, das...)
tumor (Tumor)

~unöR — *von communer bis tuner*

communer (Kommunenbewohner)
crooner (Schlager-, Schnulzensänger)
harpooner (Harpunier)
lampooner (Pamphletist)
lunar (Mond..., Lunar...)
pruner (Pflaumenanbauer)
schooner, prairie (Großes Bierglas, *Schiff:* Schoner; *Am:* Planwagen)
sooner (früher, eher, schneller, lieber)
tuner (Stimmer, Stimmpfeife, -gerät, Abstimmvorrichtung, *TV, Radio:* Kanalwähler)

~upöR — *von cooper bis trooper*

cooper (Böttcher, Küfer; Fässer machen, -ausbessern, Mischbier)
hooper (Böttcher, Küfer, Fassbinder)
looper (Schleifen-, Schlingenleger)
snooper (*SL:* Schnüffler)

super (über..., -mäßig, super..., 'super, toll', sagenhaft)
stupor (Erstarrung, Betäubung, Stumpfheit, *Med:* Benommenheit, Stumpfsinn)
trooper (*Milit:* Reiter, Kavalerist, Kavalleriepferd, Staatspolizist, *Am:* berittener Polizist)

~ußöR *von juicer bis transducer*

juicer (Entsafter)
producer (Erzeuger, Hersteller, Fabrikant, Generator, Produzent)
reducer (*Tech:* Reduzierstück, Reduktionsmittel ; *Foto:* Entwickler, Abschwächer)
seducer (Verführer)
transducer (*E-Tech, Comp:* Wandler, Umformer)

~usöR *von abuser bis refuser*

abuser (Misshandler, -braucher)
accuser (Ankläger)
boozer (Säufer, *Engl. SL:* Kneipe)
bruiser (Boxer, 'Schläger, Schrank')
boozerbruiser (Kneipenboxer, Schläger, Trunkenbold)
cruiser (Kreuzer, Kreuzfahrtschiff, zielloser Rumfahrer, *Am:* Streifenwagen)
snooszer (Schläfer, Nickerchen)
user, road - (Benutzer, Anwender; Verkehrsteilnehmer)
looser (Trenner, Ablöser, Verlasser)
lose´er (Laß sie sausen!, sie verlieren)
loser (Verlierer, Versager)
muser (Träumer, Sinnender)
oozer (Triefender, Schwitzender)
refuse´er (Lehn sie ab! Verweigere dich ihr! Verstoße sie!)
refuser (Weigerer, Ablehner)

~ustöR *von booster bis rooster*

booster (Förderer, Reklamemacher, Preistreiber, Zusatz, Kompressor, Servomotor)
rooster (Hahn)

~utöR *von computer bis tutor*

computer (Rechner, Computer)
commuter (Zeitkarteninhaber, Pendler)
cuter (Schlauer, Cleverer, *Am:* Süßer)
muter (Stummer)
neuter (neutral, Neutrum, kastrieren, kastriert, geschlechtslos, sächlich)
persecuter (Verfolger, Drangsalierer, Schikanierer, Belästiger)
polluter (Umweltverschmutzer, -sünder)
prosecuter (An-, Kläger, Prozessierer)
suitor (Freier, Bittsteller, *Recht:* Kläger)
tutor (Privat-, Hauslehrer, Studienleiter, Vormund, erziehen, unterrichten, schulen)

~uwöR *von hoover bis Vancouver*

hoover (Staubsauger, staub-, ab-, saugen)
maneuver (Manöver, manövrieren)
mover (Antragsteller; treibende Kraft, Triebkraft, -werk, Motor, Antrieb, *Am:* Möbelpacker, Spediteur)

prover (Nach-, Beweiser)
remover (Entferner, Abbeizmittel; Spediteur)
Vancouver (Eigenname)

Endungen auf: ~öRb, ~öRp, ~öRd, ~öRt (erweitert)

~öRb, ~öRp — *von blurb bis Wyatt Earp*

blurb (*Buchh:*'Waschzettel', Klappentext, Bauchbinde)
burb (Vorort)
burp (rülpsen, aufstoßen, ′ein Bäuerchen machen′)
chirp (zirpen, zwitschern, tschilpen, Gezwitscher)
curb (Kandarre, Kinnkette, an die Kandarre nehmen, *übertr:* drosseln, zügeln, im Zaum halten)
disturb (stören, behindern, -lästigen, -hindern, aufschrecken, durcheinanderbringen)
herb, -tea (*Bot:* Kraut, Heil-, Küchen-; Kräutertee)
perturb (beunruhigen, beängstigen, verwirren, stören)
Serb (Serbe, serbisch)
slurb (Schlürfer, schlürfen)
suburb (Vorstadt, -ort)
superb (herrlich, prächtig, vorzüglich)
twirp (Einfaltspinsel)
usurp (sich widerrechtlich aneignen, -anmaßen, sich bemächtigen, an sich reißen)
verb (*Ling:* Verb, Zeitwort)
Wyatt Earp (Eigenname)

~öRbel — *von gerbil bis verbal*

gerbil (Wüstenspringmaus)
herbal (Kräuter..., Pflanzen..., -buch)
verbal (Wort..., wörtlich, Verbal, mündlich, Zeitwort)

~öRd, ~öRt — *von absurd bis yogurt*

absurd (absurd, unsinnig, lächerlich)
alert, air - (acht-,wachsam, rege, munter, aufgeweckt, Alarm-, -Bereitschaft, Warnung, auf der Hut, alarmieren, warnen; Flieger-, Luftalarm)
avert (*a. übertr:* abwenden, *- one′s face,* -kehren, -wehren, verhüten)
blizzard (Schneesturm)
blurt, -out (ausschwatzen; herausplatzen)
Burt (Eigenname)
bird, black-, mocking-, lady-, humming-, gallows-, night- (Vogel; Amsel; Spottdrossel; Marienkäfer; Kolibri; Galgenvogel; *übertr:* Nachtschwärmer)
concert, - pitch (Konzert, Übereistimmung, Harmonie, Einvernehmen, gemeinsam mit, etwas verabreden, -einbaren, -einigen, planen, zusammenarbeiten; Kammerton)

up to concert pitch (*übertr:* auf der Höhe; in Form)
convert (Bekehrter, ver-, umwandeln, bekehren, konvertieren)
covered (be-, gedeckt)
curd, bean- (Quark, geronnene oder dicke Milch; Bohnengallerte)
curt (kurz, knapp, barsch, schroff, kurz angebunden)
desert (Wüste, -n..., Ödland, öde, verlassen, -ödet; Verdienst, verdienter Lohn, Strafe; desertieren, untreu, abtrünnig werden, überlaufen;
dessert (Dessert, Nachspeise, -tisch)
dirt (Schmutz, Dreck, Staub, Kot, Boden, lockere Erde; *übertr:* Plunder, Schund)
divert (ablenken, -leiten, -wenden, -bringen, -zweigen für, zerstreuen, unterhalten)
exert, over- (gebrauchen, anwenden, -strengen, *Druck* ausüben; überanstrengen)
expert (Experte, Fachmann, -leute, Gutachter, erfahren, fach-, sach-, kundig)
extrovert (Extrovertierte, extrovertiert)
flirt (schnipsen, wedeln mit, herumflattern, flirten, liebäugeln, kokette Person)
gizzard (Magen; *Vogel-, Fischkunde:* Muskelmagen)
heard (gehört, von hear)
herd (Hirte, Herde, Rudel, hüten; *verächtl:* große -, Masse, Herde)
hurt (Schmerz, verletzen, -wunden, schmerzen, schaden, kränken)
insert (einfügen, -setzen, -schieben, -stecken, -führen, Geld -werfen, Inserat aufgeben)
introvert (introvertiert)
invert (umkehren, -drehen, -wenden, *Ling:*-stellen; *Chem:* invertieren; *Psych:*Invertierter, Trans-, Homosexueller, Lesbierin)
lizard, lounge - (Eidechse, -nleder, Echse; Partylöwe)
overheard (er-, belauscht, -e, zufällig gehört)
pervert, sexual - (Abtrünniger, pervertieren, verdrehen, -kehren, entstellen, fälschen, jmd. verderben, -führen; perverser Mensch)
scissored (geschnitten, Schnitt)
shepherd (Schaf-, Seelen-, Hirte, Schäfer, führen, leiten)
shirt, boiled - (Hemd; Frackhemd)
skirt (Rock, Schoß, Saum, Rand, Einfassung, entlang-, herumfahren oder gehen, sich entlangziehen, vermeiden, um-, säumen, *SL:* Weibsbild,'Schürze´; Außen-, Randbezirk)
squirt (hervor-, heraus-, be-, spritzen, -sprudeln, Strahl, Spritze, *SL:* kleiner Scheißer)
subvert (stürzen, umstoßen, gewaltsam ändern, untergraben, zerrütten)
third (der, die, das Dritte; Terz; Drittel, dritter Gang)
wizard (Zauberer, Hexenmeister, magisch, Zauber, phantastisch *übertr:* Leuchte, Genie)
word, -catcher (Wort, formulieren, ausdrücken; Wortklauber)
yogurt (Joghurt)

~öRdel — *von curdle bis turtle*

curdle, it made my blood - (gerinnen, - lassen; es ließ mir das Blut in den Adern erstarren)
fertile (*übertr:* fruchtbar, produktiv, reich, schöpferisch)
girdle, -panty - (Gurt, Gürtel, Hüfthalter, -gürtel, umgürten, -geben, Umkreis, -gebung, *Anatom. Zusammensetzung:* Gürtel..., *Baum:* ringeln; Miederhöschen)
hurdle (Hindernis, Hürde, Hürdenlauf machen, umzäunen, mit Hürden umgeben)
myrtle (*Bot:* Myrthe, *Am:* Immergrün)
turtle, mock -, turn - (Schildkröte; Kalbskopf; kentern, umschlagen, sich überschlagen)

~öRdsch — *von besmirch bis verge*

besmirch (besudeln)

birch (Birke, -nholz, Rute, m. d. Rute züchtigen)
church (Kirche, Religionsgemeinschaft, kirchlich, Kirch...)
converge (zusammenlaufen, sich nähern, *Math. u. übertr:* konvergieren)
emerge, re- (auftauchen, hervor-, heraus-, a. d. Oberfläche oder zum Vorschein kommen, sich zeigen oder herausstellen oder ergeben, *übertr:* aufstreben; wider-)
lurch (Taumeln, Torkeln, Ruck, ruckeln, *Schiff:* schlingern, rollen; *übertr: leave in the -,* im Stich lassen)
perch (Flussbarsch; ´Thron', thronen, sich setzen, hocken oder niederlassen, Hühner-Sitzstange für Vögel; Lang-, Lenkbaum eines Wagens)
purge (*meist. übertr:* jmd. reinigen, Säuberung, Reinigung, säubern, entlüften; *Med:* abführen, entschlacken, jmd. Abführmittel geben; Verbrechen sühnen)
research (Forschung, Untersuchung, erforschen, untersuchen, Forschungs...)
search (Suche, Suchvorgang, durch-, suchen, -stöbern, Gewissen prüfen oder erforschen)
smirch (besudeln, Schmutz-, Schandfleck)
surge (Woge, Welle, Brandung, Schwall, Spannungsstoß, -schwankung, hoch gehen oder branden, *übertr:* aufwallen, -brausen)
urge (Inbrunst, Trieb, Drang, drängen, an-, vorwärts treiben, mahnen, betonen, anführen)
verge (Rand, Grenze, grenzen, streifen, Beet-, Einfassung, Gras-, Streifen; *on the-of, -of doing,* am Rande der Verzweiflung etc, nahe dran, zu tun)

~öRdschen ☛ *~in (S. 153)* — *von burgeon bis virgin*

burgeon (Knospe, knospen, sprießen, *a. übertr.*)
emergin' (auftauchend, erscheinend)
mergin' (Mischen, Zusammenlegung, Fusionierung, verschmelzend, übergehend)
sturgeon (*Fisch:* Stör)
surgeon (Chirurg; Schiffsarzt, *Hist:* Bader)
surgin' (wogend)
urgin' (drängend, dringlich)
virgin (Jungfrau, jungfräulich, unberührt, rein, keusch, Jungfern...)

~öRf — *von conserve bis turf*

conserve (erhalten, bewahren, beibehalten, schonen, sparsam umgehen mit, einmachen, konservieren, Eingemachtes, Konfitüre)
curve (Kurve, Biegung, Bogen, sich-, biegen, krümmen, wölben)
derf (Dieselöl, -kraftstoff)
deserve, - praise (verdienen, verdient haben, würdig oder wert sein; Lob verdienen)
kerf (Kerbe, Einschnitt, Sägeschlitz)
NERF (*Abk:* National Energy Research Fund)
nerve (Nerv, Frechheit, vorbereiten, *übertr:* stärken, ermutigen, - *oneself,* sich aufraffen)
observe (observieren, beobachten, überwachen, bemerken, -folgen, -achten, äußern, sagen)
perv (Perverser)
preserve (Gehege, schützen, bewahren, -hüten, erhalten, retten, aufbewahren, -heben)
reserve (Reserve, reservieren, belegen, vorbehalten, zurückhalten oder warten mit)
serf (Leibeigene, Sklaven)
serve, ready-to - (servieren, be-, dienen, im Dienst stehen, versorgen, genügen, Aufschlag, aufschlagen, amtieren; Tischfertig)
surf (Brandung, surfen)
swerve (ausbrechen, -weichen, das Steuer herumreißen, ausweichen, Schlenker, einen Ball anschneiden, *übertr:* jmd. abbringen von, abweichen -)

turf (Torf, Rasen, -stück, -sode, m. Rasen bedecken, *übertr:* jmdes. Revier)

~öRg, ~öRk *von handiwork bis work*

handiwork (Handarbeit, -werk)
irk (ärgern, verdrießen)
jerk, soda -, knee- (in Streifen schneiden u.dörren; Ruck, plötzl. Stoß, Schlag oder Zug, stoßen; Verkäufer in einer Eisbar oder Erfischungshalle; *Med:* Kniereflex, Zuckung, zucken)
Kirk (Eigenname)
lurk (Lauer, lauern, herumschleichen, verborgen liegen)
murk (Finsterheit)
overwork (sich-, überanstrengen, -arbeiten, -lasten)
perk (*perquisite*, *Engl:* Nebeneinkünfte, -verdienst, Vergünstigung, Vergütung, Gehalt; meistens *perk up*, den Kopf recken, die Nase hoch tragen, die Ohren spitzen, selbstbewusst oder forsch auftreten, sich erholen, munter werden, jmd. ′aufmöbeln′)
quirk (Marotte. Laune, Eigenart, seltsame Angewohnheit, Schnörkel, Kniff, Trick; *by a – of fate*, durch einen verrückten Zufall, wie das Schicksal so spielt)
shirk (sich drücken, -vor)
smirk (affektiertes, blödes oder einfältiges Lächeln oder Grinsen)
Turk (Türke, türkisch, Türken...)
work (Arbeit, Werk, ver-, be-, arbeiten, funktionieren, einwirken, berufstätig)

~öRgt, ~öRkt *von irked bis worked*

irked (ver-, geärgert, ärgerte)
jerked (gestoßen, -zerrt, zuckte, - zusammen)
lurked (gelauert, lauerte)
perked (wurde munter)
shirked (gedrückt, drückte sich vor)
smirked (gegrinst, grinste blöd)
squired (begleitet, -e)
worked, over (arbeitete, gearbeitet; überarbeitet)

~öRl *von curl bis whirl*

curl, kiss - (Locke, einrollen, locken, kräuseln, sich wogen, -wellen, -winden, Rauchring, Kringel, Windung, *Engl:* Schmachtlocke)
earl (Graf)
girl, bachelor -, B- (Mädchen; Junggesellin; *Am:* Animierdame)
hurl, - oneself (schleudern, sich stürzen, -auf)
pearl, mother-of- (Perle, Perlen..., - bilden, tropfen, perlen; Perlmutt, -en)
swirl (herum-, wirbeln, einen Strudel bilden, Wirbel, Strudel)
twirl (Daumen oder Locke drehen, zwirbeln, quirlen, sich-, herum-, wirbeln)
whirl (wirbeln, sich drehen, sausen, hetzen, eilen, *my head whirls*, mir ist schwindelig)

~öRld *von curled bis world*

curled (gekraust, -lockt, -kringelt)
hurled (geschleudert, schleuderte)
swirled (herum-, gewirbelt, wirbelte)
twirled (drehte, gewirbelt)
whirled (gestrudelt, -wirbelt, wirbelte)
underworld (Unterwelt)

Vorsilben: con~, de~, in~, pre~, re~, mis~

world, -weary, old (Welt, Erde; Weltverdrossen; altertümlich, altmodisch)

~öRm *von affirm bis worm*

affirm (versichern, beteuern, -kräftigen, behaupten)
confirm (bestärken, -stätigen, -kräftigen, festigen, konfirmieren)
firm (Firma, Unternehmen, Betrieb; fest, -machen, stark, hart, beständig)
germ (Keim, Bazillus, Bakterie, Mikrobe, Krankheitserreger, keimen, -lassen)
reaffirm (nochmals versichern oder beteuern)
sperm, -oil, -whale (Sperma, Samenflüssigkeit, -zelle; Walratöl ; Pottwal)
squirm (sich krümmen, sich winden, *übertr:* heraus-, winden, -´schälen´)
term, medium-, long- (Term, -inus, Begriff, Bedingung, Bezeichnung, Ausdruck, nennen, heißen; mittelfristig; langfristig, -zeit...)
worm (Wurm, sich schlängeln, -winden, kriechen, *übertr:* sich einschleichen)

~öRmen *von determine bis vermin*

determine (veranlassen, sich-, entscheiden, -schließen, bestimmen, entschlossen sein, *bes. Recht:* ablaufen, enden)
German (Deutsch, -er, -e)
merman (Wassergeist, Triton, Nix)
sermon, -on the Mount (Predigt, Berg-)
vermin (Ungeziefer, Parasiten, Schädlinge, *verächtl:* Geschmeiß, Pack)

~öRn *von adjourn bis yearn*

adjourn (aufschieben, vertagen, *Sitzung,* etc. schließen, *-ort* verlegen)
burn (brennen)
cavern (Höhle, Kaverne)
churn (Butterfass, ver-, buttern, heftig schütteln, -bewegen, schäumen)
concern (Besorgnis, Bedenken, Beteiligung, Angelegenheit, Sache, kümmern, interessieren, beunruhigen, -schäftigen, -treffen)
discern (wahrnehmen, erkennen, feststellen)
earn (verdienen, *übertr:* Lob ernten, sich etwas verdienen)
fern, ice - (Farn; Eisfarn)
intern (intern, innen, Internierte, internieren, Assistenzarzt, ein Praktikum machen)
kern (kernen)
learn (lernen, erfahren, hören, *SL:* lehren, lernen)
overturn (Um-, Sturz, um-, stürzen, -stoßen, -kippen, -schlagen, kentern)
return (zurück-, kehren, - fahren)
sojourn (sich aufhalten, ver-, weilen, vorübergehender-, Aufenthalt)
spurn (verschmähen, verächtliches zurückweisen, jmd. abweisen)
stern (streng, hart, unnachgiebig, Heck, Achterschiff, Hinter-, er, Teil, Schwanz)
tavern (Gasthaus, Schenke, Taverne)
taciturn (schweigsam, wortkarg)
turn, U- (Runde, Drehung, um-, drehen, -wandeln, werden, machen; Kehrt-, Wende)
urn (Urne; Tee- Kaffeemaschine)
yearn (sich sehnen, Sehnsucht haben, *Mitleid, Zuneigung* empfinden)

~öRnel *von colonel bis paternal*

colonel (Oberst)
eternal, the Eternal (ewig, immerwährend, unabänderlich, unaufhörlich; Gott)

external (Außen..., äußerlich, äußer, Auslands..., Fremd...)
fraternal, - twins (bruder..., brüderlich; zweieiige Zwillinge)
infernal, -machine, -regions (höllisch, grässlich, teuflisch, Höllen...; -maschine, Unterwelt)
internal (inner, -lich, inwendig, intern, Innen..., Inlands..., Binnen)
journal (Journal, Zeitschrift, Zeitung, Tage-, Logbuch, *Tech:* Zapfen)
kernel (Guss-, Kern, Getreide-, Korn, das Innerste, Wesen)
maternal, - instinct (Mutter..., Mütter..., mütterlich; -instinkt)
nocturnal (Nacht..., nächtlich)
paternal, - grandfather (Väter, väterlich, Vater...; Großvater väterlicherseits)

~öRnt ☛ *~öRn (S. 213)* *von burned bis yearned*

burned (ge-, verbrannt, brannte)
burnt (gebrannt)
churned, to be all – up inside (ganz aufgewühlt sein)
discerned (erkannte, unterschied, -en)
earned (verdient, -e)
learned (fachkundig, gelehrt, gelernt, lernte, gebildet)
learnt, vocation - (erfuhr, gelernt, erfuhr; erlernter Beruf)
returned (erwidert, wieder-, zurückgegeben, -gekehrt, gereicht, -gesandt, gab zurück)
overturned (gekentert, -stürzt, stürzte, stieß um)
sojourned (hielt auf)
spurned (abgelehnt, verschämte)
turned (gedreht, -wandt, -wendet, -schaltet, -drechselt)
weren´t (*Abk: were not,* waren nicht)
yearned (gesehnt, sehnte sich)

~öRp ☛ *~öRb (S. 209)*

~öRs *von adverse bis worse*

adverse (entgegenwirkend, zuwider, widrig, ungünstig)
converse (sprechen, sich unterhalten; Gegenteil, -ig, wechselseitig, Umkehrung)
curse (Fluch, Verwünschung, ver-, fluchen, -wünschen, -dammen, beschimpfen)
disburse (be-, auszahlen, Geld auslegen)
disperse (verstreuen, -breiten, sich zerstreuen, -auflösen, -verteilen, -zersplittern)
diverse (verschieden, ungleich, mannigfaltig)
hearse (Leichenwagen)
immerse (tauchen, versenken, *übertr:* sich vertiefen, -senken, -wickeln, -stricken)
intersperse (einstreuen, hier und da einfügen, durchsetzen)
inverse (umgekehrt, entgegengesetzt, Umkehrung, Gegenteil)
nurse (Krankenschwester, verwalten, stillen, pflegen, hegen, bewachen)
purse (Geldbörse, -beutel, Handtasche, Geldsammlung, -geschenk)
rehearse (proben, einstudieren, wiederholen, aufsagen, -zählen, *übertr:*durchspielen)
reverse, - of fortune, - of medal (Gegenteil, das Umgekehrte, Rück-, Kehrseite, ver- umgekehrt, -ändern, -kehren, Rückwärtsgang; Schicksalsschlag; Kehrseite der Medaille)
terse (knapp, kurz und bündig, markig)
transverse, -flute, -section (schräg, diagonal, quer, Quer...; Querflöte; Querschnitt)
traverse (über-, durch-, queren, -ziehen, -fließen, schneiden, durch-, kreuzen)
universe (Universum, All, Kosmos, Welt)
verse (Vers, Strophe, Gedicht-, Zeile, dichten, Poesie, Dichtung)

Vorsilben: con~, de~, in~, pre~, re~, mis~

worse (schlechter, schlimmer, übler, ärger)

~öRS(th) *von birth bis worth*

birth (Geburt, Wurf, Abstammung, Herkunft, Ursprung, Entstehung)
dearth (Mangel, Hungersnot)
earth, why on - (Erde, Erdball, -boden,Welt, das Land; Warum in aller Welt?)
girth (Körper-, Umfang, Gurt, Trageriemen, an-, aufschnallen, gürten)
mirth (Heiter-, Fröhlichkeit, Freude)
worth (Wert, Würdigkeit, wert)

~öRsl *von universal bis reversal*

universal (umfassend, Universal..., universell, allgemein, gesamt, global)
rehearsal (*Musik, etc.*, Probe, *final -,* General-, Einstudierung, Wiederholung)
reversal (Umkehr, -schwung, -schlagen, *Recht:* Umstoßung, Aufhebung)

~öRschel *von commercial bis controversial*

commercial (kommerziell, kaufmännisch, geschäftlich, gewerblich, Handels...)
controversial, -subject (strittig, umstritten, polemisch, streitlustig; Streitfrage)

~öRsd, ~öRst ☛ *~öRs (S. 214)* *von burst bis worst*

burst (Bruch, Riss, Sprung, bersten, platzen, ausbrechen, z. Platzen bringen, Explosion, auf-, zerspringen, plötzliches Erscheinen, *übertr:* herausplatzen, ausbrechen in...)
cursed (verflucht, -dammt, -wünscht)
disbursed (ausgezahlt, bezahlte)
dispersed (auseinander getrieben, zerstreut, -e, fein verteilt)
first (zu-, erst, zunächst)
immersed (unter-, ein-, getaucht, versunken, tauchte ein)
interspersed (durchsetzt, eingestreut, streute ein)
inversed, - slant (inverser Schrägstrich)
nursed (gestillt, gesäugt)
outburst (Ausbruch)
pursed, - lips breathing (geschürzt, gespitzt; Lippenbremse)
reversed (aufgehoben, rückwärts, umgedreht, -gekehrt, -gesteuert, kehrte um)
thirst, - for knowledge (*a. übertr:* Durst, dürsten, lechzen, Gier, Verlangen, Sucht; Wissensdurst)
traversed, - by (durchquert, -e, überspannt; durchzogen von)
versed (versiert, bewandert, -schlagen, -fähigt, erfahren, geübt, sachkundig)
worst (das Schlimmste, schlechtest, schimmst, ärgst, übelst; überwältigen, schlagen)

Endungen auf: ~oa (erweitert)

~oa — *von Arkansas bis withdraw*

Arkansas (Eigenname)
awe (Ehrfurcht, -einflößen, Scheu, einschüchtern, *übertr:* Macht, Majestät)
bra (BH, Büstenhalter)
caw (krächzen)
claw (Klaue, Schere, Kralle, zer-, kratzen, -reißen, zerren, packen, greifen, Greifhaken)
draw (Zug, Ziehung, zu-, auf-, ver-, ziehen, zeichnen, lenken, sich hin-, begeben)
flaw (Fehler, Makel, Defekt, verunstalten, brüchig oder rissig machen, Riss, Sprung, Bruch)
gnaw (*a. übertr:* an-, zer-, nagen, zerfressen, -mürben, quälen)
guffaw (schallendes Gelächter, lautes Lachen)
hurrah, - for (Hurra; hoch lebe...!)
jaw, pi - , - breaker (*Anat:* Kiefer, Kinnlade, -backe; *SL:* quatschen, tratschen, schimpfen, Moralpredigt, Standpauke; Zungenbrecher)
law, brother-in-, the - (Gesetz, Recht, Justiz; Schwager; die Polizei)
Ma, Pa (Mutti, Vati)
macaw (Ara)
overdraw (Konto überziehen, Bogen überspannen, übertreiben)
paw, cat´s - (Tatze, Pranke, Pfote, mit der – scharren, tätscheln, betatschen, -grapschen; Handlanger, jmdes. Werkzeug)
raw (roh, ungekocht, unbelichtet, rau, nasskalt, unerfahren,´grün´, wund, offene Wunde)
saw (Säge, sägen; sah, gesehen; Sprichwort)
seesaw (Wippe, Schaukel, wippen, schaukeln, *übertr:* auf und ab, hin und her, schwanken)
shah (Schah)
slaw (*Am:* Krautsalat)
squaw (Indianerfrau, *Am:* Frau)
straw, catch at a - (Stroh, -halm, -hut, Stroh...; sich an einen Strohhalm klammern)
thaw (*a. übertr:* auf-, tauen, schmelzen)
withdraw (sich-, ent-, zurückziehen, -nehmen, wegnehmen, entfernen)

~oad, ~oat — *von abroad bis wrought*

abroad, blaze (im oder ins Ausland, auswärts, draußen, im Freien; *go -,* ins Ausland reisen; ausposaunen, verkünden)
applaud (applaudieren, Beifall spenden, beklatschen, *übertr:* loben, billigen, zustimmen)
astronaut (Astronaut, Raumfahrer)
aught (*Pronomen* etwas: *for – I care,* meinetwegen, *for – I know,* soviel ich weiß)
awed (☛ *awe, S. 216* - eingeschüchtert, Ehr-Furcht einflößen)
bought (gekauft, *Prät.* u. *P. P.* von buy)
broad, -minded (weit, breit, hell *Tag*, gebracht, *P. P.* u. *Prät.* von bring; großzügig)
brought (gebracht, *Prät.* u. *P. P.* von bring)
caught (gefangen, *Prät.* u. *P. P.* von catch)
clod (Erdklumpen, Scholle, *SL:* Heini, Trottel)

cod, - liver öil (Kabeljau, Dorsch; jmd. foppen; Lebertran)
cosmonaut (Kosmonaut, Raumfahrer)
defraud, -the revenue, with intent to- (betrügen; Steuern hinterziehen; arglistig)
facade (Fassade, *übertr:* Vorderseite)
fought (gekämpft, *Prät.* u.*P. P.* von fight)
fraud, cheque- (Betrug, arglistige Täuschung, Schwindel, Schwindler; Scheckbetrug)
God, -awful, tin - (Gott; scheußlich, beschissen; Götze, Abgott, Popanz)
guffawed (laut oder schallend gelacht)
lightningrod (Blitzableiter)
Lord, my- (Herr, Gebieter, Lehnsherr; euer Ehren, euer Lordschaft)
lzod (Eigenname)
naught, bring to–, set to- (Null; zunichte machen oder werden; etwas in den Wind schlagen)
nod, -off (Kopf-, zu-, nicken, sich neigen, wippen; einnicken)
odd (ungerade, einzeln, gelegentlich, sonderbar, seltsam, eigenartig, merkwürdig, kurios)
ought (*Hilfsverb:* sollte, solltest, solltet, sollten; *he ought to do it*, er sollte es tun; *you ought to have known better;* du hättest es besser wissen sollen oder müssen; Null)
overwrought (überarbeitet, -reizt, erschöpft)
pod (*Zool:* Schwarm, Herde, Hülle, Kokon; *Bot:* Hülse, Schale, Schote; *SL:* Wampe, Bauch, *in pod,* 'dick', schwanger)
prod (Stich, Stoß, Ansporn, stechen, stoßen, anstacheln, -spornen, Stachelstock, Ahle)
promenade (Promenade, promenieren, Spaziergang, -fahrt, Polonaise)
quad (Vierpol, Vierling, Viererkabel, zum Vierer verseilen, Vier...)
rod (Angel-, Rute, Gerte, Stab)
roughshod (rücksichtslos)
shod (*Prät.* u. *P. P.* shoe, beschut, -schlagen, -reift; *dry shod,* trockenen Fußes)
sod (Grasnarbe, Rasenstück, mit Rasen bedecken; *SL:* Heini, Blödmann, *sod it!* Mist)
sought (*Prät.* u. *P. P.* von seek, suchen)
squad (Riege, Kader, Trupp, Gruppe, Komando, Dezernat, Kommission)
taught (*Prät.* u. *P. P.* von teach; *self-taught*, autodidaktisch, selbsterlernt)
thought (Gedanke; *Prät.* u. *P. P.* von think, denken)
thoughttransference, - reader, -out (Gedankenübertragung, -leser, durchdacht)
trod (*Prät.* u. *P. P.* von *tread,* treten, stampfen, Schritt)
wad (Propf, Watte-, Bausch, Polster, Papierknäuel, zusammenknäulen, zusammenpressen)
wrought (*Prät.*u. *P. P.* von work; be-, ge-, verarbeitet, gewirkt; - *up,* aufgebracht, erregt)

~ob, ~op — *von blob bis whop*

blob (Tropfen, Klümpchen, Klecks, 'Kloß', *Kricket:* 0 Punkte)
bob (Haarschopf, Büschel, Bubikopf, gestutzter Pferdeschwanz, Quaste, stutzen, kurz schneiden, Ruck, Knicks, ruckweise -auf und ab, hin und her- bewegen, baumeln, tänzeln, schnappen, knicksen, Bob fahren)
cob (Maiskolben, Klumpen, Stück, kl. Reitpferd, - *swan,* männl. Schwan)
cop (Garnwickel; *SL:* erwischen, klauen, Polizist, Polyp, Bulle)
chop (Hieb, Schlag, Kotelett, zer-, hacken, hauen, spalten, Stempel, Siegel, Urkunde, Handelsmarke, *first* -, erste Sorte, erstklassig, *lick one's chops*, sich die Lippen lecken, - *wood*, Holz hacken, - *one's words*, abgehackt sprechen)
chop about, -round (sich drehen, umschlagen, Worte wechseln; - *and change*, dauernde Standpunktänderung, hin und her schwanken, *chops and changes*, ewiges hin und her)
crop (Feldfrucht, Ernte, Ertrag, Menge, Haufen, Ausbeute, abschneiden, kurz scheren, Ohren oder Schwanz stutzen, abbeißen, -fressen, beflanzen, -bauen, Ernte tragen)

drop, rain- (Tropfen, Bonbon, Fall, Sturz, fallen; Regentropfen)
eavesdrop, - on (lauschen, horchen; jmd. oder ein Gespräch belauschen)
flop, belly - (Reinfall, scheitern,′Niete′, Plumps, plumpsen, -lassen, zappeln, flattern, Bauchklatscher′, Bauch-, Bruchlandung)
fob (Uhrtasche, *- chain*, Uhrkette; *fob off*, jmd. etwas andrehen, ′abspeisen, -wimmeln′, *Abk:* free on board)
gob (Klumpen, Haufen, Menge, Schnauze, *Am. SL:* Matrose, ′Blaujacke')
hop (hüpfen, hopsen, Sprung, Hopser, ′flitzen, sausen′, Schwof, Tanz,′Abstecher′, rasch wohin fahren oder fliegen; Hopfen, -zupfen, *SL:* Rauschgift, Opium)
hob (Kobold, *play – with,* Schindluder treiben; Kamineinsatz, -vorsprung; Ab-, Walzfräser, Strehlbohrer, verzahnen, abwälzen)
hobnob (intim, auf Du und Du sein, freundschaftlich verkehren, plaudern mit)
job, crash - (Akkord-, Stück-, Arbeit, Auftrag, Aufgabe; eilige, dringende Arbeit, Sache)
Job (*Bibl:* Hiob, Job, *patience of -*, Engelsgedult; *Job′s news, - post*, Hiobsbotschaft)
knob (Griff, Knauf, Knopf, Buckel, Beule, Höcker, Knorren oder Ast im Holz)
lob (*Tennis:* Lob, den Ball lobben, werfen)
lollipop (Lutscher, *Engl:* Eis am Stil)
mob (Mob, zusammengerotteter Pöbel, Gesindel, lärmend herfallen über, anpöbeln, -greifen)
mop, -and mow (Mop, Schrubber, Wischlappen, auf-, abwischen; Haar-, Wust; Grimasse, n - schneiden)
nob (*SL:* feiner Pinkel, großes Tier, 'Birne′)
plop (Platsch, plumpsen, -lassen)
pop (Schlager, vorbeischauen, Knall, ab-, knallen, -schießen, auf-, herausplatzen mit; *Am:* Papa, Papi, Opa, Alter, ′Limo′, *popsicle*, Eis am Stil, Pistole)
prop (Stütze, Stützbalken, -pfahl, Strebe, ab-, stützen, an-, lehnen, *übertr:* Stütze; Halt, Turbo-Prop-Flugzeug, Propeller; *Theat:* Requisit)
rob (rauben, stehlen, plündern)
shop (Geschäft, ein-, kaufen)
slob (*SL:* Dreckschwein, fieser Typ, ordinärer Kerl, Blödmann; *bes. Irisch:* Schlamm)
snob (Snob)
sob, -out, -stuff (schluchzen; Worte schluchzen; *SL:* rührseliges Zeug, Schnulze)
stop (Stop, Halt, stoppen, aufhören, abhalten, stehen bleiben)
swab (Scheuerlappen, Schrubber, Mob, Handfeger; *Med:* Tupfer, Abstrich, be-, abtupfen)
swap (Tausch, aus-, tauschen, wechseln, *übertr: swap stories,* Geschichten austauschen)
throb (pochen, hämmern, klopfen, *throbbing pains,* pochende Kopfschmerzen)
tip-top (Tiptop, erstklassig, Gipfel, *übertr:* Höhepunkt)
whop (vertrimmen)

~obt, ~opt *von adopt bis throbbed*

adopt (adoptieren, annehmen, anwenden)
bobbed (geknickst, stutzte, kurz geschnitten)
chopped (ab-, gehackt, hackte, geschnitten)
copped (zugespitzt)
cropped (abgeschnitten, bauchfrei, bebaut)
dropped (abgeworfen, gefallen, entfällt, fiel, gesunken, -tropft, tropfte)
eavesdropped (be-, lauschte, -horchte)
eloped (entlaufen, entlief)
flopped (versagt, -e, fiel herein)
fobbed (beschwindelt)

hopped, - up (gehüpft, hüpfte, gehopft; auf Drogen, high, hochgetuned)
knobbed (knorrig)
lobed (*Bot:* gelappt)
mobbed (angepöbelt, belagert, gerammelt voll)
mopped (gewischt)
plopped (plumste, geplumst)
popped (weggesteckt, plötzlich erscheinen)
propped (gestützt, stützte)
robbed (aus-, geraubt, be-, raubte)
robed (geschmückt)
sobbed (geschluchzt, schluchzte)
shopped (kaufte ein)
stopped (angehalten, gestoppt)
sloped (abgeschrägt, schräg, geneigt)
swapped (getauscht, tauschte)
throbbed (geklopft, klopfte)

~od, ~ot — *von apricot bis yacht*

apricot (Aprikose)
bigot (blinder Anhänger, Fanatiker, Frömmler, Betbruder, - schwester)
blot, -out (Fleck, Klecks, beflecken, -klecksen, Verunstaltung, Schönheitsfehler, *übertr:* Schandfleck, Makel; Schrift ausstreichen, Erinnerungen auslöschen)
Camelot (Eigenname)
carrot, - or stick (Karotte, Mohrrübe, rotes Haar, Rotkopf; Zuckerbrot oder Peitsche)
clot, -ted hair (Gerinsel, Klumpen, - bilden, gerinnen, ‘Blödmann′; verklebtes Haar)
cot, -death (Stall, Hütte; Kinderbettchen, Feld-, Schwingbett, Koje; plötzlicher Kindstod)
dearly bought (teuer erkauft, jmd. kaufen, auslösen, freikaufen, etwas „verkaufen“)
dot (Mitgift; Punkt, Tüpfelchen, Tupfen, Fleck, etwas Winziges, Knirps, tüpfeln, über-, säen, sprenkeln, *Musik:* punktieren, *dot so. one*, jmd. eine ‘knallen′)
forget-me-not (Vergißmeinnicht)
forgot (*Prät.* von forget, vergessen)
gavotte (*Musik:* Gavotte)
got (*Prät.* u. *P. P.* v. get, ☛ *get, S. 37*)
hot (heiß, hitzig, heftig, scharf, feurig, leidenschaftlich, toll, noch frisch ′heiß’)
hot-shot (*Am. SL:* ‘großes Tier, Rakete, Kanone, As, groß, toll′)
hot-spot, heat spot (Krisenherd, ′heißes Ding’; *Med:* Hitzebläschen)
jot, -down (*not a jot, - of truth in it*, nicht ein bisschen, - Wahres dran; hinwerfen, schnell hinschreiben, notieren)
knot (Knoten, verknoten, -krampfen, runzeln, Knoten bekommen, verwickeln, -wirren)
lot (Bauplatz, -stelle, -grundstück, -gelände)
not, -a, -a few (nicht; kein; nicht wenige)
plot (Handlung, Parzelle, Stück, planen, feststellen, auswerten, -hecken, verschwören)
pot, hot - (Topf, vergießen, losballern, schießen, *SL:* Marihuana; Eintopf)
robot (Roboter, Automat, automatisch)
rot (Fäulnis, *a. übertr:* ver-, faulen, -modern, -rotten, -wesen, -wittern, -kommen, *Engl. SL:* Unsinn reden, quatschen, Plan vermurksen, jmd. anpflaumen, -hänseln)
shot, pot - (Schuss, *SL:* kaputt, erschöpft; *Prät.* u. *P. P.* v. shoot, schießen; unweidmännischer-, hinterhältiger-, Nahschuss *übertr:* Seitenhieb)
slingshot (Schleuder, *Am:* Katapult)

spigot (Zapfen, Fass-, Leitungs- Hahn, Muffenverbindung)
somewhat (etwas, ein wenig, ein bisschen, - *of a shock,* ein ziemlicher Schock)
so what (na und?)
spot (Punkt, Fleck, -chen, erkennen, beflecken, *übertr:* Schandfleck, Makel)
squat (hocken, kauern, sich ducken, leeres Haus besetzen, untersetzt, vierschrötig, platt, flach, Hockstellung, Hocke, Sitz, Platz)
swat (Schlag, Fliege etc. tot- schlagen)
tot (Knirps, Kerlchen, *übertr:* Häppchen, *Engl:* Schlückchen; Summe, Addition, zählen)
trot (Trab, Trott, traben, zockeln, trotten; *the trotts,* 'Dünnpfiff')
watt (*Elek:* Watt)
what (was, welcher, wie)
wrought, -up (schmieden, be-, ge-, verarbeitet, *Prät.* u.*P. P.* v. work; aufgebracht, erregt)
yacht, sand- (Jacht, Segler, auf einer Jacht fahren, segeln; Strandsegler)

~odsch *von blotch bis watch*

blotch (Haut-, Fleck, Klecks, be-, klecksen)
botch (Pfusch, -erei, ver-, pfuschen, stümpern, Flickwerk, zusammenschustern)
crotch (Gabelung, Schritt, Unterleib)
debauch (*sittlich* verderben, verführen, -leiten, Orgie, Ausschweifung, Schwelgerei)
dislodge (entfernen, vertreiben, -jagen, -drängen, ausquartieren, herausnehmen)
Dodge (Eigenname)
hopscotch (Himmel-und-Hölle-Spiel)
hodgepodge, hotchpotch (Eintopf, *bes.* Gemüse mit Hammelfleisch, Mischmasch)
lodge (Häuschen, Hütte, zur Nacht aufnehmen)
notch (Kerbe, Nute, Falz, Einschnitt, Kimme, ein-, kerben, nuten, falzen)
Scotch (Eigenname)
watch, wrist - (Uhr, Armbanduhr)

~odschd ☛ *~odsch (S. 220)* *von blotched bis watched*

blotched (beschmiert, fleckig)
botched (gesudelt, verpfuscht, -e, stümperhaft)
crotched (abgezweigt)
debauched (liederlich, sittlich -, verkommen, -dorben, -führt, -e, ausschweifend)
dislodged (entfernte, vertrieb, -en)
lodged (logierte, untergebracht)
watched (beobachtet, ge-, bewacht, guckte zu)

~of *von cough bis trough*

cough (Husten, husten)
off (aus, außerhalb, *meist Zusammensetzungen* mit Verben, fort, weg, davon)
scoff (Spott, Hohn, spotten, Zielscheibe des Spotts)
trough (Trog, Mulde, Wanne, Rinne, Kanal, mulden, Wellental, Wettertief)

~oft *von aloft bis soft*

aloft (*Poet:* hoch, empor, droben, i. d. Höhe, *Schiff:* oben, i. d. Takelung)
loft (Dachwohnung, Heu, -Dachboden)
oft (*Poet: u.i. Zs.-setzungen, oft-told*, oft erzählt)
soft (weich, sanft, zahm)

~offen *von coffin bis soften*

often (oft, häufig, *ever so -,* sehr oft)
soften (mildern, weich machen, - werden, erweichen, enthärten, jmd.'klein kriegen')

~og ☛ *~ok (S. 221)* *von analog bis vogue*

analog (analog, Gegenstück)
bog (Sumpf, Morast, Moor, Scheißhaus, im Sumpf versenken)
brogue (irischer Akzent, dialektisch gefärbte Aussprache, derber Straßenschuh)
catalog (Katalog, Verzeichnis, Liste, katalogisieren)
clog (Holzschuh, -klotz, Hindernis, Hemmnis, sich-, verstopfen, - zsusammenballen, klumpig werden, hemmen, hindern, stocken)
cog (Getriebezahn, *he's just a - in the machine*, er ist nur ein Rädchen im Getriebe; Würfel beschweren, manipulieren, betrügen, *cog the dice*, beim Würfeln, mogeln)
demagogue (Demagoge)
dialogue (Dialog, Zwie-, Gespräch)
epilogue (Epilog, Nachwort, *übertr:* Aus-, Nachklang, -lese)
flog (prügeln, schlagen, auspeitschen, *Engl:* verscheuern, -kloppen)
fog (Nebel, Dunst, neblig werden, sich beschlagen, einnebeln, *Foto:* verschleiern, Schleier, *übertr:* ratlos, verdunkeln, -schleiern, Verwirrung, Verschwommenheit)
grog (Grog, -trinken)
hog, road - (Schwein, den Rücken krümmen, scheren, stutzen; Straßenrowdy)
jog (Dauerlauf, joggen, auf-, rütteln, nachhelfen, leicht an-, stoßen, stupsen)
log (Klotz, Block, Baumstamm, Feuerscheit, einloggen, protokollieren, eintragen, *sleep like a log,* wie ein Klotz oder Bär schlafen; *Schiff:* loggen, Log)
monologue (Monolog, Selbstgespräch, Vortrag)
rogue (Schurke, Gauner, Schlingel, Schelm, bockendes Pferd, bösartiger Einzelgänger)
synagogue (Synagoge)
travelogue (Reisebericht, -film, -diavortrag)
vogue, -word (Mode, *come into -*, in Mode kommen; Modewort)

~ok ☛ *~og (S. 221)* *von Bangkok bis wok*

Bangkok (Eigenname)
beanstalk (Bohnenstange)
boondock (Hinterweltler, Provinzler)
clock (Uhr, Taktgeber, takten)
cock (Hahn, *old -*, alter Knabe; kleiner Heuhaufen)
cornstalk (Getreidehalm, *Am:* Maisstengel)
crock (irdener Topf oder Krug, Tonscherbe; Klepper, alter Gaul, *-up*, zusammenbrechen, -krachen, kaputtmachen, *SL:*'altes Wrack', *Am:* altes Ekel)
deadlock, -ed (Stillstand, Sackgasse, toter Punkt, Patt; festgefahren)
defrock, unfrock (jmd. das Priesteramt entziehen)
doc (*Abk:* Doktor)
dock (Dock, Anklagebank, Fleischteil des Schwanzes, Schwanzstummel, stutzen, kürzen, beschneiden, ins Dock gehen oder bringen; *Bot:* Ampfer)
dog, hot dog (Hund; Wurstbrötchen)
a sad dog (mieser Kerl)
flintlock (*Hist:* Steinschloss)
flock (Schar, Herde, Schwarm, hin-, herbei-, strömen; Flocke, Wollabfall)

frock, -coat (Kutte, Damen-, Kinder-, Kleid, Kittel, m. e. Kittel oder geistliches Amt bekleiden, *Schiff:* Wolljacke; Gehrock)
frog (Frosch)
gawk, gawp (an-, glotzen, *verächtl:* Lackel)
gridlock (Stillstand, festgefahrene Situation, Verkehrsinfarkt, -kollaps)
hawk (Falke, Habicht; hausieren mit, Straßenverkauf; sich-, räuspern; Mörtelbrett)
hock (Hachse, Sprung-, Fesselgelenk; weißer Rheinwein, trock. Weißwein; *in hock,* versetzen, -pfänden, -schuldet, *Am:* im Knast)
J.S.Bach (Dt. Komponist)
jock, -strap (Sportler, Sportskanone, Schotte; Tiefschutz)
knock (Schlag, Stoß, Klopfen, Pochen, rattern, rütteln, klopfen, pochen, schlagen)
Little Rock (Eigenname)
livestock (Viehbestand, lebendes Inventar)
lock (Schloss, Sperrung, Feststeller, sperren, ab-, zu-, ver-, um-, schließen, blockieren; Arme umschlingen, Locke, Flocke, Strähne, Büschel, *Poet:* Haar)
mock (verspotten, -höhnen, lächerlich machen, nachäffen; Nachahmung, Fälschung, Schein..., Pseudo..., nachgemacht; *-turtle,* Kalbskopf)
Mohawk (Indianerstamm)
padlock (Vorhänge-, Vorlegeschloss, mit einem Vorlegeschloss verschließen)
peacock (Pfau, *übertr:* eitler Fatzke)
rock (Felsen, Fels, Klippe, wiegen, schaukeln, wackeln, sch-, wanken)
shock (Schock, Schreck, Stoß, schockieren, Zusammenstoß, -prall, erschüttern; Schopf, zottig, -*head*, Strubbelkopf; *Landwirtsch:* Mandel, Hocke)
small talk (Geplauder, oberflächliche Konversation)
smock (Kinder-, Kittel, smoken, mit Smokarbeit verzieren, *-frock,* Fuhrmannskittel)
smog (Smog, Abgas-, Dunstglocke)
sock (Socke, Schlag, jmd. eine knallen oder reinhauen, *Am:* toll)
squawk (*bes. Vögel:* kreischen, *übertr:* zetern, aufbegehren)
stalk (Stengel, Stiel, Halm, Federkiel, Fabrik-, Schlot; heran-, pirschen, jmd. verfolgen, einher-, schreiten, stolzieren, etwas geht um, *Gespenst, Krankheit*)
stock (Standard, Serie, Vorrat, auf Lager haben, Aktie, ausstatten)
talk (Gespräch, ein-, aus-, reden, sprechen, Unterhaltung, Vortrag; *talky -,*Geschwätz)
tomahawk (Ind. Beil, Streitaxt)
underdog (sozial Schwächerer, Benachteiligter, Verlierer, Unterlegener)
unlock (aufschließen, öffnen, entsichern)
walk (Gang, gehen, begleiten, spazieren führen)
wok (Schmor-, Bratpfanne)

~oid *von annoyed bis void*

annoyed (belästigt, -e, geplagt, -quält, irritiert, ungehalten, verdrossen, -ärgert, ärgerte)
asteroid (Asteroid)
avoid (etwas umgehen, ver-, *jmd.* meiden, entgehen, ausweichen, aus dem Wege gehen, *Recht:* aufheben, ungültig machen, anfechten)
alkaloid (Alkaloid, alkaliartig, laugenhaft)
buoyed (hielt aufrecht)
cloyed (angewidert, widerte an, übersättigt)
convoyed (eskortiert, -e, begleitet, -e)
decoyed (angelockt, geködert, köderte)
destroyed (vernichtete, zerstört, zunichte gemacht)

employed (angestellt, erwerbs-, berufstätig, beschäftigt, -e)
enjoyed (genoss, -en)
joyed (vergnügt)
Lloyd (Eigenname)
Sigmund Freud (Eigenname)
tabloid (Boulevard-, Sensationsblatt, -presse, Kurzfassung, konzentriert; *Am:* Infoblatt)
toyed (gespielt)
void, -of (leer, unbewohnt, -besetzt, frei, ungültig, -wirksam, Leere, Lücke, räumen; ohne, bar, arm an, frei von)

~oil — *von boil bis turmoil*

boil (Geschwür, Eiterbeule, Furunkel; kochen, sieden, Erregung,Wut, Wallung, wallen, wogen, schäumen, - *down*, verdampfen, einkochen, *übertr:* zusammenfassen, kürzen)
broil (braten, grillen, schmoren; Krach, Streit)
coil (Rolle, Spirale, Spule, Bandwickel, schlingen, auf-, wickeln, winden)
coil up (aufrollen, -wickeln, sich zusammenrollen)
foil (vereiteln, durchkreuzen, zunichte machen, Spur verwischen ; Folie, Blattmetall, *silverfoil*, Silberfolie, -papier, Spiegel-, Belag; Florett, -fechten)
loyal (loyal, ge-, treu, aufrecht, redlich)
oil (Öl)
recoil (zurückprallen, -stoßen, schrecken, Rückstoß, -prall, -lauf)
royal, battle (königlich, Königs..., edel, Mitglied des Königshauses; erbitterter Kampf)
spoil (verderben, verwöhnen, ruinieren, vernichten, -derben, schlecht werden, Aus-, Beute, Gewinn, Raub, Überreste, -bleibsel)
soil (Boden, Erde, Grund, Land, Verschmutzung, be-, schmutzen, besudeln, -flecken)
toil (Arbeit, Mühe, Plackerei, abmühen, -quälen; Schlingen, Netz, Fänge)
turmoil, in a - (*a. übertr:* Aufruhr, Tumult; in Aufruhr, Getümmel)

~oin — *von adjoin bis tenderloin*

adjoin (stoßen oder an-, grenzen, - an, beifügen)
coin (Geldstück, prägen, *a. übertr.*)
Des Moines (Eigenname)
groin (Leiste, Leistengegend, *Archit:* Grat, Rippe)
join (Naht, etwas verbinden, -einigen, zusammen -, einfügen, - *hands*, Hände falten, - reichen)
loin (Lende, Fortpflanzungsorgane, Schoß der Frau)
purloin (entwenden, stehlen)
sirloin (Lendenstück)
tenderloin (zartes Lendenstück, Filet)

~oind, ~oint — *von anoint bis point*

anoint (einölen, -schmieren, salben)
appoint (ernennen, berufen, an-, bestellen, einrichten, ausrüsten, festsetzen, bestimmen)
counterpoint (*Musik:* Kontrapunkt, kontrapunktieren)
disappoint (enttäuschen, zunichte machen)
disjoint (auseinandernehmen, zerlegen, -stückeln, trennen, *übertr:* in Unordnung-, aus den Fugen bringen, *Med:* ver-, ausrenken)
joined (angegliedert, eingetreten, Verband, verbunden)
joint (Gelenk, Fuge, Naht, Verbindung, aus-, fugen, gemeinsam, verbinden, gliedern, zusammenfügen, -hängend, vereint, *SL:* Joint, 'Bude, Schuppen, Laden, Bumslokal')

point (Punkt, Spitze, Stelle, Pointe, deuten-, zeigen-, richten-, - auf, hin-, weisen)

~ois — *von boys bis voice*

boys (Jungen)
choice (Aus-, Wahl, Lese, Sortiment, auswählen, -erlesen, vorzüglich)
invoice (Rechnung, Faktura, fakturieren, in Rechnung stellen)
noise, -pollution (Geräusch, Rauschen, Lärm, Getöse, -schrei, lärmen; Lärmbelästigung)
poise (Grazie, Haltung, Gleichgewicht, Balance, Schwebe, schweben, sicheres Auftreten)
rejoice (sich freuen, erfreuen, frohlocken)
toys (Spielsachen, -zeuge)
voice (Stimme, Ausdruck, Äußerung, Stimmrecht, äußern, einstimmen, regulieren)

~oist — *von hoist bis voiced*

hoist (Kran, Aufzug, Winde, hochziehen, hissen, hieven, heben, *Am. SL:* klauen, ´einen heben´)
invoiced (fakturiert, stellte in Rechnung)
joist (Balken, Quer-, Profil-, Träger, mit Profilträgern belegen)
poised (balancierte, im Gleichgewicht, erhoben, bereit)
moist (feucht, nass)
rejoiced (frohlockt, -e, freute sich, *it – my heart,* es erfreute mein Herz)
voiced (*Zusammensetzungen* mit leiser etc. Stimme, **low-voiced**)

~oks — *von box bis Xerox*

box (Schachtel, Kasten, Kiste)
boondocks, in the - (Urwald, Wildnis, ländliche Region, unkultiviertes Hinterland, Provinz; am Arsch der Welt)
chickenpox (Windpocken)
docks (Docks)
dogs (Hunde)
equinox (Tagundnachtgleiche, Äquinoktium)
fox (Fuchs, *SL:* überlisten, reinlegen)
frogs (Frösche)
Lennox (Eigenname)
mailbox (*Am:* Briefkasten)
orthodox (orthodox, streng-, recht-, altgläubig)
ox , musk - (Ochse, Moschusochse)
paradox (Paradox, -on)
socks (Socken, Strümpfe)
stocks (Standards, Serien, Vorräte, Aktien)
rocks, on the - (Felsen; auf Eis)
Xerox (Eigenname)

~ol — *von all bis y'all*

all (alle, -s, sämtlich,vollständig, ganz, völlig)
know all, in-, cure-, be-, be- and end-, -rounder, jack-of-all-trades, -along, -in (Besserwisser; insgesamt; Allheilmittel; das Wichtigste; jmds. Ein-und-Alles; Alleskönner; Hans-Dampf-in-allen-Gassen; die ganze Zeit, schon immer; *SL:* ´fertig, ganz erledigt‘)
ball (Opern-, Ball, Kugel, Klumpen, Ballen, Knäuel, Kloß, große Arzneipille)
bawl, -out (schreien, grölen, brüllen, *Am:* heulen; anbrüllen, zusammenstauchen)
brawl (Streiterei, Lärm, Krawall, Rauferei, krakeelen, zanken, keifen, lärmen)

call (An-, Auf-, Ruf, Schrei, auf-, an-, einbe-, rufen, Telefon-, Gespräch, Nachfrage)
crawl (kriechen, krabbeln, wimmeln, kraulen beim Schwimmen)
doll, -up (*a. SL:* Puppe; sich fein machen)
drawl (gedehnt, -es oder schleppend, -es sprechen)
enthral (*übertr:* bezaubern, fesseln, in seinen Bann schlagen)
fall (Fall, Sturz, Zs.-bruch, Herbst, herein-, fallen, stürzen, einschlafen, schwärmen)
gall (Galle, Frechheit, Bitterkeit, Ärger, ärgern, ärgerlich, auf-, wund-, reiben, scheuern)
haul (kräftiger Zug, Ruck, Schleppnetzfischen, fangen, Beute, Fischzug, ziehen, zerren, schleppen, be-, fördern, an-, heraufholen, anluven)
install (installieren, einrichten, -bauen, montieren, aufstellen, *in ein Amt* einsetzen, -führen)
mall (Sturmmöwe, Promenade, Mittelstreifen Autobahn, *Am:* Einkaufszentrum, Fußgängerzone)
maul (Schlegel, schwerer Holzhammer, jmd. oder etwas übel zurichten, misshandeln)
Montreal (Eigenname)
nightfall (Einbruch der Nacht)
overhaul (Überholung, gründlich überholen, -prüfen, ein-, überholen)
parasol (Sonnenschirm, Parasol)
pitfall (Falle, Fallgrube, *übertr:* Fallstrick)
protocol (Protokoll, protokollieren)
pub-crawl (*bes.Engl:* Kneipenbummel)
rainfall (Regen, Niederschlagsmenge)
scrawl (kritzeln, hinschmieren, Gekritzel, Geschreibsel)
shawl (Umhänge-, Kopftuch)
small, -hours, -minded (klein, schmächtig, gering, armselig, dürftig; frühen Morgenstunden; kleinlich, engstirnig)
snowfall (Schneefall, -menge)
sprawl (ausgestreckt daliegen, sich rekeln oder lümmeln, Sichbreitmachen, Ausbreitung)
stall (Markt-, Bude, -Stand, Box, einstallen, mästen oder füttern, Parkplatz, Kirchen-, Chor-, stuhl, Hülle, Schutz, Wagen abwürgen, steckenbleiben; Ausflucht, Hinhaltemanöver, hinhalten, hinauszögern, ausweichen, *Am:* Komplize)
tall, talk - (groß, hoch, -gewachsen, übertrieben, unglaublich; prahlen, prahlerisch)
thrall, -dom (*Hist:* Leibeigene, -r, Hörige, -r, *übertr:* Sklave, Knecht, -schaft, Sklaverei)
wall (Wand, Mauer, Wall)
waterfall (Wasserfall)
y'all (euch-, ihr alle)

~old, ~olt ☛ *~ol (S. 224), ~ould (S. 243)* *von assault bis whaled*

assault (Angriff, Überfall, an-, über-, fallen, greifen, be-, stürmen, vergewaltigen)
appalled (entsetzen)
bald, -headed (kahl, schmucklos, nüchtern, nackt, unverhüllt, -blümt; kahlköpfig)
bawled (gegröhlt, gröhlte)
brawled (krakeelte, zankte)
called (ab-, an-, auf-, gerufen, genannt, gekündigt, tituliert)
cobalt (Kobalt)
crawled (gekrabbelt, -krault, krochen, kroch)
fault (Schuld, Verschulden, Irrtum, Störung, Fehler, -machen,'verpatzen', tadeln, missbilligen, etwas auszusetzen haben, *Geol:* Verwerfung)
galled, - by riding (gereizt, -ärgert, ärgerte; durchgeritten)
halt, crash - (Halt, Pause, Rast, anhalten, halt machen, *übertr:*'hinken, holpern', zögern, schwanken, stocken; Vollbremsung)

hauled, close - (geschleppt, schleppte, zog, gezogen; hart am Wind)
installed (installiert)
malt (Malz, mälzen, zu Malz werden)
mauled (beschädigt, misshandelt, zerfleischt, -rissen)
salt (Salz, ein-, salzen, salzig, würzen, pökeln, *übertr:* Würze, Esprit, Witz)
scald (Verbrühung, ab-, verbrühen, abkochen, dünsten, *scalding tears*, heiße Tränen)
scrawled (gekritzelt, kritzelte, verschmiert)
somersault (Salto, Purzelbaum, - schlagen oder machen)
sprawled, - out (ausgestreckt, -spreizt)
stalled (abgewürgt, würgte ab)
tolled (geläutet, läutete, schlug)
vault (Gewölbe, Gruft, über-, sich wölben, über-, springen, sich schwingen, setzen)
walled (ver-, zugemauert, von Mauern umgeben)
whaled (haute)

~olf — *von absolve bis solve*

absolve (frei-, lossprechen, Absolution erteilen, entbinden von)
devolve (übertragen, -gehen, abwälzen auf, sich vererben auf, jmdm. obliegen)
dissolve (auf-, lösen, -heben, Ehe scheiden, zersetzen, -fallen, -gehen, vernichten)
evolve (entwickeln, -falten, -stehen aus, herausarbeiten, *Wärme, Gas* aus-, verströmen)
involve (einbeziehen, -schließen, verwickeln, betreffen, beteiligen, bedeuten, involvieren)
revolve (sich-, drehen, kreisen, rotieren, *übertr:* hin und her überlegen, *Probleme* wälzen)
solve (*Aufgabe, Problem* lösen, *Verbrechen* auf-, klären)

~omb, ~omp — *von comp bis tromp*

comp, -time, photo (Zeitausgleich; Filmsatz, Druckverfahren)
pomp (Pomp, Prunk)
romp (umhertollen, sich-, balgen, toben, ‘wilde Schmuserei, rasen, flitzen’, - *through,* spielend durchkommen, - *away,* davonziehen)
stomp (stapfen, stampfen)
swamp (Sumpf, Moor, überschwemmen, *Schiff:* volllaufen lassen, zum Sinken bringen, *be swamped with,* überhäuft werden oder sein, sich nicht mehr retten können vor)
tromp (Maultrommel)

~on — *von Amazon bis yawn*

Amazon (*Antike, übertr:* Amazone, Mannweib)
Autobahn (Autobahn)
Babylon (Eigenname)
bonbon (Bonbon, *übertr:* Zuckerl)
brawn (Muskeln, *übertr:* Muskelkraft, Stärke; Presskopf, Sülze)
chiffon (Chiffon)
con (lernen, sich etwas einprägen; Neinstimme, Gegenargument, gegen; betrügerisch, Betrüger, Hochstapler, Sträfling,´jmd. reinlegen´, -dazu bringen, etwas zu tun)
conn (Schiff steuern)
dawn (*at dawn,* bei-, Dämmerung, Tages-, Anbruch, An-, Beginn, Erwachen, dämmern, tagen, anbrechen, *übertr:* herauf-, dämmern, erwachen, entstehen)
drawn (*P. P.* von draw; gezogen, *übertr:* abgespann, verhärmt, - *with pain,* schmerzverzerrt, *Sport:* unentschieden)
echelon (*Milit:* Staffel, Angriffs-, Welle, Rang, Stufe, staffeln, gliedern)

fawn (schwänzeln, wedeln, *übertr:* scharwenzeln, katzbuckeln; Rehkitz, -braun)
gone (*P. P.* von go, gegangen, weg, fort, verloren, verschwunden, dahin, 'ganz weg, high, verknallt, futsch', über, älter-, mehr als, *I must be gone,* ich muss weg)
John (Eigenname)
lawn, -mower, -tennis (Rasen, -mäher, -tennis; Batist, Linon)
on (auf, ab, an, in)
carry on (fortsetzen, -fahren, -bestehen, weiterführen, -machen)
pawn (Schachfigur, Bauer, Pfand, verpfänden)
pentagon (Fünfeck, *Am:* Pentagon - Verteidigungsministerium)
silicon (Silizium)
swan, hooper - (Schwan, Singschwan)
undergone (durchgemacht, erduldet, erlebt, sich unterzogen)
upon (auf)
wan (bleich, blass, fahl, schwach, matt)
woebegone (leid-, jammervoll, vergrämt, verwahrlost)
won (gewonnen, *Prät.* und *P. P.* von win)
wanton (Dirne, aufrührerisch, kriminell, lasziv, liderlich, lüstern, schamlos, mutwillig, sträflich, übermütig, üppig; - *boy,* störrischer Junge, - *curls*, üppige Locken)
yawn (gähnen, *übertr:* sich weit und tief auftun, weit offenstehen)

~ona — *von belladonna bis wanna*

belladonna (Belladonna, Tollkirsche)
Donna, prima donna (Prima Donna)
iguana (Leguan)
madonna (Muttergottesbild)
wanna (*want to*, möchten, wollen)

~ond, ~ont — *von beyond bis yawned*

beyond, pass -, go (darüber hinaus, Jenseits, jenseits, mehr als, weiter als, weiter weg; hinausgehen über; übertreffen, -schreiten)
blond (blond, -haarig, hell)
bond (Wertpapier, Verbindung, Band, zusammenhalten, ver-, binden, kleben, unverzollt)
correspond (korrespondieren, entsprechen, übereinstimmen, in Einklang stehen, passen)
daunt (einschüchtern, schrecken, entmutigen, *a daunting task,* eine beängstigende Aufgabe)
dawned (dämmerte, graute, *it – upon him*, es wurde ihm bewusst, -klar)
flaunt (zur Schau stellen, protzen mit, stolzieren, paradieren, prangen, etwas missachten)
fond, au - (töricht, kühn, übertrieben, liebevoll, zärtlich; im Grunde)
gaunt (ausgemergelt, hager, mager, karg)
haunt (Lieblingsort, spuken, häufig besuchen, frequentieren, *übertr:* verfolgen, plagen)
jaunt (Ausflug, Spritztour, eine(n) - machen)
pond (Teich, Weiher, big -, 'großer Teich', Übersee)
respond (be-, antworten, reagieren, erwidern, ansprechen auf, empfänglich sein)
spawned (hervorgebracht)
taunt (verhöhnen, -spotten, Spott, Hohn; - *so. with,* jmdm. etwas vorwerfen)
vagabond (Vagabund, -ieren, Landstreicher, Strolch)
wand (Rute, Zauber-, Stab, Taktstock)
want (wollen, wünschen, möchten, fehlen, Mangel, Bedürfnis, Anspruch)
wont (Brauch, Gewohnheit, *be wont to do*, gewohnt sein, zu tun pflegen)
won´t (wird nicht, will nicht)

yawned, chasm - (gegähnt, gähnte, Abgrund öffnete sich)

~ong *von along bis wrong*

along (entlang, längs, vorwärts, weiter)
belong (an-, dazu-, gehören, verbunden sein mit)
bong (Wasserpfeife für Haschisch)
ding-dong (Bimbam, *a – fight,* ein hin- und her wogender Kampf)
gong (Gong, *Engl. SL:* Orden)
Hong Kong, King - (Eigennamen)
long (lang, -e, -er, hoch, herbei-, sich-, sehnen)
Ping- Pong (Tischtennis, Ping-Pong-Spiel)
prong (Zinke einer Mist-, Gabel, Zacke, Spitze, Dorn, aufspießen, mit einer Gabel stechen oder heben)
song, love -, torch - (Lied, Gesang; Liebeslied; Schnulze)
strong (stark, kräftig, tüchtig, mächtig, energisch, nachdrücklich)
throng (Menge, Masse, Gedränge, Andrang, be-, um-, sich- drängen, scharen, strömen)
wrong (Unrecht, -tun, falsch, verkehrt, unrichtig)

~ons ☛ *~ont (S. 227), ~on (S. 226)* *z.B. fronts*

fronts (Fronten, Vorder-, Stirnseiten)

~op ☛ *~ob, ~op (S. 217)*

~opt ☛ *~obt, ~opt (S. 218)*

~oRa *von angora bis sinora*

angora (Angora, -wolle)
aura (Hauch, Duft, Aroma, *übertr:* Aura, Ausstrahlung, Atmosphäre)
aurora, - borealis (Aurora, Morgenröte; Nordlicht)
flora (Flora, Pflanzenwelt)
Nora, Torah (Eigennamen)
sinora (*Spanisch Anrede:* Frau)

~oR *von abhor bis your*

abhor (verabscheuen)
ambassador (Botschafter, Ab-, Gesandter, Bote)
ashore, go -, run - (ans oder am Ufer oder Land; an Land gehen; stranden, auflaufen)
auditor (Rechnungs-, Wirtschaftsprüfer, Bücherrevisor, *Am:* Gasthörer)
Bachelor (Junggeselle, ledig, *Uni:* Bakkalaureus)
Baltimore (Eigenname)
before, from - (bevor, ehe, vor, -her, -mals, früher, vorn, voran, lieber...als; a. d. Zeit vor)
boar, wild - (Eber, Keiler; Wildschwein)
bore (an-, bohren, Bohrung; langweilen; Springflut; getragen, *Prät.* von *bear*)
chancellor (Kanzler, *Am:* Rektor, *Engl:* Finanzminister)
chore (Arbeit, schwierige Aufgabe)
commodore (Kommodore, Leitschiff, Präsident eines Jachtclubs)
competitor (Mitbewerber, *Sport:* Teilnehmer, Rivale, *Witsch:* Konkurrent)
conspirator (Verschwörer)
contributor (Beitragender, -steuernder, Mitwirkender, -arbeiter, *bes. Zeitung*)

core, -time (Kern, das Innerste, Mark, Seele, Eiter-, Pfropf, entkernen, *übertr:* harter Kern, hart, *Engl:* Schotter; Kernzeit)
corps (Korps, Truppe, Körperschaft, Studenten-, Verbindung)
corridor, - train (Korridor, Seiten-, Gang, Flur; D-Zug)
deplore (beklagen, -dauern, -trauern, missbilligen)
dinosaur (Dinosaurier)
door, out - (Tür, Ein-, Zugang, Tor, Pforte; draußen, im Freien)
drawer (Zeichner, Schublade, -fach, Aussteller eines Wechsels, Unterhose, Schlüpfer)
Ecuador (Eigenname)
editor, - in chief (Redakteur, Editor; Herausgeber, Chefredakteur, Cutter)
emperor, -moth (Kaiser; kleines Nachtpfauenauge)
encore (Da capo, -rufe, noch einmal, Wiederholung, Zugabe, -rufe)
error (Irrtum, Fehler, Versehen, Fehltritt, Vergehen, Abweichung)
evermore, for - (immerfort, je wieder; in Ewigkeit)
explore (erforschen, -kunden, untersuchen, sondieren)
floor (Flur, Grund, Fuß-, Boden, - verlegen, zu Boden schlagen, verblüffen, Stock-, werk, Geschoss, minimum)
folklore (Folklore, Volkskunde, -tum)
for (für, da)
fore (vorder, Vorder..., Vor..., früher)
four (vier, Vierer, *by fours,* immer vier, *on all fours,* auf allen vieren; übereinstimmend)
furthermore (ferner, überdies, außerdem)
galore (in rauen Mengen, *whisky* -, jede Menge Whisky)
governor (Gouverneur, Kommandant, Direktor, Leiter, Chef, ‘der Alte, alter Herr’)
ignore (ignorieren, nicht beachten, oder berücksichtigen, *Am:* Klage abweisen, verwerfen)
implore (er-, anflehen, beschwören, erbitten)
lore (Kunde, überliefertes Wissen, Sagen- und Märchengut, Überlieferungen)
matador (Matador)
metaphor (Metapher, bildlicher Ausdruck)
more (mehr)
nevermore (nimmermehr, nie wieder)
nor, - I am (noch, *neither...* -, weder...noch; ich auch nicht)
oar (Ruderer, Ruder, Riemen, rudern, *übertr:* Flügel, Arm)
offshore (von der Küste ab , -her, küstennah, ablandig, Auslands...)
or (oder, - *else* , sonst, andernfalls, *either...* -, entweder...oder; Gold, gelb)
orator (Redner, *Am:* Kläger)
ore, - bearing (Erz; -haltig, -führend)
poor, - law, -me! (arm, schlecht, unergiebig, bedürftig; Armenrecht; ich Ärmster!)
pour (Strömen, ein-, gießen, schütten)
rapport (Beziehung, in Verbindung stehen, *übertr:* gut harmonieren)
restore (wiederherstellen, restaurieren, instand setzen, zurückerstatten, -geben, -bringen)
roar (Gebrüll, brüllen, *übertr:* Tosen, Toben, Brausen, aufheulen, donnern, grollen)
score (Kerbe, Rille, Partitur, Start-, Ziel-, Linie, Zeche, Rechnung, Spiel-, Stand, Punkte -, machen, den Wert-, haben, einkerben, zählen, gezählt werden)
seashore (Seeküste)
senator (Senator)
senór (*span. Anrede:* Herr)
shore (Strebe, Stütz-, Strebebalken, stützen; Küste, Strand, Ufer, Gestade)
Singapore (Eigenname)

snore (schnarchen)
soar (aufsteigen, sich erheben, -emporschwingen, segelfliegen, in die Höhe schweben)
sophomore (*Am:* College-Student oder Schüler einer High-School im 2. Jahr)
sore, eye - (Wunde, wunde Stelle, Entzündung, weh, wund, verärgert, beleidigt, böse; *übertr:* Schandfleck, etwas Hässliches)
spore (*Biol:* Spore, Keimkorn, *übertr:* Keim)
store (Lager, Vorrat, Speicher, Lebensmittel-, Geschäft, Laden, ein-, lagern, speichern, versorgen, eindecken, fassen, aufnehmen, unterbringen)
swore (geschworen, *Prät.* von *swear*)
terror, -stricken, holy - (Schrecken, Entsetzen, Terror, Gewalt; angsterfüllt; Nervensäge)
therefore (deshalb, -wegen, daher, darum, folglich, demgemäß)
Thor (Eigenname)
tore (Erz, riss, zerriss)
troubadour (Troubadour, Sänger)
underscore (unterstreichen)
uproar (*übertr:* Aufruhr, Tumult, Toben, Lärm)
visitor (Besucher, Gast, Inspektor)
whore (Hure, huren)
yore, of (vorzeiten, ehedem, vormals, *in days of -*, in alten Zeiten)
your (dein, euer, eure, Ihr, -e, so ein, -e, der, die, das Vielgepriesene, -gerühmte)

~oRd, ~oRt ☛ *~oR (S. 228)* *von abhored bis whored*

abhored (verabscheute)
aboard, go - (in, an Bord; an Bord gehen, sich einschiffen)
abort (Fehl-, oder Frühgeburt haben, etwas abbrechen, fehlschlagen, *Biol:* verkümmern)
accord (zu-, übereinstimmen, harmonieren, passen, Einklang, bewilligen, gewähren)
afford (sich leisten, - erlauben, erübrigen, gewähren, bieten, *Schatten* spenden)
assort (sortieren, gruppieren, zusammenstellen, verkehren, umgehen mit, passen zu)
award (Auszeichnung, Belohnung, Preis, Verleihung, Prämie, Zuschlag, Vergabe, zuerkennen, zusprechen, -billigen, -wenden, -teilen, verleihen)
board (Spiel-, Brett, Planke, Tisch, Tafel, Bord, -wand, Leiterplatte, verschalen, täfeln, einsteigen, logieren, verköstigen, Kost, Verpflegung)
bored (gelangweilt)
cavort (herumtollen, -tanzen)
chord (Akkord, Saite, Profil-, Sehne, -tiefe, Gurt)
comfort (Komfort, Bequemlichkeit, Trost, tröstlich, trösten, Mut zusprechen, erfreuen)
consort (Gemahl, Geleitschiff, verkehren, sich gesellen zu, übereinstimmen, passen)
contort (verdrehen, -zerren, -ziehen, *Gesicht, etc.*)
court (Gericht, Rat, Versammlung, Vorstand, Residenz, Hof, kleiner Platz, Sackgasse, Aufwartung, um-, werben, den Hof machen, abgesteckter-, Spielplatz)
davenport (kleiner Sekretär, *Am:* Bett-, Couch)
deplored (bedauerte)
deport (fortschaffen, deportieren, ausweisen, abschieben, sich gut betragen oder benehmen)
distort (*a. übertr:* verdrehen, -renken, -zerren, -formen, entstellen, *distorting mirror*)
effort (Bemühung, Anstrengung, Versuch, Mühe, Leistung)
escort (Eskorte, Begleitung, Geleit, eskortieren, begleiten, geleiten)
exhort (ermahnen)
explored (ausgekundschaftet, erforscht)
export (Export, Ausfuhr, exportieren, ausführen)

extort (erpressen, -zwingen, abringen, -nötigen)
floored (sprachlos sein)
floured (*Gastro:* bemehlt)
ford (Furt, durchwaten)
Ford, Henry - (Eigennamen)
fort (Fort, Festung, *hold the -,* die Stellung halten)
harpsichord (Cembalo)
hoard, - up (Hort, Schatz, Vorrat; horten, hamstern)
ignored (ignoriert, -e, missachtet, hinweggesetzt, nicht zur Kenntnis genommen)
implored (angefleht, flehte an)
import (Import, Einfuhr, importieren, einführen, Bedeutung, Sinn, bedeuten, -sagen)
lord (Herr, Gebieter, Gott, Lordschaft, herrschen, gebieten, sich aufspielen)
oared (gerudert, ruderte)
overboard (über Bord, *go- about o.for,* hingerissen sein von)
passport (Ausweis, Pass, -ierschein, *übertr:* Zugang, Weg, Schlüssel zu...)
port (Portwein; Tor, Pforte, Luke, Scharte, Aus-, Einlass-, Öffnung-, Abzug, Anschlussbuchse; Backbord, nach Backbord drehen; Hafen, -Platz, -stadt, *übertr:* Ziel, sicherer Hafen)
poured (goss, gegossen, eingeschenkt)
quart (Quart, -e)
report (Report, Bericht, Zeugnis, Meldung, Gutachten, melden, berichten, bezeichnen)
resort (Zuflucht, Erholungs-, Urlaubsort, greifen zu, zurückgreifen auf)
restored (restauriert, -e, umgelagert, wiederhergestellt, erstattete zurück, -gespeichert)
retort (Entgegnung, Erwiderung, treffend-, schlagfertig -, erwidern, entgegnen)
reward (Belohnung, Entgeld, Vergeltung, Finder-, Lohn, jmd. oder etwas belohnen, -strafen)
roared, - at (gebrüllt; angebrüllt)
soared (auf-, gestiegen, stieg auf, erhoben)
scored (erzielt, schaffte)
short (kurz, knapp, Kurzschluss)
shuffleboard (Beilkespiel)
snored (gechnarcht, schnarchte)
snort, - out (schnauben, prusten; Worte -wütend- schnauben)
soared (auf-, gestiegen, erhoben, stieg auf)
sort (Sorte, Art, Gattung, sortieren, ein-, ordnen, sichten)
sport (Sport, sportlich, protzen, herumlaufen, -tollen)
stored (abgestellt, gelagert, gespeichert, speicherte)
support (Unterstützung, Stütze, Reserve, unter-, stützen, ertragen, -dulden, aus-, halten)
sword (Schwert, Säbel, Degen, Waffe)
thwart (*Pläne, etc.* durchkreuzen, vereiteln, entgegenarbeiten, hintertreiben; Ruderbank)
tort (*Recht:* zivilrechtl. Delikt, unerlaubte Handlung)
transport (Ab-, An-, Transport, Beförderung, trans-, deportieren, befördern, versenden)
underscored (unterstrichen)
ward (Mündel, Schützling, Kranken-, Station, Zelle, Trakt, Haft)
wart (*Bot. Med. Zool:* Brust-,Warze, *Bot:* Auswuchs; *warts and all,* mit all seinen Fehlern)
whored (Trieb, Unzucht)

~oRgen — *von gorgon bis organ*

gorgon (*Myth:* Gorgo, hässliches oder abstoßendes Weib, 'Drachen')
Morgan (Eigenname)
organ (Organ, Stimme, Orgel)

~oRdsch *von forge bis torch*

forge, -ahead (Esse, Schmiede, schmieden, fälschen; sich vorankämpfen, -Bahn brechen)
George (Eigenname, Skt. Georg, *Am: let – do it,* soll´s machen, wer Lust hat!)
porch, -climber (Vorhalle, Portal, *Am:* Veranda; *SL:* Klettermaxe, Einsteigerdieb)
scorch (versengen, -brennen, -schmoren, aus-, dörren, kritisch oder spöttisch verletzen,´rasen´)
torch, electric - (Fackel; Taschenlampe; *Am:* Brandstifter)

~oRf *von barf bis wharf*

barf, - bag (kotzen, erbrechen, sich übergeben, Kotztüte)
dwarf (Zwerg..., -enhaft, verkümmern, *übertr:* in den Schatten stellen, in der Entwicklung hemmen oder hindern)
scarf (Schal, Kopf-, Halstuch, Krawatte, Schärpe, Tischläufer, *Kirch:* Seidenstola, zusammenblatten, ver-, laschen, einen Wal aufschneiden)
snarf, - down (ver-, hinunterschlingen)
wharf (Kai, Landeplatz, Waren löschen, am Kai festmachen)

~oRi ☛ *S. 176*

~oRk *von cork bis uncork*

cork (Korken, Kork, -eiche, -rinde, Angelkork, Schwimmer, ver-, zukorken)
fork (Stimm-, Gabel, Forke, sich gabeln, -spalten, abzweigen, Gabelung, Abzweigung)
New York (Eigenname)
pork, -pie, -hat (Schweinefleisch; -pastete; runder Filzhut)
stork (Storch)
torque, -shaft (Drehmoment; Dreh-, Torsionsstab)
uncork (entkorken, ´etwas Luft machen, - vom Stapel lassen´)

~oRm *von chloroform bis warm*

chloroform (Chloroform, chloroformieren)
conform (anpassen, sich richten, -fügen, entsprechen)
deform (verformen, -unstalten, entstellen, verzerren, *übertr:* -derben, -biegen)
form, - (Form, Gestalt, Figur, Formular, Formblatt, formen, bilden; ...förmig)
inform (informieren, verständigen, mitteilen, benachrichtigen)
norm (Norm; *Biol:* Typus; *bes. Schule:* Durchschnitt, -sleistung)
perform (aus-, auf-, durchführen, auftreten, spielen, darstellen, leisten, erfüllen, machen)
rainstorm (heftiger Regenguss)
reform (Reform, reformieren, sich-, ver-, bessern, sich-, umgestalten, -formen, -bilden)
snowstorm (Schneesturm)
storm (Sturm, Unwetter, er-, stürmen, be-, stürzen, wüten, toben, *wütend* ausstoßen)
swarm (Schwarm, Masse, aus-, um-, -her, schwärmen, wimmeln, hinauf-, hoch-, klettern)
transform (sich-, umgestalten, -wandeln, transformieren, Verwandlung)
uniform (Uniform, Tracht, einheitlich, gleich, -mäßig, -bleibend, einförmig, -tönig)
warm (warm, -werden, sich-, auf-, erwärmen, anfreunden)

~oRn *von adorn bis worn*

adorn (schmücken, zieren, verschöne-r-n, Glanz verleihen)
airborne (im Flugzeug befördert oder eingebaut, Luftlande..., auf dem Luftweg, aufgestiegen)
born (geboren, *P. P.* von bear)
Cape Horn (Eigenname)

Capricorn (*Astron:* Steinbock)
corn (Korn, Getreide, pökeln, einsalzen; Hühnerauge)
forlorn, -hope (verlassen, -zweifelt, einsam, hilflos, unglücklich, elend; letzte Hoffnung)
horn, -in (Signal-, Horn, Sattelknopf, auf die Hörner nehmen; sich einmischen oder -drängen)
lovelorn (liebeskrank, vor Liebe, -skummer vergehen)
Matterhorn (Eigenname)
morn (*Poet:* Morgen)
mourn (etwas oder jmd. be-, trauern, klagen, Trauer tragen)
popcorn (Puffmais, Popkorn)
scorn (Verachtung, Spott, Hohn, verachten, -schmähen, geringschätzen, *laugh to -,* verlachen; *think – of,* verachten)
stillborn (totgeboren)
sworn (ver-, geschworen, *P. P.* von swear, ver-, beeidigt)
unicorn (Einhorn)
warn (ver-, warnen, hinweisen, ermahnen, auffordern, *dringend* raten, nahelegen)
worn (getragen, *P. P.*von wear, abgegriffen, -genutzt, -gefahren, verschlissen, aufgehabt, *- out,* erschöpft, abgespannt, *age -,* altersschwach)

~oRS(th) — *von forth bis north*

forth, show - (hervor, her, vor, -an, -wärts, außen, weiter, weg, fort; darlegen, kundtun)
fourth (Quarte, Vierte, viert, -el)
henceforth (von nun an, künftig, fortan)
north (Nord..., Norden, nördlich, nach oder im Norden)

~oRs — *von coarse bis source*

coarse (grob, -körnig, *übertr:* grob, derb, ungehobelt, -anständig, anstößig, einfach)
Corse (Korsika)
course (Kurs, Verlauf, Weg, Richtung, Kurs verfolgen, rennen, eilen, jagen, hetzen)
divorce (Trennung, Scheidung, trennen, scheiden, los-, lösen)
doors, folding- (Türen, Flügeltür)
endorse (Vermerk, Zusatz machen-, auf der Rückseite-, bestätigen, eine Strafe vermerken)
force (Kraft, Stärke, Wucht, Macht, er-, auf-, hinein-, zwingen, nötigen, forcieren, erstürmen, überwältigen, aufbrechen, -sprengen, treiben, drängen)
gorse (Stech-, Ginster, -busch)
horse, rocking - (Pferd, Ross, aufsteigen, -sitzen, -laden, rossen; Schaukelpferd)
morse (Morsealphabet)
Norse (skandinavisch, alt-, norwegisch, -nordisch, die Skandinavier)
reinforce (*Tech:* Verstärkung, verstärken, *übertr:* be-, kräftigen, untermauern)
remorse, without - (Gewissensbisse, Reue; unbarmherzig, kalt)
resource (Geld-, Mittel, Reichtümer, Findig-, Wendigkeit, Talent, Entspannung)
source (Source, Quelle, Ursprung, *Poet:* Quell)

~oRt ☛ *~oRd, ~oRt (S. 230)*

~oRschn — *von abortion bis proportion*

abortion (Abort, Fehl-, Früh-, Missgeburt, Abtreibung, Verkümmerung, Fehlschlag)
contortion (Verzerrung, -renkung)
distortion (Verdrehung, -renkung, -zerrung, -windung, *übertr:* Entstellung, Verzerrung)
extortion (Wucher, Erpressung)

portion (Portion, Teil, Menge, Quantum, aus-, auf-, zu-, verteilen, Mitgift, Aussteuer)
proportion (Verhältnis, Teil, Proportion, Gleich-, Ausmaß, proportionieren, anpassen)

~oos *von applause bis was*

applause (Applaus, Beifall, *übertr:* Zustimmung, Anerkennung)
because, - of (weil, da; wegen, infolge von)
cause (Ursache, Grund, Sache, Frage, verursachen, bewirken, hervorrufen, herbeiführen)
clause (Satz, Klausel, Bestimmung, Vorbehalt, Absatz, Paragraph)
coz (Cousin; *Abk: because*, weil)
claws (Klauen, Krallen, Pfoten, Scheren, Greif-, Haken)
gauze (Gaze, Mull, *übertr:* Dunst, Schleier)
laws, in -, blue- (Gesetze; angeheiratete Verwandte; *Am:* strenge puritan. Gesetze)
menopause (Wechseljahre, Klimakterium)
Oz (*ounce,* Unze; Australien)
pause (Pause, Unterbrechung, pausieren, innehalten, zögern, Gedankenstrich, *Musik:* Fermate)
paws (Pranken, Pfoten, Tatzen)
Santa Claus (Weihnachtsmann, Nikolaus)
was (war, wäre, sollte, 1. u. 3. Sing. *Prät.* Indikativ von be)

~osch *von awash bis wash*

awash (überflutet, -füllt)
frosh, freshman (*Am:* Student im 1. Semester)
galosh (Über-, Gummischuh, Galosche)
gosh (Mensch!, Mann!)
hogwash (Schweinefutter, Quatsch, Mist, *verächtl:* 'Spülwasser')
josh (Hänselei, aufziehen, veräppeln)
mackintosh (Regen-, Gummimantel)
posh ('pikfein, todschick, feudal')
quash (zermalmen, -stören, *übertr:* unterdrücken; *Recht:* aufheben, annulieren, verwerfen, abweisen, niederschlagen)
slosh (im Wasser herumplatschen, herum-, schwappen, schwenken, bespritzen)
squash (Squash, Matsch, Brei, zer-, quetschen, -drücken, Gedränge, hineinzwängen)
swash (klatschen, schwappen, planschen, Wasser ver-, spritzen)
wash (Wäsche, sich-, waschen, fluten, ab-, be-, um-, über-, spülen, Waschung, Gewäsch)

~oss *von across bis toss*

across (quer-, durch, über, drüben, kreuzweise, über Kreuz, hin- oder herüber)
Albatross (Albatros, Sturmvogel)
boss (Chef, Boss, 'Macher', den Herrn oder Chef spielen, kommandieren, Herr sein über; Nabe, Beule, Buckel, Knauf, Knopf, mit Buckeln verzieren, bosseln, treiben)
cross (Kreuz, -ung, kreuzen, überqueren, quer, entgegentreten, streichen, böse, mürrisch)
double-cross (e. doppeltes oder falsches Spiel treiben, *bes. den Partner* 'anschmieren')
floss (Kokon-, Seidenwolle, Florettgarn, Flaum, seidige Substanz; *dental -,* Zahnseide)
gloss, -over (Glosse, Erläuterung, Anmerkung, Kommentar, glossieren, Glanz, glänzend machen; beschönigen, vertuschen, *absichtlich* irreführend deuten)
loss (Verlust, Einbuße, Ausfall)
moss, -grown (Moos, Moor; bemoost, *übertr:* altmodisch, überholt)
rhinoceros (Nashorn, Rhinozerus)
sauce (Soße, Tunke, mit Soße würzen, frech sein, *Am:* Kompott, *übertr:* Würze, würzen)

toss (Wurf, Sturz, ab-, hoch-, zurück-, hin-u.her-, werfen, -schleudern)

~osd, ~ost *von bossed bis tossed*

bossed (kommandierte, mit Bossen verziert)
cost (Kosten, Preis, Aufwand, kosten)
crossed (ge-, durchkreuzt, kreutzen, überquerte, verschränkt)
exhaust (Auspuff, erschöpfen, ausströmen, sich entleeren, *Luft, Wasser, Gas*, leeren, ab-, herauspumpen, absaugen, auspuffen, Dampfaustritt; erschöpfen, ermüden)
flossed (mit Zahnseide gereinigt)
frost (Frost, Eisblumen, Reif, mit Reif oder Eis überzogen, Glas mattieren, glasieren, jmd. sehr kühl behandeln, *SL:* Reinfall, Pleite)
glossed (polierte, schöngefärbte)
holocaust (Holocaust, Judenvernichtung)
lost (verloren, *P. P.* von lose, verschwendet, -geudet, -irrt,'aufgeschmissen')
Pentecost (Pfingsten, Pfingstfest)
tossed, -salad (geknobelt, -worfen, knobelte, schleuderte; gemischter Salat)

~otem *von autumn bis bottom*

autumn (Herbst)
bottom (Boden, Grund, Unterteil, unter, -st, letzt, äußerst, Hintern, Popo, ergründen)

~ott ☛ *~od, ~ot (S. 219)*

~ou *von afro bis yo-yo*

afro, -hairdo (Afro, -Frisur, -Look)
ago (vor-, über, her)
allegretto (*Musik:* Allegretto)
although (obwohl, obgleich, wenn auch)
albino (Albino, Kakerlak)
Amarillo (Eigenname)
amaretto (Amaretto, ital. Likör)
andantino (*Musik:* Andantino)
Apollo (Eigenname)
argot (Argot, Jargon, Slang, Gaunersprache)
arrow, - keys (Pfeil, *Geodäsie:* Zähl-, Markierstab; *Comp:* Pfeiltasten)
armadillo (Armadill, Gürteltier, Apothkerassel)
art deco (Art Deco, Stilepoche)
bambino (*Ital:* Kind)
banjo (Banjo)
barrow, - man (Karre, -n: Tumulus, Hügel, -grab; Bork; Straßen-, flieg. Händler)
beau, - ideal (Galan, Kavalier, Liebhaber; Ideal, Vorbild, vollkommene Schönheit)
bellow (Gebrüll, brüllen)
below (unten, dar-, hin-, unter-, halb, niedriger)
billow (Woge, Nebel-, Schwaden, bauschen, blähen, wogen)
bingo (Bingo, -spiel, Volltreffer!, Zack!)
blotto (*SL:* sternhagelvoll, stinkbesoffen)
blow (aus-, an-, blasen, pusten, wehen, schnauben, durchbrennen, Schlag, Stoß)
bestow (schenken, gewähren, geben, spenden, erweisen, verleihen)
bonito (*span:* schön, -er)

borough, country - (Stadtbezirk; *Engl:* Stadt, die eine eigene Grafschaft bildet)
borrow (ent-, leihen, borgen)
bow (Bug, Bogen,Verbeugung, -neigung, sich- ver-, beugen, neigen, biegen, unterwerfen)
bravado (Wagemut, gespielte Tapferkeit, herausvorderndes Benehmen)
Buffalo (Eigenname)
bungalow (Bungalow)
burrow (Höhle, sich-, vertiefen, -bergen, tiefen, einen Gang -, ein-, graben)
calico (Kaliko, Kattun..., bunt, *Engl:* weißer oder ungebleichter Baumwollstoff)
callow (ungefiedert, nackt, *übertr:* 'grün, unreif')
cargo (Ladung, Fracht)
casino (Spiel-, Casino)
cello (Cello)
CEO (chief executive officer, Geschäftsführer)
Cisco (Eigenname)
crescendo (*Musik:* lauter werdend, ansteigend)
Crisco (Eigenname)
Colorado (Eigenname)
crossbow (Armbrust)
crow (Krähe, krähen, quietschen, triumphieren, protzen, *Am: verächtl:* Neger)
depot (Depot, Sammel-, Lagerplatz, -haus, *Am:* Bahnhof)
de Soto (Eigenname)
demo ('Demo', Vorführband, -wagen)
diminuendo (*Musik:* Diminuendo)
disco (Discothek)
dingo (Dingo, Wüstenfuchs)
doe (Dammhirschkuh, Rehgeiß, Weibchen, der Hasen und Kaninchen)
domino (Domino, -stein, -spiel)
dough (Teig, *Am. SL:* Zaster, Geld)
El Dorado (Eigenname)
echo, re- (Echo, Spiegelung, Widerhall, Anklang, *Musik:* Wiederholung, echoen, exakt-, nachahmen, wiedergeben, -hall; widerhallen, - lassen)
embargo (Embargo, Hafen-, Handels-, Sperre, Verbot, sperren, beschlagnahmen)
embryo, in - (Embryo, Ungeborenes; *übertr:* im Keim, - entstehen, - werden)
escrow (*Recht:* bei einem Dritten hinterlegte Urkunde, d. b. Bedingungserfüllung wirkt)
Eskimo (Eskimo, -sprache, Inuit)
fallow, lie - (Brache, Brachfeld, brach, -liegen)
falsetto (Fistelstimme, *Musik:* Falsett)
Fandango (Eigenname)
Fargo (Eigenname)
fellow (Gefährte, Kamerad, Kerl, Bursche)
Filipino (Einwohner der Filipinen)
flamingo (Flamingo)
flow (fließen, Strömung, Durch-, Fluss, Strom, im Fluss sein)
foe (Feind, *Sport u. übertr:* Gegner, Widersacher)
follow (ver-, be-, nach-, folgen, ergeben)
forgo (verzichten auf)
to and fro (auf und ab, hin und her)
furrow (Furche, Bodenfalte, Runzel, Rille, riefen, runzeln, pflügen, durchfurchen)
gazebo (Gebäude m. schönem Ausblick, Aussichtspunkt)

gecko (Gecko)
ghetto (Getto)
gigolo (Gigolo)
glow (er-, glühen, *übertr:* leuchten, strahlen, brennen, Hitze, Röte, Feuer, Leidenschaft)
go (geh!, voran-, hinaus-, gehen, laufen, widerstreben, werden, verfolgen, stimmen, passen, begeistern, funktionieren)
gringo (Gringo, Greenhorn, Unwissender)
grotto (Grotte, Höhle)
grow (wachsen, größer-, werden, anpflanzen, -bauen, züchten, ziehen)
hallow (heiligen, weihen, als heilig verehren; Hallo)
innuendo (Andeutung, bosh. Anspielung, Anzüglichkeit, Unterstellung)
gumbo (würz. Eintopf der Cajun-Küche Louisiana)
harrow, under the - (Egge, eggen, *übertr:* peinigen, quälen, in großer Not)
heigh-ho (ach je! oh!)
ho, gung - (Nutte; übereifrig)
hello (Hallo, - rufen, Nanu!)
hobo (Landstreicher, Tippelbruder, *Am:* Wanderarbeiter)
hoe (Hacke, *Unkraut* aus-, hacken; *a long row to -*, eine schwere Aufgabe)
hollow (Höhle, Hohlraum, Mulde, Vertiefung, hohl, leer, aushöhlen, -kehlen)
incognito (Inkognito, anonym, unter fremdem Namen)
indigo, - blue (Indigo, -blau)
jingo, by - (Chauvinist, Hurrapatriot; beim Zeus!)
Jo (Eigenname)
jojo (Jojo)
jumbo, -sized, -jet, Mumbo - (Koloss; riesig; Düsenjet; Popanz, Hokuspokus, fauler Zauber)
kendo (Kendo)
know, -all (wissen, kennen, wahrnehmen, bekannt, bedeutsam, intelligent; Klugscheißer)
largo (*Musik:* Largo, langsames Tempo)
Laredo (Eigenname)
legato (*Musik:* gebunden spielen)
leo (*Astron:* Löwe)
libretto (*Musik:* Libretto, Text)
lingo (Kauderwelsch, Jargon)
long ago (längst, schon lange her, vor langer Zeit)
low (niedrig, runter, tief, gering, Tief, -sttemperatur)
mallow (*Bot:* Malve)
mango (Mango, -baum, -frucht)
marrow (Mark, Kern, das Innerste oder Wesentlichste, Lebenskraft; Eier-, Markkürbis)
mellow (aus-, reif, -en, reif-, mürbe-, mild-, weich werden, weich, abgeklärt)
marshmallow (Marshmallow, ‚Mäusespeck', echter Eibisch)
memo (Memo, Notiz)
Mexico (Eigenname)
Mikado (Mikado, -spiel)
mistletoe (Mistel, -zweig)
morrow (*meist Poet:* morgiger oder folgender Tag)
mosquito (Moskito, Stechmücke)
motto (Motto, Wahl-, Sinnspruch)
mow (mähen, schneiden, Getreidegarbe, -boden, Heuhaufen, -boden)
narrow, -minded (schmal, knapp, eng, verengen, enger werden; engstirnig, -herzig)

no (nein, kein)
oboe (Oboe)
oh (oh!)
Othello (Eigenname)
outgrow (über d. Kopf-, hinaus-, herauswachsen, - über, schneller wachsen als)
overflow (Überlauf, -fließen, überlaufen, -schwemmen, -strömen, -quellen, -fluten)
overgrow (überwachsen, -wuchern, hinauswachsen über, zu groß werden für)
overthrow (Um-, Sturz, Niederlage, Vernichtung, stürzen, besiegen, vernichten)
owe (schulden, schuldig sein, verdanken, jmd. etwas zu – haben, Schulden haben)
photo (Foto, -grafie, Foto..., fotographisch)
peccadillo (Kavaliersdelikt, ′kleine Sünde')
piccolo (*Musik:* Piccoloflöte)
pillow (Kopf-, Kissen, Polster, als Kissen dienen, stützen, auf einem Kopfkissen legen, betten)
Pinoccio (Eigenname)
pistachio (Pistazie)
plateau (Hoch-, Ebene)
polo (Polo, -spiel)
radio (Radio, -Sender, Rund-, Funk, - spruch, senden, funken, Röntgenaufnahme machen)
rainbow (Regenbogen)
ratio (Wert-, Übersetzungs-,Verhältnis, Quotient)
rhino (*Abk:* Rhinozerus, Nashorn; *SL:* 'Kies')
Reno (Eigenname)
Rio (*Abk:* Rio Dejaneiro, *Span:* Fluss)
roe (Reh, Ricke, Rogen, Fischlaich)
roto, -section (Kupfertiefdruckbeilage *e. Zeitung*)
row (Zeile, Reihe, streiten, rudern, Krawall, Streit, randalieren, jmd. 'zusammenstauchen')
San Francisco (Eigenname)
sew (nähen, *Bücher* heften, broschieren)
shallow (seicht, flach, seichte Stelle, Untiefe, sich-, verflachen)
show (Schau, Revue, Vorstellung, sich-, zeigen, sichtbar werden, führen)
slow (langsam, verlangsamen)
snow (Schnee, fall, schneien)
so, say -, so - (so!, so sehr, dermaßen, daher, folglich, also; Behauptung; So Lala!)
Soho (Eigenname)
solo (Allein..., *Musik:* allein)
sorrow (Kummer, Gram, Leid, Klage, Jammer, klagen, trauern, grämen)
sparrow (Spatz)
staccato (*Musik:* kurz)
status quo (Status quo, der jetzige Zustand)
stiletto (Stilett, Pfennigabsatz)
stow, - away, - it (ver-, stauen, -packen, laden; wegräumen, -stecken, sich an Bord schmuggeln; aufhören mit, hör auf damit, halt′s Maul!)
studio, - shot (TV-, Radio-, Studio, Atelier; -aufnahme)
swallow (Schwalbe, *a. übertr:* schlucken, verschlingen, Schluck, Schlund, Kehle)
tallow (Talg, Schmiere, talgen, schmieren, *Tiere* mästen)
tally-ho (hallo rufen, hallo ho!)
tango, -ed (Tango, Tango tanzen)
tarot (Tarot, -karten, -spiel)
thorough, -ly (gründlich, sorgfältig, genau, eingehend)

though (je-, doch, obwohl, -gleich, -schon, *even though*, wenn auch, -gleich, zwar, selbst wenn, *as though*, als ob, wie wenn, *am Satzende:* aber, allerdings, denoch)
throw (werfen, Wurf, zu-, aus-, schleudern, würfeln, Fete machen, veranstalten)
tiptoe (auf den Zehenspitzen, - gehen oder schleichen, *übertr:* neugierig, gespannt sein)
to-and-fro (Hin und Her, Kommen und Gehen)
toe (Zehe, mit den Zehen berühren,Vorderhuf, Kappe, Spitze, von Schuhen oder Strümpfen)
Tokyo (Eigenname)
tomorrow (morgen, der morgige Tag, das Morgen)
Tornado (Wirbelsturm)
Toto, in (Eigenname; im ganzen, insgesamt, vollständig)
tow (Werg, jmd.-, mit-, ab-, schleppen, treideln, *wohin* bugsieren)
tremolo (*Musik:* Tremolo)
trio (Trio, Drei...)
tyro (Anfänger, Neuling)
undergo (*e. Wandel* erleben, durchmachen, sich etwas unterziehen, erdulden)
undertow (*Schiff:* Sog, Widersee)
vertigo (Schwindel, -anfall)
veto (Veto, Einspruch, - einlegen, untersagen, verbieten)
wallow (Sule, sulen, sich wälzen, schwelgen, - *in vice,* dem Laster fröhnen)
wino (*Am. SL:* Weinsüffel, -säufer)
woe (weh, Leid, Kummer, Not, wehe! ach! - *is me!* wehe mir! *face of -,* Jammermine, *tale of -,* Leidensgeschichte)
yellow, - press (gelb, sich-, gelb färben, Gelbsucht, Eigelb; Sensationspresse)
yo-heave-ho (hau-ruck!)
yo-yo (Yo-Yo)

~oub, ~oup — *von antelope bis telescope*

antelope (Antilope, -nleder)
cantaloupe (Kantalupe, Warzenmelone)
disrobe (entkleiden, Kleidung oder Amtstracht ablegen)
dope, inside - (Schmiere, dicke Flüssigkeit, Lack, Firnis, Rauschgift, Reiz-, Aufputschmittel, lackieren, dopen, *SL:* Trottel, Idiot; Geheimtipp, -informationen)
elope ('durchbrennen')
envelope (Decke, Ballon-, Hülle, Brief-, Umschlag, *Bot:* Kelch)
globe (Erd-, Kugel, Globus, kugelförmig machen, Goldfischglas, Lampenglocke)
grope (herum-, tasten, -tappen, -suchen, befummeln, tastend suchen)
gyroscope (*Phys:* Gyroskop, Kreisel)
hope (Hoffnung, Zuversicht, auf etwas-, hoffen)
horoscope (*Astrol:* Horoskop)
kaleidoscope (Kaleidoskop)
microscope (Mikroskop, mikrospopisch untersuchen)
mope (Trübsinn, Trübsalbläser, den Kopf hängen lassen, Trübsal blasen)
pope (Pabst)
probe, space - (Sonde, sondieren, untersuchen, eindringen; Raumsonde)
robe (Robe, Talar, Taufkleid, die Robe anlegen, jmd. feierlich-, an-, kleiden)
rope (Seil, Tau, Strick, Strang, anseilen, fest-, zusammenbinden, anheuern)
scope (Bereich, Gebiet, geist. Horizont, Gesichtskreis, Ausmaß, Umfang)
slope, nursery - (Ab-, Hang, Steilheit, Steigung, Gefälle, Schrägschacht, abschrägen, schräg, -abfallen, neigen, senken; Idioten-, Anfängerhügel)

soap, - down, no - (Seife; ein-, ab-, seifen; nichts zu machen!)
stethoscope (*Med:* Stetoskop)
strobe (*Foto:* Röhrenblitz; *Radar:* Schwelle)
telescope (Teleskop)

~oud, ~out ☛ *~ou (S. 235)* *von a la mode bis wrote*

a la mode (modisch, à la Mode)
abode (*Prät.* u. *P. P.* von abide, Aufenthalt, Wohnort, -sitz, Wohnung)
afloat, keep - (flott, schwimmend, an Bord, auf See, *a. übertr:* über Wasser halten)
antidote (Gegengift, -mittel)
bloat, -up, -out (aufschwemmen; aufblasen, -blähen; auf-, anschwellen)
boat (Boot, Kahn, Schiff, Dampfer, in einem - fahren, bootförmiges Gefäß)
bode, -well (er-, abgewartet, *Prät.* von bide; ahnen lassen; Gutes versprechen)
coat (Jackett, Jacke, Mantel, Fell, Pelz, Schicht, Decke, Hülle, Lage, an-, überstreichen, -ziehen, beschichten, umhüllen, -kleiden, bedecken, plattieren)
code (Kode, Chiffre, *Recht:* Kodex, Gesetzbuch, codieren, verschlüsseln, chiffrieren)
connote (mitbezeichnen, zugleich-, bedeuten)
corrode (korrodieren, rosten, verderben, -fallen, sich zer-, an-, einfressen, untergraben)
denote (be-, kennzeichnen, anzeigen, -deuten, bedeuten)
dote (kindisch oder senil sein, vernarrt sein, abgöttisch lieben)
episode (Episode, Neben-, Zwischenhandlung, Neben-, Ereignis, Vorfall, Erlebnis)
erode (erodieren, auswaschen, an-, zer-, wegfressen, *übertr:* aushöhlen, untergraben)
explode (explodieren, in die Luft-, sprengen, *übertr:* sprunghaft ansteigen)
float (Floß, Korg-, Schwimmer, schwimmen, treiben, -lassen, überfluten, in Umlauf bringen, umlaufen, zum schwimmen bringen, flott machen)
forebode (vorhersagen, prophezeien, böses Omen, *Schlimmes* ahnen, voraussehen)
footnote (Fußnote)
gloat, -over (weiden; sich weiden an, verzückt betrachten, hämisch oder diebisch freuen)
goad, -on (Ansporn, an-, treiben, Stachel, -Stock; *übertr:* jmd. an-, aufstacheln, treiben)
goat, he - (Ziege; -nbock; Sündenbock, *übertr:* geiler-, Bock)
load, - up (Last, Bürde, Ladung, Leistung, Belastung, überhäufen, be-, laden; auf-, ein-)
lode (*Bergbau:* Gang, Ader)
misquote (falsch anführen oder zitieren)
moat (Graben, m. e. Graben umgeben)
mode, major - (Modus, Mode, Brauch, Methode, Weise; *Musik:* Dur)
mowed (gemäht, mähte)
note (Note, Notiz, Schein, Anmerkung, bemerken, -obachten, -rühmt, Kenntnis nehmen)
oat (Hafer, *he feels his oats,* ihn sticht der Hafer)
ode (Ode)
overcoat (Mantel)
overload (überladen, -lasten, Überbelastung, -beanspruchung)
promote (anpreisen, be-, fördern, unterstützen, jmd. befördern)
quote (Zitat, Notierung, Anführungszeichen, zitieren, notieren)
remote (fern, entfernt, ent-, abgelegen, distanziert, unnahbar, mittelbar, indirekt)
riverboat (Flussschiff)
road (Straße, Fahrbahn, Weg, Strecke)
rode (gefahren, -ritten, *Prät.* von ride)
rote, by - (*übertr:* auswendig, mechanisch)
smote (geschlagen, befallen, *Prät.* von smite)

sowed (aus-, gesät, säte)
throat (Hohl-, Kehle, Gurgel, Rachen, Schlund, Hals, verengter-, Durch-, Eingang)
toad (Kröte, Ekel)
tote, - bag (tragen, schleppen, transportieren; Einkaufs-, Tragetasche)
underwrote (unterschrieb, versicherte, garantierte)
unload (ab-, aus-, entladen, Ladung löschen, *übertr:* befreien, erleichtern)
vote (Stimme, Votum, Abstimmung, wählen, ab-, stimmen, erklären-, halten für)
wrote (geschrieben, *Prät.* von write)

~ouda — *von coda bis soda*

coda (*Musik:* Koda)
pagoda (Pagode)
soda (Soda, -wasser, kohlensaures Natron)

~oudsch — *von approach bis roach*

approach (Weg, Auf-, Ein-, Zufahrt, -gang, Ansatz, Versuch, Einführung, Annäherung, nahen, bevorstehen, sich-, an-, nähern, -gehen, an-, einfliegen)
broach (Stecheisen, Räumnadel, Bratspieß, Fass anstechen, Thema anschneiden)
coach (Kutsche, Kutschreise, Trainer, Nachhilfe-, Privatlehrer, Nachhilfe erteilen)
cockroach (Schabe, Kakerlake)
encroach (unbefugt eingreifen o.- dringen, etwas beeinträchtigen, sich Übergriffe leisten)
poach (wildern, unerlaubt jagen, unbefugt eindringen, abwerben, stehlen, pochieren)
reproach, self - (Tadel, Vorwurf, tadeln, vorwerfen, -halten; Selbstvorwurf)
roach, sound as a - (Schabe; *Fischk:* Plötze, Rotauge; kerngesund)

~ouf, ~ouv — *von clove bis oaf*

clove (geklebt, *Prät.* von cleave, Gewürznelke, Brut-, Nebenzwiebel; *Am:* Schlucht)
clove of garlic, - pink (Knoblauchzehe, Gartennelke)
drove (gefahren, *Prät.* von drive; Herde, Schar)
glove, -d, kid - (Handschuh, mit Handschuh bekleiden; behandschuht; Samt-, Glacéhandschuh)
grove (Hain, Gehölz)
loaf, meat -, -about (Brot-, Laib; Hackbraten; herumlungern, bummeln, faulenzen)
oaf (Dummkopf, Esel, Lümmel, Flegel)

~oug, ~ouk — *von artichoke bis yoke*

artichoke (Artischocke)
baroque (Barock, *übertr:* prunkvoll, übersteigert, bizarr, verschnörkelt)
bloke (Kerl)
broke, go - (gebrochen, *Prät.* von break, pleite, bankrott, ruiniert; pleite gehen)
choke (er-, würgen, Choke, ersticken, hindern, dämpfen, drosseln)
cloak (Mantel, Umhang, *übertr:* Deckmantel, bemänteln, verhüllen)
coke (Koks, Kokain, 'Koks', verkoken, Coca Cola)
croak (quaken, krächzen, unken, etwas krächzend sagen, *SL:* 'abkratzen, -murksen')
evoke (*Geister* herbei-, wachrufen, beschwören, wecken)
folk, -s (Volk, Nation, Volks...; Leute; *folks say*, die Leute sagen)
invoke (anrufen, an-, er-, flehen, - um, beschwören, *übertr:* zu Hilfe rufen, sich berufen)
joke (Witz, Streich, Schabernack, scherzen, spaßen, flachsen)
oak, cork- (Eiche, *Poet:* Eichenlaub; Kork-)
poke (Stoß, Knuff, stoßen, stechen, puffen, knuffen, schüren, einmischen)

provoke (provozieren, erzürnen, aufbringen, reizen, herausvordern)
revoke (widerrufen, aufheben, rückgängig machen, *Karten:* nicht bedienen)
smoke (Rauch, Qualm, Dunst, qualmen, rauchen, räuchern, schwärzen)
soak, -up (sickern, etwas-, einweichen, sich vollsaugen, durchtränken, -nässen, Regenguss, ins Bewusstsein sickern, *SL:* saufen, schröpfen, verdreschen; aufsaugen)
spoke (gesprochen, *Prät.* u.*P. P.* von speak, Speiche, Sprosse, verspeichen, ab-, bremsen)
stroke (Herz-, Glocken-, Hammer-, Schlag, -anfall, Hieb, Hub, Bogen-, Pinsel-, Feder-, Strich, Stoß, Takt, glatt-, streichen, streicheln)
toke (Puff, kiffen)
woke (gewacht, *Prät.* von wake)
yoke, - bone (Joch, ins Joch-, einspannen, anschirren, verbunden sein, paaren; Jochbein)

~ouga — *von Saratoga bis yoga*

Saratoga (Eigenname)
toga (Toga)
yoga (Yoga)

~ouken — *von broken bis token*

broken (gebrochen, *P. P.*von break, ange-, unter-, ge-, zerbrochen, kaputt, zerrissen)
heartbroken (untröstlich, gebrochen, todunglücklich)
Hoboken (Eigenname)
jokin', -apart (scherzen, Spaß machen; Scherz beiseite!)
oaken (Eichen..., eichen, von-, aus Eichenholz)
outspoken (offen, freimütig, unverblümt, sich offen äußern)
smokin' (Rauchen, Raucher..., Rauch...)
soakin' (durchdringend, -tränkend, verschwitzend)
token (Zeichen, Spiel-, Marke, Bon, Andenken, Merkmal, Beweis, Alibi..., Schein...)

~oukes — *von focus bis locus*

focus (Fokus, Mittelpunkt, fokussieren, scharf stellen, im Brennpunkt-, sammeln)
hocus-pocus (Hokuspokus, fauler Zauber, Schwindel)
locus (WC, Ort)

~ouks — *von coax bis yolks*

coax, - out of so. (schmeicheln, gut zureden, beschwatzen; jmd. etwas abschwatzen)
chokes (würgt)
folks (Die Leute, Volks...)
hoax (Falschmeldung, Ente, Streich, einen Bären aufbinden, zum Besten halten)
jokes (Witze, Streiche, Scherze)
pokes (schürt, stößt)
smokes, holy - (raucht; Heiliger Strohsack)
spokes (Rad-, Speichen)
yokes (paart)
yolks (Ei-, Dotter)

~oul — *von bowl bis whole*

bowl (Schüssel, Schale, Napf, Waag-, Trink-, starkes, alkoholisches Getränk, Bowle, Gelage, Stadion, Holz-, Kegelkugel, werfen, schieben, *Am:* Stadion, Kugel, rollen, bowlen, kegeln)
buttonhole (Knopfloch, m. Kopfl. versehen, jmd. festhalten, *Engl:* Knopflochblume)

cajole (scheicheln, beschwatzen, schöntun, verleiten, abbetteln)
casserole (Kasserolle, Schmortopf)
coal (glimmende-, Kohle, - ein-, aufnehmen, - bunkern, bekohlen)
control (Kontrolle, -ieren, Regler, Gewalt, führen, steuern, bändigen, beherrschen)
dole, - out (Almosen, milde Gabe, Stempelgeld; sparsam aus-, verteilen)
droll (drollig, spaßig, komisch)
enroll (sich-, eintragen, einschreiben, immatrikulieren, an-, werben, -mustern, -treten)
goal (Tor, Ziel)
hole (Loch, Grube, Bau, durchlöchern, ein Loch bekommen, - machen, einlochen)
loophole (Loch, Schlitz, Schießscharte, *übertr:* Schlupfloch, Hintertürchen)
Maypole (Maibaum)
mole (Muttermal, Leberfleck, Maulwurf, Mole, Hafendamm, *Chem:* Mol, Grammolekül)
oriole (*Vogelk:* Pirol)
parole (Parole, Kennwort, bedingte Haftentlassung, Bewährung)
patrol (Patrouille, -ieren, Streife, -gehen, Spähtrupp)
pole (Pfosten, Pfahl, Stange, Stab, staken, stängen, Gegen-, Pol, -e, Kathode, polen)
poll (Abstimmung, wählen, Wahlstimmen erhalten, beschneiden, stutzen, scheren, Meinungs-, Umfrage, hornlos, -es Rind)
porthole (Luke, Bullauge)
role, title - (Theater-, Rolle; Titelrolle)
roll (Rolle, Walze, Brötchen, Roulade, zusammen-, auf-, ein-, aus-, rollen, drehen, fahren)
scroll (Schriftrolle, Liste, Verzeichnis, scrollen, rollen)
soul, -stirring (Seele, Geist, Inbrunst, Kraft; ergreifend)
tadpole (Kaulquappe)
toll (schlagen, läuten; Straßenbenutzungsgebühr, Maut, *übertr: fig.* Tribut zollen)
troll (Schleppangel, mit der Schlappangel angeln, trällern, Troll, Kobold)
whole (ganz, voll, das Ganze, Gesamtheit, Voll..., *a – lot of,* eine ganze Menge)

~oulen ☛ *~in (S. 153)*

~ould, oult — *von behold bis withhold*

behold (erblicken, anschauen, siehe da!)
blindfold (mit verbundenen Augen, blind, -machen, jmd. die Augen verbinden)
bold (kühn, keck, dreist, mutig, unerschrocken, ins Auge fallend, scharf hervortretend)
bolt (Bolzen, Riegel, Blitzstrahl, plötzl. Sprung, Flucht, verriegeln, durchgehen, davonlaufen, ‚durchbrennen', hinunterschlingen, *Mehl* sieben, Ballen, Rolle)
bolt upright (Kerzengerade)
centerfold (Ausfalter in der Mitte einer Zeitung)
cold (Kälte, Frost, Erkältung, kalt, kühl, gelassen)
colt (Colt, Hengst-, Fohlen, *übertr:* Grünschnabel, Tauende, mit dem Tauende prügeln)
dolt (Tölpel, Dummkopf)
thunderbolt (Blitz, -strahl, Donnerkeil)
fold (Falte, Kniff, falten, falzen, Hürde, Pferch, Schafherde, einpferchen, *übertr:* Schoß)
foothold, gain a - (Stand, Raum zum Stehen, *übertr:* Halt, Stütze, Basis; Fuß fassen)
foretold (vorausgesagt)
gold (Gold, golden, Goldfarbe, Geld, Reichtum)
hold (Wartestellung, Laderaum, Halten, Griff, Einfluss, verübeln, meinen, machen, an-, ab-, halten, führen, fassen, behaupten, besitzen, einstellen)
household (Haushalt, häuslich, alltäglich, geläufig)
jolt (Stoß, Ruck, Schock, auf-, durch-, rütteln, holpern, stoßen, schockieren)

marigold, marsh - (Ringel-, Studentenblume; Sumpfdotterblume)
mold, mould, garden - (Schimmel, Moder, ver-, schimmeln, Form, sich-, ab-, formen, modellieren, Humus, lockere Garten-, Erde; Blumenerde)
old (alt, betagt, *the old*, die Alten)
retold (nach-, wiedererzählt, erzählte wieder)
revolt (Revolte, Aufruhr, Aufstand, revoltieren, sich empören, - auflehnen, abstoßen)
scold (jmd. schelten, auszanken, zänkisches Weib, Hausdrachen)
sold (verkauft, *Prät.* u. *P. P.* von sell)
told, twice - (erzählt, *Prät.* u. *P. P.* von tell; *übertr:* alt, abgedroschen, *twice-told-tales*)
uphold (aufrecht-, hoch-, halten, unter-, stützen, beibehalten)
withhold (zurück-, abhalten, vorenthalten, jmd. etwas versagen)

~oum *von chrome bis tome*

chrome, -plate (Chrom, -gelb, -leder; verchromen)
chromosome (Chromosome)
comb, tail - (Kamm, durch-, kämmen, absuchen, sichten, striegeln, aussondern; Stielkamm)
dome (Kuppel, Wölbung)
foam, -rubber (Schaum, auf-, schäumen; Schaumgummi)
gnome (Garten-, Zerg, Gnom, Kobolt; Sinnspruch, Gnome)
home, - keeping, -truth (Heim, Heimat, Haus, Wohnung, nach Hause, Ausgangsstellung; häuslich, stubenhockerisch; harte Wahrheit, unbequeme Tatsache)
stay-at-home (Stubenhocker, -isch)
honeycomb (Scheibenhonig)
metronome (Metronom, Taktell)
poem, tone - (Gedicht, Dichtung; Tongedicht)
roam (umher-, durchstreifen, -wandern)
Rome (Rom, italien. Stadt)
tome (Buch-, Band, „Wälzer")

~ouma *von aroma bis Tacoma*

aroma (Aroma, Duft, Würze, Blume, *übertr:* Würze, Reiz)
coma (Koma, tiefe Bewusstlosigkeit, *Bot:* Haarbüschel, *Astro:* Nebelhülle eines Kometen)
diploma (Diplom, Urkunde)
sarcoma (*Med:* Sarkom)
Sonoma, Tacoma (Eigennamen)

~oun *von alone bis zone*

alone (allein, einsam, bloß, nur)
atone (büßen, sühnen, wiedergutmachen)
backbone, to the - (*a. übertr:* Rückgrat, Stärke, Mut, Hauptstütze; ganz und gar)
baritone (*Musik:* Bariton)
blown (geweht, -pustet, -blasen, blühend, aufgeblüht, *P. P.* von blow)
bone (aus-, Knochen, Bein, Gebeine, Gräte, knöchern, beinern, entgräten)
chaperone (Anstandsdame, als Anstandsdame begleiten)
clone (Klon, klonen)
condone (verzeihen)
cone, nose - (Konus, Berg-, Kegel, Tannen-, Zapfen, Waffeltüte; Raketenspitze)
cornerstone (Eck-, Grundstein, *übertr:* Eckpfeiler)
cyclone (Zyklon, Wirbelsturm, Orkan)

dictaphone (Diktiergerät)
flown, high - (geflogen, *P. P.* von fly; hochfliegend, -trabend, -gesteckt, bombastisch)
full-blown (ganz aufgeblüht, *übertr:* voll entwickelt, ausgereift)
full-grown (er-, ausgewachsen)
gramophone (Grammophon, Plattenspieler)
grindstone (Schleifstein, Tretmühle)
groan (stöhnen, ächzen, knarren, Stöhnen, Ächzen, Laut des Unmuts)
grown, - over, - man (gewachsen, *P. P.*von grow; be-, überwachsen; Erwachsene)
headstone (Eck-, Grund-, Schluss-, Grabstein)
known, well - (bekannt, *P. P.* von know; wohl-, weithin bekannt)
loan (Darlehen, Ausleihung, Leihgabe, aus-, ver-, leihen)
lone (einsam, einzeln, *play a lone hand*, einen Alleingang machen)
microphone (Mikrofon, Sprechmuschel, *through the -,* durch den Rundfunk)
milestone (Meilenstein)
moan (stöhnen, ächzen, weh-, klagen, jammern)
monotone (monoton, monotones Geräusch)
mown (gemäht, -schnitten, *P. P.*von mow)
own (Besitz, besitzen, zugeben, -gestehen, eigen, -artig, besonders, sich bekennen, einzig)
phone, tele - (*Ling:* Laut; Telefon, -ieren, anrufen, am Telefon mitteilen; Fernsprecher)
postpone (ver-, auf-, hinausschieben, unterordnen, hintansetzen)
prone, - position (auf dem Bauch oder mit dem Gesicht nach unten liegend, gebeugt, abschüssig, *übertr:* neigend-, veranlagt zu, anfällig für; Bauchlage)
saxophone (Saxofon)
sewn (genäht, *P. P.* von sew)
shown (gezeigt, *P. P.*von show)
stone, - blind (Stein, steinern, m. Steinen werfen; Stockblind)
thrown (geworfen, geschleudert, *P. P.* von throw)
tone, whole - (Ton, Klang, einen Ton verleihen, färben, tonen; *Musik:* Ganzton)
trombone (Posaune)
unknown (unbekannt, der die das Unbekannte, nie gekannt, beispiellos)
xylophone (Xylofon)
zone (Zone, Gebiet, in Zonen aufteilen)

~oup ☛ *~oub, ~oup (S. 239)*

~ous *von adios bis woes*

adios (*Span:* Auf Wiedersehen)
arose (entstanden, *Prät.* von arise)
bellicose (kriegslustig, kriegerisch)
bows (Bogen, Bögen, Bücklinge)
close, - up (Schluss, Ende, Schul-, Hof, Einfriedung, ab-, be-, schließen, ver-, geschlossen, enden, aufhören, nah, -e, sich nähern, genau, auflösen; Nah-, Großaufnahme)
chose (ausgesucht, -gewählt, *Prät.* von choose)
comatose (komatös, im Koma)
compose (komponieren, zusammensetzen, schriftstellern, dichten, besänftigen, schlichten)
decompose (zerlegen, -fallen, -setzen, spalten, verfaulen, -wesen, sich auflösen)
depose (absetzen, entheben, entthronen, *schriftl. beeidet* aussagen, bezeugen)
diagnose (diagnostizieren, *übertr:* bestimmen, feststellen)
disclose (bekanntmachen, -geben, aufdecken, enthüllen, verraten, offenbaren, zeigen)
dispose (verfügen, -anlassen, an-, ordnen, neigen, geneigt machen, aufstellen, verteilen)

dose, - of clap (Dosis, Gabe, dosieren, Wein zuckern; Tripper)
doze, - off (dösen, schlummern, Nickerchen; einnicken)
enclose (einschließen, einfrieden, umzäunen, -zäunen, -geben, -ringen, beilegen, -fügen)
engross (*Recht:* ausfertigen, Reinschrift anfertigen, spekulativ aufkaufen, monopolisiert)
expose (Exposé, exponieren, vor-, darstellen, austellen, -setzen, belichten, enthüllen)
foreclose (ver-, hindern, vorwegnehmen, *Recht:* ausschließen, für verfallen erklären)
froze (gefroren, *Prät.* von freeze)
goes, - gaga, - blind, - out (geht; verblödet, erblindet; erlischt, verlöscht)
grandiose (grandios, großartig, pompös, prunkvoll, schwülstig, bombastisch)
gross (Gros, das Ganze, die Masse, brutto, -verdienen, schwer, grob, roh, derb)
hose (Schlauch, m. e. Schl. abspritzen)
impose (beeindrucken, imponieren, auferlegen, -bürden, ausnutzen, betrügen, hintergehen)
indispose (untauglich-, abgeneigt-, unpäßlich machen, indisponieren, einnehmen)
interpose (dazwischenstellen, -legen, -bringen, -kommen, -treten, intervenieren)
knows, fuck - (weiß, kennt; weiß der Henker)
morose (mürrisch, grämlich, verdrießlich)
nose (Nase, riechen, wittern, beschnüffeln, mit der Nase stoßen oder berühren, Vorsprung, Bug)
overdose (Überdosis, überdosieren)
owes (schuldet, verdanken)
pose (Pose, Positur, Haltung, posieren, auf-, hinstellen, auftreten, -werfen, Frage stellen, sich ausgeben als, durch Fragen verwirren oder -blüffen)
predispose (prädisponieren, empfänglich oder anfällig oder geneigt machen, einnehmen)
presuppose (voraussetzen, Voraussetzung, im Voraus annehmen)
prose (Prosa, prosaisch, langweilig erzählen, Übersetzung)
rainbows (Regenbögen)
recompose (wieder zusammensetzen, -beruhigen, neu ordnen, umgestalten, -gruppieren)
rose (aufgegangen, erhoben, *Prät.* von rise, Wund-, Wind-, Rose, rosa, Rosen...)
suppose (annehmen, sich vorstellen, denken, glauben, vermuten, sollen, halten für)
those (diese, denen, jene, -r, -s, die da drüben, Pron. Plural von that)
toes (Zehen)
transpose (umstellen, ver-, umsetzen, transponieren)
varicose, - vein (krampfadrig, varikös; Krampfader)
verbose (wortreich, weitschweifig)
woes (Leiden *Pl.*)

~ouS(th) *von both bis wroth*

both (beide, -s, *both...and*, sowohl... als auch)
broth (Fleisch-, Brühe)
cloth, the - (Tuch, Stoff, Segel, geistliche Amtstracht; die Geistlichkeit)
drouth (Dürre)
froth (Schaum, -schlagen, auf-, schäumen, 'Firlefanz')
growth (An-, Wachsen, Wachstum, Zunahme, -wachs, Trieb, Schößling, Wucherung)
loath, nothing - (abgeneigt, nicht willens; durchaus nicht abgeneigt)
moth, - eaten, codling - (Motte, Nachtfalter; zerfressen, veraltet, antiquiert; Obstmade)
oath (Eid, Schwur, Verwünschung)
overgrowth (Überwucherung, übermäßiges wachstum)
undergrowth (Unterholz, Gestrüpp)
swath (Grasnarbe)
wroth (zornig, erzürnt)

~ouschn *von commotion bis promotion*

commotion (Erschütterung, Aufregung, -sehen, -ruhr, Tumult, Wirrwarr)
emotion (Emotion, Gefühl, Erregung, Leidenschaft, Rührung, Ergriffenheit)
locomotion (Fortbewegung, -sfähigkeit)
lotion, setting -, after-shave- (Lotion, Wasser, Waschmittel; Festiger; Rasierwasser)
motion (Bewegung, -sablauf, Wink, *Recht:* Antrag, zu-, winken, bedeuten, Stuhlgang)
notion (Vorstellung, Gedanke, Idee, Ahnung, Meinung, Neigung, Lust, Ab-, Ansicht)
ocean, - going (Meer, Ozean, *oceans of,* Unmengen von; Hochsee..., -tüchtig)
potion, love - (Trank, Liebestrank)
promotion (Be-, Verkaufs-, Förderung, Befürwortung, Werbung)

~ousis ☛ *~is, ~iß (S. 166)* *von diagnosis bis psychosis*

diagnosis (Diagnose, Befund, *übertr:* Beurteilung, Bestimmung)
narcosis (Narkose)
neurosis (Neurose)
prognosis (Prognose, Vorhersage)
psychosis (Psychose)

~ousn ☛ *~in (S. 153)* *von chosen bis posin'*

chosen (auserwählt, -gewählt, -gesucht, -ersehen)
dozin' (dösend)
frozen (ein-, gefroren)
nosin' (Ausladung)
posin' (Posieren, dar-, aufstellend, -werfend, posierend, Angeber...)

~oust *von almost bis whipping post*

almost (beihnah)
boast (Prahlerei, Großtuerei, Stolz, prahlen, sich rühmen, stolz sein)
coast (Küste, -entlangfahren, Meeresufer, bergab-, rollen, Frei-, Leerlauf, rodeln)
foremost, first and - (vorderst, zu-, erst, best, vornehmst; zuallererst)
furthermost (fernst, weitest, äußerst)
ghost, - train (Gespenst, Geist, Seele, jmd. verfolgen; Geisterbahn)
host (Hostie; Un-, Menge, Masse, Heer, -scharen; Gastgeber, Hausherr, Moderator, Talk-Showmaster; *Biol:* Wirt, -stier, -pflanze)
innermost (inner, innerstes, tiefstes, geheimst)
most (die Meisten, meistens, am meisten)
post, - up (Post, in die Post geben, Posten, Stelle, Pfahl, Pfosten, Anschlagsäule, aufstellen, Start-, Ziellinie, postieren, ein-, übertragen, auf-, bekanntgeben; ankleben, -schlagen)
roast (Braten, ge-, braten, rösten, schmoren, Röst..., ‚verreißen', durch den Kakao ziehen)
toast (Toast, Trinkspruch, toasten, rösten)
whipping post (Schandpfahl)

~out ☛ *~oud, ~out (S. 240)*

~outa *von Dakota bis quota*

Dakota (Eigenname)
iota (Jota; *not an -,* kein Jota oder bisschen)
Minnesota (Eigenname)

quota, non - (*Am:* Einwanderungs-, Quote, Kontingent, Anteil; nicht kontingentiert)

~ouwen *von Beethoven bis woven*

Beethoven (Dt. Komponist)
cloven, - hoofed (gespalten, *P. P.* von cleave; paarzehig, -hufig, teuflisch)
interwoven (verflochten)
woven, - goods (gewoben, *P. P.* von weave; Web-, Wirkwaren)

Endungen auf: ~u (erweitert)

~u *von accrue bis Zulu*

accrue (erwachsen, entstehen, zufallen, -kommen)
adieu (*Franz:* Tschüss, Auf Wiedersehen)
ado, without more - (Getue, Wirbel, Mühe; ohne weitere Umstände)
anew (von neuem, aufs neue, auf neue Art und Weise)
a new (neuartig, neu..., neue, neues)
avenue, - to fame (Haupt-, Prachtstraße, Allee, Avenue; *übertr:* Weg zum Ruhm)
barbecue (Grillfest, grillen, braten)
bamboo, - shoot (Bambus; - sprosse)
bayou (*Am:* sumpfiger Flussarm)
blew (geblasen, *Prät.* von blow blasen, wehen, pusten)
blue, feel -, true-, -print (blau; traurig, trübsinnig sein; waschecht, treu; planen, entwerfen)
boo (ausbuhen, Buhruf)
boohoo (lautes Geschluchze, plärren, laut schluchzen)
brew (sich zs.-, brauen, in der Luft liegen, Gebräu, *übertr:* aushecken, -brüten)
cangaroo (Kängeru)
caribou (Karibu)
cashew (Acajoubaum, Acajou-, Cashewnuss)
chew (kauen, Priem, *übertr:* nach-, sinnen, grübeln, brüten, *Am. SL:* jmd. anscheißen)
clew, - up (Knäuel; Segel aufgeien)
construe (konstruieren, übersetzen, zergliedern, auslegen, deuten, auffassen)
coo (gurren, *übertr:* etwas gurren)
coup (Coup, Bravourstück, Hand-, Staatsstreich, Putsch)
crew (Schar, Besetzung, Mannschaft, Personal)
cuckoo (Kuckuck)
cue (Stichwort, Einsatz, -geben, Wink, Fingerzeig, Queue, Billardstock)
curfew (Abendglocke, -läuten, Zapfenstreich, Sperrstunde, Ausgangssperre)
debut (Debüt, erstes Auftreten, Anfang, -tritt)
dew (Tau, *übertr:* Frische, Feuchtigkeit, Tränen)
due (Verpflichtung, Gerechtigkeit, fällig, sofort zahlbar)
do (an-, tun, zufügen, machen, erweisen, begehen, ausreichen, -kommen, -führen, *SL:* Beschiss, Schwindel, fauler Zauber)

drew (gezeichnet, abgehoben, *Prät.* von draw)
ensue (darauf-, folgen, sich ergeben)
ewe (Mutterschaf)
few, a - (wenig, -e; einige, ein paar)
flew (geflogen, *Prät.* von fly)
flue (Rauchfang, Esse, Abzugsrohr, Schleppnetz, Flusen, Staubflocken)
glue (Leim, Klebstoff, leimen, kleben)
gnu (Gnu)
goo (*SL:* Schmiere, klebriges Zeug, sentimentaler Kitsch, Schmalz)
grew (gewachsen, *Prät.* von grow)
guru (Guru)
Hindu (Hindu)
hitherto, as - (bisher, bis jetzt; wie bisher)
hullaballoo (Lärm, Durcheinander)
honeydew, - melon (Honigtau, Blatthonig, gesüßter Tabak; Honigmelone)
hue, - and cry (*a. übertr:* Farbe, Ton, Färbung, Farbstich; Geschrei, -zeter)
igloo (Iglu)
imbue, -d (erfüllen; erfüllt, durchdrungen sein)
impromptu (Impromptu, Improvisation, improvisiert, aus dem Stegreif)
ingénue (naives Mädchen, 'Unschuld', *Theat:* Naïve)
interview (Interview, Gespräch, Unterredung, -haben, interviewen)
into (in, in etwas hinein)
issue (Ausgabe-*Buch*, Nummer-*Zeitung*, Ergebnis, Ausgang, Streitfrage)
point at issue (aus-, herausgeben, strittige Frage)
jew (Jude, Jüdin)
Kalamazoo (Eigenname)
kazoo (Eigenname)
kikapoo (Eigenname)
knew (gekannt, *Prät.* von knew)
lieu, in – of, - that (an Stelle von, anstatt; statt dessen)
misconstrue (missdeuten, -verstehen, falsch auslegen)
moo (muhen)
new (neu, -erlich, soeben, frisch, ander, besser)
Nehru (Eigenname)
outdo (übertreffen)
overdue (überfällig, verspätet)
overdo (zu weit-, übertreiben, überbeanspruchen, zu stark oder zu lange braten oder kochen)
overthrew (stürzte)
peekaboo (Guck-Guck-Spiel)
Peru (Eigenname)
pew (Kirchenstuhl, -sitz, Bank, *Engl:* Platz)
poo-poo, bird – , do a - (Dreck, Kacka; Vogeldreck; ein Würstchen machen)
preview (Vorschau, -besichtigung, -besprechung, -ausblick)
pursue (verfolgen, jagen, nachgehen, weiterführen, fortfahren, -setzen, folgen)
renew (erneuern, wiedererlangen, regenerieren, ergänzen, -setzen)
rendezvous (Verabredung, romantisches Treffen, Stelldichein, Zusammenkunft)
residue (Rest, *Chem:* Rückstand; *Recht:* reiner Erb-, Nachlass)
revenue (Einkünfte, -nahmen, Ertrag, Nutzung, Finanzverwaltung, -amt, Fiskus)

review (Nach-, Prüfung, Revision, Buch-, Besprechung, Überblick, -sicht, Rezension, inspizieren, über-, nach-, prüfen, überblicken, -schauen)
screw (Schiffs-, Flugzeug-, Schraube, schrauben, drehen, *SL:* bumsen, vögeln, knausern, bescheißen, reinlegen, ausquetschen)
shampoo, - and set (Shampoo, waschen, schamponieren; waschen und legen)
shoe (Schuh, beschuhen, -schlagen, Hufeisen, Bremsbacke, -klotz)
shoo, - away (Husch!, Fort! - rufen, huschen; fort-, verscheuchen)
shrew (Xanthippe, zänkisches Weib, Spitzmaus)
Sioux (Siouxindianer)
slew (getötet, ermordet, *Prät.* von slay; *Am:* Sumpf; Menge, Haufen; schwenken, drehen)
spew (sich erbrechen, brechen, spucken, speien, das Erbrochene)
stew (Eintopf, dünsten, schmoren, Aufregung, sich aufregen; *Engl:* Fischteich, -behälter)
subdue (unterwerfen, -jochen, überwinden, -wältigen, *übertr:* besiegen, bändigen)
sue (ver-, ein-, klagen, belangen, nachsuchen, Klage einreichen)
Sue (Eigenname)
taboo (Tabu, verboten, -pönt, unantastbar, tabuisieren)
tatoo (Tatoo, Tätowierung, tätowieren)
threw (geworfen, *Prät.* von throw)
through (hin-, durch, durchgehend, durchgangs...)
tissue (feines-, Gewebe, Flor, Papier-taschen-tuch, *übertr:* Lügengewebe, -netz)
to (um-, zu, nach, an, in, auf, für, gegen)
too (zu, allzu, sehr, äußerst, auch, ebenfalls)
true, -blue (wahr, -heits-ge-treu, genau, wirklich, rein, zentriert; waschecht, treu)
two, -way, -time (Zwei, Paar, die beiden, beide; Zweiweg..., Doppel...; *bes. Ehe* betrügen, reinlegen)
U (U)
undo (aufmachen, -knöpfen, -trennen, -lösen, losbinden, öffnen, *übertr:* ungeschehen, rückgängig machen, aufheben, ruinieren, zugrunde richten)
undue (übermäßig, -trieben, ungehörig, -bührlich, unangebracht, -zulässig)
view (ansehen, betrachten, An-, Hin-, Sehen, Besichtigung, Ab-, An-, Aussicht, -blick)
voodoo (Voodoo, -zauber, behexen, Fetisch, Götze)
well-to-do (wohlhabend, begütert, reich)
who (wer, wen, wem, der, die, das, welche, -r, -s)
withdrew (hob ab, zog zurück)
woo (werben-, freien-, buhlen um, trachten nach, umwerben, den Hof machen)
yahoo (Juhu!; grobschlächtiger-, brutaler -, Saukerl, Rohling)
yew (Eibe, -nholz, Eiben...)
you (du, ihr, sie, dir, euch, ihnen, dich, Sie)
zoo (Zoo)
Zulu (Zulu)

~ub, ~up — *von boob bis whoop*

boob, -tube (Schnitzer, Fehler, – machen, Mist bauen; Glotze, Röhre, *boobs,* Titten)
coop, - in (Hühnerstall, Fischkorb, ‚Kabuff, Knast‘; einsperren, -pferchen)
cube, sugar-, ice- (Kubus, Würfel; Zucker-, Eis-, würfeln, in – schneiden oder pressen)
droop (herabhängen, -sinken, ermatten, -schlaffen, -lahmen, schwinden, verwelken)
dupe (Betrogene, ‚Lackierte‘, Leichtgläubige, Gimpel, betrügen, anschmieren, täuschen)
group (Gruppe, Kreis, Fraktion, Konzern, sich-, gruppieren, an-, einordnen)
hoop (Fass-, Reifen)
Hoola-Hoop (Spiel-, Bauchreifen)

loop (Schlinge, Schleife, Schlaufe, Öse, eine Schleife legen, machen oder schalten, sich schlingen oder winden, in Schleifen legen, schlingen)
poop, -deck (Heck; Achterdeck, Schiff von hinten treffen; tuten, pupen, furzen, *SL:* jmd. auspumpen, *pooped*, fix und fertig)
rube (*Am. SL:* ‚Lackel‘)
scoop (*Med:* Spatel, Schaufel, Schöpfkelle, Schippe, *in one-*, in einem Schub, *-out*, aus-, schöpfen, auf-, schaufeln)
sloop (Schlup, Schaluppe)
snoop, -around (Schnüffelei, Schnüffler; herumschnüffeln)
soup, be in the -, -up (Suppe, Brühe, *übertr:* dicker Nebel, Waschküche; in der Tinte sitzen; etwas aufmöbeln, Motor frisieren, Dampf hinter eine Sache bringen)
stoop (kleine Veranda; sich-, bücken, -neigen, -beugen, Schultern hängen lassen, gebeugte oder krumme Haltung, -Rücken, *verächtl:* sich herablassen)
swoop, -down (Sturzflug; sich herabstürzen, -stoßen, *übertr:* Überfall, Razzia, zuschlagen, herfallen, *- up,* packen, schnappen)
troop, -up, together (Trupp, -e, Schar, Schwadron, Kompanie, Batterie, in Scharen wohin ziehen, herein-, strömen, marschieren; sich sammeln, -scharen)
troupe (Truppe)
tube, the-, on the - (Rohr, Röhre, Röhrchen, Schlauch, die Röhren befördern, in Tuben abfüllen, Londoner U-Bahn; die Röhre, in der Glotze)
whoop, war - (Schlachtruf, Ge-, Schrei, -heul, jauchzen, *Med:* keuchen; Kriegsgeschrei)

~uba — *von Cuba bis tuba*

Cuba (Eigenname)
scuba (Tauchgerät, Atmungsapparat)
tuba (Tuba)

~ud, ~ut — *von absolute bis you'ld*

absolute (absolut, uneingeschränkt, -bedingt, das Absolute)
acute (akut, sehr, scharf, -sinnig, schlau, fein, spitz, heftig, fein)
afoot (zu Fuß, auf den Beinen, im Gange, im Kommen, im Anzug)
allude (anspielen, hinweisen, andeuten, erwähnen)
astute (scharfsinnig, schlau, gerissen, raffiniert)
attitude (Stellung, Haltung, Standpunkt, Verhalten, Lage)
attribute (zuschreiben, beilegen, -messen, unterstellen, zurückführen auf, Attribut, Eigenschaft, Kenn-, Zeichen, Sinnbild)
beaut (*SL:* beauty)
blued (gebläut, verjubelte)
boot, to - (Stiefel, treten, Fußtritt geben, *Engl:* Kofferraum, *Tech:* Schutzkappe, -hülle; *Comp:* starten, booten; obendrein, noch dazu)
brewed (gebraut)
brood (Brut, brüten, Nachkommenschaft, Horde, Brut..., Zucht..., grübeln, brüten)
brotherhood (Bruderschaft, Brüderlichkeit)
brute (Un-, Tier, Vieh, Scheusal, tierisch, brutal, viehisch, roh, hirn-, gefühllos, dumm)
Butte (Eigenname)
conclude (be-, enden, ab-, be-, schließen, folgern, aufhören, entscheiden)
could (konnte, *Prät.* von can)
chute, para- (Stromschnelle, starkes Gefälle, Rutsche, Schacht; Rodelbahn; Fallschirm)

crude (roh, ungekocht, unbe-, unverarbeitet, grob, ungehobelt, unfertig, unfein, unreif, plump, simpel, primitiv, undurchdacht, ungeschminkt, nackt, grell, geschmacklos)
commute (ein-, umtauschen, auswechseln, umwandeln, Pendelverkehr)
compute (be-, rechnen, schätzen, veranschlagen)
constitute (ernennen, einsetzen, in Kraft setzen, gründen, bilden, konstituieren)
coot (Bläss-, Wasserhuhn)
cute (schlau, clever, *Am:* niedlich, süß)
destitute, the - (verarmt, mittellos, notleidend, ohne, bar, entblößt; die Armen)
dilute (verdünnen, ver-, wässern, ab-, geschwächt, verdünnt)
dispute (Disput, Streit, disputieren, be-, streiten, zanken)
disrepute (Verruf, Verrufenheit, schlechter Ruf)
dissolute (ausschweifend, zügellos)
dude (*Am:* Dandy, Stadtmensch, 'Stadtfrack')
electrocute (auf dem elektrischen Stuhl hinrichten, durch Strom töten)
elude (ausweichen, um-, entgehen, sich entziehen, sich nicht er-, fassen lassen)
enroute (auf dem Weg, Streckenfixpunkt)
execute (aus-, durchführen, hin-, verrichten, tätigen, vortragen, spielen, pfänden)
exclude (ausschließen, ausnehmen)
fatherhood (Vaterschaft)
feud, blood- (Fehde, sich-, befehden, Lehngut, Lehen; Blutfehde)
firewood (Brenn-, Feuerholz)
flute (Flöte, flöten, Nut, Riefe, Rille, riefen, auskehlen, *Stoff* kräuseln)
food (Nahrung, Speise, Futter, Kost, Verpflegung, Lebensmittel, Denkstoff)
foot (Fuß, Längenmaß)
fruit (Frucht, Obst, Früchte, *Bot:* tragen, *SL:* Homo, Spinner)
glued (geklebt, -leimt, leimte)
good (Gut, Ware, gut, das Gute, Gutes, Wohl)
gratitude (Dankbarkeit)
Hollywood (Eigenname)
hood (Kapuze, Verdeck, Motor-, Haube, Kappe)
hoot (pfeifen, heulen, johlen, Schrei, an-, hupen, schreien)
include (ent-, beinhalten, einschließen, -beziehen, umfassen, aufnehmen in, gelten)
intrude (sich einbringen, -eindrängen, aufdrängen, jmd. stören, belästigen)
latitude (*Geol: Astro:* Breite, *übertr:* Spielraum, Freiheit, Auslegung)
lewd (lüstern, geil, unanständig, schmutzig, unzüchtig)
loot (Beute, erbeuten, plündern, *SL:* ‚Kies')
likelihood (Wahrscheinlichkeit)
livelihood (Auskommen, Lebensgrundlage, -Unterhalt)
lute (Laute; Kitt, kitten, Dichtungsmasse, Gummiring)
misconstrued (missgedeutet, missdeutete)
misunderstood (missverstanden, verkannt, nicht richtig gewürdigt)
mood (Tonart; Modus, Aussageweise; Stimmung, Laune, aufgelegt sein zu)
moot (Frage aufwerfen, erörtern, anschneiden, diskutieren, - fiktiver Rechts-, Fälle)
mute (Stummer, stumm, schweigen, -d, still, Statist, *Musik:* Dämpfer, dämpfen)
newt (Wassermolch)
motherhood (Mutterschaft, die Mütter)
neighbourhood (Nachbarschaft)
nude (nackt, bloß, kahl)
parachute (Fallschirm, mit einem Fallschirm abspringen, -werfen, Sicherheits-, Fangvorrichtung)

persecute (*bes. polit. oder kirchl.* verfolgen, plagen, belästigen, drangsalieren)
pollute (beflecken, be-, verschmutzen, verunreinigen, besudeln, entweihen)
prosecute (Plan verfolgen, weiterführen, gerichtl. vorgehen, - verfolgen, belangen)
prostitute (Prostituierte, Strichjunge, sich prostituieren oder verkaufen, her-, preisgeben)
pursuit (Verfolgung, Jagd, Streben, Trachten, Betätigung, Beschäftigung, Ausübung)
platitude (Platitüde, Plattheit, Gemeinplatz)
preclude (ausschließen, vorbeugen, zuvorkommen, jmd. hindern an oder von)
prude (prüder Mensch, prüde sein)
pussyfoot (schleichen, leisetreten, herumreden, sich nicht festlegen)
put (vor- stellen, setzen, legen, machen, bringen, be-, geben)
recruit (Rekrut, rekrutieren, anwerben, sich erholen, jmd. oder Gesundheit wiederherstellen)
refute (widerlegen)
repute (Ruf, Leumund, halten für, gelten als)
resolute (resolut, entschieden, -schlossen)
Robin Hood (Eigenname)
root (Wurzel, ver-, wurzeln, - schlagen, auf-, um-, wühlen, *übertr:* Quelle, Ursache, ausgraben, aufstöbern, *Am:* anfeuern, Stimmung machen)
route (Route, Strecke, Linie, Weg, in Marsch setzen, befördern, die Route festlegen)
seclude (abschließen, -sondern, sich ausschließen)
rude (rüde, grob, unverschämt, ungehobelt, roh, unsanft, wild, wirr, robust, unverwüstlich)
screwed (gelinkt, ver-, geschraubt, schraubte)
seclude (abschließen, absondern von)
shrewd (arglistig, durch-, getrieben, gerissen, gescheit, geschickt, durchtrieben, scharf-, sinnig, raffiniert, heftig, hinterlistig, praktisch)
shoot (er-, schießen, ab-, feuern, jagen, filmen, Fotograf, Schuss, Schacht, Jagd, Ableger)
sisterhood (Schwesternschaft, schwesterliches Verhältnis)
solitude (Einsamkeit, Öde)
stood (gestanden, *Prät.* u. *P. P.* von stand)
scoot (rasen, flitzen, 'abhauen')
should (sollte, *Prät.* von shall, sollte, -est, -ten, würde, -n, möchte gerne)
slued (drehte herum)
snoot (Grimasse, Schnute, *Am:* 'Schnauze')
strewed (bestreut, be-, streute)
substitute (substituieren, ein-, ersetzen, Surrogat, Ersatz, -spieler, Stell-, Vertreter)
suit (Prozess, Anzug, Garnitur, an-, -passen, - zu, einrichten, eignen, behelfen, angenehm)
tattooed (tätowiert, -e)
toot (tuten, blasen, hupen)
tenderfoot (*Am:* Anfänger, Greenhorn, neu aufgenommener Pfadfinder)
transmute (umwandeln)
uproot (her-, ausreißen, entwurzeln, ausmerzen, -rotten)
understood (verstanden, verstand, begriff)
withstood (ausgehalten, hielt aus, Widerstand)
womanhood, reach - (Weiblich-, Fraulichkeit, Stellung der Frau; eine Frau werden)
wood (Wald, -ung, Gehölz, Holz, hölzern, Holz...)
would (wollte, -n, wünschte, möchte, würde, -st, würden, *Prät.* von will)
wooed (gelockt, lockte)
you´ld (*Abk:* you would, -should)

~udsch *von centrifuge bis stooge*

centrifuge (Zentrifuge, Trennschleuder, schleudern, zentrifugieren)
huge (riesig, enorm, gewaltig, mächtig, ungeheuer)
hooch (*Am. SL:* Fusel)
mooch, - about (klauen, stehlen, schnorren, erbetteln; herumlungern, -strolchen)
pooch (*Am. SL:* Köter)
Scrooge (Eigenname)
smooch (schmusen, knutschen, *Engl:* eng umschlungen tanzen)
stooge (*Theat:* Stichwortgeber; Handlanger, Kreatur, *Am:* Spitzel, *Engl:* Heini)

~uuf *von aloof bis weatherproof*

aloof, stand - (fern, abseits, von fern, zurückhaltend, reserviert; für sich bleiben)
approve (billigen, gutheißen, anerkennen, genehmigen, annehmen)
behove (gehören)
bulletproof (kugelsicher)
disapprove, - of (missbilligen, ablehnen; dagegen sein)
disprove (widerlegen)
goof, -up, -around (Idiot, Pfeife, Schnitzer, Patzer; vermasseln, Mist bauen; spinnen)
groove (Rille, Riefe, Gleitführung, auskehlen, falzen, nuten, Spaß haben, - machen)
hoof (Huf)
improve (verbessern, -feinern, -schönern, sich bessern, - erholen, besser werden)
move (Schritt, Bewegung, Anstalt, wegräumen, -fahren, -bringen, versetzen, -legen, umziehen, gehen, entfernen, fort-, bewegen, beantragen, bringen, setzen)
prove (nach-, be-, erweisen, bekunden, unter Beweis stellen, zeigen, herausstellen)
remove (nehmen, entfernen, beseitigen, aus-, um-, ver-, ziehen, ent-, beheben, absetzen, bringen, schaffen, verlegen, Entfernung, Abstand, Schritt, Stufe, Grad)
roof (Dach, be-, überdachen, Verdeck)
spoof (Humbug, Schwindel, Ulk, beschwindeln, verulken)
waterproof (Wasserdicht, imprägnieren, wasserdichter Stoff oder Regen-, Mantel)
weatherproof (wetterfest)

~ug, ~uk *von book bis undertook*

book (Buch, Heft, ver-, buchen, vorbestellen, eintragen, Ticket etc. lösen oder nehmen)
brook (Bach; erdulden)
it brooks no delay (es duldet keinen Aufschub)
cook (Koch, kochen, zubereiten)
crook (Ganove, Gauner, Betrüger; Hirten-, Bischofs-, Krummstab, Hacken, Krücke, biegen, -ung, krümmen, -ung)
duke (Herzog)
fluke, -hit (Dusel, Schwein, Glückstreffer; Ankerflügel, Schwanzflosse, Wiederhaken)
hook (Angel-, Haken, angeln, Sichel, sich-, an-, ein-, fest-, zuhaken)
juke, -joint (*SL:* Bumslokal, Jukebox-Bude)
kook (*Am:* Komischer Typ, Spinner)
Luke (Eigenname)
look (Blick, Miene, Ausdruck, aus-, zu-, sehen, blicken, gucken, unter-, suchen, scheinen, aussehen, anschauen, betrachten)
mistook (verwechselt, ☛ *mistake, S. 51*)
nook (Ecke, Winkel, stilles Plätzchen)

outlook (An-, Aussicht, -Blick, -guck, Warte, Wache, Einstellung, Anschauung)
puke (Kotze, -n, erbrechen)
rook (Saatkrähe, *übertr:* Bauernfänger, Betrüger, betrügen, *Schach:* Turm)
shook (Bündel, Fassdauben, Pack-, Kistenbretter; geschüttelt, *Prät.* von shake)
spook (Spuk, Gespenst, spuken, einen Schrecken einjagen, *Am:* Ghostwriter)
took (genommen, ☛ *take, S. 51)*
undertook (unter-, übernommen, ☛ *undertake(n), S. 51)*

~uks ☛ *~ug, ~uk (S. 254) und bilde den Plural* *z. B.: books*

books (Bücher)
etc.

~ul *von april fool bis Yule*

april fool (Aprilscherz)
cool, -headed (Kühle, Frische, kühl, frisch, erfrischen, abkühlen, kalt, gelassen, sich abregen, - abkühlen, abweisend; besonnen, kaltblütig, leidenschaftslos)
cruel (grausam, furchtbar, hart, roh, unbarmherzig, gefühllos)
drool (Sabber, sabbern, geifern)
duel (Duell, Kampf, sich duellieren)
fuel (Treib-, Kraft-, Brennstoff, Benzin, be-, tanken)
fool (Narr, Dummkopf, täuschen, zum Narren halten, Spaß machen, blöd, doof)
ghoul (Ghul, Unhold, Person mit makaberen Gelüsten, z. B: Grabschänder)
jewel (Juwel, Edelstein, mit Juwelen versehen oder schmücken, *übertr:* Schmuckstück, Perle)
Liverpool (Eigenname)
molecule (Molekül, *übertr:* winziges Teilchen)
mule (Maulesel, -tier, Bastard, Hybride, sturer Kerl, Dickkopf, Traktor, Schlepper)
overrule (*Vorschlag etc.* zurückweisen, verwerfen, *Recht, Urteil* umstoßen)
pool (Teich, Tümpel, Pfütze, Lache, Becken; Einsatz, Spiel-, Kasse, Bank, Pool, Kader, Aufgebot, zusammenlegen, zusammenschließen, Gewinn ver-, teilen, ein Kartell bilden)
renewal (Erneuerung, Verlängerung, Prolongation)
ridicule (Spott, verspotten, lächerlich machen)
rule (Spiel-, Regel, Normalfall, vor-, be-, herrschen, regieren, entscheiden, lenken)
rule out (ausschließen, verdrängen, nicht anerkennen-, nicht werten wegen...)
school (ein-, schulen, unterrichten, ausbilden, trainieren, dressieren, zügeln, Schule, Lehrgang, - buch, Kurs, *Fischk:* Schwarm, Zug, Schule)
spool (Spule, Rolle, Haspel, spulen)
stool, - pidgeon (Stuhl, Hocker, Schemel, Kot, Stuhlgang, Wurzelstock; Lockvogel)
tool (*a. übertr. u. SL:* Werkzeug, Gerät, Instrument, bearbeiten, Pimmel, Handlanger)
vestibule (Vestibül, Halle, Vorplatz, *Anat:* Vorhof)
whirlpool (Strudel, Sprudelbecken)
wool (Wolle, wollen, Woll...)
Yule (Weihnachts-, Julfest)

~ull *von awful bis thankful*

awful, god - (furchtbar, schrecklich, riesig, kolossal; scheußlich, beschissen)
beautiful (fein, schön, hübsch)
bull (Bulle, Stier, Preise in die Höhe treiben, männlich, Fauxpas, *Am:* Quatsch, Blödsinn)
cheerful (heiter, fröhlich, vergnügt, erfreulich, freundlich, freudig, gern)
cock-and-bull, - story (Ammenmärchen, Lügengeschichte)

dutiful (pflichtgetreu, -gemäß, gehorsam)
earful, get an (etwas zu hören bekommen)
eventful (ereignisreich, bedeutsam, denkwürdig)
eyeful, get an – of this (toller Anblick, tolle Frau; sieh dir das mal an)
fearful (furchtbar, fürchterlich, schrecklich, besorgt, angsterfüllt, ehrfürchtig, bange)
full (voll, -ständig, gefüllt, ganz, gänzlich, walken, Gala)
lawful (gesetzlich, legal, rechtmäßig, legitim, rechtsgültig)
pull (ziehen, zerren, Zug, schleppen, reißen)
resentful (aufgebracht, ärgerlich, voller Groll, übelnehmerisch, reizbar)
tearful (tränenreich, weinend, weinerlich, schmerzlich, in Tränen)
tankful (Tankvoll, Tank voll)
thankful (dankbar, heil-, froh)

~um *von assume bis zoom*

assume (auf sich-, an-, übernehmen, voraussetzen, unterstellen, sich zulegen, -geben, -angewöhnen, -aneignen, -anmaßen, bekommen, heucheln, vorgeben)
bloom (er-, blühen, Blüte, Blume, Flaum, *übertr:* Schmelz, Glanz)
boom (dröhnen, donnern, brausen, Aufschwung, Konjunktur, florierend, blühend)
broom (Kehr-, Besen)
cloakroom (Garderobe, *Engl:* Toilette)
consume (sich-, verzehren, verbrauchen, -schwenden, *übertr:* vergehen, Verlangen)
costume (Masken-, Bühnen-, Kostüm, Kleid, Tracht, Badeanzug)
doom (Schicksal, Geschick, Verhängnis, Verderben, Untergang, verurteilen, verdammen, *übertr:* Todesurteil)
entomb (begraben, beerdigen)
exhume (exhumieren, ausgraben)
flume (Klamm, künstl. Wasserlauf, Kanal, durch einen Kanal flößen)
fume (Rauch, Dampf, Dunst, Nebel, rauchen, dampfen, *übertr:* Koller, Erregung, Wut)
gloom (Düster, -keit, Trübsinn)
groom (Bräutigam; Pferdepfleger, Stallbursche, *Engl:* königlicher Beamter oder Diener, striegeln, pflegen, *übertr:* jmd. aufbauen, heranziehen)
presume (als wahr annehmen, vermuten, mutmaßen, schließen, voraussetzen, es wagen, sich erdreisten, - herausnehmen, anmaßend sein)
resume (Lebenslauf, wieder aufnehemen, wieder anfangen, -übernehmen, -beginnen, weitermachen, fortsetzen, -fahren, zusammenfassen, resümieren)
room (Spiel-, Raum, Zimmer, Platz, mieten, zusammen-, wohnen, *übertr:* Gelegenheit, Anlass)
tomb (Grab, -mal, Gruft, *übertr:* das Grab, der Tod)
from womb-to-tomb (von der Wiege bis ins Grab)
whom (wen, wem, den, die, das, dem, der, dem, denen)
all of whom (von denen alle)
womb (Gebärmutter, Leib, Schoß, *-der Erde, -der Zukunft*)
zoom (Steilflug, hochschnellen, -ziehen, zoomen, surren, sausen)

~uun *von afternoon bis typhoon*

afternoon (Nachmittag)
attune (*Musik:* stimmen, *übertr:* in Einklang bringen, anpassen, abstimmen)
baboon (Pavian)
balloon (Ballon, im Ballon aufsteigen, sich blähen, aufgebläht, aufblasen, übertreiben)
bassoon (Fagott)

boon (Wohltat, Segen, Gefälligkeit)
buffoon, play the - (Hanswurst, Blödmann, Possenreißer; den Clown spielen)
cartoon (Karikatur, Zeichentrickfilm, Comics)
cocoon (Raupen-, Kokon, Puppe)
commune, - with o.s. (sich vertraulich besprechen, *Kirch:* kommunizieren, die Kommunion oder das Abendmahl empfangen; mit sich zu Rate gehen)
coon, - song (*Am. SL:* Neger; Negerlied)
croon (leise oder schmachtend singen oder summen)
dune, -buggy (Düne; Strandbuggy)
goon (*Am. SL:* angeheuerter Schläger)
harpoon (Harpune, harpunieren)
harvest moon (Vollmond)
high-noon (12 h Mittag)
honey moon (Flitterwochen)
immune (immun, unempfänglich, geschützt, gefeit, frei von)
impugn (bestreiten, anfechten, -greifen)
inopportune (inopportun, unangebracht, zur Unzeit, ungelegen)
June (Juni)
lagoon (Lagune)
lampoon (Spott-, Schmähschrift, Pamphlet, Satire, verspotten, -höhnen)
loon (*Fauna:* Seetaucher)
maroon (Ausgesetzter, aussetzen, im Stich lassen, kastanienbraun, Kanonenschlag, Moronneger, *Engl:* herumlungern, *Am:* einsam zelten)
monsoon (Monsun)
moon, -away (Mond, *Astro:* Trabant, Satellit; Zeit vertrödeln, -träumen)
noon (Mittag, mittägig, mittags...)
platoon (*Milit:* Zug; *in or by platoons*, zugweise; Polizeiaufgebot)
prune (Pflaume, *SL:* Blödmann; *Bäume etc,* beschneiden, *übertr:* zurecht-, stutzen, kürzen, säubern, straffen, zusammenstreichen, befreien von)
racoon (Waschbär)
saloon (Salon, Saal, *Am:* Kneipe)
Saskatoon (Eigenname)
soon (bald, unverzüglich, sehr-, schnell)
spoon (Löffel, Golfschläger, Einfaltspinsel, mit einem Blinker angeln, Ball schlenzen)
spittoon (Spucknapf)
swoon, - away (Ohnmacht, -sanfall; in Ohnmacht fallen)
tune (Melodie, Lied, Hymne, ab-, ein-, stimmen, einstellen)
tycoon, oil - (Industriemagnat, -kapitän, Oberbonze; Ölmagnat)
typhoon (Taifun)

~uR *von allure bis your*

allure (an-, ver-, locken, gewinnen für, abbringen von, anziehen, reizen)
amour (Amour, Liebschaft, Verhältnis)
armature (Rüstung, Panzer, -ung, Beschlag, Armatur, Armierung, *Bot: Zool:* Bewehrung)
assure (ver-, zu-, sichern, sicher stellen, bürgen für, beruhigen, jmdm. versichern)
brochure (Broschüre)
boor ('Bauer', ungehobelter Kerl, Flegel)
caricature (Karikatur, karikieren)
cocksure (todsicher, vollkommen überzeugt, übertrieben selbstsicher, anmaßend)

contour (Kontur, Umriss, umreißen, profilieren, Umriss zeichnen)
cure (Heilmittel, -verfahren, Heilung, Rezept, Kur, heilen, kurieren, abgewöhnen, haltbar machen, räuchern, einpökeln, -salzen, trocknen, beizen)
demure (zimperlich, spröde, sittsam, prüde, zurückhaltend, gesetzt, ernst, nüchtern)
detour (Umweg, -leitung, Abstecher, einen Umweg machen, Verkehr umleiten)
endure (an-, fortdauern, aus-, durchhalten, ertragen, -dulden, ausstehen, leiden)
ensure (sichern, sicherstellen gegen, schützen vor, garantieren, für etwas sorgen)
expenditure (Aufwand, Verbrauch, Ausgaben, -lagen, Kosten)
forfeiture (Verlust, -wirkung, -fallen, Einziehung, Entzug)
immature (unreif, unentwickelt)
impure (unrein, -sauber, schmutzig, verfälscht, unanständig)
insecure (unsicher, ungesichert, prekär, ungewiss, zweifelhaft)
insure (versichern)
liqueur (Likör)
literature (Literatur, Schrifttum, Schriftstellerei)
lure, - away (Köder, an-, ver-, locken, ködern, Ver-, Lockung; fortlocken)
manicure (Maniküre, Hand-, Nagelpflege, -rin, maniküren)
mature (reif, - werden, heran-, aus-, reifen, erwachsen, mündig, fällig, zahlbar)
miniature (Miniatur, Miniatur..., Klein..., im Kleinen)
moor (vertäuen, festmachen; Öd-, Heideland, Hochmoor, Bergheide; Maure, Mohr)
obscure (dunkel, düster, obskur, verdunkeln, -finstern, -bergen, unklar, unbekannt)
overture (Ouvertüre, Einleitung, Vorspiel, Antrag, Angebot, Annäherungsversuche)
paramour (Geliebte, Buhle)
pedicure (Pediküre, Fuß-, nagelpflege, -rin, Füße behandeln oder pflegen)
premature (früh-, vorzeitig, verfrüht, vorschnell, -eilig, übereilt, frühreif)
pure (pur, rein, -rassig, sauber, makellos, unschuldig, -berührt)
reassure (jmd. beruhigen, nochmals versichern oder beteuern)
secure (sicher, geschützt, sichern, garantieren, schützen, befestigen, fest, -machen)
signature, key - (Signatur, Namenszug, Unterschrift; *Musik:* Vorzeichen)
spoor (Spur, Fährte, aufspüren, eine Spur verfolgen)
sure (sicher, -lich, gewiss, wirklich, echt)
tabulature (Bild, Tafelgemählde, bildliche Darstellung, Tabulatur)
temperature (Temperatur)
tour, pleasure - (Tour, Reise, Fahrt; durch-, reisen; Vergnügungsfahrt)
your (dein, euer, eure, ihr, -e)

~uus — *von abuse bis whose*

abuse, self -, drug - (Missbrauch, -brauchen, -handeln, -handlung, Beschimpfung, Kränkung, falscher Gebrauch; Selbstbefleckung; Drogen-, Arzneimittelmissbrauch)
accuse (*Recht:* anklagen, beschuldigen)
amuse (amüsieren, unterhalten, belustigen)
blues (Blues, schwermütige Musik, Trübsinn, verjubelt)
booze (Besäufnis, Alkohol, saufen)
Bruce (Eigenname)
bruise (Quetschung, quetschen, verletzen, zerstampfen, schroten, Bluterguss, blauer Fleck, Druckstelle)
caboose (Kombüse, Schiffsküche, *Am. E.-Bahn:* Dienst-, Bremswagen)
choose (wählen, aussuchen, belieben, vorziehen, beschließen)
cruise (Seereise, Kreuz-, Vergnügungsfahrt, kreuzen, fliegen, fahren)

confuse (verwechseln, -wirren, durcheinanderbringen, undeutlich oder verlegen machen)
cues (Billardstöcke)
deduce (folgern, schließen, ab-, herleiten)
dessous (aufreizende Unterwäsche, - Mode)
diffuse (diffus, ausgießen, -schütten, diffundieren, vermischen, -breiten, zerstreut)
disuse (Nichtgebrauch, nicht mehr gebrauchen, ausgedient, stillgelegt, außer Betrieb)
excuse (Entschuldigung, entschuldigen, Vorwand, Ausrede, -flucht, jmd. befreien von)
fuse (Sicherung, ver-, schmelzen, fusionieren, ab-, sichern, durchbrennen)
goose , -bumps o. pimpels o. flesh (Gans, Gänsebraten, Dummkopf, blöde Gans, jmd. -in den Po-, zwicken; Gänsehaut)
induce (anregen, bedingen, bewegen, einleiten, herbeiführen, induzieren, veranlassen)
infuse (aufgießen, -brühen, ziehen lassen, erfüllen mit, einflößen)
introduce (hinein-, einführen, -leiten, eröffnen, aufwerfen, vorstellen, bekannt machen)
juice (Saft, 'Saft', Strom, *übertr:* Kern, Substanz, Essenz)
loose, cut - (los, lose, locker, -n, befreien, lösen; sich-, trennen, losmachen, - sagen)
lose (sich-, verlieren, -passen, -gessen, -lernen, los werden, Verluste erleiden)
luce (ausgewachsener-, Hecht)
noose (Schlinge, etwas schlingen um oder über, fangen)
misuse (Missbrauch, missbrauchen, falsch anwenden, - gebrauchen)
muse (Muse, grübeln, nachsinnen)
news (das Neue, Neuigkeit, Neues, Nachrichten)
obtuse, -angled (stumpf, begriffsstutzig, beschränkt, dumpf; stumpfwinkelig)
ooze (sickern, ausströmen, -schwitzen, -strahlen, triefen, - von, Schlick, Schlamm)
papoose (Indianerbaby, *Am. scherzh:* 'Balg')
peruse (sorgfältig-, durch-, lesen, prüfen)
produce (Produkt, Erzeugnis, produzieren, erzeugen, präsentieren, machen, schaffen, inszenieren, Ertrag, Gewinn, Gemüse, Naturerzeugnis, in die Welt setzen)
profuse (reich, -haltig, überfließend, üppig, freigiebig, verschwenderisch)
puce, go to - (braunrot, rot-, dunkelbraun; puterrot werden)
recluse (Einsiedler, -isch, einsam, abgeschieden)
reduce (herabsetzen, ver-, mindern, -ringern, -kleinern, reduzieren, beschränken, erniedrigen, abnehmen, -magern, degradieren)
refuse (ablehnen, ausschlagen, ab-, zurückweisen, ver-, sich weigern, ablehnen, -sagen, Pferdescheuen, Abfall, Müll, Ausschuss, wertlos)
reproduce (reproduzieren, etwas wiederholen, *Biol:* erzeugen, hervorbringen, fortpflanzen, regenerieren, neu - nach-, bilden, vermehren)
ruse (Kniff, Trick, List)
seduce (jmd. verführen, -von seiner Pflicht abbringen)
snooze, - away (dösen, Nickerchen; Zeit vertrödeln)
spruce (Fichte; schmuck, sauber, adrett, geschniegelt)
Syracuse (Eigenname)
truce (Waffenruhe, -stillstand, Ruhe-, Atem-, Pause)
use (An-,Verwendung, Gebrauch, Benutzung, Verbrauch, benutzen, gewöhnen, ge-, verbrauchen)
vamoose (*Am. SL:* verduften, fluchtartig verlassen, Leine ziehen)
whose (wessen, dessen, deren)

~usch *von bush bis push*

bush (Busch, Strauch, Gebüsch, Dickicht, Urwald, Schopf; *Tech:* Lagerfutter)
cush, -y (angenehm, bequem, leicht)

push (Schub, Stoß, Anstrengung, Bemühung, stoßen, schieben, drücken, drängen)

~uschn *von absolution bis transfusion*

absolution (Absolution, Sündenerlass, *Recht:* Freisprechung)
allusion (Anspielung, Hinweis, Andeutung, Erwähnung)
attribution (Zuschreibung, bei-, abgelegte Eigenschaft, zuerkanntes Recht)
conclusion (Schluss, Ende, Ab-, Beschluss, Entscheidung, Ausgang, Folge, Ergebnis)
confusion (geistige-, Verwirrung, Durcheinander, Unordnung, Wirrwarr, Verwechslung, Konfusion)
constitution (Konstitution, Zs.-setzung, Beschaffenheit, Bildung, Gründung, Verfassung, -anlagung, Wesen, Natur, Körper-, Bau, Grundgesetz, Satzung)
contribution (Beitrag, -en, -ssteuer, -shilfe, Spende, Mitwirkung, Sach-, Bar-, Einlage)
delusion (Täuschung, Verblendung, Wahn, -vorstellung, Irrglauben, Trug)
destitution (Armut, Not, Elend, völliger-, Mangel)
dilution (Verdünnung, -wässerung, Abschwächung, verdünnte Lösung)
dissolution (Auf-, Lösung, Zersetzung, -störung, Vernichtung, *Recht:* Aufhebung)
distribution (Ein-, Zu-,Ver-, Aussteilung, -breitung, Ausstreuung, - schüttung)
electrocution (Hinrichtung oder Tod durch elektrischen Strom)
evolution (Evolution, Entwicklung, Entfaltung, Bildung, Folge, Ablauf, Manöver)
execution (Aus-, Durchführung,Ver-, Hinrichtung, Zwangsversteigerung, Vollstreckung)
fusion (Fusion, Verschmelzung, -einigung, Zusammenschluss, *Tech:* Schmelzen)
illusion (Illusion, Einbildung, Täuschung, Trugbild, Blendwerk, falsche Vorstellung)
inclusion (Einbeziehung, -schluss, Aufnahme in)
infusion (Infusion, Einflößung, Aufbrühung, Aufguss, Tee, Beimischung, Zufluss)
institution (Institut, -ion, Anstalt, Er-, Einrichtung, Gründung, Sitte, Brauch, Ordnung)
pollution (Umwelt-, Verschmutzung, -unreinigung, Entweihung, Schändung, Befleckung)
prosecution (Straf-, Verfolgung, Fortsetzung, Durchführung, Betreiben, Einklagen)
prostitution (Prostitution, Herab-, Entwürdigen)
resolution (Resolution, Entschlossenheit, -schluss, Vorsatz, Zerlegung, Bild-, Auflösung)
retribution (Vergeltung, Strafe)
revolution (Revolution, Umsturz, -schwung, -wälzung, -drehung, Rotation, Drehzahl)
seclusion (Abschließung, -geschiedenheit, Zurückgezogenheit)
solution (Auf-, Lösung, Er-, Klärung)
substitution (Ersatz, Er-, Einsetzung, Stellvertretung, Substitution)
transfusion (umgießen, Transfusion, Erfüllung mit...)

~uS(th) *von booth bis youth*

booth (Bude, Messe-, Stand, Nische, Sitzgruppe, Zelle, Kabine)
Duluth (Eigenname)
Ruth (Eigenname)
smooth (glatt, glätten, ebnen, ruhig, sanft, besänftigen, fließend, schleifen, reibungslos)
soothe (besänftigen, -ruhigen, -schwichtigen, lindern, mildern)
tooth (Zahn, be-, verzahnen, ineinandergreifen)
truth, half (Wahrheit, -haftigkeit, Aufrichtigkeit, Echtheit, Treue; Halbwahrheit)
uncouth (ungeschlacht, -beholfen, -gehobelt, plump, grob, *Poet:* öde, wild)
youth, -s (Jugend, Jungsein, junge Leute, Frühstadium; junger Mann, Jüngling)

~ust *von bluest bis truest*

bluest (blauest)
boost (Förderung, Erhöhung, hochschieben, -treiben, nachhelfen, fördern, 'ankurbeln')

newest (neueste, -r)
roost (Schlafplatz, -sitz, Hühnerstange, -stall, auf der Stange sitzen, sich niederhocken)
truest (echteste, wahrhaftigste, wahrste)

~ut ☛ ***~ud, ~ut (S. 251)***

Zur schnellen Übersicht: Die unregelmäßigen Verben

abide (bleiben) – abode – abode
awake (erwachen) – awoke – awoke
be (sein) – was – been
bear (tragen, gebären) – bore - *getragen;* borne – *geboren* – born
beat (schlagen) – beat – beaten
beget (zeugen) – begot – begotten
begin (anfangen) – began – begun
bend (beugen) – bent – bent
bereave (berauben) – bereft – bereft
bet (wetten) – bet – bet
bid (ge-, bieten) – bade - bid – bid,- den
bind (binden) – bound – bound
bite (beißen) – bit – bitten
bleed (bluten) – bled – bled
blend (sich-, ver-mischen) – blent – blent
blow (blasen) – blew – blown
break (brechen) – broke – broken
breed (aufziehen) – bred – bred
bring (bringen) – brought – brought
build (bauen) – built – built
burn (brennen) – burnt – burnt
burst (bersten) – burst – burst
buy (kaufen) – bought – bought
cast (werfen) – cast – cast
catch (fangen) – caught – caught
choose (wählen) – chose – chosen
cleave (sich-, spalten) – cleft, clove – cleft, cloven
cling (sich-, an-, klammern) – clung – clung
clothe (sich-, an-, be-, kleiden) – clad – clad
come (kommen) – came – come
cost (kosten) – cost – cost
creep (kriechen) – crept – crept
crow (krähen) crew – crowed
cut (schneiden) – cut – cut
deal (handeln) – dealt – dealt
dig (graben) – dug – dug
do (tun) – did – done
draw (ziehen) drew – drawn
dream (träumen) – dreamt – dreamt
drink (trinken) – drank – drunk
drive (fahren, treiben) – drove – driven
dwell (wohnen) – dwelt – dwelt
eat (essen) – ate, eat – eaten
fall (fallen) – fell – fallen
feed (füttern) – fed – fed
feel (fühlen) – felt – felt
fight (kämpfen) – fought – fought
find (finden) – found – found
flee (fliehen) – fled – fled
fling (schleudern) – flung – flung
fly (fliegen) flew – flown
forbear (unterlassen) – forbore – forborne
forbid (verbieten) – forbade – forbidden
forget (vergessen) – forgot – forgotten
forsake (aufgeben, verlassen) – forsook – forsaken
freeze (ge-, frieren) – froze – frozen
get (bekommen) – got – got, *Am:* gotten
gild (vergolden) – gilt – gilt
gird (um-, gürten) – girt – girt
give (geben) – gave – given
go (gehen) – went – gone
grind (mahlen) – ground – ground
hang (hängen) – hung – hung
have (haben) – had – had
hear (hören) – heard – heard
heave (heben) – hove – hove
hew (hauen, hacken) – hewed – hewn
hide (verbergen) – hid – hid-,den
hit (treffen) – hit – hit
hold (halten) – held – held
hurt (verletzen) – hurt – hurt
keep (halten) – kept – kept
kneel (knien) – knelt – knelt
knit (stricken) – knit – knit
know (wissen) – knew – known
lay (legen) – laid – laid
lead (führen) – led – led
lean (sich-, an-, lehnen) – leant – leant

leap (über-, springen) – leapt – leapt
learn (lernen) – learnt – learnt
leave (verlassen) – left – left
lend (leihen) – lent – lent
let (lassen) – let – let
lie (liegen) – lay – lain
light (anzünden) – lit – lit
lose (verlieren) – lost – lost
make (machen) – made – made
mean (meinen) – meant – meant
meet (begegnen, treffen) – met – met
mow (muhen) – mowed – mown
pay (zahlen) – paid – paid
put (setzen, stellen) – put – put
read (lesen) – read – read
rend (zer- reißen) – rent – rent
rid (befreien) – rid – rid
ride (reiten) – rode – ridden
ring (läuten) – rang – rung
rise (aufstehen) – rose – risen
run (rennen, laufen) – ran – run
saw (sägen) – sawed – sawen
say (sagen) – said – said
see (sehen) – saw – seen
seek (suchen) – sought – sought
sell (verkaufen) – sold – sold
send (senden) – sent - sent
set (setzen) – set – set
sew (nähen) – sewed – sewn
shake (schütteln) – shook – shaken
shave (sich-, rasieren) – shaved – shaven
shear (scheren) – sheared – shorn
shed (ausgießen) – shed – shed
shine (scheinen) – shone – shone
shoot (schießen) – shot – shot
show (zeigen) – showed – shown
shred (zer-, schnitzeln, -fetzen) – shred – shred
shrink (ein- schrumpfen) – shrank – shrunk
shut (schließen) – shut – shut
sing (singen) – sang – sung
sink (sinken) – sank – sunk
sit (sitzen) – sat – sat
slay (erschlagen) – slew – slain
sleep (schlafen) – slept – slept
slide (gleiten) – slid – slid
sling (schleudern) – slung – slung
slit (schlitzen) – slit – slit
smell (riechen) – smelt – smelt
sow (aus-, säen) – sowed – sown
speak (sprechen) – spoke – spoken
speed (eilen) – sped – sped
spell (buchstabieren) – spelt – spelt
spend (ausgeben) – spent – spent
spill (verschütten) – spilt – spilt
spin (spinnen) – spun, span – spun
spit (aus-, speien) – spat – spat
split (spalten) – split – split
spoil (verderben) – spoilt – spoilt
spread (verbreiten) – spread – spread
spring (springen) – sprang – sprung
stand (stehen) – stood – stood
steal (stehlen) – stole – stolen
stick (stecken) – stuck – stuck
sting (stechen) – stung – stung
stink (stinken) – stank, stunk – stunk
strew (be-, streuen) – strewed – strewn
stride (über-, durchschreiten) – strode – stridden
strike (schlagen) – struck – struck, strikken
string (spannen) – strung – strung
strive (streben) – strove – striven
swear (schwören) – swore – sworn
sweat (schwitzen) – sweat – sweat
sweep (fegen) – swept – swept
swell (an-, schwellen) – swelled – swollen
swim (schwimmen) – swam – swum
swing (schwingen) – swung – swung
take (nehmen) – took – taken
teach (lehren) – taught – taught
tear (ziehen) – tore – torn
tell (sagen) – told – told
think (denken) – thought – thought
thrive (gedeihen) – throve – thriven
throw (werfen) – threw – thrown
thrust (stoßen) – thrust – thrust
tread (treten) – trod – trodden
wake (wachen) – woke – woke, n
wear (Kleider- tragen) – wore – worn
weave (weben) – wove – woven
weep (weinen) – wept – wept
wet (nässen) – wet – wet
win (gewinnen) – won – won
wind (winden) – wound – wound
work (arbeiten) – wrought – wrought
wring (aus-, wringen) – wrung – wrung
write (schreiben) – wrote – written

Index — Endsilben (alphabetisch)

Index — Englische Begriffe